Axel Seidel

Kreislaufwirtschaft im Spannungsfeld zwischen Ökonomie und Ökologie in Deutschland

mit einem Geleitwort von

Ewald Gläßer, Rolf Sternberg und Götz Voppel

zum 50jährigen Bestehen des

Wirtschafts- und Sozialgeographischen Instituts

an der Universität zu Köln

Kölner Forschungen
zur Wirtschafts- und Sozialgeographie

Herausgegeben von Ewald Gläßer, Rolf Sternberg und Götz Voppel

Band 50

Kreislaufwirtschaft im Spannungsfeld zwischen
Ökonomie und Ökologie in Deutschland

Axel Seidel

mit einem Geleitwort von

Ewald Gläßer, Rolf Sternberg und Götz Voppel

zum 50jährigen Bestehen des

Wirtschafts- und Sozialgeographischen Instituts

an der Universität zu Köln

2000

Wirtschafts- und Sozialgeographisches Institut

der Universität zu Köln

Schriftleitung: Dirk Möller

ISSN   0452-2702
ISBN   3-921 790-28-X

Druck: Hundt Druck GmbH
         Zülpicher Str. 220
         50937 Köln

Bestellungen bitte an:

   Wirtschafts- und Sozialgeographisches
   Institut der Universität zu Köln
   Albertus-Magnus-Platz
   50923 Köln
   Tel.: 0221-470-2372
   Fax: 0221-470-5009
   e-mail: agj05@uni-koeln.de

Geleitwort zum 50jährigen Bestehen des Wirtschafts- und Sozialgeographischen Instituts an der Universität zu Köln[*]

Ewald Gläßer, Rolf Sternberg, Götz Voppel

Wirtschaftsgeographie an der Handelshochschule Köln und in der Wirtschafts- und Sozialwissenschaftlichen Fakultät der Universität zu Köln

Die Geschichte der Geographie und der Wirtschaftsgeographie an der Universität zu Köln reicht in die Gründungsphase der Handelshochschule Köln zurück. Diese wurde als eine der ältesten in Deutschland 1901 gegründet. Schon 1902 wurde eine Professur für Geographie eingerichtet. Von Beginn an wurden geographische Lehrveranstaltungen im Rahmen der jeweils bestehenden Studiengänge angeboten, und Geographie beziehungsweise Wirtschaftsgeographie waren in den Prüfungsordnungen als Wahlpflichtfach verankert. Das Fach war im ersten Jahrzehnt eng mit Warenkunde verbunden. Ursprünglich standen handels- und verkehrsgeographische sowie weltwirtschaftliche Themen im Vordergrund (Ludwig 1991). Erster Fachvertreter war der Verkehrsgeograph Kurt Hassert. Seit 1916 nahm der Afrikaforscher Franz Thorbecke die Professur wahr.

Nach der Neugründung der Universität zu Köln 1919 wurde die Professur zu einem Ordinariat erhoben. Thorbecke entschied sich, in die Philosophische Fakultät überzutreten. Seitdem wurde das Fach Geographie bis 1934 für die Studierenden der Wirtschaftswissenschaften sowohl in der Philosophischen Fakultät durch Thorbecke als auch in der Wirtschaftswissenschaftlichen Fakultät von dem Wirtschaftshistoriker Bruno Kuske, der Geographie bei Friedrich Ratzel studiert hat, vertreten, danach allein von Kuske (Ludwig 1991, S. 153). Die Fakultät war daran interessiert, die Ausbildung im Zusammenhang mit der Neuordnung der Studiengänge wieder in vollem Umfang in eigener Regie zu organisieren. Dies gelang erst 1950. Es bestand jedoch auch in diesem Zeitabschnitt ohne Unterbrechung die Möglichkeit, das Fach zu studieren und Prüfungen abzulegen.

1948 beschloß die Wirtschafts- und Sozialwissenschaftliche Fakultät der Universität die Wiedererrichtung des Ordinariats für Wirtschaftsgeographie sowie die Gründung des Wirtschaftsgeographischen (seit 1960 Wirtschafts- und Sozialgeographischen) Instituts. Auf den Lehrstuhl wurde 1950 Theodor Kraus (vorher Köln und Würzburg)

---

[*] Eine teilweise veränderte Fassung dieses Beitrags erscheint in einer Veröffentlichung der Universitäts- und Stadtbibliothek Köln.

berufen, der diese Position bis zu seiner Emeritierung 1962 innehatte. Er hat das Institut sehr nachhaltig geprägt. Ihm folgten 1963 Erich Otremba (vorher Hamburg), 1976 Götz Voppel (vorher Hannover) und 1996 Rolf Sternberg (vorher München). 1972 wurde der Lehrkörper um eine Professur erweitert (1972-1974 A. Kilchenmann, Zürich; seit 1974 Ewald Gläßer, Köln).

Seit den fünfziger Jahren wurde die Lehre durch Vertreter aus der Praxis ergänzt. Lehraufträge nahmen wahr die Leiter der damaligen Landesplanungsbehörde von Nordrhein-Westfalen, Prof. Dr. Norbert Ley (Landesplanungswesen) und Dr. Hans-Gerhart Niemeier (Probleme der Raumforschung und Raumordnung in der Bundesrepublik Deutschland) sowie der damalige Dezernent der Stadt Köln Ministerialdirektor a.D. Prof. Dr. Rüdiger Göb (Theorie und Praxis der Raumplanung). Prof. Dr. Erhard Gabriel hatte einen langjährigen Lehrauftrag über Wirtschaftsgeographie des Nahen Ostens inne, Ministerialdirektor Horst Dumke in den sechziger Jahren einen Lehrauftrag für Wirtschaftliche Zusammenarbeit, Regionale Entwicklungsplanung und Entwicklungspolitik.

Das Institut verfügte anfangs der fünfziger Jahre nur über eine Assistentenstelle sowie zwei Stellen studentischer Hilfskräfte (Amanuenses). Schon bald wurde die planmäßige personelle Ausstattung um eine Sekretärin, einen Kartographen, um zwei zusätzliche Assistenten- sowie mehrere Hilfskraftstellen erweitert. Die seit 1964 vorhandene Stelle eines Kustos (Akademischer Rat) wurde 1996 durch eine Assistentenstelle ersetzt. Stellenkürzungen betrafen in den achtziger Jahren eine Assistentenstelle sowie Hilfskraftstellen. Im Jahr 2001 umfaßt das Kontingent des planmäßigen wissenschaftlichen Personals zwei Professuren und drei wissenschaftliche Mitarbeiter. Es wurde und wird regelmäßig um aus Drittmitteln finanzierte Wissenschaftler ergänzt.

Im Vordergrund der Lehre steht die Diplomausbildung von Volkswirten, Betriebswirten und Handelslehrern. Sie wurde später noch um Diplomstudiengänge von Volkswirten sozialwissenschaftlicher Richtung, Wirtschaftsinformatikern, Regionalwissenschaftlern Ostasien (Schwerpunkt China) und um Lehramtsstudiengänge erweitert. Außerdem werden Dienstleistungen, unter anderem für die Ausbildung von Diplom- und Schulgeographen sowie von Magistern, erbracht. Während in den fünfziger und sechziger Jahren der Anteil der Handelslehrer mit etwa der Hälfte dominierte, überwogen, abgesehen von der zeitweilig umfangreichen Gewerbelehrerausbildung, seitdem die angehenden Betriebswirte.

In allen Diplomen der Wirtschafts- und Sozialwissenschaftlichen Fakultät kann Wirtschafts- und Sozialgeographie als Prüfungsfach (Wahlpflichtfach) im Hauptstudium gewählt werden; in diesem Studienabschnitt konkurriert sie mit einer Reihe anderer wirtschafts- und sozialwissenschaftlicher Fächer. Angesichts der Tatsache, daß im Hauptstudium die Prüfung fünf (in den fünfziger und sechziger Jahren sechs, für Volkswirte sogar sieben) Fächer und zusätzlich die Diplomarbeit umfaßt, ist der Rahmen der Lehrveranstaltungen, der Vorlesungen, Übungen, Seminare, Kolloquien und Exkursionen einschließt, eng gesetzt. Seit Beginn der neunziger Jahre ist auf Grund ministerieller Vorgaben das Deputat der Wahlpflichtfächer auf 14 Semesterwochenstunden gesunken. Daher ist der Studienplan äußerst gestrafft und räumt dem Pflichtprogramm nur geringe Spielräume ein.

Das Lehrprogramm ist wirtschaftswissenschaftlich ausgerichtet und weist über den gesamten Berichtszeitraum hinweg methodische und theoretische Grundlagen des Faches und empirische Fragenkreise in systematischer und regionaler Gliederung auf. Es bietet Grundlagen für raumbezogene wirtschaftliche und politische Bewertungen, Entscheidungen und Handlungsabläufe. Ergänzungen bieten forschungsbezogene Themen, wie beispielsweise im Wintersemester 2000/01 „Unternehmensgründungen und Regionalentwicklung" sowie „Ökologie und Wirtschaft". Das Exkursionsangebot umfaßt ein- und mehrtägige Veranstaltungen, in die neben Zielen in Deutschland (einschließlich Betriebsbesuchen) besonders die westlichen Nachbarstaaten, Frankreich und Großbritannien sowie Nordeuropa, aber auch das östliche Mitteleuropa und Südeuropa einbezogen waren oder sind. Periodisch werden Lehrveranstaltungen für ausländische Studenten im Rahmen der Austauschprogramme (Community of European Management Schools, CEMS) angeboten.

In den wirtschafts- und sozialgeographischen Themen der Diplomarbeiten spiegeln sich die Vielseitigkeit der Fächerkombinationen der Studierenden, ihre regionale Herkunft und die Forschungsgebiete der Dozenten wider.

Seit den achtziger Jahren wird das Lehrangebot durch sogenannte Wahlbereiche mit spezieller Themenstellung ergänzt, die in die Diplomstudienordnung integriert sind.

Seit 1950 wurden 8 Promotionen in der Philosophischen Fakultät und 70 in der Wirtschafts- und Sozialwissenschaftlichen Fakultät abgeschlossen.

1964 wurde unter dem Titel „Kölner Forschungen zur Wirtschafts- und Sozialgeographie" eine Schriftenreihe begründet, deren 50. Band hiermit vorgelegt wird. Seit 1998 werden außerdem Working Papers (acht Hefte bis Ende 2000), die in unregelmäßiger Reihenfolge kurzfristig über Forschungsergebnisse unterrichten, publiziert.

Das Wirtschafts- und Sozialgeographische Institut war und ist, zum Teil federführend, an Schwerpunktprogrammen der Deutschen Forschungsgemeinschaft beteiligt: „Wirtschaftsräumliche Gliederung der Bundesrepublik Deutschland", „Atlas der deutschen Agrarlandschaft", „Industriegeographie", „Technologischer Wandel und Regionalentwicklung in Europa", „Interdisziplinäre Gründungsforschung". Das Institut wirkt an dem seit 1999 laufenden Sonderforschungsbereich 419 „Umweltprobleme eines industriellen Ballungsraumes; naturwissenschaftliche Lösungsstrategien und sozioökonomische Implikationen" der Deutschen Forschungsemeinschaft mit, der einen explizit interdisziplinären Ansatz verfolgt. In der jüngeren Vergangenheit hat sich das Institut erfolgreich um die Integration in internationale Forschungsverbünde bemüht. Exemplarisch erwähnt sei die Mitarbeit am EU-Forschungsverbund „Networks, Collective Learning and RTD in Regionally-Clustered High-Technology SMEs", einem von der University of Cambridge organisierten TSER-Projekt, sowie am „Global Entrepreneurship Monitor", der international von der London School of Economics sowie dem Babson College, Boston, geleitet wird.

Lehr- und Forschungsschwerpunkte der Professoren am Wirtschafts- und Sozialgeographischen Institut der Universität zu Köln

Drei theoretische Schwerpunkte der Lehr- und Forschungstätigkeit von Kraus sind zu nennen, die Verankerung der Wirtschaftsgeographie in Geographie und Wirtschaftswissenschaften, die Implantation der Raumtheorien als methodische Grundlagen in die Wirtschaftsgeographie und die Theorie des Wirtschaftsraums.

In die auf die wirtschaftswissenschaftliche Seite des Faches bezogenen methodischen Diskussionen besonders seit den zwanziger Jahren des 20. Jahrhunderts (A. Rühl 1918, L. Waibel 1933), hat sich Theodor Kraus, einer der ersten wirtschaftswissenschaftlich ausgerichteten Geographen in Deutschland, frühzeitig eingeschaltet. Er trug wesentlich zur Prägung der fachlich-methodischen Eigenständigkeit der Wirtschaftsgeographie innerhalb von Geographie und Wirtschaftswissenschaften bei (zur Würdigung von Kraus siehe Voppel 1988a). Diese Phase ist durch den Übergang vom naturgeographischen Determinismus über die Wechselwirkungsthese von Lütgens (1921) zur wirtschaftlich begründeten Bewertung räumlichen Handelns (Kraus 1933) charakterisiert. Mit der Habilitationsschrift über das Siegerland (Kraus 1931) wurde die Brücke zwischen Empirie und Theorie gebaut. Ihre Tragfähigkeit wurde in der Ableitung von Modellen getestet, deren Ziel die Erklärung von Ordnungsprinzipien und der wirtschaftsräumlichen Ordnung als Ergebnis von ökonomisch bedingten Entscheidungen ist, die auch unter gleichartigen natürlichen Bedingungen unterschiedlich sein können

(Kraus 1957 b, 1948). Als eine der methodischen Aufgabenstellungen galt die Integration der von deutschen und angelsächsischen Nationalökonomen und Geographen abgeleiteten raumtheoretischen Modelle als räumliche Ordnungsprinzipien in die Wirtschaftsgeographie.

Als eine der methodischen Aufgabenstellungen der zwanziger bis fünfziger Jahre des vorigen Jahrhunderts galt die Integration der von deutschen und angelsächsischen Nationalökonomen und Geographen abgeleiteten raumtheoretischen Modelle (J. H. von Thünen, J. G. Kohl, A. Weber, W. Christaller, A. Lösch, E. M. Hoover, W. Isard) als räumliche Ordnungsprinzipien in die Wirtschaftsgeographie. Gegenüber den Abstraktionen von räumlicher Differenzierung in der klassischen Nationalökonomie betont Kraus, ausgehend von seiner Habilitationsarbeit, die Notwendigkeit, den Wirtschaftsraum als Untersuchungsobjekt der Wirtschaftsgeographie in seiner Individualität und als Typ aufzufassen (Kraus 1933, 1948, 1957a, 1957b, 1959).

Auch Otremba und Voppel stellen den Wirtschaftsraum als Forschungsobjekt des Faches in den Vordergrund. Otremba bezeichnet den Wirtschaftsraum als „Betätigungsfeld des Ökonomen" und als „Forschungsfeld des Wirtschaftsgeographen" (1969, S. 15). Eine geographische Wissenschaft könne „nur dann gedeihliche Arbeit leisten, wenn sie ein klar umrissenes Forschungsobjekt, den Wirtschaftsraum, besitzt und nicht nur eine vage 'räumliche' Methode handhabt" (Otremba 1969, S. 21). Mit diesem Thema hat sich Otremba in einer Reihe methodischer Beiträge befaßt (darunter 1957, 1959, 1961 a, 1966).

Lagen neben den Grundlagen der Wirtschaftsgeographie die Arbeitsschwerpunkte bei Kraus auf dem Gebiet der Stadtgeographie (1961, 1971), Industriegeographie (1931) und der Verkehrsgeographie (1924) sowie regional in den westlichen Nachbarstaaten Deutschlands und in Indonesien, so wurde von Otremba stärker die Agrargeographie (1938, 1961b) betont. Unter seiner Leitung entstand als umfangreiche kartographische Dokumentation der Atlas der Deutschen Agrarlandschaft (1961-1970). In dem von Lütgens herausgegebenen mehrbändigen wirtschaftsgeographischen Standardwerk „Erde und Weltwirtschaft" stammten in den jeweils letzten Auflagen alle Titel von Otremba: „Der Wirtschaftsraum - seine geographischen Grundlagen und Probleme" (Band 1/1969), „Die Güterproduktion im Weltwirtschaftsraum" (Band 2-3/1976) sowie „Handel und Verkehr im Weltwirtschaftsraum" (Band 4/1978). Er war bestrebt, das Fachgebiet in einheitlicher Konzeption zu gliedern.

Anschließend waren neben den genannten Themen zum Wirtschaftsraum (Voppel 1969, 1975, 1999) makroräumliche und mikroräumliche Theorien und die Empirie räumlicher Ordnungssysteme der Wirtschaft Gegenstand von Lehre und Forschung mit der Zielsetzung, die räumliche Ordnung der Wirtschaft unter Bedingungen der sozialen Marktwirtschaft zu gestalten, die Wirkungsweise des Systems somit auf raumpolitische und wirtschaftliche Konzepte sowie auf Standortbewertungen und -entscheidungen zu übertragen. Betriebliche Einzelstandorte und räumliche Standortgruppierungen sind von der Leistungsfähigkeit ihres räumlichen Umfelds und von der Funktionsweise räumlicher Verflechtungen abhängig. Die Kenntnis der jeweiligen spezifischen Leistungsfähigkeit von Räumen und Standorten soll genutzt werden, um systemwidrige raumbezogene Interventionen (zum Beispiel pauschale Subventionen) überflüssig zu machen (Voppel 1984, 1999).

Wesentliche Bestandteile wirtschaftsgeographischer Forschung sind die Optimierung der räumlichen Nutzungen und des Ablaufs räumlicher Prozesse der Wirtschaft in den Netzwerken innerhalb und außerhalb betrieblicher Einheiten; darin einbezogen sind somit die Standorte einzelner Betriebe und ihre Verbindung untereinander ebenso wie das Standortgefüge von betrieblichen und komplexen Raumsystemen wie Städten. Aus theoretischen Grundlagen von Raummodellen werden Ordnungsprinzipien abgeleitet, um allgemeine Aussagen über die Standortoptimierung gewinnen und sie als Instrument zur Prüfung der Eignung von Standorten und ihren Eigenschaften für bestimmte Nutzungen einsetzen zu können. Der Grad der Integration oder der Desintegration der wirtschaftlichen Bestandteile in die komplexen Raumsysteme wird geprüft (Voppel 1975, 1990). Die durch die Wirtschaftssubjekte geschaffene räumliche Wirklichkeit wird in ihrer Differenziertheit durch Regionalanalysen empirisch untersucht.
Waren schon von Beginn an weltwirtschaftliche Themen, etwa die bilateralen und multilateralen Außenbeziehungen der Staaten oder die bevölkerungsgeographischen Prozesse und ihre regionalen Wirkungen Bestandteil des Lehrzyklus, so gewannen die intensiver und komplexer werdenden interkontinentalen Verflechtungen unter dem Stichwort der Globalisierung an Gewicht.

Neben der Allgemeinen Wirtschaftsgeographie standen die Stadtforschung (Voppel 1988b, 1989), die Lageeigenschaften und Entwicklungschancen der Städte, städtische Funktionsdifferenzierung (Voppel 1997), Industrieregionen (Voppel 1965, 1990, 1993), besonders in Deutschland, Nordwesteuropa, Nordamerika und Japan sowie die Verkehrseignung und -erschließung (Voppel 1980) der Räume im Vordergrund.

Gläßer vertritt besonders die Agrargeographie und hat dies durch zahlreiche Publikationen, auch zu agrarhistorischen Fragestellungen (Gläßer 1976), dokumentiert. Daneben beschäftigt er sich mit raumökologischen Themen, Rohstoffnutzungsproblemen (Gläßer und Vossen 1982) sowie mit Fragen der Flächenkonkurrenz. Einige Arbeiten sind in diesem Zusammenhang dem Revier der rheinischen Braunkohle gewidmet

(Gläßer 1985). Unter den regionalen Interessengebieten ragen neben Nordrhein-Westfalen (1997) die nordischen Staaten heraus (Gläßer 1980, 1986, 1993).

In den Programmen gegenwärtiger und künftiger Lehre und Forschung schlagen sich
die erheblichen Veränderungen nieder, die sich thematisch aus dem ökonomischen und
technologischen Strukturwandel und personell aus der Berufung von Sternberg im
Jahre 1996 ergeben. Die Wirtschaftsgeographie im Sinne des von Sternberg verfolgten
raumwirtschaftlichen Ansatzes thematisiert den Einfluß räumlicher Faktoren bei volks-
und betriebswirtschaftlichen Fragestellungen und baut damit eine Brücke zu den die
Wirtschafts- und Sozialwissenschaftliche Fakultät prägenden Wirtschaftswissenschaften. Während räumliche Aspekte in der angloamerikanischen Volkswirtschaftslehre
seit einigen Jahren zu Recht betont werden (Krugman betreibt nach eigenen Worten
„economic geography", Porter bezeichnet regionale Cluster als eine Voraussetzung
nationaler Wettbewerbsfähigkeit, Romer legt Grundlagen für eine neue regionale
Wachstumstheorie), sind diese Aspekte an der Wirtschafts- und Sozialwissenschaftlichen Fakultät zu Köln ausbaufähig. Die diesbezüglichen Forschungs- und Lehrbe-
dürfnisse innerhalb der Fakultät möchte Sternberg befriedigen. Die spezifischen
Leistungen der Wirtschaftsgeographie liegen dabei auf der regionalen Maßstabsebene
(exemplarisch: warum, wie und mit welchen Folgen wachsen Wirtschaftsregionen?).
Gerade diese regionale Ebene gewinnt in Zeiten der Globalisierung (die andere Seite
derselben Medaille heißt Regionalisierung) aber signifikant an Bedeutung.

Zu den wichtigeren Forschungsthemen dieser jüngeren Phase der Institutsgeschichte
gehören folglich die raumwirtschaftlichen Konsequenzen des technologischen Wandels (Sternberg 1998, 1999a), die Globalisierung (Sternberg 1997), neuere Konzepte
regionaler Wachstums- und Entwicklungstheorien (Sternberg 1995a), die Bewertung
technologiepolitischer Instrumente (Sternberg et al. 1997) und die Analyse von Unternehmensgründungen im regionalen und international vergleichenden Kontext (Sternberg 2000a). Neben international vergleichenden Regionalstudien (z.B. Sternberg
2000b, 1996) hat Sternberg sich insbesondere mit der Region München sowie japani-
schen Teilräumen beschäftigt (Sternberg 1995b, 1995c, 1999 b). Stellungnahmen zu
den Perspektiven der deutschen Wirtschaftsgeographie spiegeln Sternbergs
Interpretation des Faches wider (Sternberg 2000 c, d).

Literaturhinweise:

Gläßer, E. (1976): Zur Entwicklungsgeschichte ländlich-agrarer Siedlungen im Kölner Norden. Ein Beispiel zur Orts- und Flurgenese im Rheinland. Düsseldorfer Geographische Schriften, H. 4. Düsseldorf.

Gläßer, E. (1980): Dänemark. Klett/Länderprofile. Stuttgart.

Gläßer, E. (1993): Norwegen. 2. völlig überarbeitete Aufl. Wissenschaftliche Länderkunden, Bd. 14. Darmstadt.

Gläßer, E., Schmied, M. W., Woitschützke, C.-P. (1997): Nordrhein-Westfalen. 2. Aufl. Klett/Länderprofile. Stuttgart.

Gläßer, E., Schnütgen, A. (1986): Island. Wissenschaftliche Länderkunden, Bd. 28. Darmstadt.

Gläßer, E., Vossen, K. (1985): Aktuelle landschaftsökologische Probleme im rheinischen Braunkohlenrevier. In: Geographische Rundschau, Jg. 37, H. 5, S. 258-266.

Gläßer, E., Vossen, K. (1982): Die Kiessandwirtschaft im Raum Köln. Ein Beitrag zur Rohstoffproblematik. Kölner Forschungen zur Wirtschafts- und Sozialgeographie, Bd. 30. Köln.

Kraus, T. (1924): Die Eisenbahnen in den Grenzgebieten von Mittel- und Osteuropa. Diss. Köln.

Kraus, T. (1931): Das Siegerland. Ein Industriegebiet im rheinischen Schiefergebirge. Forschungen zur deutschen Landeskunde, Bd. XXVIII, H. 1. Leipzig.

Kraus, T. (1933): Der Wirtschaftsraum. Gedanken zu seiner geographischen Erforschung. Köln.

Kraus, T. (1948): Räumliche Ordnung als Ergebnis geistiger Kräfte. Ein Beitrag zu den Grundfragen der Wirtschaftsgeographie. In: Erdkunde Jg. 2, S. 151-155.

Kraus, T. (1957a): Über Lokalisationsphänomene und Ordnungen im Raume. In: Arbeitsgemeinschaft für Forschung des Landes Nordrhein-Westfalen, H. 42. Köln, Opladen.

Kraus, T. (1957b): Wirtschaftsgeographie als Geographie und als Wirtschaftswissenschaft. In: Die Erde, Jg. 88, H. 2, S. 110-119.

Kraus, T. (1959): Häufung und Streuung als raumordnende Prinzipien. Kölner Universitätsreden. Köln.

Kraus, T. (1966): Grundzüge der Wirtschaftsgeographie. In: Handwörterbuch der Wirtschaftswissenschaften, Bd. 2. 2. Aufl. Köln, Opladen, S 547 bis 632.

Kraus, T. (1961): Das rheinisch-westfälische Städtesystem. In: Köln und die Rheinlande. Festschrift zum XXXIII. Deutschen Geographentag. Wiesbaden, S. 1-24.

Kraus, T. (1971): Die Gemeinde und ihr Territorium. Fünf Gemeinden der Niederrheinlande in geographischer Sicht. Arbeitsgemeinschaft für Forschung des Landes Nordrhein-Westfalen, 109. Sitzung, Geisteswissenschaften. Opladen.

Ludwig, H. (1991): Die wirtschafts- und sozialwissenschaftliche Lehre in Köln von 1901 bis 1989/90. Diss. Studien zur Geschichte der Universität zu Köln, Bd. 12. Köln, Weimar, Wien.

Lütgens, R. (1921): Spezielle Wirtschaftsgeographie auf landschaftskundlicher Grundlage. In: Mitteilungen der Geographischen Gesellschaft in Hamburg, Bd. 33, S. 131-154.

Otremba, E. (1938): Stand und Aufgaben der Agrargeographie. In: Zeitschrift für Erdkunde, Jg. 6, H. 6, S. 209-228.

Otremba, E. (1957): Wirtschaftsräumliche Gliederung Deutschlands. In: Berichte zur deutschen Landeskunde, Bd. 18, S. 111-118.

Otremba, E. (1959): Struktur und Funktion im Wirtschaftsraum. In: Wirtschafts- und sozialgeographische Themen zur Landeskunde Deutschlands. Theodor Kraus zu seinem 65. Geburtstag. Bad Godesberg, S. 15-28.

Otremba, E. (1961a): Die Flexibilität des Wirtschaftsraumes. In Erdkunde, Bd. XV, S. 45-53.

Otremba, E. (1961b): Die deutsche Agrarlandschaft. 2. Aufl. Erdkundliches Wissen, H. 3. Wiesbaden.

Otremba, E. (Hrsg.) (1961-1970): Atlas der deutschen Agrarlandschaft. Wiesbaden.

Otremba, E. (1966): Raum und Raumgliederung. In: Handwörterbuch der Raumforschung und Raumordnung. Hannover, Spalten 1545-1560.

Otremba, E. (1969): Der Wirtschaftsraum - seine geographischen Grundlagen und Probleme. 2. Aufl. Bd. 1 Erde und Weltwirtschaft. Stuttgart.

Otremba, E. (1976): Die Güterproduktion im Weltwirtschaftsraum. 3. Aufl. Erde und Weltwirtschaft, Bd. 2/3. Stuttgart.

Otremba, E. (1978): Handel und Verkehr im Weltwirtschaftsraum. 2. Aufl. Erde und Weltwirtschaft, Bd. 4. Stuttgart.

Rühl, A. (1918): Aufgaben und Stellung der Wirtschaftsgeographie. In: Zeitschrift der Gesellschaft für Erdkunde zu Berlin, Bd. 53, S. 292-303.

Sternberg, R. (1995a): Die Konzepte der flexiblen Produktion und der Industriedistrikte als Erklärungsansätze der Regionalentwicklung. In: Erdkunde, Jg. 49, H. 3, S. 161-175.

Sternberg, R. (1995b): Kyushu "Silicon Island" oder "Silicon Colony"? In: Geographische Rundschau, Jg. 47, H. 3, S. 178-184.

Sternberg, R. (1995c): Supporting Peripheral Economies or Industrial Policy in Favor of National Growth? An Empirically Based Analysis of Goal Achievement of the Japanese "Technopolis" Program. In: Environment and Planning C: Government and Policy, Vol. 13, No. 4, S. 425-439.

Sternberg, R. (1996): Government R&D Expenditure and Space: Empirical Evidence from Five Advanced Industrial Economies. In: Research Policy, Vol. 25, S. 741-758.

Sternberg, R. (1997): Weltwirtschaftlicher Strukturwandel und Globalisierung. Umfang und Ursachen räumlicher Ungleichgewichte bei sozioökonomischen Indikatoren. In: Geographische Rundschau, Jg. 49, H. 12, S. 680-687.

Sternberg, R. (1998): Technologiepolitik und High-Tech Regionen - ein internationaler Vergleich. 2. korrigierte Aufl. Wirtschaftsgeographie, Band 7. Münster, Hamburg.

Sternberg, R. (1999a): Innovative Linkages and Proximity - Empirical Results from Recent Surveys of Small and Medium-sized Firms in German Regions. In: Regional Studies, Vol. 33, No. 6, S. 529-540.

Sternberg, R. (1999b): New Media Policies and Regional Development in Japan. In: Braczyk, H.-J.; Fuchs, G.; Wolf, H.-G. (Hrsg.): Multimedia and Regional Economic Restructuring. London, S. 346-375.

Sternberg, R. (2000a): Entrepreneurship in Deutschland. Das Gründungsgeschehen im internationalen Vergleich. Länderbericht Deutschland 1999 zum Global Entrepreneurship Monitor. Berlin.

Sternberg, R. (2000b): Innovation Networks and Regional Development - Evidence from the European Regional Innovation Survey (ERIS): Theoretical Concepts, Methodological Approach, Empirical Basis and Introduction to the Theme Issue. In: European Planning Studies, Vol. 8, No. 4, S. 389-408.

Sternberg, R. (2000c): Stand, Selbstverständnis und Perspektiven der deutschen Wirtschaftsgeographie. In: Niedermeyer, M., Glaser, R., Sponholz, B. (Hrsg.): Geographie in Perspektive. Beiträge zum Fachkolloquium „100 Jahre Geographie in Würzburg am 22./23. Januar 1999. Würzburger Geographische Arbeiten, Bd. 94. Würzburg, S. 33-57.

Sternberg, R. (2000d): State of the Art and Perspectives of Economic Geography Taking Stock From a German Point of View. In: GeoJournal, Vol. 50, No. 1, S. 25-36.

Sternberg, R., Behrendt, H., Seeger, H., Tamásy, C. (1997): Bilanz eines Booms - Wirkungsanalyse von Technologie und Gründerzentren in Deutschland. 2. Aufl. Dortmund.

Voppel, G. (1965): Die Aachener Bergbau- und Industrielandschaft, eine wirtschaftsgeographische Studie. Kölner Forschungen zur Wirtschafts- und Sozialgeographie, Bd. III. Wiesbaden.

Voppel, G. (1969): Analyse und Erfassung eines Wirtschaftsraumes. In: Geographische Rundschau, Jg. 21, H. 10, S. 369-379.

Voppel, G. (1975): Wirtschaftsgeographie. 2. Aufl. Schaeffers Grundriß des Rechts und der Wirtschaft, Bd. 98. Stuttgart, Düsseldorf.

Voppel, G. (1980): Verkehrsgeographie. Erträge der Forschung, Bd. 135. Darmstadt.

Voppel, G. (1984): Grundlagen der räumlichen Ordnung der Wirtschaft. In: Frankfurter Wirtschafts- und Sozialgeographische Schriften, H. 46. Frankfurt, S. 39-68.

Voppel, G. (1988a): Theodor Kraus (1894-1973). - In: Henning, F.-W. (Hrsg.): Kölner Volkswirte und Sozialwissenschaftler. Studien zur Geschichte der Universität zu Köln, Bd. 7. Köln, Wien, S. 139-166.

Voppel, G. (1988b): Räumliche Potentiale und die Entwicklung der Wirtschaftsstruktur Kölns im Städtevergleich. In: Glässer, E., Voppel, G. (Hrsg.): Wirtschaftsgeographische Entwicklungen in Köln. Kölner Forschungen zur Wirtschafts- und Sozialgeographie, Bd. XXXV. Köln, S. 23-62.

Voppel, G. (1989): Die geographische Stadtforschung Kölns im Wirtschafts- und Sozialgeographischen Institut der Universität zu Köln. In: Hottes, K.; Schlieter, E.; Schneider, S.; Schweizer, G.; Voppel, G. (Hrsg.): Köln und sein Umland. Köln, S. 283-289.

Voppel, G. (1990): Die Industrialisierung der Erde. Teubners Studienbücher der Geographie. Stuttgart.

Voppel, G. (1993): Nordrhein-Westfalen. Storkebaum, W. (Hrsg.): Wissenschaftliche Länderkunden, Bd. 8: Bundesrepublik Deutschland, VI. Nordrhein-Westfalen. Darmstadt .

Voppel, G. (1997): Die Entwicklungspotentiale im Wirtschaftsraum Leipzig. In: Graafen, R., Tietze, W. (Hrsg.): Raumwirksame Staatstätigkeit. Festschrift für Klaus-Achim Boesler zum 65. Geburtstag. Colloquium Geographicum, Bd. 23. Bonn, S. 255-267.

Voppel, G. (1999): Wirtschaftsgeographie - Räumliche Ordnung der Weltwirtschaft unter marktwirtschaftlichen Bedingungen. Teubners Studienbücher der Geographie. Stuttgart, Leipzig.

Waibel, L. (1933): Probleme der Landwirtschaftsgeographie. Wirtschaftsgeographische Abhandlungen Nr. 1. Breslau.

scht

I

Vorwort

Mit der Veröffentlichung dieser Arbeit endet eine schöne und wichtige Lebensphase, die ich nicht missen möchte. Das Erreichen dieses Zieles ist aus meiner Sicht ein Produkt der Menschen, die mich umgeben. Ob sie mich nun in fachlicher oder in menschlicher Hinsicht durch die Höhen und Tiefen dieses Projektes begleitet haben, möchte ich mich hiermit bei Ihnen herzlichst bedanken.

Ein wesentlicher Teil dieser Arbeit beruhte auf einer Firmenbefragung in Nordrhein-Westfalen. Hier möchte ich allen Probanden danken, die mit der Rücksendung der Fragebögen zum Gelingen der Arbeit beigetragen haben. Meiner Mutter gilt mein besonderer Dank für die finanzielle Unterstützung bei der Befragung. Der BBE-Unternehmesberatung mbH und AWU GmbH gilt mein Dank für die indirekte Finanzierung der Befragung durch die faire Kostenkalkulation.

Besonders möchte ich Herrn Prof. Dr. Ewald Gläßer danken, der für mich weit über das normale Maß hinaus mein akademischer Doktorvater ist. Neben der reinen akademischen Ausbildung hat er mich entscheidend durch seine Art der Mitarbeiterführung geprägt. Mit dem Dank an ihn geht der Wunsch einher, auch in Zukunft mit ihm verbunden zu bleiben. Herrn Prof. Dr. Dr. h. c. G. Beuermann danke ich herzlich für die Übernahme des Korreferates.

Namentlich möchte ich mich besonders bei Uta und Andreas Torn für die drucktechnische Umsetzung des Fragebogens und dessen Versand, bei Dipl. Geogr. Jutta Peters und Michaela Pütz für das mühsame Korrekturlesen sowie bei Dipl. Ing. Stephan Pohl für die Hilfestellung bei der graphischen Umsetzung bedanken.

Besonders am Herzen liegt mir der Dank an meine Frau Dayenne, die mir durch ihre liebevolle Art stets den Rücken frei gehalten hat und mit mir alle meine Höhen und Tiefen geteilt hat. Auch meinen Söhnen Felix und Tom möchte ich danken, da sie es immer wieder schaffen, mir die wahre Freude am Leben zu zeigen und damit etwaige Probleme ins rechte Licht rücken.

Abschließend möchte mich bei meinen Eltern bedanken, die mir meine Ausbildung ermöglicht haben. Die Unterstützung während der Anfertigung der Dissertation möchte ich jedoch auch auf meine Schwester Anja sowie alle Omis und Opis erweitern, da sie mir alle immer ermutigend und helfend zur Seite standen, wenn ich sie brauchte.

Axel Seidel

Zusammenfassung

Anhand einer repräsentativen Befragung von Unternehmen des verarbeitenden Gewerbes in Nordrhein-Westfalen werden in dieser Arbeit die empirischen Wirkungen des Kreislaufwirtschafts- und Abfallgesetzes dargelegt. Die Auswertung konzentriert sich auf die Entwicklung der Abfallströme, die Ermittlung der Entsorgungsstruktur, die Identifizierung der Markthemmnisse für Sekundärrohstoffe und die Wirkungen des Kreislaufwirtschafts- und Abfallgesetzes. Die Auswertungen basieren auf der theoretischen Analyse des Gesetzes auf Grundlage der im ersten Teil erarbeiteten entscheidungsorientierten umweltökonomischen Sichtweise. Stark beeinflusst wird die Kreislaufwirtschaft durch institutionellen und wirtschaftliche Rahmenbedingungen, die einen weiteren Schwerpunkt der Arbeit bilden. Die bislang fehlende Quantifizierung der Abfallströme und der Sekundärrohstoffmärkte zeigt die bisherigen Wirkungen und die Entwicklungen für die Kreislaufwirtschaft in Deutschland.

Schlagworte: Umweltökoomie; Umweltrecht; Abfallwirtschaft; Sekundärrohstoffmärkte

Abstract

An extensive survey of manufacturing firms in North Rhine-Westphalia is carried out to answer the question how the German „Kreislaufwirtschafts- und Abfallgesetz" influences the waste management of firms. Environmental policy instruments in the German „Kreislaufwirtschafts- und Abfallgesetz" are analysed by a checklist to point out its effects on the environment and economy. The general economic setting and the political framework have a great influence on the effects of the national economic policy. This circumstance is the basis for analysing the institutional setting laid down by the WTO and the EU and the analysis of the market structure and market development within the „cycle-economy". The gap between the theoretical analysis and the results of the field research determines the effectiveness of the applied environmental policy.

Keywords: environmental economy; environmental law; waste management; recycling markets

Inhaltsverzeichnis

Tabellenverzeichnis

Abbildungsverzeichnis

Abkürzungsverzeichniss

AbfG	Abfallgesetz
BDE	Bundesverband der Deutschen Entsorgungswirtschaft
BDI	Bundesverband der Deutschen Industrie
BimSchV	Bundesimmissionschutz Verordnung
BMU	Bundesministerium für Umwelt, Naturschutz und Reaktorsicherheit
bvse	Bundesverband Sekundärrohstoffe und Entsorgung e.V.
CEST	Centre for Exploration of Science and Technology
DIHT	Deutscher Industrie- und Handelstag
DKR	Deutsche Gesellschaft für Kunststoffrecycling mbH
DSD	Duales System Deutschland AG
EAK	Europäischer Abfallkatalog
EMAS	Environmental Management and Audit Scheme
EU	Europäische Union
EWG	Europäische Wirtschaftsgemeinschaft
FS	Fachserie
GATT	General agreement on tariffs and trade
ISO	International Organisation for standardisation
KrW-/AbfG	Kreislaufwirtschafts- und Abfallgesetz
LAGA	Länder Arbeitsgruppe Abfall
MBA	Mechanisch-biologische Anlage
MOEL	Mittel- und osteuropäische Länder
MVA	Müllverbrennungsanlage
OECD	Organisation for economic cooperation and development
R.	Reihe
SRU	Sachverständigenrat für Umweltfragen
TA	Technische Anleitung
TASi	Technische Anleitung Siedlungsabfall
UNEP	United Nations Environment Programme
VKS	Verband Kommunaler Abfallwirtschaft und Stadtreinigung e.V.
VKU	Verband Kommunaler Unternehmen
WBGU	Wissenschaftlicher Beirat der Bundesregierung Globale Umweltveränderungen
WTO	World Trade Organisation

1 Problemstellung und methodische Vorgehensweise

1.1 Problemstellung

Eine der drängendsten Fragen der Zukunft ist die Verbesserung der Rohstoffeffizienz. Ziel der Entwicklung muss eine Dematerialisierung der Wirtschaft sein, die dazu führt, den Ressourcenverbrauch zu senken (vgl. Brown 2000). Der Zwang zur Steigerung der Rohstoffeffizienz resultiert nicht mehr allein aus der mangelnden Verfügbarkeit der Rohstoffe, sondern aus der mangelnden Aufnahmekapazität der Ökosysteme. Die Entwicklung lässt sich nach Wollny (2000) treffend beschreiben als ein Prozess, der 1972 durch die Studie „ The Limits of Growth" (Meadows/Meadows 1972) begann, von 1972-1990 durch „Growth of Limits" zu charakterisieren ist und seitdem durch die überarbeitete Studie „New Limits of Growth" (Meadows/Meadows/Rangers 1992) geprägt wird. „New Limits of Growth" soll als Synonym der heutigen Problemlage dienen, die durch die Senken und weniger durch die Quellen determiniert wird.

Das Ziel der Rohstoffeffizienz muss durch drei Eckpfeiler gestützt werden, die John E. Young (2000) mit den Zielen Vermeidung von Rohstoffeinsatz, Nutzungsintensivierung und Kreislaufführung benennt. Um das Ziel der „Lifecycle-economy" zu erreichen, müssen nach Töpfer (2000) zum einen die Eigentumsrechte klar definiert und zum anderen den Produkten die „wahren" Kosten zugerechnet werden.

Nach dem Weltumweltbericht 2000 (Global environmental outlook 2000) der UNEP ist eine der Hauptschlussfolgerungen der Untersuchung der Umweltpolitiken weltweit die mangelnde Auseinandersetzung mit der Umsetzung und Überprüfung der Effektivität der eingesetzten Instrumente (vgl. UNEP 1999, S. 204). Der Forderung nach einer Auseinandersetzung mit den Stoffströmen und mit der Umsetzung von umweltpolitischen Instrumenten versucht sich die vorliegende Arbeit zu nähern. Die Zielsetzungen des Kreislaufwirtschafts- und Abfallgesetzes sind stark fokusiert auf die oben beschriebene und angestrebte Verbesserung der Rohstoffeffizienz. Es soll im Folgenden untersucht werden, inwieweit die Maßgaben des Kreislaufwirtschafts- und Abfallgesetzes den Zielen entsprechen.

Gerade in Deutschland zeigt sich die Abfallwirtschaft als ein sehr dynamischer Markt, der sensibel auf Markteingriffe reagiert. So wurde noch Anfang der 1990er Jahre von einem Müllnotstand gesprochen und dringender Handlungsbedarf für den Ausbau der Entsorgungsinfrastruktur gesehen, während sich Ende der 1990er das Bild völlig umgekehrt hatte und das Wort vom Müllmengennotstand die Runde machte. Diese geänderten Rahmenbedingungen für die Entstehung einer Kreislaufwirtschaft sollen in dieser Arbeit quantitativ nachgewiesen werden, um zum einen die Gründe für jene Entwicklung aufzeigen zu können und um zum anderen die Wirkungen auf die Kreislaufwirtschaft zu identifizieren. Bei der Analyse des Kreislaufwirtschafts- und Abfallgesetzes muss immer im Auge behalten werden, dass die Entstehung und damit auch die Wahl der umweltpolitischen Instrumente auf anderen Rahmenbedingungen basierte, als wir sie heute vorfinden. Deshalb soll diese Arbeit einen Beitrag liefern, wie die Instrumente heute empirisch wirken und welche Änderungen vorgenommen werden sollten.

1.2   Vorgehensweise

Im Rahmen dieser Arbeit wird der Stand der Kreislaufwirtschaft in Deutschland aufgezeigt, um den möglichen Beitrag zur Ressourcenvermeidung abbilden zu können. Im Vordergrund steht dabei insbesondere der Beitrag des Kreislaufwirtschafts- und Abfallgesetzes. Ziel ist es, die Wirkungen der einzelnen Maßnahmen zu identifizieren. Bevor jedoch eine Wirkungsanalyse durchgeführt werden kann, müssen die möglichen Maßnahmen analysiert und systematisiert werden (siehe Kapitel 2). In dieser Arbeit wird eine Gliederung gewählt, die sich insbesondere am zweckrationalen Handlungsmodell ausrichtet. Dieser Ansatz wurde aufgrund des Entscheidungsverhaltens von Unternehmen gewählt, deren Verhalten in Bezug auf die Kreislaufwirtschaft im letzten Schritt dieser Studie analysiert wird. Durch die entscheidungsorientierte Gliederung wird deutlich, dass die Maßnahmen durchaus komplementär wirken, jedoch stark miteinander verzahnt sein müssen, um den nötigen Erfolg zu sichern.

Neben der theoretischen Analyse der Maßnahmen spielen die aktuellen Rahmenbedingungen für die eingesetzten Instrumente eine wesentliche Rolle (siehe Kapitel 3). Die Maßnahmen werden teilweise durch Zielkonkurrenzen oder durch Beschränkungen der Entscheidungsfelder stark beeinflusst. Die Rahmenbedingungen können sowohl durch höhere administrative Einheiten als auch durch Markthemmnisse bestimmt werden. Durch diese Analyse, insbesondere bezogen auf die 1990er Jahre, wird verdeutlicht, welche Faktoren den oben beschriebenen Weg vom Müllnotstand zum Müllmengennotstand bedingen und wie sie auf die Entfaltung des Kreislaufwirtschafts- und Abfallgesetzes wirken.

Auf der Grundlage dieser Ergebnisse beginnt die Analyse des konkreten Gesetzes-
textes (siehe Kapitel 4). Dabei spielen die Verfügungsrechte eine entscheidende Rolle. Wie Töpfer (2000) ausführte, ist erst durch die genaue Pflichtenzuweisung und
damit die Möglichkeit der Identifizierung des Verursachers zieladäquates Handeln zu
erwarten. Aus diesem Grund wird neben dem Aufbau des Gesetzes gerade der Definition des Abfallbegriffs der nötige Raum gegeben, um die wirtschaftlichen Implikationen besser ableiten zu können. Bevor die Wirkungsanalyse empirisch vorgenommen wird, werden in Kapitel 4.2 die Wirkungen der Umweltpolitischen Prinzipien
und Instrumente anhand des entwickelten entscheidungsorientierten Ansatzes theoretisch analysiert. Kapitel 5 bildet als Abschluß letzlich die Klammer, die die im Rahmen der durchgeführtn Analyse erzielten Ergebnisse empirisch überprüft und bewertet. Es wurde im Zuge der empirischen Untersuchung die tatsächlichen Wirkungen
des Kreislaufwirtschafts- und Abfallgesetzes dargestellt. Das Abschlusskapitel soll
schließlich Wege aufzeigen, um den Zielerreichungsgrad der Abfallpolitik zu erhöhen.

Die empirischen Wirkungen des Kreislaufwirtschafts- und Abfallgesetzes wurden
anhand folgender Quellen untersucht:

- Befragung des verarbeitenden Gewerbes in Nordrhein-Westfalen mit Hilfe eines
  standardisierten Fragebogens
- Auswertung der Abfallbilanzen der einzelnen Bundesländer
- Analyse der amtlichen Statistiken, insbesondere der Umsatzsteuerstatistik, der
  Produktionsstatistik und der Außenhandelsstatistik des Statistischen Bundesamtes.

1.3 Erhebungsdesign der Befragung des produzierenden Gewerbes in Nordrhein-Westfalen

1.3.1 Adressatenkreis und Rücklauf

Das Kreislaufwirtschafts- und Abfallgesetz bringt insbesondere für das produzierende
Gewerbe neue institutionelle Rahmenbedingungen. In der Literatur finden jedoch
ausschließlich Stellungnahmen von Unternehmen der Abfallwirtschaft oder von über-
geordneten Branchenverbänden sowie Industrie- und Handelskammern und Hand-
werkswerkskammern ihren Niederschlag. Um diese Lücke zu schließen, wurden im
Rahmen dieser Arbeit 4.000 Unternehmen des produzierenden Gewerbes in Nordrhein-Westfalen befragt.

Der Adressatenkreis der Befragung umfasst alle Betriebe (inkl. Kleinbetriebe unter 20 Beschäftigten) Nordrhein-Westfalens aus den Bereichen des Verarbeitenden Gewerbes nach Abgrenzung des Statistischen Bundesamtes von 1993 (vgl. Statistisches Bundesamt 1993). Die Branchenklassifikation in dieser Arbeit stützt sich auf folgende Wirtschaftszweigzuordnung (WZ-Zweisteller):[1]

⇒ **Nahrungsmittel**

        15 Ernährungsgewerbe

        16 Tabakverarbeitung

⇒ **Textil, Bekleidung**

        17 Textilgewerbe

        18 Bekleidungsgewerbe

        19 Ledergewerbe

⇒ **Holz, Papier, Druck**

        20 Holzgewerbe

        21 Papiergewerbe

        22 Verlagsgewerbe, Druckgewerbe etc.

⇒ **Chemische Erzeugnisse**

        23 Kokerei, Mineralölverarbeitung etc.

        24 Chemische Industrie

⇒ **Gummi- und Kunststoffwaren**

        25 Herstellung von Gummi- und Kunststoffwaren

⇒ **Glas, Keramik etc.**

        26 Glasgewerbe, Keramik etc.

⇒ **Metallbe- und -verarbeitung**

        27 Metallerzeugung und -bearbeitung

        28 Herstellung von Metallerzeugnissen

⇒ **Elektrotechnik**

        30 Herstellung von Büromaschinen, Datenverarbeitungsmaschinen

        31 Herstellung von Geräten der Elektrizitätserstellung

        32 Rundfunk-, Fernseh- und Nachrichtentechnik

        33 Medizin-, Mess- und Regelungstechnik etc.

---

[1]   Der Wirtschaftszweig 37 „Recycling" ging nicht mit in die Befragung ein

⇒ **Maschinen und Fahrzeugbau**

        29 Maschinenbau

        34 Herstellung von Kraftwagen

        35 Sonstiger Fahrzeugbau

⇒ **sonstige Erzeugnisse**

        36 Herstellung von Möbeln, Schmuck etc.

Die Auswahl der 4.000 Probanden erfolgte anhand der Adressdateien der beiden größten Adressverlage in Deutschland, Az-Bertelsmann und Schoba. Einziges Selektionskriterium der Zufallsstichprobe war die Branchenverteilung in Nordrhein-Westfalen (siehe Tab. 1).

Tab. 1: **Branchenstruktur im verarbeitenden Gewerbe in der Stichprobe und in Nordrhein-Westfalen im September 1998**

	Wirtschaftszweig Zweisteller	Anzahl der Unternehmen in NRW 1998	Anteil der Unternehmen in NRW 1998	Befragte Unternehmen in NRW*
Nahrungsmittel	15, 16	1.394	5,5%	182
Textil, Bekleidung	17, 18, 19	1.628	6,4%	275
Holz, Papier, Druck	20, 21, 22	4.535	17,8%	716
Chemische Erzeugnisse	23, 24	861	3,4%	134
Gummi- und Kunststoffwaren	25	1.646	6,5%	262
Glas, Keramik etc.	26	1.174	4,6%	179
Metallbe- und verarbeitung	27, 28	7.032	27,7%	1.126
Elektrotechnik	30, 31, 32, 33	2.525	9,9%	400
Maschinen- und Fahrzeugbau	29, 34, 35	3.511	13,8%	554
sonstige Erzeugnisse	36	1.109	4,4%	172
verarbeitendes Gewerbe insgesamt	(ohne 37)	25.415	100,0%	4.000

* Die Verteilung der befragten Unternehmen beruht auf Daten von 1997, da Daten für 1998 erst im Dezember 1999 erschienen sind.

Quelle: Landesamt für Datenverarbeitung und Statistik Nordrhein-Westfalen 1999.

6

Die Erfassung der betrieblichen Abfallwirtschaft wurde mit Hilfe eines standardisierten Fragebogens durchgeführt, der zwölf geschlossene Fragen beinhaltete. Neben einigen allgemeinen Angaben zum Unternehmen wurden im Wesentlichen folgende Aspekte abgefragt:

- die Entsorgungsstruktur der Betriebe und deren
- Kooperationen im Entsorgungs- bzw. Verwertungsbereich,
- die organisatorischen und produktionsorientierten Maßnahmen aufgrund des Kreislaufwirtschafts- und Abfallgesetzes sowie
- subjektive Einschätzungen der Respondenten bezüglich des Gesetzes und der genannten abfallwirtschaftlichen Ziele und Strategien.

Die endgültige Formulierung des Fragebogens erfolgte nach Durchführung von in Interviewform geführten Pretests bei zehn Betrieben. Des Weiteren fand eine detaillierte Abstimmung der Fragebogenformulierung mit Experten auf den Gebieten der empirischen Sozialforschung und der Abfallwirtschaft statt (vgl. Friedrichs 1990, Diekmann 1995, Ehling 1997).

Tab. 2: **Rücklaufberechnung bei der Befragung zur betrieblichen Abfallwirtschaft 1999**

Verschickte Fragebögen		4000
Falsche Adresse oder Adressat [unzustellbar, Ansprechpartner nicht mehr im Betrieb]	-	25
Effektiv zugestellte Adressen	=	3975
Antworten nicht möglich [Konkurs (17), Reparatur-. Handels- oder Dienstleistungsbetrieb (14)]	-	31
Maximal mögliche Antworten	=	3944
Zurückgeschickte Fragebögen		250
Nicht verwertbare Fragebögen [mangelhaft ausgefüllt]	-	10
Verwertbare Fragebögen	=	240
Rücklaufquote in % [8/5]		6,1%

Quelle: eigene Erhebung.

Die Fragebögen wurden im September 1999 an die ausgewählten Betriebe versandt. Die Anschreiben waren jeweils an die Geschäftsführer bzw. Inhaber gerichtet. Nach Verstreichen der Antwortfrist am 15. Oktober wurden Betriebe, die bis dahin noch nicht geantwortet hatten, durch eine telefonische Nachfassaktion um ihre Teilnahme gebeten. Tab. 2 zeigt den Rücklauf bei der Befragung zur betrieblichen Abfallwirtschaft.

Die Rücklaufquote von 6,1% erscheint auf den ersten Blick niedrig. Beachtet man aber die Komplexität und Sensibilität des Untersuchungsgegenstandes sowie die allgemeine Flut von Fragebögen, die die Betriebe erhalten, erscheint die Rücklaufquote durchaus in positivem Licht.[2] Die Qualität der gemachten Aussagen wird durch den hohen Anteil an Entscheidungsträgern untermauert: 65,5% der Antwortenden waren Geschäftsführer oder Firmeninhaber. Weitere 16% waren Umwelt- bzw. Abfallbeauftragte, d.h. sie repräsentierten die Know-how-Träger für die betriebliche Abfallwirtschaft im Betrieb. Die restlichen 18,5% der Fragebögen wurden zumeist von Produktionsleitern oder sonstigen Personen des mittleren Managements beantwortet.

1.3.2 Statistische Signifikanz und Repräsentativität

Die absolute Höhe des auswertbaren Rücklaufs (siehe Tab. 2) gibt Aufschluss darüber, ob statistisch gesicherte Aussagen für die Grundgesamtheit gemacht werden können. Bei der statistischen Signifikanz der Befragung wird in der Regel eine Sicherheit von 95% gefordert. Außerdem wird bei den ermittelten Häufigkeiten ein Streubereich von 13 Prozentpunkten festgelegt, d.h. positive oder negative Abweichungen vom „wahren" Wert der Grundgesamtheit sollten mit 95%iger Sicherheit nicht größer als 6,5% sein. Damit diese Bedingungen erfüllt sind, kann man über eine vereinfachte Kontrollformel für die „Endlichkeitskorrektur" den erforderlichen Mindestrücklauf berechnen (vgl. dazu Sachs 1969, S. 336ff.).

---

[2] Bei der telefonischen Nachfassaktion wurden in Bezug auf die Belastung der Betriebe durch Fragebögen zwei Aspekte deutlich. Erstens werden die Unternehmen im Zuge von Direct-Mail Aktivitäten immer öfter mit Fragebögen überhäuft, was dazu führt, dass sog. „Firewalls" aufgebaut werden. Dabei werden Fragebögen schon in der Poststelle oder im Vorzimmer aussortiert. Nach Auskunft von Werbeagenturen werden bei sog. Blindbefragungen, bei denen keine Bindungen des Befragenden zum Probanden bestehen, Rücklaufquoten von 1% als Erfolg gewertet. Zweitens sind die Betriebe sehr zögerlich bei der Herausgabe von Daten. Auch äußern sie ungern ihre Meinung, da sie offensichtlich schon schlechte Erfahrungen mit sog. „Vertraulichen Fragebögen" gemacht haben.

Abb. 1:   Berechnung des Mindestrücklaufes

$$n_{schätz} = \frac{N}{1+(e^2 * N)}$$

mit N = Grundgesamtheit; e = relative Abweichung, $n_{schätz}$ = notwendiger Mindeststichprobenumfang bzw. -rücklauf und n_{tats} = Tatsächlicher Rücklauf

$$n_{schätz} = \frac{25.415}{1+(0,065^2 * 25415)} = 235 \quad \text{d.h. } n_{tats} = 240 > 235 = n_{schätz}$$

Quelle: eigene Berechnungen.

Aus obiger Abb. geht hervor, dass der tatsächliche Rücklauf den erforderlichen übersteigt. Demnach kann mit 95%iger Wahrscheinlichkeit davon ausgegangen werden, dass die Ergebnisse dieser Untersuchung nicht systematisch verzerrt sind.[3]

Dieses sehr weiche Kriterium zur Berechnung der Repräsentativität reicht jedoch nicht aus, um über die Qualität der Untersuchung zu urteilen. Deshalb wird im Folgenden die Repräsentativität der Stichprobe mittels der Branchenverteilung und Beschäftigungsstruktur bezogen auf Nordrhein-Westfalen überprüft.

Bei der Branchenrepräsentativität wird getestet, ob zwischen der Stichprobe und der Grundgesamtheit systematische Verzerrungen in der Branchenverteilung existieren. Tab. 3 zeigt die Verteilung innerhalb der Stichprobe und in Nordrhein-Westfalen. Bereits bei bloßem optischen Vergleich zeigt sich eine hohe Übereinstimmung.

---

[3]   Diekmann (vgl. 1995 S. 368f.) verwirft die Repräsentativitätsprüfung, wenn nicht Richtung und Stärke der Zusammenhänge relevant sind.

Tab. 3: Vergleich von Branchenanteilen (%) in der Stichprobe mit der Verteilung in Nordrhein-Westfalen (September 1998) anhand des χ^2 - Tests

Branche	Verteilung in der Stichprobe in % (n=240)	Verteilung in Nordrhein-Westfalen in % (n=25.415)	χ^2-Test (Ist-Verteilung- Erwartungswert)²/ Erwartungswert)
Nahrungsmittel	5,8	5,5	0,05
Textil und Bekleidung	5,8	6,4	0,12
Holz, Papier, Druck	17,9	17,8	0,00
Chemische Erzeugnisse	5,0	3,4	1,81
Gummi- und Kunststoffwaren	6,7	6,5	0,01
Glas, Keramik etc.	5,0	4,6	0,08
Metallbe- und –verarbeitung	27,9	27,7	0,00
Maschinen- und Fahrzeugbau	13,8	13,8	0,00
Elektrotechnik	6,7	9,9	2,53
Sonstige Erzeugnisse	5,4	4,4	0,56
Σ	100,0	100,0	5,20

Quelle: eigene Erhebung und Landesamt für Datenverarbeitung und Statistik Nordrhein-Westfalen 1999.

Diese hohe Übereinstimmung spiegelt auch das Ergebnis des χ^2 - Tests wider, der einen signifikanten Zusammenhang (5%-Niveau) zwischen den beiden Verteilungen nachweist.[4]

In einem weiteren Schritt wird untersucht, ob die Stichprobe auch hinsichtlich der Beschäftigungsgrößenklassen keine systematischen Verzerrungen zur Grundgesamtheit aufweist. Im Gegensatz zur Branchenverteilung floss die Betriebsgröße nicht als Selektionskriterium bei der Stichprobenauswahl (n=4000) ein. Aus diesem Grunde ist hier mit einem schlechteren Ergebnis zu rechnen.

---

[4] χ=5,2 liegt bei 9 Freiheitsgraden deutlich unter dem Richtwert 16,92.

**Tab. 4: Vergleich von Anteilen (%) der Betriebsgrößenklassen in der Stich-
probe mit der Verteilung in Nordrhein-Westfalen (September 1998)**

Beschäftigte pro Betrieb	Verteilung in der Stichprobe (n=239)	Verteilung in Nordrhein-Westfalen (n=25.415)
unter 20	46,4%	60,1%
20 bis 49	19,7%	18,1%
50 bis 99	8,8%	9,6%
100 bis 199	7,9%	6,0%
200 bis 499	8,8%	4,3%
500 bis 999	2,1%	1,3%
1000 und mehr	6,3%	0,7%
Gesamt	100,0%	100,0%

Quelle: eigene Erhebung.

Als Maß der Übereinstimmung ist der Spearman-Rangkorrelationskoeffizent mit
$R_s = 1$ auf 1% Niveau hochsignifikant. Beim Vergleich der absoluten Anteilswerte
zeigen sich jedoch Unterschiede, die sich darin äußern, dass der χ^2- Test scheitert. Bei
der Analyse der Verteilung kann man erkennen, dass die Großunternehmen (1.000
und mehr) deutlich und die Unternehmen von 200 bis 499 Beschäftigten überdurchschnittlich in der Stichprobe repräsentiert sind, während die Kleinbetriebe eher unterrepräsentiert sind. Diese Verzerrung findet bei der Interpretation der betrieblichen
Abfallwirtschaft Berücksichtigung, was bei manchen Analysen dazu führen kann,
dass einzelne Betriebe ausgeklammert werden. Beispielsweise können bei gewissen
Fragestellungen nur die Kleinbetriebe (unter 20 Beschäftigte) betrachtet werden. Insgesamt ist der hohe Rücklauf von Fragebögen aus Kleinbetrieben sehr erfreulich.

1.3.3   Datenverarbeitung und –auswertung

Die gewonnenen Primärdaten bilden die Grundlage für die empirische Analyse, die
im Wesentlichen in Kapitel 4.2.2 einfließt. Um die Daten später mit Hilfe des Pro-
grammsystems „SPSS für Windows" weiterzuverarbeiten, wurden sie in einem ersten
Schritt bei der Eingabe bereinigt (manuelles Editing)[5]. In einem zweiten Schritt wurden die Daten kodiert, um sie für das Auswertungsprogramm lesbar und auswertbar

---

[5]   D. h. inkonsistente und unplausible Antworten werden manuell identifiziert und soweit wie möglich korrigiert, um eine ausreichende Datenqualität zu gewährleisten. Viele Fragebögen waren mit
Adressen versehen, die telefonische Rückfragen ermöglichten. Eine Frage wurde jedoch schon aufgrund dieser ersten Prüfung komplett gestrichen, da die Angaben zur Abfallmenge keine Plausibilität zuließen.

zu gestalten. Abschließend wurde eine EDV-gestützte Datenprüfung ausgeführt, welche die Vollständigkeit, Konsistenz und Plausibilität des Datensatzes sichert.

Bei der inhaltlichen Analyse werden nominale, ordinale und metrische Daten Eingang finden. Die Datenauswertung erfolgt im Wesentlichen mit folgenden Verfahren:

- Faktorenanalyse
- Clusteranalyse
- einfaktorielle Varianzanalyse
- Häufigkeitsmessung
- Kreuztabellen mit χ^2-Test
- Mittelwertvergleiche zweier unabhängiger Stichproben mit dem T-Test.

Das Signifikanzniveau wird bei den verwandten statistischen Verfahren auf zwei Stufen ermittelt. Von hochsignifikant wird die Rede sein, wenn ein Signifikanzniveau von 1% vorliegt und von signifikant, wenn das Signifikanzniveau 5% beträgt. In Worten bedeutet ein Signifikanzniveau von 5%, dass die gemachte Aussage mit 95%iger Wahrscheinlichkeit richtig ist.

2   Überblick über das umweltökonomische Grundgerüst

Das umweltökonomische Grundgerüst baut auf den Wechselwirkungen zwischen dem ökologischen und sozioökonomischen System auf (siehe Abb. 2). Hieraus lassen sich die einzelnen Ansatzpunkte für umweltpolitisches Handeln bzw. umweltökonomische Steuerung ablesen (vgl. Wicke 1993, S. 8).

Abb. 2: Beziehungen zwischen dem ökologischen und ökonomischen System

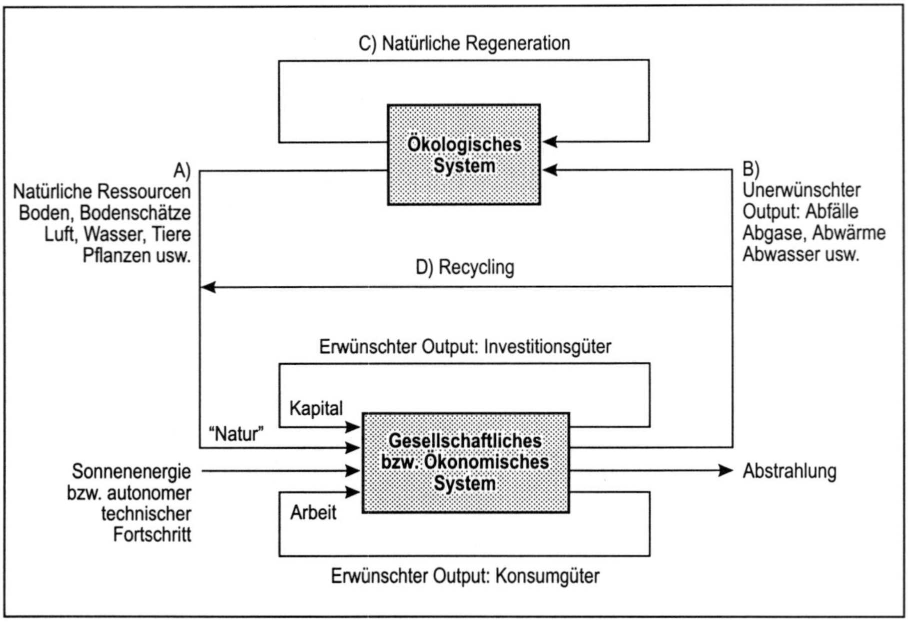

Quelle: verändert nach Frey 1972, S. 455.

Die Eingriffsmöglichkeiten in das Gefüge zwischen ökologischem und ökonomischem System lassen sich, bezogen auf die Abfallwirtschaft, wie folgt charakterisieren (siehe Abb. 2):

(a) Abfallvermeidungsstrategie (quantitativ), d.h. **Verbrauch der natürlichen Ressourcen einschränken** (Strom A). Hier bedeutet Vermeidung, dass weniger Input für die ökonomische Leistungserstellung benötigt wird.

(b) Abfallverwertung, d.h. **Erhöhung der Kreislaufführung,** indem der Output direkt als Ressource (Strom D) wieder in den Wirtschaftskreislauf einmündet. In diesem Ansatzpunkt liegt neben der Vermeidungsstrategie (Punkt a) der Kern des Problembereiches, der in der vorliegenden Arbeit behandelt werden soll. Denn die eigentliche Neuerung des Kreislaufwirtschafts- und Abfallgesetzes ist die Implementierung der Pflichtenhierarchie „Vermeiden-Verwerten-Beseitigen".

(c) Abfallvermeidung (qualitativ) und Abfallbeseitigung, d.h. **Abgabe unerwünschter Reststoffe an das ökologische System beschränken** (Strom B). Darunter ist sowohl der ganze Bereich der sogenannten „end-of-pipe-Verfahren" (z. B. Deponieabdichtung) als auch das Verbot von spezifischen Stoffen (z. B. Asbest) zu verstehen.[6]

(d) Abfallbeseitigung, d.h. **natürliche Regenerationsfähigkeit des ökologischen Systems verbessern** (Strom C). Dieser Punkt ist in Bezug auf die Abfallwirtschaft nur schwer zu übersetzen. Es geht jedoch darum, die Umwelt auf „natürliche" Weise zu regenerieren bzw. zu stärken. Beispielhaft könnte hier die Entwicklung von Mikroorganismen genannt werden, die zur Sanierung von Altlasten in Böden beitragen.

Die folgenden Unterkapitel sind den wesentlichen Aspekten der Umweltökonomie gewidmet. Obwohl in Kapitel 2.1 die umweltökonomischen Lösungsansätze im Einzelnen dargestellt werden, ist nicht angestrebt, aus den Ausführungen einen instrumentellen Ausschließlichkeitsanspruch abzuleiten. Es wird vielmehr versucht, im zweiten Teil dieses Kapitels anhand des Entscheidungsmodells zu erläutern, wie verschiedene umweltpolitische Instrumente gleichgerichtet wirken können. Es handelt sich weder bei den einzelnen umweltpolitischen Instrumenten noch bei dem Konfliktfeld Ökonomie-Ökologie um einen generellen „trade off". Vielmehr ist gerade ein gemischt-instrumentelles Vorgehen im Rahmen der Instrumentendiskussion der häufiger postulierte Weg (vgl. Gawel 1991 und 1994a, S. 42ff.). Die in diesem Kapitel erarbeiteten Lösungsstrategien sollen dann in Kapitel 4 die Grundlage für die umweltökonomische Analyse bilden.

---

[6] Wicke (1993, S. 8) erfasst unter diesem Punkt auch Maßnahmen zur Herstellung von abfallarmen Produkten und Verpackungen. Solche Maßnahmen wurden in dieser Arbeit dem Punkt „quantitative Abfallvermeidung" zugeordnet (Strom A).

2.1 Spannungsfeld zwischen Ökonomie und Ökologie

Die Diskussion um das Spannungsfeld zwischen Ökonomie und Ökologie wird sowohl in der Wissenschaft als auch in der Praxis gerne ideologisiert, indem einem Bereich pauschal der Vorrang eingeräumt wird. Die Möglichkeit eines profitablen Nebeneinanders wird häufig nicht gesehen. Denn aus Sicht der Ökologie ist durchaus Handlungsspielraum gegeben, da die Natur ein beachtliches Selbstreinigungsvermögen aufweist. Die Ökonomie liefert mit dem „Markt" ein optimales Instrument zur Güterallokation, das keine Ressourcenübernutzung kennt. Zu einem Zielkonflikt zwischen Ökologie und Wirtschaft kommt es nur, wenn Marktversagen und/oder Staatsversagen vorliegen (siehe hierzu Kapitel 2.1.2). Der Kern des Zielkonfliktes liegt in einem immensen Informationsdefizit. Denn um das Markt- und/oder Staatsversagen auflösen zu können, müssten folgende Bedingungen erfüllt sein:

- Es liegen Kenntnisse über die Umweltwirkungen aller anthropogen erzeugten bzw. genutzten Stoffe vor.
- Den Stoffen können Verfügungs- bzw. Eigentumsrechte zugeordnet werden, ohne dass Transaktionskosten anfallen.
- Umweltwirkungen können den sozialen Zusatzkosten angerechnet werden.

Da die Fakten in der Realität nicht vollständig vorliegen, ergeben sich Restriktionen für das ökonomische Handeln, um die Umwelt zu schützen.

Aus Sicht der Ökologie gilt deshalb immer dann das Vorsorgeprinzip, wenn die Folgen des menschlichen Handelns irreversibel sind. Auch diese klare Handlungsanweisung ist durch eine Wissenslücke eingeschränkt. So weiß man zum Zeitpunkt des „Handelns" häufig nichts von dessen Folgen (z. B. Asbest), oder man kennt im Vorfeld nicht die „kritische Schwelle", an der das Selbstreinigungsvermögen eines Ökosystems nicht mehr gegeben ist (z. B. Ostsee).

Die ökologische Restriktion ist dann erreicht, wenn die Regelungsfunktion der Natur außer Kraft gesetzt wird. Entscheidende Regelungsfunktionen der Natur sind nach Cansier (vgl. 1996, S. 3):

- die Reinigungsfunktion (Schadstoffeinträge werden bis zu einem gewissen Grad biologisch abgebaut oder herausgefiltert) und
- die Stabilisierungsfunktion (z. B. Abschirmung kosmischer Strahlung).

Hieraus ergeben sich dann unterschiedliche Vorgaben für die Politik, indem (vgl. Radke 1995, S. 542):

- erstens die Pessimisten jedwede Einwirkung des Menschen als irreversibel einstufen und dem Vorsorgeprinzip immer Vorrang einräumen und
- zweitens die Optimisten das Prinzip aushebeln wollen, da sie an die Substituierbarkeit von allen Gütern und den technischen Fortschritt als Motor für jede Problemlösung glauben.

Abb. 3: Gliederung des Umweltproblems

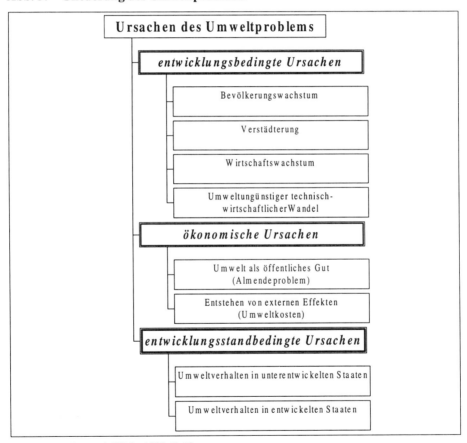

Quelle: verändert nach Wicke 1993, S. 28.

Neben diesen eher sozioökonomischen Problemfeldern, die in Kapitel 2.1.2 noch näher behandelt werden, kann man das Umweltproblem auch anhand von entwicklungs- bzw. entwicklungsstandbedingten Ursachen festmachen (siehe Abb. 3). Eine derartige Problemsicht bietet sich an, wenn globale Umweltprobleme betrachtet werden. Aber

auch für die Abfallwirtschaft ergeben sich auf dieser Betrachtungsebene Handlungs-
anweisungen, beispielsweise für Abfallexporte.

Die Grenzen für das ökologische Handeln werden durch physikalische Restriktionen
gezogen. Diese ergeben sich aus den Hauptsätzen der Thermodynamik und Entropie[7].
Im zweiten Hauptsatz der Thermographie kommt zum Ausdruck, dass Energie bei der
Nutzbarmachung von einem frei verfügbaren Zustand in einen gebundenen - nicht
mehr verfügbaren - Zustand übergeht. Man spricht diesbezüglich von der Irreversibi-
lität thermodynamischer Prozesse. Das Entropiegesetz lässt sich auch auf Materie
übertragen, denn in aller Regel geht die zu Produkten aufbereitete Materie beständig
von einem Zustand niedriger Entropie in einen Zustand höherer Entropie über (vgl.
Zimmermann 1991, S. 427ff.). Durch Recycling besteht bei Materie zwar die Möglichkeit, bei einzelnen Stoffen der zunehmenden Entropie entgegenzuwirken, nicht
jedoch der Dissipation der Stoffe insgesamt. Des Weiteren nimmt mit zunehmender
Zerstreuung der Abfallstoffe der notwendige Einsatz neuer Energie überproportional
zu (vgl. Eichele 1989, S. 330f.). So wird ein vollständiges Recycling (100%ige Rückgewinnung von Materie aus der Zerstreuung in die Konzentration) nach dem dritten
Hauptsatz der Thermodynamik (Nerstsches Theorem) einen Aufwand der Größe „unendlich" erfordern (vgl. Cansier 1996, S. 8f und Stephan/Ahlheim 1996, S. 25ff.).
Dieses Phänomen kann man auch an dem Konstrukt Duales-System-Deutschland
nachvollziehen, dem Kritiker vorwerfen, dass der Aufwand in keinem Verhältnis zum
Ertrag stehe (vgl. Schnurer 2000). Es wird bemängelt, dass im Rahmen des Verpak-
kungsrecyclings in Deutschland ein Aufwand betrieben werde, dessen Grenzertrag im
Sinne des Ertragsgesetzes negativ, d.h. der Aufwand nicht mit dem zusätzlichen ökologischen und ökonomischen Nutzen vereinbar sei.[8]

---

[7] Nähere Ausführungen dazu siehe beispielsweise Cansier 1996, S. 6ff, Stephan 1992, S. 275ff und
     Weiland 1992 S. 458ff.
[8] Diese Ansicht wird nicht von allen Akteuren in der Abfallwirtschaft geteilt. Der Streit manifestiert
     sich insbesondere an den kleinen Kunststoffverpackungen, dessen stoffliches Recycling nicht als
     effizient im Sinne der Ökobilanz gesehen wird. Es wird hier behauptet, dass eine direkte energeti-
     sche Verwertung ohne aufwendige Sortierung Vorteile hätte. Dies wird jedoch für Gegner dieser
     Meinung durch eine Studie des Öko-Instituts und des DSD widerlegt (Ökoinstitut, 2000).

2.1.1 Entwicklungs- bzw. entwicklungsstandbedingte Ursachen

Das Konfliktfeld zwischen Ökonomie und Ökologie auf globaler Ebene wird in der Literatur meist durch die entwicklungs- bzw. entwicklungsstandbedingten Ursachen erklärt (vgl. Haas/Siebert 1995, S. 137). Während sich die OECD dem globalen Umweltproblem über die Triebfedern Bevölkerungswachstum, Wirtschaftswachstum und der Schere zwischen Arm und Reich nähert, folgt der WBGU dem „Syndromansatz". Dieser macht das Umweltproblem am Zeitpunkt der Entstehung im Produktlebenszyklus fest (Entwicklung, Nutzung, Senken). Zielsetzung dieser Gliederungsschemata ist es, das globale Umweltproblem in relativ homogene Teilbereiche aufzuspalten, denn insgesamt ist das Entscheidungsproblem so komplex, dass man schon bei einzelnen Themenbereichen, wie z. B. dem Problem der Brandrodung in tropischen Regenwäldern, genau differenzieren muss, welche „Triebfeder" (vgl. OECD 1997a) bzw. welches „Syndrom" (vgl. WBGU 1998) dahinter steht, um mögliche politische Implikationen abzuleiten.[9]

Der Wissenschaftliche Beirat der Bundesregierung hat den „Syndromansatz" entwikkelt (vgl. WBGU 1998). Das Syndrom- bzw. Risikokonzept wurde dann vom Potsdam Institut für Klimafolgenforschung (PIK) weiterentwickelt, indem das globale Umweltproblem in drei Hauptsyndrome, und zwar die Nutzung, die Entwicklung und die Senken, differenziert wurde (vgl. Reusswig 1999, S. 186ff; siehe Tab. 5). Überträgt man den Syndromansatz auf die Abfallwirtschaft, kann man folgende Syndrome anwenden:

- Raubbau-Syndrom → Ressourcenschonung und damit Vermeidung von Abfällen bzw. Schaffung von Stoffkreisläufen, um dieses Syndrom zu bekämpfen;
- Hoher-Schornstein-Syndrom → Besondere Aufmerksamkeit sollte den gefährlichen Abfällen gehören, um einen unkontrollierten Schadstoffeintrag in die Umwelt zu vermeiden.
- Müllkippen-Syndrom → Die TASi (Technische Anleitung Siedlungsabfall; siehe Kap. 3.1.1) sollte umgehend umgesetzt werden, damit nur noch behandelter Abfall auf Deponien gelangt.

---

[9] Um das Ziel „Erhaltung des tropischen Regenwaldes" zu erreichen, müssen die verschiedenen Gründe für dessen Vernichtung gesucht werden, um die nötigen Lösungsstrategien zu entwickeln. Liegt der Grund im Bevölkerungswachstum, so muss man mit bevölkerungspolitischen Maßnahmen reagieren (Sahel-Syndrom; Potsdam Institut für Klimafolgenforschung). Steht jedoch Devisenbeschaffung und damit die Produktion von sog. „Cash Crops" im Vordergrund, wären ganz andere Maßnahmen nötig (Raubbau-Syndrom; Potsdam Institut für Klimafolgenforschung), wie z. B. Förderung von Agroforstbetrieben, Steigerung der Wertschöpfung in den entsprechenden Ländern etc.

- Favela- und Suburbia-Syndrom: Verstärkte Urbanisierung führt z. B. durch Großwohnanlagen zum schlechteren Sammel- und Vermeidungsverhalten der Bewohner, was besondere Instrumente fordert. Auch sind die Bewertungen der verschiedenen Sammeltechniken (Hol- oder Bringsystem) von der Bevölkerungsdichte abhängig.

Tab. 5:   Hauptsyndrome des globalen Wandels

Syndromgruppe „Nutzung"
1. Landwirtschaftliche Übernutzung marginaler Standorte: ***Sahel-Syndrom***
2. Raubbau an natürlichen Ökosystemen: ***Raubbau-Syndrom***
3. Umweltdegradation durch Preisgabe traditioneller Landnutzungsformen: ***Land-flucht-Syndrom***
4. Nicht-nachhaltige industrielle Bewirtschaftung von Böden und Gewässern: ***Dust-Bowl***
5. Umweltdegradation durch Abbau nicht-erneuerbarer Ressourcen: ***Katanaga-Syndrom***
6. Erschließung und Schädigung von Naturräumen für Erholungszwecke: ***Massentourismus-Syndrom***
7. Umweltzerstörung durch militärische Nutzung: ***Verbrannte-Erde-Syndrom***
Syndromgruppe „Entwicklung"
8. Umweltschädigung durch zielgerichtete Naturraumgestaltung im Rahmen von Großprojekten: ***Aralsee-Syndrom***
9. Umweltdegradation durch Verbreitung standortfremder landwirtschaftlicher Produktionsverfahren: ***Grüne-Revolution-Syndrom***
10. Vernachlässigung ökologischer Standards im Zuge hochdynamischen Wirtschaftswachstums: ***Kleine-Tiger-Syndrom***
11. Umweltdegradation durch ungeregelte Urbanisierung: ***Favela-Syndrom***
12. Landschaftsschädigung durch geplante Expansion von Stadt- und Infrastrukturen: ***Suburbia-Syndrom***
13. Singuläre anthropogene Umweltkatastrophen mit längerfristigen Auswirkungen: ***Havarie-Syndrom***
Syndromgruppe „Senken"
14. Umweltdegradation durch weiträumige diffuse Verteilung von meist langlebigen Wirkstoffen: ***Hoher-Schornstein-Syndrom***
15. Umweltverbrauch durch geregelte und ungeregelte Deponierung zivilisatorischer Abfälle: ***Müllkippen-Syndrom***
16. Lokale Kontamination von Umweltschutzgütern an vorwiegend industriellen Produktionsstandorten: ***Altlasten-Syndrom***

Quelle: nach Reusswig 1999, S. 189.

Folgt man der Gliederungssystematik der OECD, lassen sich neben den oben genannten Punkten noch weitere Problemfelder der Abfallwirtschaft identifizieren. In Abb. 4 werden die Determinanten des globalen Umweltproblems umrissen und den einzelnen Feldern mögliche politische Steuerungsinstrumente zugewiesen. Für den Themenkomplex „Abfallwirtschaft" stehen im Rahmen dieser Arbeit die entwick- lungsstandbedingten Probleme durch die begrenzten Ressourcen innerhalb der Regio- nen eher im Hintergrund.[10] Führt die Triebfeder „Schere zwischen Arm und Reich" jedoch dazu, dass die unterentwickelten Länder zur Beschaffung von Devisen Abfälle importieren, ist dies ein wichtiger und zu berücksichtigender Themenkomplex. Lin- scheidt (1998) spricht in diesem Zusammenhang von Kostenexternalisierung durch Abfallexport.[11] Dieser ökologisch nicht vertretbare Weg führte in der Praxis unter anderem zur Baseler Konvention[12] und zur Ausweitung des Abfallbegriffs im Kreis- laufwirtschafts- und Abfallgesetz (siehe Kapitel 3.1). Der von der OECD genannte Trend „overconsumption" fordert von der Abfallwirtschaft effiziente Instrumente, um einen weiteren substanzmindernden Ressourcenverzehr zu reduzieren (z. B. Produkt- verantwortung, intrinsische Motivation usw.).

Das Wirtschaftswachstum als Indikator für wachsenden Wohlstand ist ein weiteres Problem der Umwelt, solange jener auch an steigenden Ressourcenverzehr gekoppelt ist. „Gefordert werden muss in diesem Zusammenhang u. a. eine grundlegende öko- nomische Transformation: die Abkehr vom traditionellen wirtschaftlichen Fort- schritts- und Wachstumsmodell und die Hinwendung zum Modell der Entkoppelung von wirtschaftlicher Entwicklung einerseits, Ressourcenverbrauch und Beeinträchti- gung der Umweltfunktionen andererseits." (SRU 1994, Absatz 2*) Es ist hier aber besonders die Aufgabe der Abfallwirtschaft, weitere Stoffkreisläufe aufzubauen, die ohne wesentliche Steigerung des Ressourcenverzehrs weiteres Wirtschaftswachstum induzieren (zum Problem der Entropie siehe Ende Kapitel 2.1). Ziel der Bestrebungen sollte demnach die Abkehr vom quantitativen hin zum qualitativen Wachstum sein (siehe Abb. 5).

---

[10] Ein Problemfeld der unterentwickelten Staaten ist unter anderem die Begrenztheit der finanziellen Mittel. Dies führt dazu, dass Vermeidungs- und Verwertungsstrategien sowie Investitionen in end- of-pipe Technologien eher unterrepräsentiert sind. Dadurch werden die Schadstoffeinträge in die Natur (Emissionen und Abfall), relativ gesehen, erhöht.
[11] Man könnte in diesem Zusammenhang auch von dem „Hoher-Schornstein-Syndrom" sprechen.
[12] Die Baseler Konvention ist ein Papier zur Verbringung von Abfällen (siehe Kapitel 3.1.2)

Abb. 4: Determinanten für das globale Umweltproblem

LANGFRISTIGE TRENDS
Verstädterung, Technologischer Wandel (Produktion, Mobilität, Kommunikation), Globalisierung (Kommunikation, Handel, Kultur), Konsumgewohnheiten („overconsumption"), Institutionelle Veränderungen (Marktwirtschaft, Demokratie, Internationalismus)

Politische Implikationen
• Ländliche Entwicklungsprogramme, Stadtplanung und -entwicklung, Infrastrukturmaßnahmen und Wohnungsbau (primäres Ziel: Begrenzung und Verbesserung der städtischen Lebensform);   • Subventionierung und Unterstützung von F & E Aktivitäten (Primäres Ziel: Unterstützung vorteilhafter -meist kosteneffizienter- Technologien).   • Die anderen Trends lassen keine signifikante Zuordnung einzelner Maßnahmen zu.

TRIEBFEDERN	FOLGEN	UMWELTAUSWIRKUNG
Bevölkerungswachstum	Bevölkerungswachstum vergrössert primär die Anzahl der armen Bevölkerungsschichten, Bodendegradierung, Verstädterung, Schadstoffeinträge in die Umwelt. Verstärkung der Forderung nach Wirtschaftswachstums.	substanzmindernder Ressourcenverzehr (besonders Holz, Trinkwasser und Fischbestand). Bodendegradierung (durch den wachsenden Druck auf land- und forstwirtschaftliche Flächen). Schadstoffeinträge in die Umwelt: Emissionen und Abfälle (Konzentration in urbanisierten Regionen)
Wirtschaftsswachstum	Wirtschaftswachstum heizt technologischen Wandel und Konsum an, wodurch das Anspruchsniveau der ärmeren Bevölkerungsschichten gesteigert wird. Daraus folgt verstärkter Ressourcenverzehr und Schadstoffeintrag in die Umwelt (Abkoppelung von den natürlichen Grenzen); Forcierung der Globalisierung.	substanzmindernder Ressourcenverzehr; erneuerbare Ressourcen (z. B. Wälder, Fisch etc.),nichterneuerbare (z. B. Kohlenwasserstoffe). Ressourcendegradierung (Steigerung der Ausbeutungsrate verursacht Standort- und Landschaftsverluste sowie Minderung der ökologischen Vielfalt). Schadstoffeinträge in die Umwelt: Emissionen und Abfall (besonders in stark wachsenden Volkswirtschaften in denen die finanziellen Mittel für end-of-pipe Technologien (z. B. Entschwefelungsanlagen, Sondermüllverbrennung) fehlen.
Schere zwischen Arm und Reich	Armut gekoppelt mit Bevölkerungswachstum sowie (zwangsweiser)Ressourcendegradierung und Schadstoffeintragung in die Umwelt. Förderung der Verstädterung und Forderung nach institutionellem Wandel. Instabilität. Schere zwischen Arm und Reich treibt Jagd nach Wirtschaftswachstum voran.	Ressourcenübernutzung und -verbrauch wird aufgrund fehlender Alternativen intensiviert. Zwang zur Devisenbeschaffung über Rohstoffexporte (sog. cash crops). Schadstoffeinträge in die Umwelt: Emissionen und Abfälle (aufgrund fehlender Ressourcen um Gegenmaßnahmen einzuleiten).

Politische Implikationen		
• Bildungs- und Gesundheitspolitik (primäres Ziel: Geburtenkontrolle); • Finanz-, Sozial- und Außenwirtschaftpolitik (primäres Ziel: Erhöhung des Wirtschaftswachstums); • Subventionen, Entwicklungs- und regionale Unterstützungsprogramme, Verschuldung, Entlastung, zinsgünstige Kredite bzw. Handelkonditionen (primäres Ziel: Minderung der Armut); • nationalstaatliche Wirtschaftsprogramme (primäres Ziel: Schließung der Lücke zwischen Arm und Reich; lokal und global).	• Integrierte politische Instrumente und Handlungen • Systemanalysen • Internationale Koordination (Organisationen, Institutionen, informelle Netzwerke und Vorgehensweisen).	• Direkte umweltpolitische Maßnahmen (Input-, Output- oder Verfahrensbeschränkungen). • Indirekte umweltpolitische Maßnahmen durch Eingriffe in den Markt (z. B. Öko-Steuern, Umwelthaftung, Subventionen). • Bewußtseinsbildung durch Produkt- und Umweltinformationen (Intrinsische Motivation).

Quelle: verändert und übersetzt nach OECD 1997a, S. A 6.

Abb. 5:   Wirtschaftwachstum und Ressourcenverzehr

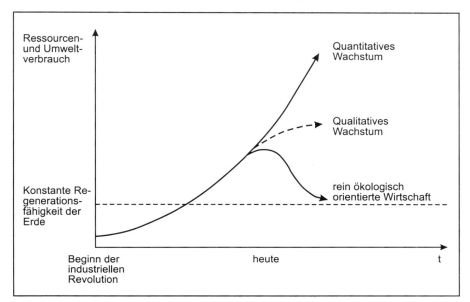

Quelle: Timmermann 1993, S. 13.

2.1.2   Sozioökonomische Ursachen

Das Umweltproblem kann man aus sozioökonomischer Sicht durch zwei Problemfelder charakterisieren (vgl. Baumol/Oates 1988, S. 7ff.):

- Entstehung von Externen Effekten
- Allmendegutproblematik[13]

Diese beiden Aspekte sind nicht trennscharf, sondern richten ihren Focus jeweils auf relevante Teilprobleme. Bei der Betrachtung der Externen Effekte stehen die Umweltkosten und deren marktkonforme Zurechnung im Vordergrund. Die Allmendegutproblematik beleuchtet hingegen eher die Frage der Identifizierung bzw. Erreichbarkeit von potentiellen Umweltschädigern. Besonders spieltheoretische und gruppenspezifische Fragestellungen spielen dabei eine bedeutende Rolle.

---

[13]   Der Begriff Allmende kommt aus der Agrargeschichte, wo nahezu jeder Ort bzw. jedes Dorf einen Gemarkungsteil (meist Wald) hatte, der mit dem Allmannsrecht ausgestattet war. Dies hatte zur Folge, dass jeder Bewohner diese Fläche nutzen durfte (Nichtausschließbarkeit), aber ab einem gewissen Punkt (Regelungsfunktion der Natur) eine Übernutzung stattfand, die dazu führte, dass alle Tiere unterversorgt waren (Rivalität im Konsum).

Im Rahmen der vorliegenden Arbeit soll in diesem Kapitel die theoretische Fundie-
rung für den Einsatz von umweltökonomischen Instrumenten gelegt werden. Das
heißt jedoch nicht, dass die der neoklassischen Umweltökonomie folgenden Ansätze
die einzigen Steuerungselemente für umweltkonformes Verhalten sind. In Kapitel 2.2
werden Lösungsansätze herausgearbeitet, bei denen auch Fragestellungen der neuen
Institutionenökonomik in den Vordergrund treten werden.[14]

2.1.2.1 Das Umweltproblem als Externer Effekt[15]

Es kommt zu einer umweltrelevanten Fehlallokation der Ressourcen, wenn die Wirtschaftssubjekte nicht alle Tatbestände in ihr wirtschaftliches Kalkül einbeziehen (vgl.
Knorring 1995, S. 537). Dies führt zu einer Übernutzung von Ressourcen, da der
Preis, bedingt durch zu geringe Kostenausweisung, zu niedrig ist (siehe Abb. 6; Punkt
p*). Demnach sind Externe Effekte unmittelbare Auswirkungen der ökonomischen
Aktivitäten eines Wirtschaftssubjektes auf die Produktions- oder Konsummöglich-
keiten anderer Wirtschaftssubjekte, die vom „Verursacher" nicht berücksichtigt werden und zwischen den Beteiligten keine Rechte auf Entgelt oder Kompensation begründen (vgl. Bössmann 1979a und 1979b).[16]

---

[14] Gawel (1996a, S. 13ff.) sieht gravierende Defizite in der neoklassischen Umweltökonomie, die sich
    durch die institutionelle Blindheit neoklassischer Ökologiewahrnehmung ergeben. Beispielhaft sei-
    en hier nur die Vernachlässigung der Transaktionskosten oder das Problem der Zeitzehrung ge-
    nannt.

[15] Der Begriff der Externen Effekte bzw. Externen Kosten hat seinen Ursprung in 1890 mit Alfred
    Marshall, der das Phänomen untersuchte, dass die Durchschnittskosten eines Unternehmens durch
    Faktoren außerhalb des Unternehmens beeinflußt werden, wie z. B. Infrastruktur (external econo-
    mies). Arthur C. Pigou suchte 1920 Gründe für die Legitimation staatlichen Eingreifens (Steuern
    und Subventionen). Er begründete dieses Vorgehen durch Marktversagen, welches durch das Aus-
    einanderfallen von privaten und sozialen Grenzkosten entsteht, wenn nicht alle Kosten über den
    Marktpreis „koordiniert" werden, d.h. „external economies" nach Marshall vorliegen (vgl. Bahner
    1996, S. 55).

[16] Viner unterschied 1931 die Begriffe „pecuniary" und „technological external economies". Die
    pekuniären Externen Effekte sind durch Preiseinflüsse zwischen den Wirtschaftssubjekten gekenn-
    zeichnet. Diese Begleiterscheinung von Anpassungsvorgängen am Markt infolge von Interdepen-
    denzen zwischen Märkten wird hier nicht weiter verfolgt, da sie zum einen erwünscht ist und zum
    anderen durch allgemeine Analysen von Marktinterdependenzen abgedeckt wird.

Abb. 6: Externe Kosten und Pigou-Steuer

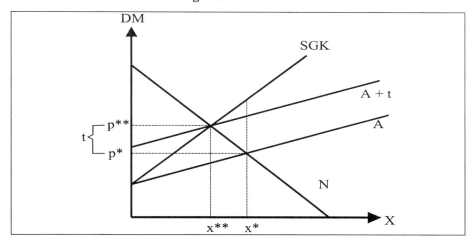

SGK = soziale Grenzkosten; A = private Grenzkosten bzw. Angebot; N = private Nachfrage; t = Steuer; p* bzw. p** = Gleichgewichtspreis ohne bzw. mit Steuer; x* bzw. x** = Produktionsmenge ohne bzw. mit Steuer.

Quelle: eigene Darstellung.

Um Instrumente zur Auflösung der Externen Effekte zu bewerten, werden die verschiedenen Arten bzw. Wirkungsweisen von Externen Effekten nach folgenden Kriterien untergliedert:

(1) Externe Effekte können negativ oder positiv sein.

Umweltrelevante Externe Effekte sind nur die negativen Externen Effekte, da nur sie zu einer Übernutzung der Ressourcen führen. Diese Betrachtungsweise ist nur auf das optimale Marktgleichgewicht bezogen und hat erst einmal nichts mit der Belastbarkeit von Ökosystemen gemein. Geht man jedoch von vollständiger Information (Idealfall) aus, wären auch alle ökologischen Aspekte im Marktgleichgewicht berücksichtigt, da der Preis als Knappheitsindikator alle Aspekte widerspiegeln würde.

Positive Externe Effekte werden meist bewusst erzeugt. Ein Wirtschaftssubjekt nimmt bereits aus Eigeninteresse die Produktion oder Bereitstellung eines Gutes auf sich, da die individuellen Kosten-Nutzen-Abwägungen genügend Anreize bieten (Anlage eines Vorgartens, der auch Spaziergänger erfreut). Auch negative Externe Effekte werden teilweise bewusst erzeugt bzw. in Kauf genommen, um individuelle Kosten zu sparen, indem z. B. bis zum erlaubten Grenzwert emittiert wird (vgl. Heins/Ströbele 1995, S. 385).

Auch kann eine Handlung sowohl positive als auch negative Externe Effekte haben. So haben z. B. Wasserkraftanlagen positive Effekte durch den Beitrag zur Reduzierung von CO_2 und negative lokale Effekte, z. B. durch die Zerstörung von Tälern und deren Lebensräumen. In solchen Fällen ist eine Abwägung im Sinne des Allgemeinwohls unabdingbar (vgl. Meyerhoff/Petschow 1999, S. 298).[17]

(2) Externe Effekte können einseitig, wechselseitig und mehrstufig sein.

Das klassische Beispiel für wechselseitige Externe Effekte sind der Imker und der Gartenbaubetrieb mit Apfelbaumkulturen. Bei diesen wechselseitigen Externen Effekten tritt das Problem auf, dass keine eindeutige Zuordnung von Verursacher und Schädiger – im obigen Beispiel Nutznießer – möglich ist. Bei den mehrstufigen Externen Effekten spricht man auch von sogenannten Verursacherketten, die ähnlich wie bei den wechselseitigen Externen Effekten eine genaue Zuordnung von Verantwortlichkeiten nicht bzw. nur schwer zulassen. Diese Unterteilung der Externen Effekte wird insbesondere dann relevant, wenn Lösungen gesucht werden, die eine genaue Zuordnung der Kosten oder des Nutzens zum Ziel haben. Dies ist eindeutig nur bei den einseitig und einstufig wirkenden Externen Effekten möglich, die eine klare Zuordnung der Beteiligten und der Verantwortlichkeiten ermöglichten. Diesem Aspekt wird bei der später noch näher zu beleuchtenden Produktverantwortung im Kreislaufwirtschafts- und Abfallgesetz Rechnung getragen, indem eine klare Zuweisung der Pflichten vorgenommen wird.

(3) Externe Effekte können jeweils einzelne oder viele Wirtschaftssubjekte betreffen.

Die Anzahl der beteiligten Wirtschaftssubjekte ist ein weiteres entscheidendes Kriterium für die Möglichkeit, Umweltprobleme zu lösen. Die Zahl der Beteiligten kann dazu führen, dass gewisse Handlungsoptionen, wie etwa die Verhandlungslösung, scheitern, da die Höhe der Transaktionskosten respektive Such-, Verhandlungs- und Kontrollkosten sich mit zunehmender Anzahl von Beteiligten überproportional erhöht. In diesem Kontext spielen gruppenspezifische Fragestellungen eine große Rolle (siehe Kapitel 2.1.2.2). Ein Freifahrerverhalten ist z. B. umso eher möglich, je größer die Gruppe und je geringer damit die „glaub-

---

[17] Problematisch hierbei ist jedoch die Evaluierung von Umweltwirkungen, um daraufhin eine „gerechte" Entscheidung zu treffen. (vgl. Wicke 1993, S. 60ff.).

hafte Drohung" ist. Dieser Problematik wird im Rahmen der Umweltpolitik insbesondere durch das Kooperationsprinzip Geltung verschafft. In der Abfallwirtschaft wird meist das Instrument der Selbstverpflichtungserklärung installiert, um
dem Problem der steigenden Transaktionskosten (insbesondere Kontrollkosten)
bei steigenden Adressatengruppen entgegenzuwirken.

(4) Externe Effekte können innerhalb einer Region oder überregional wirken.

Auch diese Untergliederung orientiert sich an den Lösungsoptionen, die sich aus
der Einteilung in Inter- und Intraregionale Wirkungen ergeben. Der Aspekt ist für
die Abfallwirtschaft nur bedingt relevant, da in Deutschland Abfallautarkie besteht, d.h. im Rahmen der Baseler Konvention[18] Abfallexporte international geregelt werden und die Entsorgung von Abfällen zur Beseitigung auf kommunaler
Ebene statt findet. Relevant werden jene Fragestellungen jedoch dann, wenn man
die Verursacher im Ausland im Rahmen der Produktverantwortung zu Handlungen im Inland (z. B. flächendeckende Rücknahme der Produkte) auffordert, die
dazu führen, dass nicht-tarifäre Handelshemmnisse aufgebaut werden.[19] Wird die
oben genannte Abfallautarkie nur auf Deutschland bezogen, so zeigt sich auch
hier ein Problemfeld. Viele Fragen der zu geringen Auslastung von Anlagen der
Abfallbeseitigung und –verwertung sind auch auf die Autarkie zurückzuführen,
die teils bis auf Gemeindeebene reicht. Gründe für eine derartig enge Sichtweise
in Deutschland sind auf die Externen Effekte zurückzuführen, denn jede Region
soll ihre Abfälle selbst entsorgen (Verursacherprinzip) und nicht nach dem
NIMBY-Prinzip[20] auf andere Regionen abwälzen.

---

[18] Baseler Übereinkommen vom 22.3.1989 über die Kontrolle der grenzüberschreitenden Verbringung gefährlicher Abfälle und ihrer Entsorgung (vgl. Bundesrat 1993, S. 7ff).
[19] Im Rahmen der WTO und GATT-Verhandlungen werden immer häufiger Umweltvorschriften als
nicht erlaubte Handelshemmnisse angesehen, die nicht dem Ziel der Umweltschonung, sondern der
Abschottung des Marktes nach außen dienen.
[20] NIMBY-Prinzip (Not In My BackYard) meint, dass zwar jeder eine gewisse Handlung vornehmen
möchte (z. B. konsumieren oder mobil sein), doch nicht die daraus resultierenden Folgen (Externe
Effekte, wie z. B. Emissionen einer Müllverbrennungsanlage oder Lärm durch die Autobahn). Siehe zu der Problematik Haas/Siebert 1993, S. 10 und Ibitayo/Pijawka 1999, S. 379ff.

(5) Externe Effekte können zeitlich verzerrt auftreten.

Eine weitere Schwierigkeit bei der Identifizierung von Externen Effekten ist das teilweise zeitliche Auseinanderfallen von Handlung und Wirkung.[21] Hier ist zum einen die Altlastenproblematik und zum anderen der Komplex der Folge- und Langzeitwirkungen zu erfassen. Jene allokationsdynamischen Aspekte werden an späterer Stelle in Kapitel 2.1.3 behandelt.

Zwei Modelle zur Auflösung dieser Externen Effekte sind von Pigou und Coase entwickelt worden.[22] Für ein besseres Verständnis der Modelle muss beachtet werden, dass beide Autoren keine Umweltprobleme lösen wollten, sondern Pigou eine Legitimation für staatliches Handeln (Steuern und Subventionen) suchte und Coase als Vertreter der Chicago School gerade diese Legitimation von Pigou widerlegen wollte. Pigou folgerte aus den Externen Effekten Marktversagen und postulierte als Lösung die sogenannten Pigou-Steuern (siehe Abb. 6; Linie (A+t)). Coase hingegen sieht in den Externen Effekten Staatsversagen und kein Marktversagen, da der Staat als „Nachtwächter" nur die Verfügungsrechte klar bestimmen müsse und dann ein Markt für jene Verfügungsrechte entstünde. Es würde immer eine optimale Lösung (Punkt Ê) erreicht, da außerhalb dieses Punktes für einen Beteiligten durch Transferzahlungen eine Verbesserung der Kostenrelationen möglich sei. Es ist hierfür nach Coase nicht relevant, wer die Rechte hat, sondern nur, dass die Rechte klar definiert sind (siehe Abb. 7;).

Beide Modelle haben - übertragen auf das Umweltproblem - in der Umsetzung mit erheblichen Informationsdefiziten zu kämpfen.[23] Es wird jedoch davon abgesehen an dieser Stelle eine Modelldiskussion zu führen, da dies noch bei den Lösungsansätzen (siehe Kapitel 2.2) zur Sprache kommt. Hier sei anhand des oben gezeigten Gliederungsschemas nur auf Stärken und Schwächen jener Modelle hingewiesen, ohne dass konkrete Umsetzungsformen betrachtet werden (Ökosteuer, Lizenzen etc.).

---

[21] Das Auseinanderfallen von Handlung und Wirkung ist hier nicht im Sinne der Naturwissenschaften, sondern im Sinne der Ökonomie zu verstehen. Das heißt entweder ist der Externe Effekt zum Zeitpunkt der Handlung noch gar nicht bekannt (Schädlichkeit eines Stoffes) und damit auch nicht kosten- oder nutzenwirksam, oder die Schädigung tritt erst nach einer gewissen Zeit (z. B. Schadstoffkonzentration) auf und wird erst dann wirtschaftlich wahrgenommen (siehe hierzu Söllner 1997, S. 424f.).

[22] Zum Problem der Internalisierung siehe Streissler (1993, S. 87ff.)

[23] Zu den Modellen im Einzelnen sei auf die Standardwerke der Umweltökonomie (u. a. Wicke 1993, Weinmann 1994; Bartel/Hackl 1994; Cansier 1996) bzw. die Arbeit von Waldkirch (1998) verwiesen.

27

Abb. 7:   Verhandlungslösung nach Coase

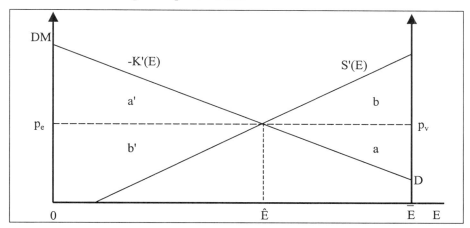

K = Kosten; S = Schadensvermeidungskosten; p = Preis; E = Umwelteintrag
Quelle: eigene Darstellung.

Das Modell von Pigou zeigt Schwächen, wenn die Externen Effekte wechselseitig und/oder mehrstufig sind sowie dann wenn zeitliche Verzerrungen auftreten, da hier eine genaue Zuordnung von Steuern nicht mehr möglich ist. Das Modell von Coase hat demgegenüber die Möglichkeit, einer Partei (z. B. den Produzenten bei der Produktverantwortung) die Verfügungsrechte zuzuordnen und damit zu einer besseren Lösung beizutragen bzw. selbige „gerechter" zu finanzieren (z. B. bei Altlasten). Stärken zeigt das Pigou-Modell dann, wenn die Anzahl der beteiligten Wirtschaftssubjekte steigt (z. B. Abfallgebühren als Lenkungsfunktion) (vgl. Hansjürgens 1998, S. 388).

2.1.2.2   Das Umweltproblem als soziales Dilemma

Dem Charakter der Umweltgüter kommt entscheidende Bedeutung zu, wenn es um die Suche nach geeigneten Handlungsoptionen für die Lösung von Umweltproblemen geht. Die Theorie[24] unterscheidet grob zwischen privaten und öffentlichen Gütern. Unterscheidungskriterien der beiden Arten sind die Ausschlussmöglichkeit Dritter von der Nutzung (Nichtausschließbarkeit) und die Rivalität in der Nutzung (Konsumrivalität). Die öffentlichen Güter lassen sich weiterhin in Allmendegüter und Clubgüter unterteilen (siehe Abb. 8).

---

[24]   Die allgemeine Theorie öffentlicher Güter entwickelte sich aus zwei Artikeln von Paul Samuelson (1954,1955). Die Public Finance Theorie behandelt die Frage, in welchem Umfang Güter für die Öffentlichkeit frei bereitgestellt werden sollen.

Private Güter sind teilbar und individuell zurechenbar (Ausschließbarkeit), d.h. man bekommt das Gut erst, wenn man den geforderten Marktpreis zahlt, da der Anbieter die völlige Kontrolle über das Gut hat. Des Weiteren sind diese Güter dadurch gekennzeichnet, dass ein und dieselbe Gütereinheit nur einem Nutzer zur Verfügung steht. Für öffentliche Güter gilt das genaue Gegenteil. Es kann erstens niemand durch Marktpreise von der Nutzung ausgeschlossen werden, was dazu führt, dass auch keiner bereit ist, einen Preis für die Nutzung zu zahlen (Freifahrerverhalten). Zweitens herrscht bei den reinen öffentlichen Gütern keine Rivalität im Konsum, da die Güter nicht teilbar sind.

Abb. 8:   Vergleich private und öffentliche Güter

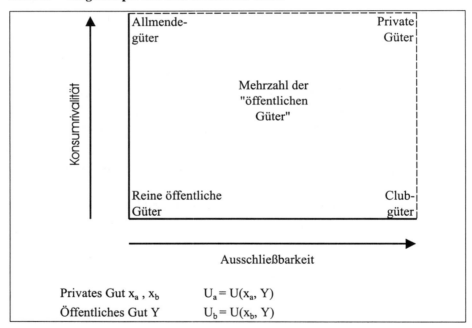

Quelle: eigene Darstellung.

Das Problem besteht darin, dass Umweltgüter den Charakter von Allmendegütern haben. Diese Güter zeichnen sich dadurch aus, dass für sie Nichtausschließbarkeit gilt, jedoch gleichzeitig Rivalität im Konsum auftritt. Rivalität im Konsum ist hier der entgangene Nutzen durch unversehrte Umwelt (ähnlich dem Externen Effekt). Ein weiterer Spezialfall, die Clubgüter[25], ist dadurch gekennzeichnet, dass zwar keine Rivalität im Konsum herrscht, jedoch die Möglichkeit der Ausschließbarkeit gegeben ist. Der zweite erwähnte Spezialfall kann dann relevant werden, wenn für das Umweltgut zumindest eine potentielle Ausschließbarkeit besteht (z. B. Nordsee). Es gibt dann für den „Club Nordseeanrainerstaaten" - um im Beispiel Nordsee zu bleiben - die Option, durch geeignete Kooperationen Verstopfungs- und Überfüllungseffekte (Rivalität im Konsum) zu verhindern (vgl. Bahner 1996, S. 36).

Abb. 9: Gefangenendilemma: Mögliche Strategien und Folgen für zwei Gefangene bzw. für einen Autofahrer

a) Klassisches Beispiel Gefangenendilemma

		B	
		cooperate	defect
A	cooperate	1 \ 1	20 \ 0
	defect	0 \ 20	10 \ 10

b) Beispiel Altautorücknahme

	B (alle anderen)	
	Rücknahmestation	Ausland
Rücknahmestation A (Individuum)	100	-400
Ausland	500	0

Quelle: verändert nach Cansier 1996, S. 22f.

---

[25] Alternativ kann auch von Mautgütern gesprochen werden. Ein Beispiel für ein Clubgut bzw. Mautgut ist das Schwimmbad, bei dem Ausschließbarkeit gegeben ist, jedoch keine Rivalität im Konsum gilt, soweit der Zugang begrenzt wird. Die Theorie der Clubgüter stammt von Buchanan 1965, S. 1ff und stellt eine Modifikation des Samuelsonschen Ansatzes dar.

Am deutlichsten lässt sich anhand des Gefangenendilemmas[26] darlegen, dass es aufgrund der Nichtausschließbarkeit zu einer Übernutzung der Natur kommt. Die Situation ist folgendermaßen zu umschreiben:

Der Einzelne bewirkt durch eigene Maßnahmen keine generelle Umweltverbesserung und kann damit keinen Nutzengewinn erzielen. Wenn nur er umweltkonform handelt, stellt er sich im Gegenteil noch schlechter als die anderen, die nichts machen, denn er hat dann nur den Aufwand ohne zusätzlichen Nutzen (siehe Abb.9 (b): Feld Individuum Rücknahmestation und alle anderen Ausland: → Kosten der Rückgabe von 400 Einheiten).

Ein typisches Beispiel für den Umweltschutz wäre (siehe Abb. 9) unten):

Ein Autofahrer überlegt sich, ob er sein altes Auto zu einer Rücknahmestation bringt oder ob er es ins Ausland abgibt, wo es annahmegemäß nicht recycelt wird. Er zieht dabei in Betracht, was die anderen Autofahrer möglicherweise tun werden. Wenn alle anderen ihr Auto zu einer Rücknahmestation bringen, schätzt er für sich den Nutzen durch geringeren Ressourcenverzehr aufgrund von Recycling auf 500 DM. Die Kosten für die Abgabe bei der Rücknahmestation liegen bei 400 DM. Unser Autofahrer selbst – und jeder andere – ist zu unbedeutend, um den Aufbau von Stoffkreisläufen zur Vermeidung von Primärressourcen einzeln zu beeinflussen.[27]

Welche Strategie alle anderen Autofahrer auch wählen, für den einzelnen Autofahrer ist es immer die beste Entscheidung, sich gegen eine Abgabe bei der Rücknahmestation zu entscheiden. Im Endergebnis wird demnach nichts für das Ziel Ressourcen-

---

[26] Die Spieltheorie nennt die zu beschreibende Verhaltenskonstellation Gefangenendilemma: Zwei Gefangene können sich nicht absprechen. Jeder kann entweder gestehen (defect) oder schweigen (cooperate). Aus den verschiedenen Konsequenzen bei den gewählten Strategien ergibt sich die Spielmatrix (a) in Abb. 9 (Kronzeugenregelung, wenn einer gesteht, der andere nicht bzw. die Tat nicht nachweisbar ist, wenn beide leugnen). Diese Ausgangssituation führt immer dazu, dass die Wahl auf Gestehen fällt, obwohl dies für beide bei vollständiger Information die schlechtere Wahl ist, denn wenn beide kooperierten, erhielte jeder nur ein Jahr Haft.

[27] Dieses bewusst vereinfachte Beispiel lässt weitere Nutzungen des Autos im Ausland und damit verbundene Nutzengewinne für die Umwelt außer Acht. Auch wird indirekt angenommen, dass die Probleme beim Demontieren von Autos gelöst sind (siehe zu der gesamten Problematik Gläßer et. al. 1995, S. 118ff.).

schonung getan, obwohl alle Autofahrer durch den Aufbau von Stoffkreisläufen (z. B. geringere Anschaffungskosten) besser gestellt wären (+ 100 Einheiten).[28]

Das Gefangenendilemma kann aufgelöst werden, indem die Bewertungsskalen der beteiligten Personen so verändert werden, dass „Kooperieren" höher bewertet wird als „Defektieren". Grob gesagt kann man hierzu zwei Wege wählen: zum einen kann man „Defektieren" bestrafen und zum anderen „Kooperieren" belohnen. Hierdurch würden sich die Nutzeneinschätzungen derart ändern, dass Kooperieren die stabile Lösung wird. Graphisch stellt Abb. 10 beispielhaft die Strategie dar, dass Kooperieren belohnt wird und damit eine Verschiebung der Nutzenrelation zugunsten der Kooperations-strategie erfolgt.

Abb. 10: Lösungsstrategie „Belohnung von Kooperieren" für das Gefangenen-dilemma

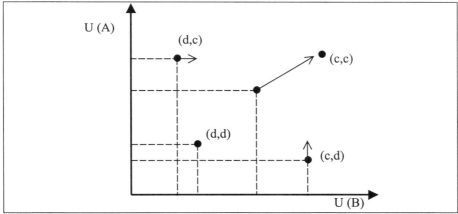

Quelle: eigene Darstellung.

Mögliche Instrumente zur Änderung der Nutzenrelationen wären:

• **Subventionen**[29]: Man zahlt einen Zuschuss, wenn der Einzelne kooperiert. In dem obigen Beispiel hieße dies, dass der Zuschuss höher bewertet werden müsste als

---

[28] Zur Vertiefung des Problems siehe Weimann (1994, S. 60ff.), der sich mit dem Umweltdilemma beschäftigt und dort weitere Varianten des Gefangenendilemmas behandelt und mögliche Lö-sungswege aufzeigt.

[29] Subventionen als umweltpolitisches Instrument sollten nur befristet und für genau abgrenzbare Tatbestände erfolgen. Zur Diskussion des Für und Wider von Subventionen für die Umwelt siehe Kreienbaum/Wacker-Theodorakopoulos 1997 a und b sowie Gerking/Welfens 1997 und Welfens 1997.

100 Einheiten. In der Praxis wurden Subventionen z. B. bei der Einführung von Katalysatoren gewährt, ihr Einbau wurde mit 1.000 DM subventioniert.

- **Abgaben**: Man muss für „Defektieren" bezahlen. Beispielsweise müsste der Autofahrer bei der Abmeldung seines Pkws in Deutschland ohne Nachweis für die Abgabe bei einer Rücknahmestelle einen Betrag zahlen, der höher ist als 400 Einheiten (bezogen auf das obige Beispiel).[30]
- **Ächtung/Belohnung**: Diese Instrumente zielen darauf ab, die Nutzeneinschätzung der Individuen zu verändern. Im Fall des klassischen Gefangenendilemmas könnten als Beispiel die „Methoden der Mafia" angeführt werden, die Geständnisse hart bestrafen und somit die Handlungsoption „Kooperieren" herbeiführen. Für das Instrument „Belohnung" könnte man als Beispiel „Zertifizierungen" anführen, die den Unternehmen eine bessere Marktposition ermöglichen und damit Kooperation herbeiführen.

Der Weg zu einer kooperativen Verhaltensweise durch Belohnung oder Ächtung kann sich am ehesten herausbilden, wenn (vgl. Cansier 1996, S. 23):

1. die Gruppe der Geschädigten und Verursacher klein und damit Freifahrerverhalten nicht möglich ist, da eine glaubhafte Drohung aufgebaut werden kann;[31]
2. die Geschädigten gleiche Nutzeneinbußen bzw. -gewinne haben (gleich betroffen sind bzw. gleiches Interesse haben);
3. die Verursacher identifizierbar und mögliche Verursacherketten leicht auszumachen sind.

Weitere Lösungsoptionen des sozialen Dilemmas werden in Kapitel 2.2.3 aufgeführt. Insgesamt muss jedoch auch hier beachtet werden, dass die Zielerreichung durch ähnliche Hemmfaktoren gefährdet wird, wie sie im vorherigen Kapitel beschrieben wurden. Neu bei den hier genannten Instrumenten sind die Inkludierung der Präferenzen und die Fokussierung auf die Gruppengröße, die maßgeblich über den Erfolg einer Maßnahme entscheidet. Erst wenn die Gruppe eine glaubhafte Drohung aufbauen kann, ist man in der Lage, das Freifahrerverhalten zu unterbinden. Daraus resultiert für die Praxis zweierlei: Erstens sollten Gruppen gestärkt werden, die zu einem umweltkonformen Handeln beitragen. Zweitens sollten ihnen Möglichkeiten an die Hand

---

[30] Weiland und Rentz (1993) zeigen ausführlich anhand einer Abfall- und Deponieabgabe die Wirkung dieses Instrumentes.

[31] Ein gutes Beispiel, bei dem trotz einer großen Gruppe „Defektieren" bestraft wurde, ist der Fall der „Brent Spar". Hier hat die Shell AG die Situation falsch eingeschätzt, indem sie das Drohpotential der Bevölkerung als schlecht zu organisierende Gruppe unterschätzte.

gegeben werden, besser eine glaubhafte Drohung aufzubauen.[32] Neben der Beachtung in der Umweltpolitik sollte dieser Aspekt auch in der innerbetrieblichen Praxis seinen Niederschlag finden, um eine ökologiebezogene Anreizgestaltung in Unternehmen zu implementieren (siehe hierzu Steinle/Bruch/Neu 1997, S. 257f.). So könnten z. B. im betrieblichen Vorschlagswesen Beiträge zur Ressourcenschonung besonders honoriert werden oder umweltschädigendes Verhalten „bestraft" werden.[33]

2.1.3   Allokationsdynamische Aspekte der Umweltgüternutzung

In den beiden vorherigen Abschnitten wurde eher der Status quo behandelt, indem dynamische Aspekte der Umweltgüternutzung weitgehend ausgeklammert wurden. Die dynamische Betrachtungsweise ist jedoch seit dem sog. Brundtland-Bericht[34] und schließlich durch die zweite Konferenz über Umwelt und Entwicklung der Vereinten Nationen (UNCED) 1992 in Rio de Janeiro weltweit in den Mittelpunkt gerückt. Das Konzept des „Sustainable Development", das aus der Forstwirtschaft entliehen ist, stellt erstmals den Faktor Zeit in den Mittelpunkt der Betrachtung. Neben der Zielsetzung, einen Einklang zwischen ökologischen, ökonomischen und sozialen Zielen herzustellen, ist an dem Konzept die Fokussierung auf intra- und intergenerative Gerechtigkeit neu (vgl. Meffert/Kirchgeorg, 1993, S. 34ff.). Während die intergenerative Gerechtigkeit zwischen den Generationen vermitteln soll, zielt die intragenerative Gerechtigkeit auf einen Ausgleich innerhalb einer Generation der Menschheit ab. Auf globaler Ebene geht es bei intragenerativer Gerechtigkeit meist um einen Ausgleich zwischen den entwickelten und den unterentwickelten Staaten (vgl. Weiland 1994, S. 473f.). Auf regionaler Ebene stehen - bezogen auf den Abfallbereich - Fragen der gleichen Lastenverteilung innerhalb der Bevölkerung im Mittelpunkt. Dies führt in der Politik beispielsweise zu der Forderung nach einer dezentralen Entsorgungsinfrastruktur, bei der nicht nur Einzelne, z. B. durch eine große MVA, „belastet" werden, sondern durch viele kleinere MVAs die Belastung auf mehrere Schultern verteilt

---

[32] Es ist beispielsweise daran zu denken, dass Mitgliedern von Unternehmensverbänden, die Vereinbarungen bezüglich einer Mindestabfallmenge (Selbstverpflichtungserklärung) treffen, ein Sonderstatus eingeräumt wird. Sie erhalten einerseits Rechte, meist in Form von Vergünstigungen, und haben andererseits Pflichten, z. B. „schwarze Schafe" den Behörden zu nennen (siehe Beispiele bei Lautenbach/Steger/Weihrauch 1992, S. 45ff.). Zur Beurteilung von Selbstverpflichtungserklärungen siehe auch Hansjürgens 1994, S. 35ff.

[33] Beispielsweise könnte veranlaßt werden, dass Restmüllkörbe in Büros, die Papier enthalten, nicht von den Reinigungskräften geleert werden etc.

[34] Schlussbericht der Weltkommission für Umwelt und Entwicklung mit dem Titel „Our Common future" (Hauff 1987).

wird. Nicht zuletzt dieser Aspekt hat zur Abfallautarkie in Deutschland geführt (siehe Fußnote 20 und Kapitel 2.1.1).

Die intergenerative Gerechtigkeit als Kern des Konzepts „Sustainable Development" ist die Messlatte, an der die moderne Abfallwirtschaft gemessen wird, denn aus dem Konzept wurden Managementregeln abgeleitet, die folgendermaßen lauten:[35]

(a) Die Abbaurate erneuerbarer Ressourcen darf ihre Regenerationsrate nicht übersteigen.

(b) Die Stoffeinträge in die Umwelt dürfen die Belastbarkeit der Ökosysteme nicht überschreiten.

(c) Der Abbau nicht erneuerbarer Ressourcen muss minimiert werden. Ihre Nutzung soll nur in dem Maße geschehen, in dem spätere Generationen dadurch nicht schlechter gestellt werden (physisch bzw. funktionell gleichwertiger Ersatz).

(d) Das Zeitmaß der menschlichen Eingriffe muss in Relation zum Zeitmaß der natürlichen Prozesse stehen (z. B. Abbauprozesse von Abfällen, Regenerationsrate von erneuerbaren Rohstoffen oder Ökosystemen).

Die vier genanten Handlungsregeln zu operationalisieren stellt das eigentliche Problem der Umsetzung des „Nachhaltigkeitspostulates" dar. Regel (a) ist noch am einfachsten umzusetzen, da hier naturwissenschaftliches Know-how (z. B. Synökologie) zu Rate zu ziehen ist, um diese Regel zu erfüllen. Regel (b) hingegen beruht auf dem Vorsorgeprinzip und stößt auf erhebliche Informationsprobleme (Wissensstand und Berechnung der kritischen Schwelle; siehe hierzu Kapitel 2.1). Regel (c) und (d) schließlich bergen das Problem der intergenerativen Bewertung und das Problem der Substitution in sich. Für die Abfallwirtschaft lässt sich aus diesen Managementregeln die Pflichtenhierarchie Vermeiden-Verwerten-Beseitigen ableiten.[36]

Neben dem Konzept der Nachhaltigkeit stehen dynamische Aspekte im Vordergrund, wenn die Wirkungen von umweltpolitischen Maßnahmen analysiert werden. Es wird

---

[35] Seit den zeitgleichen Veröffentlichungen von Daly (1990, S. 3f.) sowie Pearce und Turner (1990, S. 45f.) werden diese Handlungsregeln in einer Vielzahl von Publikationen zum Thema zitiert (vgl. z. B. Bund/Misereor 1997, S. 30; SRU 1994, S. 171; Enquete-Kommission „Schutz des Menschen und der Umwelt", 1994, S. 42ff.; Meadows et al., 1992, S. 209).

[36] Zur Diskussion und Umsetzung des Konzepts „Nachhaltigkeit" siehe beispielhaft den Abschlussbericht der Enquete-Kommission „Schutz des Menschen und der Umwelt – Ziele und Rahmenbedingungen einer nachhaltigen zukunftsverträglichen Entwicklung" (1994, 1998) sowie die Umweltdiskussion in der Zeitschrift für angewandte Umweltforschung (Haber/Klemmer/Heins, 1994 S. 9ff.), Eisenberg; Vogelsang (1997, S. 1ff.) und Binswanger (1995, S. 1ff.)

z. B. untersucht, inwieweit durch die Maßnahmen technischer Fortschritt beeinflusst wird oder wie sich die Marktstruktur verändert (z. B. Konzentration).

2.2   Lösungen des Umweltproblems aus entscheidungsorientierter Sicht

Das Umweltproblem ist gekennzeichnet durch das nicht umweltkonforme Entscheidungsverhalten einzelner Wirtschaftssubjekte. Deshalb muss versucht werden, den rationalen Entscheidungsprozess so zu beeinflussen, dass sich die Zielsysteme der Ökologie und der Ökonomie decken.

Die Entscheidungsprozesse der Wirtschaftssubjekte sind durch folgende drei Einflussgrößen determiniert:

1) die Menge der verfügbaren Handlungsalternativen (siehe Kapitel 2.2.1),
2) die Nutzen und Kosten der verschiedenen Alternativen (siehe Kapitel 2.2.2),
3) die Informationen und Wertvorstellungen des Entscheidungsträgers (siehe Kapitel 2.2.3).

Nach dem Entscheidungsmodell lassen sich drei Arten von umweltpolitischen Instrumenten gliedern, und zwar die ordnungsrechtlichen, die ökonomischen und die intrinsischen Anreizinstrumente. Die entscheidungsorientierte Sicht des Problems postuliert ein gemischt-instrumentelles Vorgehen als einzig gangbaren Weg. Wichtig ist jedoch erstens, dass das Umweltziel klar vorgegeben worden ist,[37] anhand dessen die einzelnen Maßnahmen überprüft werden, und zweitens, dass die einzelnen Maßnahmen gleichgerichtet wirken und sich nicht gegenseitig behindern.[38]

Das Entscheidungsmodell setzt zweckrationales Handeln voraus. Dies ist jedoch in den sozialwissenschaftlichen Handlungstheorien nur ein idealtypischer Aspekt. Denn neben dem zweckrationalen Handeln gibt es das normorientierte und das verständigungsorientierte Handeln (vgl. Werlen 1987, S.112ff.).

- Das zweckrationale Handlungsmodell setzt ein rationales Abwägen zwischen Alternativen im Sinne des ‚homo oeconomicus‘ voraus.

---

[37] Zur Umweltzieldiskussion siehe zusammenfassend Rehbinder 1997, S. 313ff.
[38] Einen guten Überblick über das Spektrum umweltpolitischer Instrumente gibt Hansmeyer (1993, S. 63ff.)

- Beim normorientierten Handlungsmodell werden im Gegensatz zum zweckrationalen die Freiheitsgrade des Handelnden ganz auf rolleninterpretierende Verhaltensweisen reduziert. Der ‚homo sociologicus' ist demnach ein sozialisierter, rollenausübender und Sanktionen unterliegender Mensch.

- Der verständigungsorientierte Ansatz problematisiert die Frage, wie sich eine Welt konstituiert, ohne dass objektive und selbstverständlich vorgegebene Handlungsoptionen vorliegen. (vgl. Höhmann 2000, S. 15)

Diese drei Handlungstheorien sind nicht ganz überschneidungsfrei und werden situationsbezogen in dieser Arbeit berücksichtigt. Auf das zweckrationale Modell wird jedoch der Schwerpunkt gelegt, da sich die spätere empirische Analyse im Kern auf Unternehmen als zweckgerichtete Gebilde bezieht. Der normorientierte Ansatz fließt zu einem späteren Zeitpunkt in die Analyse ein, wenn Normen nicht nur Einschränkungen der Handlungsalternativen (siehe Kapitel 2.2.1) bedeuten, sondern das gesamte Handeln bestimmen. Akteure, die nach diesen Kriterien agieren, sind oftmals Angehörige des politisch-administrativen Systems. Das verständigungsorientierte Handlungsmodell erklärt meist das Verhalten von Bürgern und sonstigen betroffenen Akteuren. Auch hier muss zu einem späteren Zeitpunkt untersucht werden, ob das Handeln durch verzerrte Präferenzen bzw. durch Informationsasymmetrie bestimmt ist (siehe Kapitel 2.2.3).

Die Maßnahmen werden in den folgenden Unterkapiteln anhand ihrer ökologischen Effektivität sowie ihrer ökonomischen Effizienz überprüft (vgl. OECD 1997a, S. A29ff. und Häder 1997, S.47ff.).

Die ökologische Effektivität kann man an drei Eckpunkten festmachen:

1) Zielerreichungsgrad bzw. Treffsicherheit,
2) Wirkungsgeschwindigkeit,
3) Fähigkeit, Regelverstöße und Vollzugsprobleme zu verhindern.[39]

Die ökonomische Effizienz kann man in die statischen und dynamischen Wirkungen unterteilen. Während bei der statischen Effizienz die Kosten[40] im Mittelpunkt stehen, werden bei der dynamischen Effizienz die Wirkungen auf die Marktstruktur und die Impulse für umweltkonformen technischen Fortschritt untersucht.

---

[39] Hier sollte überprüft werden, inwieweit die Instrumente in der Praxis umsetzbar sind, denn es nützt nichts, wenn das Instrument theoretisch besser ist, jedoch keine Kontrolle möglich ist.

[40] insbesondere auch Transaktionskosten

2.2.1   Einschränkung der Menge der verfügbaren Handlungsalternativen

Das deutsche Umweltrecht ist geprägt durch direkte Verhaltenssteuerung mit Hilfe von Ge- und Verboten. Diese ordnungsrechtlichen Maßnahmen führen dazu, dass die Handlungsmöglichkeiten der Wirtschaftssubjekte eingeschränkt werden. Der Ansatzpunkt der ordnungsrechtlichen Instrumente können der Input, der Output oder der Produktionsprozess sein. Die Inputauflagen betreffen die verwandten Inputfaktoren, die Prozessnormen beziehen sich auf die angewandten Technologien, und die Outputauflagen beziehen sich auf die produzierten Güter bzw. Emissionen. Die Abfallwirtschaft ist primär durch Outputauflagen beeinflusst, was man z. B. anhand des Europäischen Abfallkatalogs (EAK) festmachen kann, der durch die jeweilige Zuordnung der Stoffe gewisse Handlungen vorschreibt. Es werden jedoch auch in der Abfallwirtschaft immer mehr Prozessnormen und Inputauflagen verwandt. So schreibt z. B. die TASi gewisse Behandlungsverfahren vor[41] oder durch Inputauflagen soll bei der Verwertung eine Schadstoffanreicherung im Endprodukt verhindert werden.

Der Schwerpunkt beim Ordnungsrecht ist auf die Wurzeln des Umweltrechts im Polizei- und Sicherheitsrecht zurückzuführen. Die Zielsetzung ist auf die unmittelbare Abwehr von Umweltgefahren bzw. auf die Verhinderung von Umweltschädigungen gerichtet (vgl. Schmidt; Müller, 1992, S. 10). Es bleibt jedoch fraglich, ob die 800 Umweltgesetze, 2770 Verordnungen, 4700 Verwaltungsvorschriften und 20.000 Umweltstandards noch geeignet sind (vgl. Fischer 1998 u. Hallerbach 1999a), sowohl die Kriterien der ökologischen Effektivität als auch die der ökonomischen Effizienz zu erfüllen.

Zieht man hier den oben beschriebenen Prüfkatalog zu Rate, birgt das Ordnungsrecht potentiell eine hohe ökologische Effektivität, da man sowohl die Treffsicherheit als auch die Wirkungsgeschwindigkeit positiv beurteilen kann. Diese Stärke des Ordnungsrechts wird jedoch durch folgende Umstände unterwandert: Erstens sind die kritischen Grenzwerte für viele Stoffe und die Wirkungen der Regulationsmaßnahmen nur unzureichend bekannt (vgl. Monopolkommission 1996, S. 35). Zweitens kann es zu immensen Kontrollproblemen und damit Vollzugsdefiziten kommen. Die Institutionenökonomik versucht für den letzten Punkt Lösungsansätze aufzuzeigen, die

---

[41] In der TASi sollen neben den Müllverbrennungsanlagen (MVA) nun auch die mechanisch-biologischen Anlagen (MBA) unter gewissen technischen Rahmenbedingungen (Grenzwerten) zugelassen werden. Ob dies in einer Novellierung stattfindet oder durch die auf der TASi aufbauenden Verordnungen, die bis 2001 aufgrund der Umsetzungspflicht der Deponierichtlinie der EU erlassen werden müssen, steht noch nicht fest (vgl. Ruchay 2000).

Aspekte der Transaktionskosten-, der Principal-Agent- und der Property-Rights-Theorie mit in die Überlegungen einbeziehen (vgl. Häder 1997, S. 61ff.).

Die ökonomische Effizienz ist durch die Einschränkung der Handlungsmöglichkeiten gefährdet. Das Kriterium der dynamischen Effizienz ist dann verletzt, wenn die Maßnahmen dazu führen, dass technischer Fortschritt gebremst wird und/oder weniger Wettbewerb herrscht (z. B. Bildung von Monopolen). Das Maß der Einschränkung hängt entscheidend von der Art der Auflage ab. Beispielhaft führt eine reine Outputauflage in Form eines Verbotes der Produktion eines bestimmten Stoffes dazu, dass technischer Fortschritt unter den gegebenen Rahmenbedingungen durchaus möglich ist. Wird jedoch durch die Vorgabe einer Prozessnorm eine bestimmte Technik fest zementiert, ist technischer Fortschritt im Bereich von anderen Prozesslösungen weitgehend verhindert. Des Weiteren kann es zu erheblichen Wettbewerbsbeeinträchtigungen führen, wenn mit dem Verfahren hohe Investitionskosten verbunden sind (hohe Markteintrittsbarrieren). Die statische ökonomische Effizienz ist meist negativ zu beurteilen, da wie oben bereits angedeutet, hohe Kontrollkosten entstehen.

Das Ordnungsrecht[42] hat dann eine sehr positive Funktion, wenn durch die Zuordnung von Rechten und Pflichten klare Verantwortungen zugewiesen werden; denn durch diese Zuweisung können die Probleme, die bei Verursacherketten entstehen, besser gelöst werden (siehe hierzu auch Kapitel 2.1.2).

Insgesamt gesehen liegen die Stärken dieser Handlungsoption in der direkten Wirkung und in der genauen Zuordnung von Verantwortlichkeiten. Die Schwächen des klassischen Ordnungsrechts liegen bei den immensen Kontrollkosten, womit dieses Instrument primär bei der Gefahrenabwehr eingesetzt werden sollte. Es gibt zwei Wege, die Kontrollkosten und die damit verbundenen Vollzugsdefizite zu reduzieren:

Erstens die neue Ausgestaltung des Ordnungsrechts, die im Sinne des „Staates als Nachtwächter" (Chicago School) darauf abzielt, die Verfügungsrechte zu deklarieren, indem z. B. die Produktverantwortung genau zugewiesen wird (vgl. SRU 1998a Kapitel 3.1 und SRU 1998b, S. 155). Durch jenen Ansatz wird die Problematik der Verursacherketten ausgeschaltet, und eine Abwälzung der Verantwortung, verbunden mit den dadurch entstehenden Vollzugsdefiziten, ist nur noch schwer möglich (vgl. Häder; Weiland 1996, S. 249). Zudem kann bei der Zuweisung der Verantwortlichkeit

---

[42] Zur Umgestaltung des Ordnungsrecht und dessen Effizienz siehe Wagner (1995, S. 1046ff.)

auf die Glieder in der Wertschöpfungskette, die eine gewisse Marktmacht haben, eine höhere Durchdringung der umweltpolitischen Ziele erreicht werden.

Der zweite Ansatz bedient sich Selbstverpflichtungserklärungen[43] der Wirtschaftssubjekte. Dieses Instrument ist im deutschen Umweltrecht durch das Kooperationsprinzip verankert. Bei der Anwendung des Kooperationsprinzips wird bezweckt, dass allen wesentlichen gesellschaftlichen Gruppen sowie allen von den umweltpolitischen Maßnahmen direkt Betroffenen ein Mitspracherecht und Möglichkeiten zur Beteiligung an der Umweltpolitik eingeräumt werden (vgl. Voßkuhle 1995, S. 103f.). Es wird auf der einen Seite bezweckt, dass die Sachkenntnis möglichst vieler Experten mit in die Entscheidung einfließt, und auf der anderen Seite, dass durch die Mitwirkung der Betroffenen mögliche Hemmnisse und Widerstände überwunden werden (vgl. Knüppel 1989, S. 23).[44] Dieses Prinzip wird nicht nur in der Entscheidungsfindung angewandt,[45] sondern hat im Kreislaufwirtschafts- und Abfallgesetz im Rahmen der Möglichkeit von Selbstverpflichtungserklärungen auch bei der Realisation Einzug gehalten. Die Selbstverpflichtungserklärungen wurden von der Monopolkommission (vgl. 1996, S. 35) im Hauptgutachten 1994/1995 diskutiert. Folgende Punkte wurden angeführt:

- Für die Wirtschaft bedeuten freiwillige Maßnahmen größere Gestaltungsspielräume bei der Entwicklung und Umsetzung von Umweltschutzmaßnahmen (dynamische und statische ökonomische Effizienz).
- Für den Gesetzgeber sind Selbstverpflichtungserklärungen vorteilhaft, da sie ihn aus der Verantwortung entlassen und die Kontrollkosten senken.
- „Für den Wettbewerb ist nichts gewonnen, wenn regulierungsbedingte Wettbewerbsbeschränkungen lediglich durch freiwillige Kartellvereinbarungen ersetzt werden" (Monopolkommission, 1996, S. 35).
- Die ökologische Effektivität hängt davon ab, inwieweit Selbstverpflichtungserklärungen hinter dem Wirkungsgrad von Umweltschutzregulierungen zurück-

---

[43] Selbstverpflichtungserklärungen sind Vereinbarungen zwischen Wirtschaftssubjekten und dem Verordnungsgeber. Die Wirtschaftssubjekte verpflichten sich freiwillig zu bestimmten Maßnahmen und der Verordnungsgeber verzichtet im Gegenzug auf geplante bzw. angeordnete ordnungsrechtliche Mittel (vgl. Monopolkommission 1996, S. 35).

[44] Zur Rolle von Interessengruppen siehe Fritsch/Wein/Ewers 1998 S. 382ff

[45] Problematisch bei der Anwendung des Kooperationsprinzips ist der erhebliche Zeitbedarf, der nötig ist, um zu einer Entscheidung zu gelangen. Deshalb kann dieses Prinzip nicht angewandt werden, wenn „Gefahr im Verzug". Ein weiteres Problem des Kooperationsprinzips entsteht, wenn nicht alle Beteiligten an der Entscheidungsfindung partizipieren bzw. gleichberechtigt Einfluss haben (z. B. aufgrund der schlechter zu organisierenden Gruppe; Problem Lobbyismus) und dadurch Entscheidungen zu Ungunsten der Allgemeinheit bzw. Einzelner fallen (vgl. hierzu Voßkuhle 1995, S. 103).

bleiben. Solange sich diese an dem schwächsten Glied innerhalb der Gruppe orientieren, wird die ökologische Effektivität der Maßnahme in Bezug auf die ordnungsrechtliche Durchführung immer geringer ausfallen.

Der Vorteil von Selbstverpflichtungserklärungen steht und fällt jedoch damit, ob es den Beteiligten gelingt, eine „glaubhafte Drohung" im Sinne des Gefangenendilemmas (siehe Kapitel 2.1.2.2) aufzubauen, um dadurch Freifahrerverhalten auszuschalten. Problematisch bei diesem Bestreben ist, dass eine Erhöhung der Verbindlichkeit einer Selbstverpflichtung aus kartellrechtlichen Gründen ausgeschlossen ist. Denn jede „Maßnahme, die die Freiwilligkeit der Teilnahme der verpflichteten Unternehmen einschränkt, konstituiert ein wettbewerbsrechtliches Zwangskartell" (Monopolkommission, 1996, S. 35). Seitens des Gesetzgebers sollte hier überlegt werden, ob das Postulat der Wettbewerbsfreiheit in bestimmten Fällen dazu führen soll, dass nur das klassische Ordnungsrecht angewandt werden kann, da eine Umsetzung von Umweltmaßnahmen in kleineren Gruppen, z. B. Verbänden, daran scheitert, dass Fehlverhalten nicht „bestraft" werden darf. Wie die Monopolkommission selbst darlegt, besteht für den Wettbewerb kein Unterschied darin, ob es sich um eine ordnungsrechtliche Regulierung oder um eine Absprache zwischen Wirtschaftssubjekten handelt. Für die ökologische Effektivität und die ökonomische Effizienz ist jedoch durch eine effektive Selbstverpflichtungserklärung viel gewonnen. Durch eine Selbstverpflichtungserklärung mit der Möglichkeit zur „glaubhaften Drohung" - über die der Verordnungsandrohung durch den Gesetzgeber hinaus - wäre ein Instrument gegeben, welches dazu beitragen könnte, Vollzugsdefizite abzubauen. Der Aufbau einer „glaubhaften Drohung" gibt die Option, den gleichen ökologischen Standard einer Verordnung zu erreichen, da man sich nicht mehr nur an dem Schwächsten innerhalb der Gruppe orientieren müsste und durch überschaubarere Gruppengröße das Freifahrerverhalten eindämmen könnte.

2.2.2 Veränderung der Kosten-Nutzen-Relation der einzelnen Alternativen

Die indirekte Verhaltenssteuerung über die Veränderung der Kosten-Nutzen-Relation wird in der Literatur mit den ökonomischen Instrumenten gleichgesetzt. Solche marktkonformen Instrumente versuchen, durch finanzielle Anreizmechanismen Externe Effekte auszuschalten. Man unterscheidet zwei generelle Typen von ökonomi-

41

schen Instrumenten: die mit Preis- und die mit Mengensteuerung.[46] Die Preissteuerung beruht auf dem Ansatz von Pigou und die Mengensteuerung in Form von handelbaren Nutzungsrechten auf dem Ansatz von Coase (siehe hierzu auch Kapitel
2.1.2.1).

Abgaben haben das Ziel, die Knappheit des Gutes „Umwelt" zu signalisieren (vgl.
Binder 1994, S. 185). Da der First-Best-Ansatz von Pigou aufgrund des immensen
Informationsproblems[47] auf unüberwindbare Hindernisse stößt, hat sich der Standard-
Preis-Ansatz[48] als Second-Best-Ansatz durchgesetzt (vgl. Richter 1995, S. 207). Das
Instrument, welches unter dem Schlagwort „Ökosteuer" in die Praxis Einzug gehalten
hat, ist vielfältigen Diskussionen unterworfen (vgl. Kosz 1995, S. 38ff.). Ein Haupt-
vorwurf ist, dass die Abgabe meist nicht der gewünschten Lenkungsfunktion, sondern
der Aufkommensfunktion dient. Schließlich werden die Mittel oft zur Finanzierung
von öffentlichen Entsorgungsanlagen bzw. Umweltschutzmaßnahmen genutzt oder,
wie aktuell in Deutschland, zur Deckung von Sozialabgaben.

Als Negativbeispiel sei hier die Abfallgebühr genannt, die nach dem heutigen Muster
dazu führt, dass ein Haushalt, der immer weniger Abfall produziert - relativ gesehen -
immer mehr zahlen muss.[49] Hier hat die Abgabe die genau gegenteilige Lenkungsfunktion, indem Abfallproduktion, auf die „Stückkosten" bezogen, „belohnt" wird.
Auch wenn der Gesetzgeber diese Gebühr nicht als ökonomisches Instrument zur
umweltpolitischen Steuerung installiert hat, werden durch diese Abgabe entscheidende Signale gesetzt, das Verhalten nicht umweltgerecht zu ändern. Man wird für sein
umweltkonformes Verhalten (Vermeiden, Verwerten (Kompost), Sammeln) „bestraft".[50] Demnach ist für die Abfallwirtschaft zu fordern, dass nicht unbedingt neue

[46] Zum Verhältnis von Preis- und Mengenlösungen in der Umweltpolitik siehe Bonus 1990, S. 343ff.
[47] Ermittlung der Angebots- und Nachfragefunktion, monetäre Bewertung der Externen Effekte, Ver-
ursacherermittlung, Präferenzen verändern sich etc.
[48] Zum Standard-Preis-Ansatz vgl. Cansier 1996, S. 215ff., Gawel 1994, S. 37ff. und Baumol/Oates
1971, S. 42ff.
[49] Zur grundlegenden Diskussion von Entsorgungsabgaben vgl. Linscheidt 1998, S. 90ff. Die Abfallgebühr hat sich sogar von 1991 bis 1996 fast verdoppelt. (vgl. Lauber 1998, S. 433)
[50] Beispielhaft sei hier die Einführung einer gesonderten Gebühr für die Bio-Tonne der Stadt Köln zu
nennen. Diese führte dazu, dass derjenige, der Biomüll vom Restmüll trennte, mehr bezahlen
musste als derjenige, der alles in den Restmüll gab (vgl. Stadt Köln 1998, S. 1).

Abgaben eingeführt werden, sondern bestehende auf die Lenkungsfunktion hin untersucht werden sollten.[51]

Bei der Anwendung von handelbaren Nutzungsrechten wird das Recht auf eine bestimmte Umweltnutzung kontingentiert (Mengensteuerung) und in Form eines frei am Markt handelbaren Zertifikats verbrieft. Diese Zertifikatsmodelle werden zur Zeit nur in den USA bei der Luftreinhaltungspolitik angewandt.[52] Wesentlich für die Beurteilung dieses Instruments sind die Vergabeverfahren[53] und die Laufzeiten der Lizenzen (vgl. Häder 1997, S. 45 und Endres/Schwarze 1994, S. 137ff.). Das Instrument der Umweltzertifikate hat aus ökonomischer Sicht Vorteile gegenüber der Abgabe, da es Anreize zum technischen Fortschritt schafft. Problematisch ist jedoch die praktische Umsetzung, da das Instrument der Allgemeinheit signalisieren könnte, dass Umweltverschmutzung gekauft werden kann. Des Weiteren ist problematisch, dass es regional zur Ballung von Umweltschädigungen führen kann, wenn in einer Region Unternehmen mit vielen Umweltlizenzen niedergelassen sind (vgl. Weinmann 1994, S. 213). In der Abfallwirtschaft wird dieses Instrument noch nicht eingesetzt.[54]

Vergleicht man die beiden ökonomischen Instrumente, erkennt man die spiegelbildlichen Funktionsweisen. Während bei der Preissteuerung über die exogene Abgabe eine bestimmte Mengenreduktion herbeigeführt wird, wird bei der Mengensteuerung über die Vorgabe einer Menge ein Preis erzeugt, der dem Abgabensatz gleicht (vgl. Linscheidt 1998, S. 101). Ist die kritische Menge bzw. ein Näherungswert bekannt, sind Lizenzen aus Sicht der ökologischen Treffsicherheit vorzuziehen, da sie direkt die Menge begrenzen und nicht erst über den Umweg des Preises zum Ziel gelangen. Nachteilig bei der Vergabe von Lizenzen ist jedoch das zusätzliche Entstehen von Transaktionskosten (vgl. Schenkel 1994, S. 248f.).

---

[51] Um eine „gerechtere" Verteilung der Gebühren zu ermöglichen, schlagen Fabry (vgl. 2000, S. 8338ff.) für den Bereich Biomüll und Bagin (vgl. 2000, S. 846ff.) für den Gewerbemüll zur Beseitigung eine Grundgebühr vor, um die „Vorhaltekosten" (Fixkosten, wie beispielsweise Abschreibungen, Kapitalzinsen, Gefäße etc.) auf alle Adressaten zu verteilen.

[52] Vgl. dazu ausführlich Fromm/Hansjürgens 1990 u. 1994, S. 211ff, Endres/Schwarze 1994 137ff. Internationalen Aufschwung hat die Mengensteuerung im Rahmen der Kyoto Konferenz bekommen. Bekannt als die „Kyoto-Mechanismen", sieht das Kyoto-Protokoll vor, dass mittels der Instrumente Emissionshandel (Artikel 6) und Emissionsgutschrift (joint implementation; Artikel 17) ein Markt für Treibhausgase entsteht (vgl. OECD 1999 S. 18f., Schmidt 1998 S. 441ff. und Schwarze/Zapfel 1998 S. 493ff.).

[53] Man kennt zum einen die Versteigerung und zum anderen das „Grandfathering"(vgl. hierzu Binswanger/Bonus/Timmermann 1981, S. 146ff, Tietenberg 1980, S. 487).

[54] Zur Beurteilung von Entsorgungslizenzen in der Abfallwirtschaft vgl. Linscheidt 1998, S. 101ff.

2.2.3   Beeinflussung der Präferenzen

Die Präferenzen der Wirtschaftssubjekte können vereinfacht auf drei Ebenen eingestuft werden. Erstens sind die Präferenzen beeinflusst durch das Wertesystem des
einzelnen Wirtschaftssubjekts. Dieses Wertesystem lässt sich nur sehr langfristig ändern, ist aber dementsprechend auch relativ stabil, d. h., wenn das Umweltbewusstsein als Wert in die Entscheidungsfindung einfließt, wird die Nutzeneinschätzung von
umweltkonformem Handeln langfristig steigen.[55] Bezogen auf Unternehmen, spricht
man nicht von Werten, sondern von der Unternehmensphilosophie, d.h. in diesem Fall
die unternehmerische Einstellung zum Umweltschutz (vgl. Wicke et al. 1992, S. 41).
Sie trägt entscheidend mit dazu bei, inwieweit gute und effektive Lösungen im Umweltschutz voran getrieben werden (vgl. Bundesverband Junger Unternehmer, 1986,
S. 257). Die Unternehmensphilosophie ist ein determinierendes Element für das Um-
weltmanagementkonzept bzw. die Umweltstrategie in einem Unternehmen. In der in
Kapitel 4.2.2 dargestellten empirischen Analyse der betrieblichen Abfallwirtschaft in
Nordrhein-Westfalen konnten die Unternehmen in vier Typen klassifiziert werden. Im
Rahmen einer Faktorenanalyse wurden zwei unabhängige Strategiedeterminanten
ermittelt, und zwar der Grad der Umweltorientierung und der Grad der Beharrung.[56]
Anhand der unabhängigen Faktoren konnten in einer Clusteranalyse vier abfallwirtschaftliche Umweltstrategietypen bzw. -einstellungen ermittelt werden, die folgen-
dermaßen lauten: [57]

1) Offensive bzw. innovative Umweltstrategie
2) anpassende Umweltstrategie
3) defensive Umweltstrategie bzw. Widerstand
4) passive Umweltstrategie.

Zweitens sind die Präferenzen durch die aktuellen Problemlagen beeinflusst. Dieser
Aspekt bedingt z. B., dass heutzutage die Umwelt in der Einschätzung der aktuellen
Fragen hinter das Problem der Arbeitslosigkeit, der Verbrechensbekämpfung und der
Erhaltung der Wettbewerbsfähigkeit zurückfällt (vgl. Tettinger 1997, S. 1ff. und
BMU 1998a, S. 20 sowie Stadt Köln 1999, S. 30). In diesem Punkt zeigt sich, dass
Präferenzen für oder gegen gewisse Punkte sehr stark von tagesaktuellen Geschehnis-

---

[55] Zu den Wirkungen des Nutzenanstiegs siehe Kapitel 2.1.2.2.
[56] Zur Identifikation von Präferenzen ist die Faktorenanalyse ein in der Praxis erprobter und aner-
       kannter Ansatz (vgl. Jakubowski/Tegner/Kotte 1997, S. 33).
[57] Zur Durchführung der Faktorenanalyse und Interpretation der Faktorladungen sowie zur Cluster-
       analyse siehe Anhang.

sen abhängen. Dies wird dadurch bestätigt, dass im Zuge der wirtschaftlichen Erholung und der Häufung von Umweltkatastrophen 1999 und Anfang 2000 die Bewertung der Umweltproblematik wieder an Bedeutung gewonnen hat (vgl. BMU 2000e, S. 16).

Der dritte Aspekt ist eng mit dem eben Genannten verknüpft, da auch Informationen, z. B. über Umweltkatastrophen, sich sehr stark auf die Präferenzen auswirken. Die Bedeutung von Informationen für die Entscheidungsfindung geht jedoch weiter, da eine positive Informationspolitik entscheidend zum Abbau bestehender Informationsdefizite beitragen kann. Somit können Informationen die Präferenzen insofern ändern, als sie die Güte der Entscheidung verbessern.

Die suasorischen oder intrinsischen Instrumente, die im Folgenden dargestellt werden, zielen darauf ab, die Informationen und Wertvorstellungen der betroffenen Wirtschaftssubjekte zu beeinflussen. Man unterscheidet drei Arten:

1) Bereitstellung von Informationen über umweltrelevantes Verhalten
2) Appelle an Unternehmen und Haushalte, die von ihnen verursachten gesellschaftlichen Kosten stärker in ihrem Entscheidungskalkül zu berücksichtigen
3) Soziale (nichtmonetäre) Sanktionen gegen die Wirtschaftssubjekte, welche die gesellschaftlichen Kosten ihres Verhaltens nicht hinreichend berücksichtigen.

Der erste Punkt ist für die Abfallwirtschaft der wichtigste Aspekt, da er aus betriebswirtschaftlicher Sicht ein Instrument darstellt, sich im Wettbewerb strategisch zu positionieren. Durch die Bereitstellung von umweltrelevanten Informationen können die Unternehmen ihrer Umwelt signalisieren, welche Maßnahmen sie im Bereich des Umweltschutzes durchführen. Instrumente in der Praxis sind die gesamte Palette der Zertifizierungsmaßnahmen (EMAS, ISO 14001)[58], die Möglichkeiten des Öko-Audits[59] bzw. der anderen Umweltbuchführungen bis hin zur ökologischen Produktbezeichnung[60]. Auch die Lizenzierung als Entsorgungsfachbetrieb kann unter diese

---

[58] In der Befragung zeigte sich jedoch, dass gerade 25% der befragten Unternehmen nach ISO 14001 und/oder EMAS zertifiziert sind. Weltweit waren Ende Juni 1999 rund 11.000 Unternehmen nach ISO 14001 zertifiziert und in der EU rund 2750 Unternehmen (davon 76% in Deutschland) nach EMAS zertifiziert (vgl. Umweltbundesamt 1999, S. 7). Zum Wettbewerb zwischen EMAS und ISO 14001 vgl. Feldhaus (1998, S. 41ff.).

[59] Zur Beurteilung des Öko-Audits für Unternehmen siehe Freimann/Schwaderlapp 1995 S. 485ff.

[60] Zur näheren Diskussion der Wirkungsmechanismen von ökologischen Produktbezeichnungen wie Gütesiegeln, Labeln etc. und deren Gefahren durch Mißbrauch von Begriffen wie „grün", „öko", „bio" usw. siehe Eifert/Figge 1995, S. 360ff. u. Töpfer 1993, S. 57f. Zu den Effekten von ausgewählten Programmen (u. a. Blauer Engel) siehe OECD (1997c, S. 25ff u. 52ff.).

Kategorie gefasst werden, auch wenn deren Bedeutung weiter geht, da durch sie gewisse Rechtsfolgen entstehen.[61] Insgesamt dienen die Maßnahmen dazu, eine höhere Transparenz in Bezug auf umweltrelevante Informationen zu schaffen.

Der zweite Punkt der möglichen Handlungen zur Beeinflussung von Präferenz zielt darauf ab, die Werte der Wirtschaftssubjekte zu festigen. Dieser eher langfristig ausgerichtete Ansatz schließt die komplette Palette der Umwelterziehung und Information ein, um das Umweltbewusstsein zu stärken. Ein weiterer wichtiger Punkt in dieser Kategorie ist es, seitens des Staates bzw. der NGOs[62] darauf hinzuwirken, dass Fragestellungen der Ökonomie und Ökologie immer im Fokus der betroffenen Wirtschaftssubjekte bleiben. Hier sind alle Mittel der Kommunikation zu nutzen, um die Bedeutung des Sachgebietes herauszustellen. Ziel muss es sein, dass durch Ökoeffizienz auch tatsächliche Wettbewerbsvorteile erlangt werden. Einerseits soll dies geschehen, indem durch effizienten Ressourceneinsatz sowohl das ökologische Ziel der Mengenreduktion, als auch das ökonomische Ziel der Kostenreduktion erreicht werden. Andererseits sollen durch den Wertewandel auch tatsächliche Nachfrageverschiebungen entstehen, die den Absatz der Produkte verbessern (vgl. OECD 1997b, S. 22).

Der dritte Punkt zielt auf die soziale Kontrolle der Wirtschaftssubjekte ab. Um dieses zu ermöglichen, ist es das Ziel der Maßnahmen, Verursacher von Umweltschäden zu identifizieren und somit aus dem Schattendasein (Freifahrerverhalten) herauszuholen. Als Beispiel für die Wirkung einer solchen Maßnahme kann das Ereignis mit der Ölplattform „Brent Spar" angeführt werden. Es hat unabhängig von der tatsächlichen ökologischen Rechtfertigung gezeigt, wie sich auch große Gruppen (hier die Nutzer der Shell-Tankstellen) organisieren können, wenn sie mit einer Unternehmensentscheidung nicht konform gehen.

---

[61] Durch die Lizenzierung als Entsorgungsfachbetrieb dürfen gewisse Handlungen erst vorgenommen werden bzw. werden gewisse Verfahren vereinfacht (siehe hierzu auch Utermöhlen 1998, S. 138).
[62] Non government organisation, z. B. Greenpeace

3 Rahmenbedingungen für die Kreislaufwirtschaft in Deutschland

Bevor in Kapitel vier und fünf das Kreislaufwirtschafts- und Abfallgesetz im engeren Sinne analysiert wird, werden hier die Rahmenbedingungen für die Abfallwirtschaft in Deutschland dargestellt. Denn sie bilden die Klammer, in deren Bereich sich das Kreislaufwirtschafts- und Abfallgesetz entfalten kann. Die Restriktionen ergeben sich durch die in Kapitel 3.1 beschriebenen institutionellen und durch die in 3.2 ausgeführten wirtschaftlichen Rahmenbedingungen.

3.1 Institutionelle Rahmenbedingungen

Die institutionellen Rahmenbedingungen in der Abfallwirtschaft sind im Wesentlichen durch zwei Determinanten vorgegeben, zum einen durch den Wertewandel seit der Ölkrise in den frühen 1970er Jahren und zum anderen durch den Integrationsprozess in Europa. Diese beiden Aspekte werden in den folgenden Unterkapiteln anhand der Phasen und der Kompetenzordnung in der deutschen Abfallgesetzgebung näher beleuchtet. Hieraus lassen sich die heutigen Entwicklungen ableiten, die durch den ordnungsrechtlichen Rahmen und den Zwang zur Konsolidierung mit der EU geprägt sind.

3.1.1 Die Phasen in der Deutschen Abfallgesetzgebung

Der Sachverständigenrat für Umweltfragen unterscheidet in seinem Sondergutachten Abfallwirtschaft 1991 (vgl. SRU 1991, S. 39-42), kombiniert mit dem Umweltgutachten 1998 (vgl. SRU 1998, S. 174), vier Entwicklungsphasen der modernen Abfallgesetzgebung, an die die nachfolgenden Ausführungen angelehnt sind.

Die erste Phase in den 1960er Jahren war geprägt von einem erwachenden, jedoch noch sehr undifferenzierten Problembewusstsein. Die Gesetzgebung konzentrierte sich in der rechtlichen Einordnung des Problems auf die ordnungsgemäße Beseitigung von Abfällen, wobei eine Anlehnung an das klassische Polizei- und Ordnungsrecht sowie den Gesundheitsschutz zu beobachten war. Hygienische Gefahren, Belästigungen der Bevölkerung durch Staub und Geruch, Brandgefahr und ästhetische Aspekte standen im Vordergrund, umweltschutz- und ressourcenbezogene Gedanken fanden in dieser Phase keinen Eingang in die Gesetzgebung.

Diese wurden erst in der zweiten Phase in den 1970er Jahren, vor allem ausgelöst durch die Ölpreiskrise 1973, berücksichtigt. Insbesondere die Diskussion um Ressourcenschonung und Minderung der Abhängigkeit von Rohstoffimporten lenkten die Aufmerksamkeit in der Abfallwirtschaft auf die Nutzbarmachung der Abfälle als Sekundärrohstoffe.

Obwohl auch bereits erste originäre Umweltschutzbestrebungen in dieser Phase registriert wurden, konzentrierte sich die Abfallpolitik bis weit in die 1980er Jahre hinein im Wesentlichen auf die ordnungsgemäße Abfallbehandlung, in diesem Fall Deponierung.

In der dritten Phase, die durch die 4. Novelle des Abfallgesetzes (AbfG) von 1986 sowie die 2. Novelle des Bundes-Immissionsschutzgesetzes (BImSchG) von 1986 eingeleitet wurde, setzte ein qualitativer Wechsel in der Abfallwirtschaft ein. Dieser ist dadurch gekennzeichnet, dass die Bestrebungen weg von der Abfallbehandlung und hin zur Abfallvermeidung und -verwertung gerichtet sind. Der Ansatzpunkt verlagert sich dabei zunehmend vom Ende der Produktionskette zum Anfang. Nicht der "Output", sondern der "Input" ist Gegenstand der Diskussion.

Dieser Gedanke wurde in der heutigen vierten Phase weitergeführt und manifestiert sich in der Zielsetzung „....einer möglichst weitgehenden kreislaufartigen Verbindung von Versorgung und Entsorgung ..." (SRU 1998, S. 174). Bereits in der Produktion soll die spätere Verwertung (und Entsorgung) berücksichtigt werden ("Vom Abfall her denken"). Diese dem Verursacherprinzip folgende Grundphilosophie wurde im Kreislaufwirtschafts- und Abfallgesetz vertieft, indem durch die Privatisierungsstrategie immer mehr Verantwortung auf den eigentlichen Verursacher verlagert wurde. Die neue Stoßrichtung der Abfallpolitik, eingeleitet durch die im Jahre 1991 in Kraft getretene Verpackungsverordnung, die erstmals die Produktverantwortung der Hersteller verankerte, hat sehr starke Auswirkungen auf die Abfallwirtschaft. Das Gesetz ist der Versuch, den Umgang mit Ressourcen im Sinne des Sustainable Development-Konzepts fest im Wirtschaftsleben zu installieren (vgl. Wagner/Matten 1995, S. 45). Durch das Kreislaufwirtschafts- und Abfallgesetz werden die Verantwortlichkeiten verlagert, indem nicht mehr die Wirtschaft nur produziert und die Kommunen auf Kosten der Gesamtheit die Abfälle beseitigen (vgl. BMU 1998b).

Tab. 6: **Entwicklung des Abfallgedankens und der rechtlichen Konsequenzen in den einzelnen Phasen der Abfallgesetzgebung**

Ausgangslage und Motivation	Rechtliche Regelungen und Verordnungen	Ziele / Regelungsschwerpunkte
	1. Phase	
Erstarkendes Problembewusstsein der Unzulänglichkeiten des Abfallwesens, Ansatzpunkte: a) Seuchenhygiene b) Öffentliche Sicherheit und Ordnung c) Wohl der Allgemeinheit	-	Ordnungsgemäße Abfallbeseitigung, Verringerung der Anzahl von Abfalldeponien
Verschärfter Problemdruck, Ansatzpunkt: primär Seuchenhygiene	Umweltprogramm 1971	Ordnungsgemäße Abfallbeseitigung, Verringerung der Anzahl von Abfalldeponien
Verschärfter Problemdruck, Ansatzpunkt: primär Seuchenhygiene	Abfallgesetz 1972	Ordnungsgemäße Abfallbeseitigung, Verringerung der Anzahl von Abfalldeponien
	2. Phase	
1973 Ölpreiskrise, Club of Rome-Studie "Grenzen des Wachstums" - Erkenntnis der Endlichkeit be stimmter Ressourcen - Abfall als Sekundärrohstoff - Entlastung der Abfallbeseitigung - Minderung der Importabhängigkeit	BImSchG 1994; Abfallwirtschaftsprogramm 1975	Einführung des Verwertungsgedankens, Ansätze zur Vermeidung bestimmter Sonderabfälle durch Verbot
Defizite im Überwachungsbereich, sekundär: erster Schritt zur Umsetzung des Abfallwirtschaftsprogramms	1. Novelle AbfG 1976	Steigerung der Effektivität der Beseitigung, Ansätze zur Verwertung
Erfassung von Reststoffen/Abfällen als Sekundärrohstoffe: - Ausnutzung "alternativer" Rohstoffquellen - Entlastung der Abfallbeseitigung, als Reflex: Umweltschutz	Bundestagsvorlage zum Forschungs- und Entwicklungsprogramm auf dem Gebiet der Rück-gewinnung von Industrie- und Hausmüll (Sekundär-rohstoffe) der EG 1978	Verwertungsforschung durch Bereitstellung von Forschungsmitteln
Umsetzung des Abfallwirtschafts-programms 1975 i. S. e. Verstärkung der Tendenz zu einem Abfall-wirtschaftsgesetz	gescheitertes Novellierungs-vorhaben zum AbfG in der 8. Legislaturperiode	Verstärkung der Verwertung
Gesetzesreparatur: repressive Erfas-sung der bereits normierten und praktizierten Klärschlammverwertung wegen Schadstoffbelastungen und aus hygienischen Gründen	2. Novelle AbfG 1981	Schadlose Klärschlammverwertung
Gesetzesreparatur: Sofortmaßnahmen aus Anlass spektakulärer Missbrauchsfälle (Seveso-Fässer; vgl. Donner, Meyerholt 1995, S.84)	3. Novelle AbfG 1984	Kontrolle grenzüberschreitender Abfallbeseitigung

Noch Tab. 6: Entwicklung des Abfallgedankens und der rechtlichen Konsequenzen in den einzelnen Phasen der Abfallgesetzgebung

3. Phase		
Langfristige, nicht bloß reaktive Steuerung der Stoffströme: neben Rohstoffeinsparung Berücksichtigung der Schadstoffakkumulation in der Umwelt (Hintergrund: vielfältige, bekannt gewordene Grundwasserkontaminationen durch Abfalldeponien)	4. Novelle AbfG 1986 (Umbenennung zum Abfall*wirtschafts*gesetz); 2. Novelle BImSchG 1986	Vermeidung und Verwertung von Abfällen
Umsetzung des Vermeidungs- und Verwertungsgedankens, sichere Entsorgung von nicht vermeidbarem und verwertbarem Restmüll,		
Rechtliche Regelungen und Verordnungen	**Ziele / Regelungsschwerpunkte**	
Altölverordnung (AltölV) 1987	Regelung der Voraussetzung zur Wiederaufbereitung des Altöls sowie von Informations- und Aufklärungspflichten beim Verkauf von Ölen	
Verordnung über die grenzüberschreitende Verbringung von Abfällen (Abf-VerbrV) 1988	Regelung der grenzüberschreitenden Verbringung von Abfällen (Abfallexport)	
Verordnung über die Entsorgung gebrauchter halogenierter Lösemittel (HKWAbfV) 1989	Regelung der Entsorgung gebrauchter halogenierter Lösemittel: getrennte Haltung, Vermischungsverbote, Kennzeichnungspflichten etc.	
Verordnung zur Bestimmung von Abfällen nach § 2 Abs. 2 des Abfallgesetzes (AbfBestV) 1990	Festlegung besonders überwachungsbedürftiger Abfälle durch Abfallartenkatalog	
Verordnung zur Bestimmung von Reststoffen nach §2 Abs.3 des Abfallgesetzes (RestBestV) 1990	Festlegung besonders überwachungsbedürftiger Reststoffe durch Reststoffartenkatalog	
Verordnung über das Einsammeln und Befördern sowie über die Überwachung von Abfällen und Reststoffen (AbfRestÜberwV) 1990	Regelung der Verbringung besonders überwachungsbedürftiger Abfälle und Reststoffe: Einsammeln, Befördern, Nachweis über die Zulässigkeit der vorgesehenen Entsorgung und die Nachweisführung über entsorgte Abfälle	
Klärschlammverordnung (AbfKlärV) 1992	Regelung zur Verwertung von Klärschlämmen auf landwirtschaftlich genutzten Flächen: Festlegung von Grenzwerten für den Gehalt an Schwermetallen, organischen Verbindungen (Dioxine, Furane, PCB, AOX), verschärfte Nachweispflichten für die Aufbringung von Klärschlamm	
Gesetz über die Vermeidung und Entsorgung von Abfällen (AbfG) 1993	§ 7 AbfG, § 4 Abs. 1 AbfG in Verbindung mit § 4 BImSchG: Veränderung der Zulassungsvoraussetzungen u. a. von Abfallverbrennungsanlagen, dadurch für Abfallentsorgungsanlagen nur noch eine einfache Genehmigung nach BImSchG notwendig, Einschränkung der Öffentlichkeitsbeteiligung	

50

Noch Tab. 6: Entwicklung des Abfallgedankens und der rechtlichen Konsequenzen in den einzelnen Phasen der Abfallgesetzgebung

4. Phase	
Verordnung über Verbrennungsanlagen für Abfälle und ähnliche brennbare Stoffe, 17. Bundesimmissionsschutz-Verordnung (17. BImSchV), 1990	Grenzwertfestlegungen für Abfallverbrennungsanlagen hinsichtlich bestimmter Emissionen (v.a. Dioxine u. Furane)
Zweite allgemeine Verwaltungsvorschrift zum Abfallgesetz TA Abfall 1990	Festlegung der Anforderungen an die Lagerung, Ablagerung, Verbrennung und chemisch/physikalische, biologische Behandlung von besonders überwachungsbedürftigen Stoffen in Zwischenlagern, Behandlungsanlagen u. Deponien; Definition des Stands der Technik
Verpackungsverordnung (12. Juni 1991), Novellierung im Sommer 1998	Erste Rücknahmeverordnung des deutschen Abfallrechts auf Basis des § 14AbfG.
Dritte allgemeine Verwaltungsvorschrift zum Abfallgesetz TA Siedlungsabfall 1993 (4. Januar 2000 Eckpunktepapier zur Änderung der TASi in Bezug auf Behandlungstechnik)	Regelung der Entlastung der Hausmülldeponien von schadstoffhaltigen Stoffen bzw. solchen Stoffen, die negative Auswirkungen auf die Umwelt befürchten lassen, dadurch Notwendigkeit der Vorbehandlung, d. h. in der Regel Verbrennung derartiger Abfälle
Kreislaufwirtschaftsgesetz (KrW-/AbfG) als 5. Novelle des AbfG 1994 mit zweijähriger Übergangsfrist bis 1996 bis zum Inkrafttreten (Gesetz zur Vermeidung, Verwertung und Beseitigung von Abfällen	Einführung in die abfallarme Kreislaufwirtschaft, Verlagerung der Verantwortung „nach vorn" zur Entstehung der Abfälle, Verursacherprinzip, Neudefinition des Abfallbegriffs
Untergesetzliches Regelwerk (September 1996): Verordnung zur Einführung des Europäischen Abfallkatalogs (EAKV) Verordnung zur Bestimmung von überwachungsbedürftigen Abfällen zur Verwertung (BestbüAbfV) Verordnung über Verwertungs- und Beseitigungsnachweise (NachwV) Verordnung zur Transportgenehmi gung (TgV) Verordnung über Entsorgungsfach betriebe (EfbV) Richtlinie für die Tätigkeit und Anerkennung von Entsorgergemein schaften Verordnung über Abfallwirtschafts konzepte und Abfallbilanzen (AbfKoBiV)	Umsetzung von EU-Richtlinien in nationales Recht

Quelle: SRU 1991, 1994 und 1998; Töpfer 1994; Köller 1996.

Mit dem Kreislaufwirtschafts- und Abfallgesetz und der darin verankerten Produktverantwortung wurde 1996 die Basis geschaffen, weitere Verordnungen zur Rücknahme spezieller Altprodukte, wie etwa Altautos, Altbatterien und Altelektrogeräte zu erlassen. Des Weiteren wurde durch die Verlagerung der Verantwortung für die Entsorgung von Abfällen auf den Abfallerzeuger bereits heute erreicht, dass aus den Entsorgungsengpässen Ende der 1980er Jahre mittlerweile Überkapazitäten geworden sind. Die jetzige Bundesregierung kündigte in ihrer Regierungserklärung an, mit der Kreislaufwirtschaft voran zu schreiten. Eckpfeiler der modernen Abfallwirtschaft in Deutschland sind die Produktverantwortung und das Recycling (vgl. BMU 1999a).

Am 20. August 1999 wurde vom Bundesumweltministerium das Eckpunktepapier für die weitere Abfallpolitik vorgelegt (siehe Abb. 11). Die Vorgaben sind mit dem Ziel, bis 2020 nicht nur Glas, Papier, Pappe, Bioabfälle und Kunststoffe, sondern alle Siedlungsabfälle vollständig zu verwerten und somit Deponien überflüssig zu machen, sehr hoch gesteckt. Ein weiterer entscheidender Punkt des Eckpunktepapiers ist die Ankündigung, dass die TASi bzw. die auf ihr aufbauende Verordnung nicht mehr eine „lex Müllverbrennung" (vgl. Müllmann; Lohmann 1995, S. 168ff.) ist, sondern nach der Prüfung des Berichts zur „Ökologischen Vertretbarkeit der mechanisch-biologischen Vorbehandlung von Restabfällen einschließlich deren Ablagerung"[63] (Umweltbundesamt 1999) auch die mechanisch-biologischen Anlagen (MBA) erlaubt werden.

Im Jahr 2000 ist durch Vorgaben aus dem Eckpunktepapier und durch die EU mit weiteren Verordnungen zu rechen. Das Bundesumweltministerium legte am 18. April 2000 den beteiligten Kreisen zwei Verordnungsentwürfe vor, die für eine umweltverträgliche Siedlungsabfallentsorgung sorgen sollen. Die eine Verordnung wird die alte TASi ersetzen, um damit durch den Status einer Verordnung höhere Verbindlichkeit zu erlangen.[64] Eine weitere Verordnung[65] wird die Anforderungen[66] an mechanisch-biologische Behandlungsanlagen festlegen (vgl. VKS 2000, S. 19f.). Außerdem sind folgende Verordnungen in Bearbeitung (Stand Mai 2000): Die IT-Altgeräte-Verordnung[67] befindet sich im Bundesratsverfahren, die Altautoverordnung im EU-

---

[63] Die Umweltminister von Bund und Ländern haben auf der 51.Umweltministerkonferenz im November 1998 in einem einstimmigen Beschluss deutlich gemacht, dass die hohen, auf dem Vorsorgegrundsatz beruhenden Anforderungen an eine umweltverträgliche Abfallbeseitigung gemäß der TA Siedlungsabfall beibehalten werden. Ebenso wurde dem Umweltbundesamt in Auftrag gegeben zu prüfen, inwieweit die MBA ökologisch vertretbar sind im Sinne der TASi. An der Fristen 2005, bis zu der die TA Siedlungsabfall umgesetzt werden muß, wird festgehalten (vgl. Baake 1999).

[64] Ein weiterer Grund für den Wechsel von einer Technischen Anleitung zu einer Verordnung ist der, dass EU-Recht nur durch Regelungen mit mindestens Verordnungsstatus umgesetzt werden muss (siehe Kapitel 3.1.2).

[65] Die Verordnung wird höchst wahrscheinlich dann die 29. Bundesimmissionsschutzverordnung sein (vgl. Ruchay 2000).

[66] Unter anderem müssen die Anlagen räumlich geschlossen sein, damit die Abluft vollständig erfasst und gereinigt werden kann. Des Weiteren müssen sie die Kriterien der 17.BImSCHV erfüllen (vgl. BMU 2000a).

[67] IT = Informationstechnologie

Vermittlungsverfahren[68], und die Batterieverordnung steht vor einer Novellierung. Schließlich ist auf der Umweltministerkonferenz im April 2000 die TA Verwertung zur Sprache gekommen (vgl. Kemper 2000), die ein ganzes Bündel an Maßnahmen umfasst. Ein Teil dieses Maßnahmenbündels, namentlich die dringend benötigte „Verwaltungsvorschrift zum Abfallbegriff sowie zur Abfallverwertung und Abfallbeseitigung nach dem Kreislaufwirtschafts- und Abfallgesetz", wurde zwar im Dezember 1999 vorgelegt, aber bei der Umweltministerkonferenz am 8./9.04.2000 nicht verabschiedet (vgl. Ruchay 2000). Sie sollte Rechts- und Vollzugssicherheit bringen, indem sie folgende Sachverhalte klärt: (DSD 2000, S. 35)

- Beginn der Abfalleigenschaft
- Ende der Abfalleigenschaft
- Abgrenzung zwischen Abfallverwertung und Abfallbeseitigung
- Wahl zwischen stofflicher und energetischer Verwertung.

Vorher war bereits das von der Bund-/Länder Arbeitsgemeinschaft entworfene Definitionspapier „Abfallbegriff, Abfallverwertung und Abfallbeseitigung nach dem Kreislaufwirtschafts- und Abfallgesetz" vom 6. November 1997 gescheitert (vgl. BDI 1998).

---

[68] Dieses Vermittlungsverfahren wurde von Deutschland erzwungen, da die Automobilindustrie durch die kostenlose Rücknahmepflicht von bereits in Verkehr gebrachten Autos zu hohe Wettbewerbsnachteile sah (vgl. Appel 1999, S. 3). Das Instrument des Vermittlungsverfahrens in der EU wurde im Amsterdamer Vertrag verankert und kommt hiermit erstmals zum Tragen (vgl. Döring 1998, S. 174f.). Mit dem Ende des Verfahrens wird noch im Jahr 2000 gerechnet (vgl. BMU 2000b, S. IVf.). Nach Angaben des NABU (2000) ist nicht mit einer Aufweichung der Richtlinie zu rechnen. Demnach müssen demnächst auch bereits zugelassene Pkws von den Herstellern zurückgenommen werden.

Abb. 11: **Eckpunktepapier des BMU über die Zukunft der Entsorgung von Siedlungsabfällen**

1. Die Ablagerung unbehandelter Siedlungsabfälle in Siedlungsabfalldeponien soll so schnell wie möglich beendet werden. Die vorhandenen Vorbehandlungstechniken müssen genutzt und neue Kapazitäten errichtet werden.

2. Zur Vorbehandlung der Siedlungsabfälle werden neben thermischen Verfahren auch hochwertige mechanisch-biologische Vorbehandlungsverfahren zugelassen. Die Anforderungen an derartige Anlagen und die bei der Ablagerung zu beachtenden Vorkehrungen sollen in einer Ergänzung der TA Siedlungsabfall sowie in einer Rechtsverordnung nach dem Bundes-Immissionsschutzgesetz in Anlehnung an die Anforderungen der 17. Bundes-Immissionsschutzverordnung für Verbrennungsanlagen festgelegt werden.

3. Die heizwertreiche Teilfraktion aus der mechanisch-biologischen Vorbehandlung ist energetisch zu nutzen. D. h. im Restmüll enthaltene Kunststoffe und andere Energieträger werden abgetrennt und z. B. in Kraftwerken oder industriellen Anlagen, die den strengen Abgasvorschriften der 17. BImSchV entsprechen, verbrannt.

4. Nicht oder nur mit unverhältnismässigem Aufwand nachrüstbare Deponien sollen schrittweise geschlossen werden. Der Bau neuer Deponien für Siedlungsabfälle ist nicht mehr erforderlich, da die Kapazitäten der neueren und nachgerüsteten Deponien bei Einsatz geeigneter Vorbehandlungstechniken und Kooperation der Städte und Landkreise untereinander noch etwa zwei Jahrzehnte ausreichen.

5. Bis spätestens 2020 sollen die Behandlungstechniken so weiterentwickelt und ausgebaut werden, dass alle Siedlungsabfälle in Deutschland vollständig und umweltverträglich verwertet werden.

Quelle: BMU 1999b.

3.1.2 Rechtliche Kompetenzordnung in der Abfallgesetzgebung und Vorgaben von der EU

Bevor die rechtliche Kompetenzordnung in der Abfallgesetzgebung im engeren Sinne behandelt werden kann, wird auf die immer relevanter werdenden internationalen Abkommen eingegangen. Hier sind zu nennen das GATT[69] bzw. die WTO[70] und die Baseler Konvention, die weltweite Regeln für die Entsorgung und den Export gefährlicher Abfälle aufstellen.

In den Auseinandersetzungen bezüglich des weltweiten Freihandels, der als höchstes Gut den freien Warenverkehr durchsetzen will, treten die Maßnahmen der Umweltpolitik immer mehr in den Vordergrund. Im Rahmen dieser Zielsetzung wird umweltpolitisches Handeln vielfach als nicht-tarifäres Handelshemmnis eingestuft und damit abgelehnt (vgl. Bongaerts; Heins 1994, S. 478). Andererseits wurde auf der ersten

---

[69] General Agreement on Tarifs and Trade
[70] World Trade Organisation

Konferenz der WTO im Dezember 1995 erstmals über die Einführung von Umwelt-klauseln in die Welthandelsordnung nachgedacht, um die Möglichkeit des Ökodum-pings einzuschränken (vgl. Sandhövel 1998, S. 496ff.). Insgesamt betrachtet ist je-doch aus Sicht der WTO zu erwarten, dass jegliche Regelungen (z. B. Aufbau von Verwertungsnetzen) die fast unüberwindbare Markteintrittsbarrieren insbesondere für Anbieter aus Drittländern errichten, als Verstöße gewertet werden (vgl. Berthold; Hil-pert 1996, S. 604). Diese Tatsache ist aus abfallrechtlicher Sicht bei allen Maßnah-men der Produktverantwortung zu berücksichtigen, um nicht unnötig mit der WTO in Konflikt zu geraten.

Das Baseler Übereinkommen regelt die Entsorgung und den Export gefährlicher Ab-fälle. Diese internationale Regelung wurde nötig, nachdem in den 1970er und 1980er Jahren vermehrt dubiose und kriminelle Transporte sowie umweltbelastende Entsor-gungen stattfanden. Auf bisher fünf Vertragsstaatenkonferenzen der Baseler Konven-tion wurde die Konvention durch Studien, Leitlinien, gemeinsame Beschlüsse und Änderungen ständig erweitert und konkretisiert.[71] Des Weiteren wurden zwischen den Staaten und mit anderen Organisationen institutionalisierte Informationssysteme auf-gebaut, um die Konvention besser kontrollieren zu können. Auf der fünften Vertrags-staatenkonferenz im Dezember 1999 wurde das erste Umwelthaftungsprotokoll dis-kutiert, welches unter anderem die Einrichtung eines Haftungs- und Entschädigungs-fonds vorsieht. Die Baseler Konvention wurde in der EU durch die EG-Abfallverbringungs-Verordnung und in Deutschland[72] dann schließlich durch das Abfallverbringungsgesetz rechtskräftig umgesetzt (vgl. BMU 1999c, S. 616ff.).

Das rechtliche Instrumentarium zur Abfallwirtschaft in der Bundesrepublik Deutsch-land im engeren Sinne ist durch einen vierstufigen Aufbau charakterisiert. Nach den EU-rechtlichen Normen folgt zunächst das Bundes-Abfallgesetz mit einer Fülle an Rechtsverordnungen und Verwaltungsvorschriften. Weiterhin existieren Landes-Abfallgesetze zur Ausführung und Ergänzung der bundesrechtlichen Regelungen, so

---

[71] Siehe beispielsweise den Beschluss des Rates zur Annahme, im Namen der Gemeinschaft, der Änderung von Anhang I und der neuen Anhänge VIII und IX des Übereinkommens über die Kon-trolle der grenzüberschreitenden Verbringung von gefährlichen Abfällen und ihrer Entsorgung (Basler Übereinkommen) gemäß den Beschlüssen IV/9 der Konferenz der Parteien (Kommission der Europäischen Gemeinschaft 1998a) oder Entscheidung der Kommission vom 18. Mai 1998 zur Anpassung der Anhänge II und III der Verordnung (EWG) Nr. 259/93 des Rates zur Überwachung und Kontrolle der Verbringung von Abfällen in der, in die und aus der Europäischen Gemeinschaft nach Artikel 42 Ziffer 3 dieser Verordnung (98/368/EG) (bekanntgegeben unter Aktenzeichen K(1998) 1357). (Kommission der Europäischen Gemeinschaft 1998b)

[72] Heute gibt es keine Abfallexporte mehr in Nicht-OECD Länder, auch nicht bei Abfällen zur Ver-wertung (vgl. Hoppe; Beckmann 1995, S. 825). Innerhalb der OECD gibt es dies jedoch noch, was von einzelnen Autoren bemängelt wird (vgl. Scholl 1994, S. 84ff u. Jarass, 1998, S. 399f.)

z. B. hinsichtlich der Altlastenproblematik. Schließlich kommen noch kommunale Satzungen als Bürgerverpflichtungen zum Tragen (siehe Abb. 12).

Abb. 12: Rechtliche Kompetenzordnung in der Abfallwirtschaft

Quelle: eigene Darstellung.

Der untere Teil der Kompetenzordnung ist für die Beteiligten der Abfallwirtschaft nicht neu, da von jeher durch die föderalistische Struktur Deutschlands eine solche Kompetenzordnung im Sinne einer Konkretisierung der Maßnahmen von oben nach unten angewandt wird. Neu für die Beteiligten der Abfallwirtschaft ist jedoch der Einfluss der EU auf die Abfallgesetzgebung, obwohl seit dem EWG-Vertrag von 1958, der dann schließlich 1961 in Kraft trat, EU-Recht vor nationalem Recht gilt. Die Bedeutung des EU-Rechts in der Abfallwirtschaft hat in den letzten Jahren aus zwei Gründen an Gewicht gewonnen:

1) Die Einführung des Binnenmarktes erlaubt den freien Warenverkehr auch für Abfälle zur Verwertung.

2) Die EU hat in den letzten Jahren eine Reihe von Richtlinien erlassen, die direkt das nationale Abfallrecht tangieren bzw. mit ihm in Konflikt stehen. Maßgeblich für den Bedeutungszuwachs des EU-Rechts in der Abfallwirtschaft ist die im März 1991 erlassene Abfallrahmenrichtlinie[73] (vgl. Bleicher 1995, S. 519).

---

[73] Richtlinie des Rates 91/156/EWG zur Änderung der Richtlinie 75/442EWG über Abfall

Aus dieser Situation ergeben sich nach Krämer[74] (1999) folgende Tatsachen für die nationale Abfallwirtschaft:

- Die deutsche Abfallwirtschaft steht im Widerspruch zum EU-Binnenmarkt, der als höchstes Gut den freien Warenverkehr postuliert, da die nationale Abfallwirtschaft insbesondere in Bezug auf die Beseitigung von Abfall auf Autarkie innerhalb der Landesgrenzen setzt.[75]
- EU-Recht ist autonom auszulegen. Man kann z. B. den Abfallbegriff nicht nach nationalen Kriterien auslegen.
- Änderungen des Abfallrechts sind nur über die EU-Kommission möglich.
- Strengere Regeln dürfen zwar von Nationalstaaten erlassen werden, jedoch nur, wenn sie nicht gegen das Prinzip des „freien Warenverkehrs" verstoßen. Daraus kann man eindeutig ableiten, dass für die Verwertung keine strengeren Richtlinien als von der EU vorgesehen erlassen werden dürfen.
- Die Verbringungsverordnung unterscheidet zwischen Beseitigung und Verwertung. Für Abfälle zur Verwertung gilt mehr oder minder freier Warenverkehr. Daraus folgt, dass von einzelnen Staaten im Namen des „strengeren Umweltschutzes" keine strengeren Richtwerte für Abfälle zur Verwertung festgelegt werden dürfen, da dies im Widerspruch zum EU-Vertrag stünde, der freien Warenverkehr im Binnenmarkt vorsieht.

Aus diesen klaren Positionen der EU-Kommission lässt sich bereits ablesen, dass der Gesetzgeber und die Rechtsprechung im deutschen Abfallrecht immer mehr von der EU bestimmt werden (vgl. hierzu auch Gassner 1998, S. 1149f.). Ferner entzündet sich nicht zuletzt am Postulat des freien Warenverkehrs innerhalb der EU der Streit um die Begriffe Abfälle zur Verwertung und Abfälle zur Beseitigung, da die eine Abfallart möglichst ortsnah zu entsorgen ist und die andere dem freien Warenverkehr unterliegt.[76]

---

[74] Ludwig Krämer ist Leiter der Abteilung Abfallbewirtschaftung in der EU-Generaldirektion Umwelt.

[75] Es herrschen hier jedoch sehr kontroverse Rechtsauffassungen vor (vgl. z. B. Scherer-Leydecker, 1999, S.591ff., Schröder 1996, S. 838, Giesberts 1996, S. 950f., Konzak 1995, S. 130ff. oder Krieger 1995, S. 170ff.).

[76] Die Rahmenrichtlinie liefert jedoch gerade in diesem wichtigen Punkt keine Definition für Abfall zur Beseitigung und für Abfall zur Verwertung. Es findet lediglich eine zu Wage Aufgabenbeschreibung statt. (vgl. Wendenburg 2000)

Die gesamteuropäischen Entwicklungen bestimmen nicht nur die Gesetzgebung, sondern auch immer mehr den abfallrechtlichen Vollzug in Deutschland.[77] Deshalb sollen im Folgenden die neuesten europäischen Richtlinien und Vorhaben in der EU vorgestellt werden. Bei all diesen Projekten steht immer wieder die Frage im Vordergrund, ob aufgrund der Subsidiarität in der EU Raum für weitergehende einzelstaatliche Maßnahmen gegeben ist oder ob wegen des Binnenmarktes keine engeren Bestimmungen, insbesondere für Abfälle zur Verwertung, erlaubt sind (siehe Fußnote 75).

Der früher übliche LAGA[78]-Schlüssel, der die Abfallarten stoffbezogen gliederte, wurde durch den am 20.12.1993 bekanntgegebenen EAK (Europäische Abfallkatalog) ersetzt.[79] Der EAK gliedert die Abfälle nach ihrer Herkunft, da Stoffe bzw. Zubereitungen, die in ähnlichen Prozessen eingesetzt wurden, als Abfälle mit vergleichbaren Verunreinigungen anzusehen sind. „Durch die Getrennthaltung dieser Abfälle, die zwar dieselbe Hauptkomponente, aber unterschiedliche Verunreinigungen enthalten, soll die Anzahl und Vielfalt der Verunreinigungen begrenzt werden. So kann eine stofflich hochwertige Verwertung erreicht werden, die dazu beiträgt, dass wirtschaftliche Kreisläufe auf einem möglichst hohen Wertniveau geschlossen werden." (vgl. Schreiber 1998, S. 5f.) Probleme bei der Umsetzung des EAKs ergeben sich aus zwei Gründen. Erstens ist der Katalog in manchen Fällen noch als interpretationsbedürftig anzusehen, was u. a. an der teilweise unglücklichen amtlichen deutschen Übersetzung liegt (vgl. Schreiber 1998, S. 11). Zweitens herrscht ein Diskurs zwischen Deutschland und der EU darüber, inwieweit hierzulande weitere Abfallarten als besonders überwachungsbedürftig eingestuft werden dürfen. Der Ausgang des offiziellen Streitverfahrens ist noch anhängig. Insgesamt ist jedoch aufgrund der unterschiedlichen Handhabungen des Abfallkataloges in den Mitgliedsländern zum 1. Januar 2002 mit einer umfangreichen Erweiterung zu rechnen. Dies schließt auch die Festlegung von Kriterien ein, anhand derer festgelegt wird, ab wann eine Verunreinigung den Abfall zu einem gefährlichen Abfall macht. Von diesen angestrebten Veränderungen werden erhebliche Auswirkungen auf den Umgang mit den Abfällen und auf die erforderlichen Nachweisverfahren erwartet (vgl. BMU 2000b, S. II). Es ist in diesem Zusammenhang demnach mit einem weiteren Ausbau des Ordnungsrechts und damit weiter steigender Komplexität im Umgang mit Abfallstoffen zu rechnen, was sowohl bei der

---

[77] Zur Abfallbewirtschaftung in der EU gibt der Bericht über die Anwendung der Richtlinien über die Abfallbewirtschaftung der Kommission der Europäischen Gemeinschaft Auskunft (1997)
[78] Länder Arbeitsgemeinschaft Abfall
[79] Entscheidung der Europäischen Kommission vom 20. Dez. 1993 über ein Abfallverzeichnis gemäß Artikel 1, Buchstabe a, der Richtlinie 75/442/EWG des Rates über Abfälle (94/3EG), ABL L5/15 vom 7.1.1994. Umsetzung bis spätestens 31.12.1998.

Entsorgungswirtschaft als auch bei dem Abfallerzeuger nur die Kosten erhöhen wird, ohne dabei spürbare Umweltentlastungen zu erreichen (vgl. VKU 1998, S. 719)

Weitere wesentliche Richtlinien sind die EU-Deponierichtlinie und die EU-Verbrennungsrichtlinie. Bereits beschlossen ist die EU-Deponierichtlinie, die nunmehr innerhalb eines Zweijahreszeitraumes, also bis 2001 auch in deutsches Recht umgesetzt werden muss. Die Deponierichtlinie wird noch im Jahr 2000 in nationales Recht überführt und damit weitgehend die bereits in Kapitel 3.1.1 genannten Verordnungen - TASi und TA Abfall – ersetzen. Neuer Tatbestand der Deponierichtlinie aus deutscher Sicht ist die Frage der Kostenzurechnung. Hier gibt die Richtlinie vor, dass alle Kosten der Deponierung von Abfällen einschließlich der Nachsorge- und Rekultivierungskosten in den Annahmepreisen enthalten sein müssen. Ein wichtiger Punkt der Richtlinie ist, dass Altanlagen, die den technischen Vorgaben nicht genügen und nicht nachgerüstet werden können, innerhalb einer Frist von acht Jahren stillzulegen sind. Dies eröffnet die Möglichkeit, dass innerhalb eines überschaubaren Zeitraumes europaweit die gleichen Wettbewerbsbedingungen herrschen (vgl. BMU 2000b, S. III).

Die EU-Verbrennungsrichtlinie befindet sich zur Zeit noch im Vermittlungsausschuss der EU. Erstmals wurde ein Vorschlag von der Kommission im Oktober 1998 (vgl. Kommission der Europäischen Gemeinschaft, 1998c) vorgelegt, der dann nach diversen Stellungnahmen (siehe z. B. Wirtschafts- und Sozialausschuss 1999) im Jahr 1999 in die erste Lesung ging (vgl. Ausschuss für Umweltfragen, Volksgesundheit und Verbraucherschutz, 1999). Die Verbrennungsrichtlinie soll für sämtliche Verbrennungsabfälle (gefährliche und ungefährliche) europaweit einheitliche Immissionsstandards festlegen (vgl. BMU 2000b, S. III). Diese Richtlinie gilt jedoch nicht nur für die Monoabfallverbrennungsanlage[80], sondern auch für die sog. Mitverbrennungsanlagen, wie etwa herkömmliche Kraftwerke oder Zementdrehöfen, insofern nur eine energetische Verwertung oder thermische Behandlung stattfindet. Keine Anwendung findet die Richtlinie bei einer stofflichen Verwertung durch thermische Prozesse (z. B. Stahl in Hochöfen). Des weiteren entfällt die Pflicht zur Bildung von Mischgrenzwerten, wenn Abfälle, z. B. in Zementwerken, eingesetzt werden (Art. 7 Abs. 2 in Verbindung mit dem neuen Anhang II der Richtlinie). Der Einsatz von nicht vorbehandelten gemischten Siedlungsabfällen in Mitverbrennungsanlagen wird nach der Richtlinie weiterhin ausgeschlossen, was Auswirkungen auf die Umsetzung der Deponierichtlinie haben kann: Europaweit sind nicht genügend Monoverbrennungsanla-

---

[80] Monoabfallverbrennungsanlagen sind reine MVA.

gen zur Beseitigung dieser Abfälle vorhanden, und deshalb wird vermutlich bis auf weiteres eine Ablagerung auf Deponien ohne Vorbehandlung stattfinden. Hier wäre eine Öffnung der Mitverbrennungsanlagen – vielleicht auch nur befristet und mit Auflagen – sicherlich die bessere Lösung für das Umweltschutzniveau.[81] Insgesamt kann man jedoch von einer positiven Entwicklung durch die EU-Verbrennungsrichtlinie ausgehen, da sie bestehende Wettbewerbverzerrungen innerhalb der EU aufhebt und durch die Abschaffung der Pflicht zur Bildung von Mischungsgrenzwerten eine Vereinfachung der abfallrechtlichen Regelungen, die bei der Regulierungsdichte dringend geboten ist, schafft (vgl. Graner 2000a und 200b, S. 367ff.).

Neben diesen eher verfahrens- und vollzugsorientierten Regelungen werden in der EU auch verstärkt Produktregelungen forciert, welche die Produktverantwortung stärken sollen. Beispiele sind die bereits existierende Altölrichtlinie, die Batterie-Richtlinie und die in der Novellierung begriffene Verpackungsrichtlinie sowie die EU-Altautorichtlinie (siehe Fußnote 68) und die EU-Elektrogeräterichtlinie. Der Entwurf der EU- Elektrogeräterichtlinie wurde am 13. Juni 2000 vorgelegt. Insellösungen für bestimmte Segmente, zum Beispiel gebrauchte Geräte der Informationstechnik, oder nur für die sogenannten Großgeräte sind aus Sicht des Bundesverbandes der Deutschen Entsorgungswirtschaft nicht gewünscht. Vorrangig müssten bei der Umsetzung der Maßnahmen die bereits vorhandenen Demontage- und Verwertungsstrukturen berücksichtigt werden, die vornehmlich durch mittelständische Betriebe in den vergangenen Jahren geschaffen worden sind. Eine Beseitigung von gebrauchten Geräten am Recycling vorbei, so der BDE, dürfe es nicht mehr geben und müsse verboten werden (vgl. Umwelt Magazin, 2000a).

Ein ganz neues Feld betritt die EU mit der Altholz-Verordnung, die als Pilotprojekt erstmals stoffbezogene Regelungen im Sinne einer Querschnittslösung anstrebt (vgl. BMU 2000b, S. VI). Weitere Planungen in diesem Bereich sind z. B. eine PVC-Richtlinie, die den Umgang mit dem Problemkunststoff vorgeben soll (vgl. VDI 2000, S. 7.) und Festlegungen zur Bauabfallentsorgung.

---

[81] Auch das BMU vertritt die Meinung, dass die Mitverbrennung zum Zwecke der energetischen Verwertung genutzt werden sollte. Sie beharrt jedoch – berechtigterweise – darauf, dass europaweit einheitliche Standards herrschen müssen, um nicht Abfallexporte in Niedrigstandardregionen (Ökodumping aus der Sicht Deutschlands) zu forcieren (Ruchay 1999).

3.2 Wirtschaftliche Rahmenbedingungen in der Entsorgungs- und Recyclingwirtschaft

Die Entsorgungs- und Recyclingwirtschaft agiert auf einem jungen und sehr dynamischen Markt, der in seiner heutigen Form erst im Verlauf der 1980er Jahre entstanden ist. Die Entwicklung wird seit Beginn maßgeblich von gesetzgeberischen Aktivitäten beeinflusst. Diese institutionellen Rahmenbedingungen wurden in Kapitel 3.1 erläutert, und die Wirkungen des Kreislaufwirtschafts- und Abfallgesetzes auf die Wirtschaft sollen in Kapitel 5 näher analysiert werden. Um jedoch einen Überblick über die Marktakteure in der Entsorgungs- und Recyclingbranche zu erhalten, werden in diesem Kapitel die wesentlichen Rahmendaten dargelegt. Zum einen werden das Abfallaufkommen und die Entsorgungsstruktur dargestellt, und zum anderen wird die Marktstruktur innerhalb der Branche aufgezeigt. Die Marktstruktur ist durch drei Tatbestände charakterisiert: erstens durch eine Unterteilung in private und öffentliche Unternehmen[82], zweitens durch den starken Einfluss staatlicher Regulierungen, der gewisse Märkte erst entstehen lässt (z. B Markt für Sekundärkunststoff) und drittens durch die fortschreitende Konzentration der privatwirtschaftlich agierenden Unternehmen.

3.2.1 Die Stoffströme in Deutschland

Die Ermittlung der Rahmenbedingungen gestaltet sich schwierig, da die Datenlage sehr dürftig ist. So datiert die „neueste" amtliche Abfallbilanz des Statistischen Bundesamtes auf das Jahr 1993, und für 1996 liegen seit Sommer 2000 erst „vorläufige Zahlen"[83] vor. Um dieser unbefriedigenden Situation entgegenzutreten, wurde in der Arbeit das Abfallaufkommen aus den einzelnen Abfallbilanzen der Bundesländer errechnet. Das Resultat kann jedoch nur als Richtgröße angesehen werden, da aufgrund der unterschiedlichen Ausweisung der Daten in den einzelnen Bilanzen eine eindeutige Zuweisung äußerst schwierig war. Die Recyclingbranche erschien erstmalig 1995 in der amtlichen Statistik, nachdem sie 1993 in die Klassifikation der Wirtschafts-

---

[82] In den 1990er Jahren wurden immer mehr öffentliche Entsorgungsunternehmen privatisiert bzw. sogenannte Public-Private-Partnerships (PPP) initiiert.

[83] Im Umweltgutachten 2000 berichtet der Rat der Sachverständigen für Umweltfragen über vorläufige Zahlen für 1996. Auf Anfrage beim Statistischen Bundesamt teilt Herr Spieß, zuständig für die Abfallstatistik, mit, dass diese vom SRU genannten Zahlen nur „vorläufige vorläufige Zahlen" seien, da die Meldungen von einem Bundesland noch fehlten. Seiner Aussage zufolge ist mit den „amtlichen" vorläufigen Zahlen ab Ende September zur rechnen. Da das Statistische Bundesamt die Zahlen schon seit anderthalb Jahren ankündigt (vgl. Bilitewski 2000, S. 18), wurden die Zahlen für das Abfallaufkommen in dieser Arbeit aus den Abfallbilanzen der einzelnen Länder errechnet.

zweige aufgenommen wurde. Demnach kann die Entwicklung dieser Branche leider erst ab 1995 abgebildet werden. Gerade in Hinblick auf den Konzentrationsprozess ist sonst ein Vergleich mit Zahlen Ende der 1980er Jahre nicht möglich. Der Außenhandel mit Sekundärrohstoffen ist aus der Außenhandelstatistik ermittelt worden. Der Außenhandel mit Sekundärrohstoffen, der in Kapitel 3.2.3.3 dargestellt wird, lässt keinen Rückschluss zu, ob es sich um Exporte von Abfällen zur Verwertung handelt oder um Exporte von Produkten aus der Recyclingwirtschaft.

Tab. 7: **Materialbilanz in Deutschland 1993-1997 (Mio. t)**

Input				Output			
	1993	1995	1997		1993	1995	1997
Fossile Energieträger	504	479	481	Abfallaufkommen	193	211	200[2]
Erze	97[1]	78	76	exportierte Güter	201	225	249
Importierte Güter	32	39	43	Stoffausbringung	283	283	278
Steine und Erden, Mineralien	923[1]	889	840	Materialverbleib	892	774	744[2]
Pflanzen und Tiere	270	267	285	Luftemission	924	923	910
Sauerstoffeinsatz	667	664	656				
Gesamt	2.493	2.416	2.381	Gesamt	2.493	2.416	2.381

1. 1993 sind die Mineralien nicht in der Rubrik Steine und Erden, sondern in der Rubrik Erze eingegliedert.
2. Das Abfallaufkommen für 1997 wurde geschätzt und dementsprechend der Materialverbleib für 1997 errechnet.

Quelle: eigene Berechnungen nach Statistisches Bundesamt (1999; FS 19, R. 8).

Um einen ersten Überblick über die Stoffströme in der Wirtschaft zu erhalten, kann man die Materialbilanz Deutschlands zu Rate ziehen (siehe Tab. 7). Die zweigegliederte Materialbilanz stellt den industriellen Materialfluss dar. Er wandelt die Rohmaterialen zunächst in Grund- und Werkstoffe und dann in Konsumgüter um. Während dieses Umwandlungsprozesses entstehen Rückstände, die in Form von Produktions- und Konsumabfällen, Luftemissionen, Abwasserfrachten, flächenhaften Stoffausbringungen und unkontrollierbarem Materialverlust (z. B. Reifenabrieb) wieder an die Umwelt abgegeben werden.[84] Die Materialbilanz, d.h. der Saldo von Materialoutput des Wirtschaftssystems und Materialinput in Form von Rohstoffen und Gasen, ist quantitativ - langfristig betrachtet - ausgeglichen (vgl. Linscheid 1998, S. 16, Voss

---

[84] Der hier verwandte Abfallbegriff ist nicht mit dem später definierten zu vergleichen, da hier alle Abfälle aus naturwissenschaftlicher Sicht betrachtet werden und nicht die tatsächlich erfaßten gemeint sind (siehe Beispiel Reifenabrieb) (vgl. SRU, 1991, S. 27).

1996, S. 47f.). Für die hier gezeigten kürzeren Zeiträume müssen die im Wirtschafts-system verbleibenden Materialmengen (langlebige Güter) berücksichtigt und in die Rechnung aufgenommen werden. Gleiches gilt für die räumliche Betrachtung, indem man Export und Import von Materialien einbeziehen muss. Gerade die Dauer des Materialverbleibs innerhalb des Wirtschaftssystems soll im Sinne der Kreislaufwirt-schaft gesteigert werden, um somit langfristig die Rohstoffentnahme und damit auch die Rohstoffabgabe zu senken. In diesem Zusammenhang sei darauf verwiesen, dass das noch in den 1970er Jahren gezeichnete Bild des Club of Rom, welcher die Gren-zen des Wachstums anhand der Ressourcenknappheit festmachte, heutzutage um-gekehrt wird: Nicht die Quellen sind die Restriktion für den wirtschaften Menschen, sondern die Senken geben die Grenzen vor (vgl. Young 2000). Aus dieser Sichtweise heraus hat die Reduzierung der Mengen auf der Outputseite der Materialbilanz ober-ste Priorität.

Um langfristig die Rückstandsmenge zu verringern, muss jedoch der Input verringert werden. Hier scheint man zumindest gewisse Ansätze in der Entwicklung der Mate-rialbilanz Deutschlands erkennen zu können. So sinken alle Inputstoffe außer den biotischen Stoffen und den importierten Gütern. Der Anstieg der biotischen Stoffe ist im Gegensatz zu den abiotischen Stoffen nicht so gravierend, solange die Assimilati-onskapazität der einzelnen Population insgesamt und regional nicht überschritten wird. Durch den Anstieg kann der Trend zum Einsatz von mehr regenerativen Ener-gieträgern und Rohstoffen im deutschen Wirtschaftssystem abgelesen werden. Der Faktor Natur wurde in der deutschen Wirtschaft, insgesamt gesehen, wesentlich effi-zienter genutzt, was sich an den Produktivitätssteigerungen zeigen lässt (vgl. Schoer et al. 1999, S. 821ff.). Ein weiterer Punkt, der sich aus der Materialbilanz ablesen lässt, ist der Aspekt des Außenhandels. Und zwar sind sowohl die importierten als auch die exportierten Warenmengen im Betrachtungszeitraum deutlich angestiegen. Aus dieser Tatsache kann die Verantwortung Deutschlands für andere Regionen und Länder abgeleitet werden; denn durch den gestiegenen Außenhandel greift Deutsch-land zunehmend in die Stoffströme anderer Regionen ein. Es ist daher aus abfallwirt-schaftlicher Sicht dringend geboten, dass Deutschland erstens sein Know-how im Entsorgungsbereich (technisch und organisatorisch) exportiert und zweitens, dass die Unternehmen bei der Wahl der Inputstoffe neben den quantitativen auch immer die qualitativen Aspekte (Schadstofffracht der Güter) im Rahmen der Abfallvermeidung beachten. In Bezug auf den Anstieg der importierten Güter sollte im Auge behalten werden, dass nicht unter Umgehung deutscher oder europäischer Gesetze aus Drittländern Güter importiert werden, die nur aufgrund von Ökodumping[85] Preisvorteile realisieren.

3.2.2   Die Entsorgungsstruktur und das Abfallaufkommen

Die Entsorgungsstruktur in Deutschland wird hauptsächlich durch öffentlich betriebene Abfallentsorgungsanlagen bestimmt. Zu diesen Anlagen zählen im Kern Deponien, Verbrennungsanlagen und Kompostierungsanlagen. Nach den neuesten Entscheidungen des Bundesumweltministeriums sollen als weiteres Standbein die mechanisch-biologischen Anlagen (MBA) zur Abfallbehandlung hinzutreten (vgl. BMU 2000c, S. 265). Neben diesen mit Ausnahmen[86] meist öffentlich betriebenen Anlagen gibt es noch eine Vielzahl, wie etwa Sortieranlagen, Bauschuttaufbereitungsanlagen und chemisch/physikalische Behandlungsanlagen, die sowohl in privater als auch in öffentlicher Regie geführt werden.

Die Deponien nehmen in Deutschland nach wie vor die herausragende Stellung im Rahmen der Abfallbeseitigung ein. Seit der TASi aus dem Jahre 1993 sind die Anforderungen jedoch stark angehoben wurden, indem nur noch behandelte Abfälle abgelagert werden dürfen und bestimmte technische Mindestanforderungen, wie etwa die Deponiebasisabdichtung oder die Deponiesickerwasserbehandlung, vorgeschrieben werden. Als Ziel für 2020 wird sogar der komplette Verzicht auf Deponien angestrebt (siehe Abb. 11). Problematisch an diesen Entwicklungen ist die Übergangsfrist bis 2005 einerseits für sogenannte „Nicht-TASi-konforme Deponien" und andererseits für die Ablagerung von unbehandeltem Siedlungsabfall. Dies führt dazu, dass die Deponien, die nicht umrüstbar sind, bis 2005 versuchen, so viele Abfälle wie möglich zu akquirieren, um einen möglichst hohen Fixkostenanteil zu decken. Der Standard der Deponie in Deutschland liegt sehr unterschiedlich. Es zeigt sich, dass die Standards in den alten Ländern wesentlich höher sind als in den neuen Ländern. So hatten 1995 von den 202 Deponien in den neuen Ländern 164 keine Deponiebasisabdichtung, 156 keine Deponiesickerwasserbehandlung und 180 keine Deponiegasbehandlung (vgl.

---

[85] Ökodumping in diesem Sinne meint, dass Güter mit geringeren ökologischen Standard als technisch möglich produziert werden, um die Investitionskosten zu sparen und damit den Preis niedrig halten zu können.

[86] Einige Großunternehmen, wie z. B. die Bayer AG, betreiben eigene Abfalldeponien bzw. Verbrennungsanlagen etc. Für Nordrhein-Westfalen lag der Anteil der Abfälle, die in nicht öffentlichen Anlagen entsorgt werden, 1996 bei knapp 2% (berechnet nach Landesamt für Datenverarbeitung und Statistik NRW 2000, S. 35). Insgesamt ist der private Sektor im Bereich Abfallbehandlung im Wachstum begriffen (siehe Kapitel 3.2.3.2).

Umweltbundesamt 1997b, S. 453). Auf Grundlagen von Angaben des Bundesumweltministeriums von 2000 wurde im Rahmen dieser Arbeit versucht, die regionale
Struktur der Abfallbehandlungsanlagen sowie der Deponien in Deutschland abzuleiten (vgl. Umweltbundesamt 2000).

Die Verteilung der 372 Standorte der Hausmülldeponien im Jahr 1999 zeigt eine relativ gleichmäßige Verteilung in Deutschland. Dieses Bild ändert sich, wenn die Anzahl
der Deponien in Relation zur Bevölkerung gestellt werden. Hier sieht man, dass die
alten Bundesländer mit 144.000 Einwohnern/Deponie in Rheinland-Pfalz und bis zu
461.000 Einwohner/Deponie in Nordrhein-Westfalen eine wesentlich geringere Deponiedichte als die neuen Bundesländer haben, die zwischen 71.000 Einwoh-
nern/Deponie in Brandenburg und 141.000 Einwohnern/Deponie in Sachsen aufzu-
weisen haben. Ausgenommen aus dieser Betrachtung sind Berlin und Hamburg als
Stadtstaaten, die im Falle Hamburgs gar keine Deponie haben bzw. im Falle Berlins
mit einer Dichte von 1.142.000 Einwohner/Deponie als Sonderfälle zu betrachten
sind, sowie Mecklenburg-Vorpommern, das mit einer Deponiedichte von 181.000
Einwohnern/Deponie in die Klasse der alten Länder gehören würde. Bis 2005 wird
sich das Bild noch stark wandeln, denn nach heutigem Stand läuft in den neuen Bundesländern bis 2005 ein Großteil der Deponien aus, so dass dann die Dichte in den
neuen Bundesländern niedriger liegen wird als in den alten Ländern (siehe Abb. 13
und Tab. 8). Es ist bei einer Beurteilung zu beachten, dass aus den Unterlagen des
Bundesministeriums nicht hervorgeht, ob die Deponien, die noch mit einer Restlaufzeit über 2005 angegeben sind, auch TASi-tauglich sind und demnach 2005 noch betrieben werden dürfen. Nach mündlichen Angaben des Bundesumweltministeriums
wird davon ausgegangen, dass viele Deponien noch nicht den TASi-Standard erreicht
haben, womit sich die Deponiedichte in 2005 noch erheblich verändern kann.[87] Eine
weitere Veränderung kann sich durch die 33 Deponien, bei denen keine Angaben zur
Restlaufzeit gemacht wurden, ergeben. Sie wurden nicht mit in die Rechnung übernommen, womit sich bei einem Weiterbestehen dieser Standorte über das Jahr 2005
hinaus, z. B. an der Deponiedichte in Brandenburg für 2005, noch einiges ändern
könnte, da allein neun Standorte ohne Angaben in diesem Bundesland beheimatet
sind (siehe Abb. 13).

---

[87] Nicht öffentliche Verlautbarungen auf Tagungen deuten darauf hin, dass manche Deponiebetreiber
es darauf ankommen lassen und ihre Investitionen so weit wie möglich aufschieben wollen.

Tab. 8: **Verteilung der Deponien in Deutschland 1999 und 2005**

	Anteil der Deponien je Bundesland		Deponiedichte Einwohner/Deponie	
	1999	ab 2005	1999	2005
Brandenburg	9,7%	3,6%	71.000	429.000
Berlin	0,8%	0,6%	1.142.000	3.426.000
Baden-Württemberg	13,7%	18,7%	204.000	335.000
Bayern	10,2%	19,9%	318.000	366.000
Bremen	0,5%	1,2%	337.000	337.000
Hamburg*	-	-	-	-
Hessen	5,4%	6,0%	302.000	603.000
Mecklenburg-Vorpommern	2,7%	0,6%	181.000	1.808.000
Niedersachsen	11,3%	15,7%	187.000	302.000
Nordrhein-Westfalen	10,5%	12,7%	461.000	856.000
Rheinland-Pfalz	7,5%	8,4%	144.000	287.000
Schleswig-Holstein	2,7%	0,6%	276.000	2.756.000
Saarland*	0,8%	0,0%	360.000	-
Sachsen	8,6%	3,0%	141.000	904.000
Sachsen-Anhalt	8,6%	5,4%	84.000	300.000
Thüringen	7,0%	3,6%	95.000	413.000
Deutschland	100%	100%	221.000	494.000

* 2005 hat das Saarland keine Deponien mehr, wenn nicht neue gebaut werden. Hamburg hatte schon in 1999 keine Deponien mehr im eigenen Land.

Quelle: eigene Berechnungen nach den Abfallbilanzen der Länder (siehe Anhang III).

Abb. 13: Deponiestandorte in Deutschland (Stand 2000) und Siedlungsabfallaufkommen je Einwohner

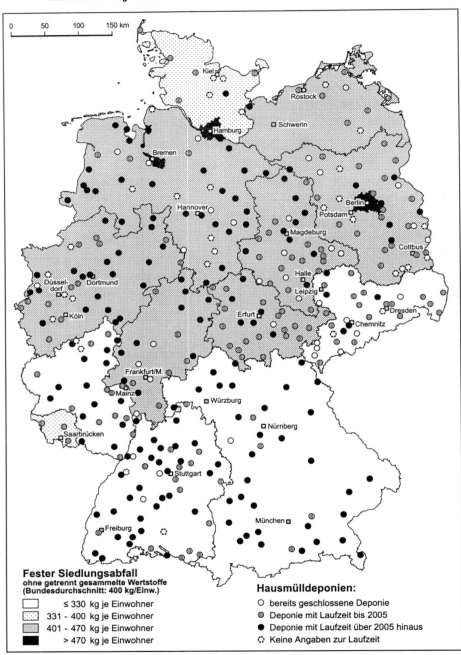

Fester Siedlungsabfall
ohne getrennt gesammelte Wertstoffe
(Bundesdurchschnitt: 400 kg/Einw.)

⬜	≤ 330 kg je Einwohner
▦	331 - 400 kg je Einwohner
▨	401 - 470 kg je Einwohner
⬛	> 470 kg je Einwohner

Hausmülldeponien:

○ bereits geschlossene Deponie
◐ Deponie mit Laufzeit bis 2005
● Deponie mit Laufzeit über 2005 hinaus
◌ Keine Angaben zur Laufzeit

Quelle: eigene Darstellung nach Angaben des Umweltbundesamtes 2000 und Berechnungen nach den Abfallbilanzen der Länder (siehe Anhang III).

Die Deponiestandorte allein zeigen kein vollständiges Bild der regionalen Entsorgungsstruktur in Deutschland, da – wie oben bereits erwähnt – aufgrund der TASI spätestens ab 2005 nur noch behandelte Abfälle auf Deponien abgelagert werden dürfen.

Hier zeigt Abb. 14 ein deutliches Missverhältnis zwischen den Bundesländern. Es lassen sich vier Gruppen identifizieren:

1) Nordrhein-Westfalen und Hamburg mit einer Ballung von Müllverbrennungsanlagen
2) Bremen, Berlin, Saarland, Hessen[88], Baden-Württemberg und Bayern mit einer relativ gleichmäßigen Verteilung von Müllverbrennungsanlagen
3) Niedersachsen und Rheinland-Pfalz sind geprägt durch ein Netz von mechanisch-biologischen Anlagen
4) Die neuen Länder haben zum jetzigen Zeitpunkt außer der Müllverbrennungsanlage des Sekundärrohstoff-Verwertungszentrums Schwarze Pumpe und der vier mechanisch-biologischen Anlagen in Brandenburg keine Abfallbehandlungsinfrastruktur. Alle eingetragenen Standorte für Müllverbrennungsanlagen sind noch in der Planungsphase. Die mechanisch-biologischen Anlagen in Brandenburg haben außer der Anlage in Cottbus Saspow nur eine Kapazität von unter 50.000 t/a.

Diese vier Gruppen sind geprägt durch unterschiedliche Problemfelder. Die erste hat mit dem erheblichen Kostendruck zu kämpfen, der dadurch entsteht, dass einerseits Überkapazitäten aufgebaut wurden und andererseits bis 2005 noch viele Abfälle unbehandelt deponiert werden. Die zweite Gruppe hat mit ihrer relativ ausgeglichenen Infrastruktur zwar auch noch unter der Übergangsfrist durch die TASi bis 2005 zu leiden, aber längerfristig gesehen eine gute Perspektive. Die dritte Gruppe ist durch die angestrebte Änderung der TASi in Bezug auf die Zulassung von mechanisch-biologischen Anlagen wieder in einem sicheren Bereich. Fraglich ist noch, ob die bestehenden Anlagen den Anforderungen der TASi genügen werden und ob nicht noch erhebliche Investitionen zu tätigen sind, um insbesondere den Anforderungen der 17. BImSchV[89] zu genügen. Die vierte Gruppe ist durch eine erhebliche Unterversorgung an Abfallbehandlungsanlagen gekennzeichnet. Es ist auch fraglich, ob die geplanten Anlagen bis 2005 betriebsbereit sind, da - nach Gammelin (vgl. 1999, S.19)

---

[88] Das bevölkerungsschwächere mittlere Hessen ist zur dritten Gruppe zu rechnen, da hier auf mechanisch-biologische Anlagen gesetzt wird.
[89] 17. Bundesimmissionsschutz Verordnung

- 1999 gerade zwei Anlagen, in Lauta (Sachsen) und in Rostock (Mecklenburg-Vorpommern), mit der verbindlichen Vorbereitung für die erforderlichen Genehmigungen nach 17. BImSchV befasst waren.

Vergleicht man nun die Deponiedichte und die Dichte der Abfallbehandlungsanlagen, zeigt sich besonders in den neuen Ländern für 2005 eine Deckungslücke, da sowohl die Deponien wegfallen, als auch die Behandlungsanlagen fehlen. Zudem ist bei allen Überlegungen zu bedenken, dass jene Deponien, die mit einer Restlaufzeit über das Jahr 2005 hinaus angegeben sind, nicht zwangsläufig – nach Angaben des Umweltbundesamtes zum jetzigen Zeitpunkt wohl eher die wenigsten[90] – TASi tauglich sind. Es ist demnach abzuwarten, ob die Standorte bis 2005 noch die nötigen Investitionen tätigen, um fortbestehen zu können.

Für die erste und zweite Gruppe der oben genannten Länder ist nach 2005 mit einer erheblichen Verbesserung zu rechnen, da der Kostendruck durch die Billigdeponierung wegfallen wird. Zum jetzigen Zeitpunkt entsteht jedoch der Eindruck, dass die Länder die in Behandlungstechnologie investiert haben, die Gebührenlast tragen müssen, und jene, die nicht investieren, die Gewinne einfahren bzw. ihre Fixkosten decken, indem sie ihre Deponien noch bis 2005 verfüllen.

Um den nötigen Anlagenbedarf zu ermitteln, ist neben dem tatsächlichen Abfallaufkommen heute insbesondere die zukünftige Entwicklung des Abfallaufkommens relevant. Aufgrund der Datenlage ist eine solche Abschätzung äußerst unsicher. Es verwundert daher nicht, dass die Angaben des Umweltbundesamtes zwischen 100 Anlagen 1993 mit einer mittleren Verbrennungskapazität von ca. 150.000 bis 200.000 t/a und 5 bis 20 Anlagen 1995/1996 schwanken (vgl. Prognos 1998, S. II). Prognos selber ermittelt bis 2010 einen Bedarf von 23 weiteren Müllverbrennungsanlagen bei der Beibehaltung des Status Quo in Bezug auf die mechanisch-biologischen Anlagen (vgl. Prognos 1998, S. III). Bilitewski (vgl. 2000, S. 20) hingegen sieht bei seiner Prognose einen Bedarf an weiteren 60 Verbrennungsanlagen mit einer durchschnittlichen Verbrennungskapazität von 300.000 t/a oder 3000 mechanisch-biologischen Anlagen mit einer durchschnittlichen Behandlungskapazität von 60.000 t/a.

---

[90] Das Umweltbundesamt teilt 2000 telephonisch mit, dass die wenigsten Deponien TASi Standard haben dürften, da kaum Fragen bei der Befragung zum Deponiestatus beantwortet wurden. Hätten die Deponien TASi Standard der Klasse I oder II, wäre es höchst wahrscheinlich, dass sie dies auch mitteilen, so das Umweltbundesamt.

Abb. 14: Standorte von MVA und MBA sowie Deponierungsquote in Deutsch-land

Quelle: eigene Darstellung nach Umweltbundesamt 2000 und Berechnungen nach den Abfallbilanzen der Länder (siehe Anhang III).

Grundlage für diese Berechnungen sind jeweils das Abfallaufkommen, für das es - wie oben bereits erwähnt - seit 1993 keine gesicherten Zahlen mehr gibt, und die Entwicklung des Verhaltens der Marktakteure (Produzenten und Konsumenten) hinsichtlich der Abfallvermeidung und –verwertung. Allen Prognosen ist gemein, dass sie davon ausgehen, dass die Abfallverwertung nach 2005 einen gewissen Schub bekommt, da die Kosten der Abfallbeseitigung wegen des Wegfalls der Billigdeponierung steigen, und damit die Verwertungsverfahren konkurrenzfähiger werden.

Derzeit auswertbare Daten zur Abfallsituation in Deutschland liegen nur bis zum Jahr 1993 vor. Die nächste amtliche Erhebung mit dem Bezugsjahr 1996 wird frühestens Anfang 2001 veröffentlicht. Als Konsequenz daraus ergibt sich, dass sich die jüngsten und umfangreichen Aktivitäten des Gesetzgebers im Bereich der Abfallwirtschaft noch nicht in den statistischen Daten widerspiegeln können.

Tab. 9: Abfallaufkommen in der Bundesrepublik Deutschland 1996[1]

Bereich	Abfall- und Reststoffmenge in Mio. t	Anteil
Hausmüll[2]	44,9	11,9%
Klärschlamm[3]	3,9	1,0%
Bauabfälle[4]	221,2	58,6%
Bergematerial aus dem Bergbau	54,0	14,3%
Abfälle aus der Produktion	53,3	14,1%
Gesamt	377,3	100%
davon Sonderabfälle	13,7	3,6%

[1] sogenannte vorläufige vorläufige Zahlen siehe Fußnote 83.
[2] Hausmüll, hausmüllähnliche Gewerbeabfälle, Geschäftsmüll, Sperrmüll
[3] Kommunale und industrielle Klärschlämme
[4] Baustellenabfälle, Straßenaufbruch und Bodenaushub
Quelle: nach SRU 2000 (Abb. 2.4.5-3).

Dennoch liegen zumindest Zahlen für 1996 im Umweltgutachten 2000 vor. Diese werden im folgenden Einstieg zum Abfallaufkommen vorgestellt. Anschließend wird das Siedlungsabfallaufkommen von 1997 aus den Berechnungen der Abfallbilanzen detailliert aufgeschlüsselt. Einschränkend muss gesagt werden, dass die Vergleichbarkeit vergangener und zukünftiger Daten nicht immer gewährleistet sein wird. So wurde beispielsweise die Erhebungsmethode seitens des Statistischen Bundesamtes z. B. hinsichtlich der Produktionsabfälle geändert, so dass vergleichende Aussagen nicht möglich sein werden. Darüber hinaus wurde im Kreislaufwirtschafts- und Abfallgesetz der Abfallbegriff insgesamt umbestimmt, so dass allein aufgrund dieser Definitionsänderung eine erhebliche Mengenausweitung erwartet wird (siehe Kapitel 4.1.2).

Obwohl bisher noch keine abgesicherten Zahlen zum Gesamtabfallaufkommen in der Bundesrepublik Deutschland vorliegen, dürfte sich die Gesamtmenge 1996 auf rd. 380 Mio. t belaufen haben (siehe Tab. 9). Hiervon wurden nach den Zahlen des Rates von Sachverständigen für Umweltfragen 60% einer Verwertung zugeführt. Der Rest wurde vor allem deponiert und nur in geringem Maße vorbehandelt (zur Situation bei den Siedlungsabfällen: siehe Abb. 17). Die Steigerung der Verwertungsquote von 25% 993 auf 60% 1996 ist insbesondere durch die erstmalige Erfassung des gesamten in der Bauwirtschaft anfallenden Bodenaushubs zu erklären. Hier stieg der Verwertungsanteil allein von 11% 1993 auf 85% 1996. Verwertet wurde der Bodenaushub im übertägigen Bergbau sowie durch die öffentliche Hand (vgl. Jörgens/Jörgensen 2000, S. 4).

Die Zahlen zum Sonderabfall und zum Produktionsabfall im Umweltgutachten 2000 sind nach Aussage des Statistischen Bundesamtes mit äußerster Vorsicht zu interpretieren: Zum einen hat ein nicht genanntes Bundesland, das in Bezug auf Sonderabfälle relevant sein soll, noch nicht gemeldet, und zum anderen ist der Bereich der Produktionsabfälle nach einer ganz neuen Systematik erhoben worden.[91] Es wurden hier nur Selbstentsorger im Sinne des Kreislaufwirtschafts- und Abfallgesetzes erfasst und Begleitscheinauswertungen vorgenommen, womit der „mittelständische Betrieb", der direkt zur Behandlungs- oder Verwertungsanlage liefert, nicht erfasst wurde.[92]

Der Anstieg der Sonderabfälle von 9 Mio. t 1993 auf 13,7 Mio. t 1996 wird aus oben genannten Gründen nicht bewertet (vgl. SRU 2000, Tz 836). Die Veränderungen bei den Abfällen zur Produktion, die nach Angaben des Umweltgutachtens 2000 einen Rückgang der Menge von 77,7 Mio. t 1993 auf 53,3 Mio. t 1996 zu verzeichnen haben, sind eher auf Änderungen der statistischen Erhebung zurückzuführen als auf faktische Rückgänge, zumal per Definition des Kreislaufwirtschafts- und Abfallgeset-

---

[91] Um der unbefriedigenden Situation bei den Gewerbeabfällen entgegenzutreten, wurde bei der Befragung, die in Kapitel 5 zum Tragen kommt, nach der Höhe der Produktionsabfälle gefragt. Die Antworten waren jedoch nicht plausibel, womit sich Rückschlüsse auf die Allgemeinheit ausschlossen (siehe Kapitel 1.3).

[92] Angaben nach Aussagen von Herrn Spies, zuständig für Abfallstatistik beim Statistischen Bundesamt.

zes weit mehr Stoffe Abfälle darstellen als dies noch 1993 der Fall war (siehe Kapitel 4.1.2).

Die Abfallverbringung nach Zielgebieten zeigt für 1995, dass fast 75% der Abfälle in EU-Mitgliedstaaten (EU15) verbracht wurden (siehe Abb. 15). Hier waren wiederum Hauptzielländer die Niederlande, Belgien und Frankreich. Außer der Schweiz wurden in Drittländer nur Abfälle zu Verwertung verbracht, d. h. Abfälle nach Anhang II der EG-Abfallverbringungsverordnung (Grüne Liste). Exportiert wurden, speziell in die MOEL, hauptsächlich Glas, Papier, Altreifen und metallhaltige Abfälle. Des Weiteren finden Altautos und Altkleider ihre Hauptabnehmer in diesen Zielgebieten (vgl. Umweltbundesamt 1997b, S. 444).

Abb. 15: Zielgebiete der Abfallexporte aus Deutschland 1995 in Prozent

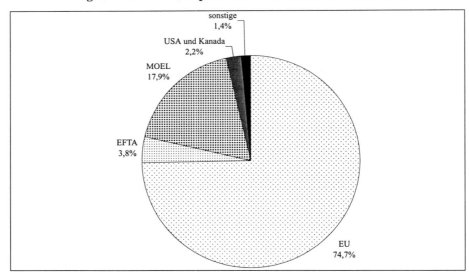

MOEL = Mittel- und Osteuropäische Länder (Litauen, Polen, Slowakei, Slowenien, Tschechien, Ungarn;
EFTA= European Free-Trade Association (Schweiz, Norwegen);
Sonstige = China, Indien, Israel, Kanada, Kasachstan, Kroatien, Ukraine, USA, Weißrußland
Quelle: eigene Berechnungen nach Umweltbundesamt 1997b, S. 445.

Von den 1,1 Mio. t Abfällen, die 1996 exportiert wurden, stand bei ca. einem Viertel die Rückgewinnung von Metallen und Metallverbindungen im Vordergrund, bei den weiteren jeweils zu rund 20% die Rückgewinnung der organischen Stoffe, die Rückgewinnung von anorganischen Stoffen und die energetische Verwertung (vgl. Umweltbundesamt 1997, S. 444). Im Saldo wurden in Deutschland 0,85 Mio. t mehr Abfälle zur Verwertung und 0,02 Mio. t Abfälle zur Beseitigung exportiert als importiert (siehe Abb. 16). Der geringe Saldo bei den Abfällen zur Beseitigung zeigt, dass im Sinne der Abfallautarkie kaum mehr Siedlungsabfälle und Sonderabfälle exportiert werden.

Abb. 16: Grenzüberschreitende Abfallverbringung in Deutschland 1996 nach Abfallarten

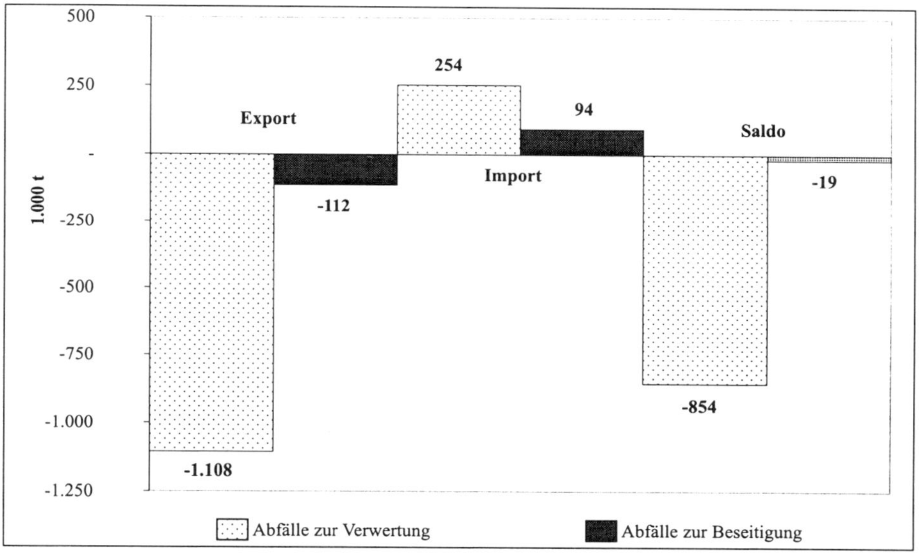

Quelle: eigene Berechnungen nach Umweltbundesamt 1998, S. 43.

Die folgende Analyse des Siedlungsabfallaufkommens stützt sich auf eigene Berechnungen nach den einzelnen Abfallbilanzen der Länder (siehe Anhang III). Problematisch bei dieser Berechnung ist, dass die Erhebungen in den einzelnen Ländern – wie oben bereits erwähnt- sehr unterschiedlich sind. Deshalb werden vergleichend Zahlen von Bilitewski (2000) herangezogen, der ähnliche Berechnungen vorgenommen hat, um die Güte zu beurteilen. In einem zweiten Schritt werden aus den Zahlen regionale Unterschiede abgeleitet, die so in keinen der bisher vorliegenden Zahlenwerken zum Abfallaufkommen enthalten sind.

Abb. 17: Mengenstrom der Siedlungsabfälle in Deutschland 1997

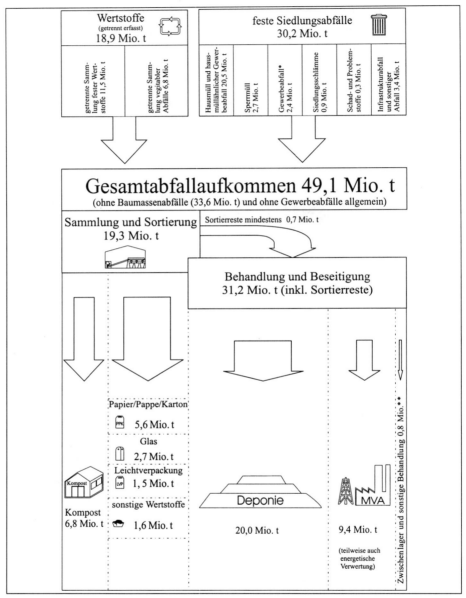

* Gewerbeabfall wurde nicht in allen Abfallbilanzen der Länder erfasst bzw. wie im Falle Niedersachsen unter sonstigen Abfällen verbucht. Einzig Nordrhein-Westfalen wies die Gewerbeabfälle mit 5 Mio. t vollständig aus. Aus diesem Grund wurden die Gewerbeabfälle, wenn möglich, herausgerechnet. Die 2,4 Mio. t sind demnach eine Restgröße, die keine Rückschlüsse zulässt, jedoch aufgrund der Stoffstromrechnung nicht herausgenommen werden kann.

** inklusive ausgewiesener mechanisch-biologischer Vorbehandlung.

Quelle: eigene Berechnungen nach den Abfallbilanzen der Länder (siehe Anhang III).

Bilitewski weist in seiner Berechnung für 1997 ein Abfallaufkommen von 56,3 Mio. t aus. Seine Verwertungsquote für 1997 wird mit 37,8% angegeben, womit dieser deckungsgleich mit den Berechnungen in dieser Arbeit ist (vgl. Bilitewski 2000, S. 19f.). Die Unterschiede im Gesamtvolumen liegen unter anderem in der unterschiedlichen Ausweisung der Gewerbeabfälle. Während Bilitewski allein 9,8 Mio. t Gewerbeabfälle zur Verwertung ausweist (2,4 Mio. t. insgesamt in dieser Arbeit; siehe Abb. 17) und damit die Gewerbeabfälle insbesondere aus Nordrhein-Westfalen hinzunimmt, ist dies hier nicht geschehen (siehe Anmerkung 3 der Abb. 17). Des Weiteren tauchen bei Bilitewski 4,3 Mio. t Abfälle aus Recycling auf, welche die unterschiedlichen Mengenausweisungen beim Deponieren erklären (20,0 Mio. t in dieser Arbeit zu 24,05 Mio. t bei Biltitewski 2000, S. 19).

Auch wenn der in Abb. 17 dargestellte Mengenstrom nur schwer mit den Zahlen von 1993 zu vergleichen ist, lassen sich drei Aussagen daraus ableiten:

1) Das Abfallaufkommen von Siedlungsabfällen steigt. Dies ist nicht allein auf definitionsbedingte Mengenausweitungen zurückzuführen, da diese eher im Produktionssektor greifen.

2) Der Anstieg der Verwertungsquote von 1993 bis 1997 um gut 16 Prozentpunkte ist überwiegend auf den Anstieg bei der Kompostierung zurückzuführen. Die Steigerung der Verwertungsquote auf 37,8% konnte die Menge der Abfälle zur Beseitigung nicht nachhaltig senken. Wenn sich dieser Trend fortsetzt, bedeutet dies, dass das Ziel der Abfallvermeidung verfehlt wäre.

3) Das Aufkommen von Siedlungsabfällen wurde 1997 zu gut 40% deponiert. Hier zeigt sich, dass die Abfallwirtschaft in Deutschland noch weit entfernt ist von einer TASi konformen Abfallentsorgung (siehe Abb. 18).

Die genannten Aussagen sind, regional betrachtet, unterschiedlich zu bewerten. Während die erste Aussage wegen fehlender Vergleichsdaten vorhergehender Jahre nicht regional differenziert analysiert werden kann, zeigt sich beim Vergleich der einwohnerspezifischen Abfallaufkommen für feste Siedlungsabfälle, dass regionale Disparitäten bestehen (vgl. Haas 1994, S. 243ff). So haben – nur bezogen auf die alten Länder – die Bundesländer mit geringeren Bevölkerungsdichten ein geringeres Aufkommen an Siedlungsabfällen zur Beseitigung. Dieses Phänomen ist auf zwei Tatbestände zurückzuführen: Zum einen ist in ländlichen Regionen der Anteil der Eigenkompostierung höher als in städtischen Regionen, womit sich der Anteil der Siedlungsabfälle zur Beseitigung senkt.

Abb. 18: Verwertungs- und Behandlungsquoten der Siedlungsabfälle in Deutschland 1997

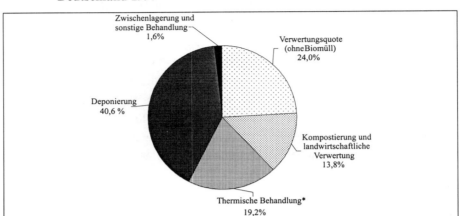

* teilweise auch energetische Verwertung

Quelle: eigene Berechnungen nach den Abfallbilanzen der Länder (siehe Anhang III).

Zum anderen ist in ländlichen Regionen die verursachergerechte Gebührenerfassung, und damit der Anreiz zur getrennten Sammlung der Abfälle, besser möglich als in städtischen Regionen (siehe Abb. 19). Gründe hierfür liegen darin, dass die verursachergerechte Gebührenabrechnung bei Mehrfamilienhäusern und noch stärker bei Großwohnsiedlungen immer schwieriger wird. Neue technische und organisatorische Möglichkeiten bieten für verdichtete Regionen Möglichkeiten für verursachergerechte Gebührenerfassung, womit ein wesentliches Instrument geschaffen wäre, den Anreiz zur Abfallvermeidung zu steigern (vgl. Apitz/Kügler 1998, S. 35ff.). Die neuen Länder liegen in der Analyse der einwohnerspezifischen Siedlungsabfallaufkommen meist im hinteren Mittelfeld, unabhängig von der Bevölkerungsdichte, die meist im Vergleich zum Bundesdurchschnitt sehr gering ist. Demnach besteht in den neuen Ländern noch ein großes Potential zur Senkung der Abfälle zur Beseitigung (vgl. Prognos 1998, S. I).

Der Anstieg der Verwertungsquote 1996 in Deutschland wird nicht von allen Bundesländern getragen. Liegen die Bundesländer bei der wertstofflichen Verwertung noch einigermaßen dicht beieinander (Spannbreite von 17,8 in Bremen und Hamburg bis zu 33% in Sachsen-Anhalt)[93], klaffen die Quoten bei der Kompostierung[94] weit auseinander. Es lässt sich deutlich ablesen, dass bei Weitem nicht in allen Bundeslän-

---

[93] Brandenburg wird, mit einer Verwertungsquote von 15,5% insgesamt, als Ausreißer nach unten nicht einbezogen.

[94] inklusive landwirtschaftlicher Verwertung

dern die Biotonne eingeführt wurde. Während Bayern und Baden-Württemberg schon Kompostierungsquoten von über 20% aufweisen, zeigen sich die Quoten, z. B. in Berlin mit 2,1% oder im Saarland mit gerade 1,4 %, noch recht kümmerlich. Gerade bei der Erfassung des Biomülls gilt es, die Bebauungsdichte - wie oben erläutert - zu berücksichtigen, da hier jeweils spezifische Sammelverfahren verwandt bzw. Anreize geschaffen werden müssen.[95]

Abb. 19: Erfassungsquoten für nichtgraphisches Altpapier in Abhängigkeit von der Bebauungsstruktur

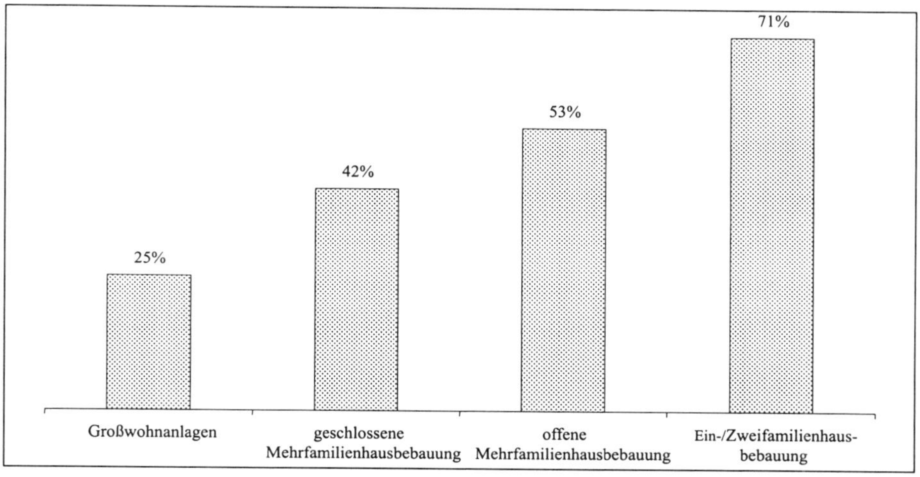

Quelle: nach Bilitewski/Wagner 1997, S. V171.

Vorzeigeland für die Abfallwirtschaft in Deutschland ist Bayern. Hier liegt nicht nur die Verwertungsquote mit insgesamt 52,% (23,1% davon Kompostierung) am höchsten, sondern auch die Deponierungsquote mit 8,4 % am niedrigsten. Ähnlich niedrige Werte in Bezug auf die Deponierung schaffen nur noch die Stadtstaaten Hamburg (10%) und Bremen (13,7%). Ansonsten korrespondiert die Deponierungsquote respektive die Quote für die thermische Verwertung stark mit der Entsorgungsinfrastruktur (siehe Abb. 14). Während die östlichen Bundesländer und Niedersachsen deutlich über 50% liegen, schwanken die restlichen Bundesländer zwischen 33% und 50%. Den höchsten Wert bei der thermischen Verwertung, korrespondierend mit der hohen MVA-Dichte, hat Hamburg mit 57,8%.

---

[95] Es liegt sicherlich nahe, dass z. B. Anreize zur Eigenkompostierung nur in ländlichen Regionen wirken können, während sie in städtischen Regionen leer laufen würden.

Abb. 20: Wertstofferfassung in Deutschland 1997 nach Bundesländern

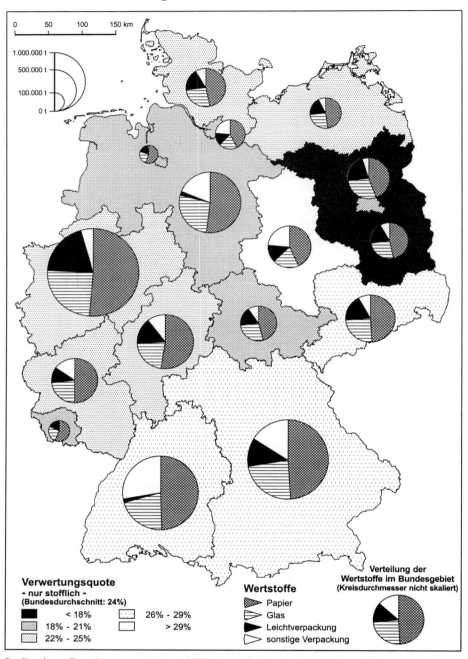

Quelle: eigene Berechnungen nach den Abfallbilanzen der Länder (siehe Anhang III).

Abb. 21: Abfallaufkommen, -verwertung und –beseitigung in Deutschland 1997 nach Bundesländern

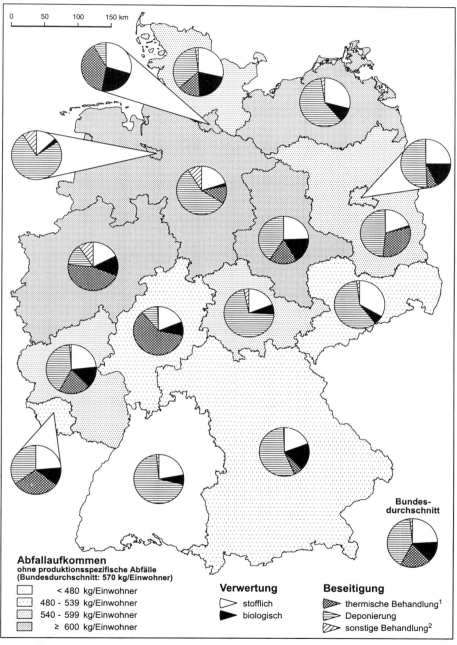

Quelle: eigene Berechnungen nach den Abfallbilanzen der Länder (siehe Anhang III).

3.2.3 Relevante Märkte in der Kreislaufwirtschaft

Das Kreislaufwirtschafts- und Abfallgesetz setzt sich bereits in § 1 KrW-/AbfG das Ziel, die Kreislaufwirtschaft zu fördern (siehe Kapitel 4.1.1). Zweck dieses Abschnittes ist es daher, die relevanten Märkte zu beleuchten und etwaige Probleme aufzuzeigen, um dann in Kapitel 4.2 theoretisch und in Kapitel 5 empirisch zu untersuchen, ob das Kreislaufwirtschafts- und Abfallgesetz mögliche Wettbewerbsprobleme lösen bzw. entschärfen kann.

Die Kreislaufwirtschaft ist durch drei Teilmärkte gekennzeichnet:

1) den Markt für Entsorgungsleistungen,
2) den Markt für Verwertungsleistungen,
3) den Markt für Vermeidungsleistungen.

3.2.3.1 Die Kreislaufwirtschaft im Überblick

Alle Teilmärkte unterliegen erheblichen Wandlungsprozessen. Der Markt für Vermeidungsleistungen umfasst Dienstleistungsangebote insbesondere im Bereich Auditing sowie Forschung und Entwicklung im Bereich Optimierung von Produktionsprogrammen und Ähnlichem. Aufgrund der statistischen Datenlage ist es nicht möglich, den Markt quantitativ zu beschreiben. Qualitative Aspekte fließen bei der späteren Betrachtung, insbesondere bei den Entsorgungsfachbetrieben, wieder in die Überlegungen mit ein.

Die anderen Teilmärkte der privaten Kreislaufwirtschaft[96], bestehend aus den Segmenten Recycling, Großhandel mit Altmaterialien und Reststoffen sowie dem Markt der privaten Entsorgungswirtschaft, hatten 1998 einen Umsatz von 43,7 Mrd. DM. Insgesamt waren in der Kreislaufwirtschaft 10.500 Unternehmen tätig (siehe Abb. 22). Der dominierende Zweig in der Kreislaufwirtschaft ist der Bereich der Entsorgung, gefolgt vom Großhandel mit Altmaterialien und Reststoffen. Das Segment Entsorgung umfasst – wie unten noch gezeigt wird – vor allem die Tätigkeitsbereiche Sammeln, Befördern und Zwischenlagern von Abfällen. Der Begriff Entsorgung ist

---

[96] Zur privaten Kreislaufwirtschaft wurden in dieser Arbeit die umsatzsteuerpflichtigen Unternehmen aus den Wirtschaftszweigen 37 Recycling, 51.57 Großhandel mit Altmaterialien und Reststoffen sowie 90 Abwasserentsorgung-, Abfallbeseitigung und sonstige Entsorgung nach der Wirtschaftszweigklassifikation des Statistischen Bundesamtes gezählt.

demnach nicht mit dem Begriff Beseitigung im Sinne des Kreislaufwirtschafts- und Abfallgesetzes zu vergleichen, da sich das Sammeln und Befördern auch auf Abfälle zur Verwertung beziehen kann. In der Praxis ist der Umsatzanteil der Abfälle zur Verwertung sogar meist der höhere, da ein Großteil der privaten Entsorgungswirtschaft im Bereich Verpackungsabfälle und Gewerbeabfälle tätig ist.

Die Umsatzanteile der einzelnen Marktsegmente in der Kreislaufwirtschaft in den einzelnen Bundesländern zeigen einen deutlichen West-Ost-Unterschied. Die neuen Bundesländer (Sachsen-Anhalt ausgenommen) haben nur sehr geringe Umsatzanteile im Großhandel mit Altmaterialien und Reststoffen (siehe Abb. 23). Dies lässt zwei Schlussfolgerungen zu: Entweder die Unternehmen in den neuen Bundesländern beziehen keine Produkte dieser Art über den Großhandel oder - und dies scheint wahrscheinlicher[97] - der Großhandel wird überwiegend durch Unternehmen aus den alten Bundesländern abgewickelt. Klammert man den Großhandel aus, lassen sich des Weiteren zwei Ländergruppen identifizieren: erstens die neuen Länder ohne Sachsen-Anhalt sowie Baden-Württemberg und Hamburg, die einen hohen Anteil der Umsätze in der Kreislaufwirtschaft in der Recyclingwirtschaft erzielen; zweitens die restlichen Bundesländer, die noch über drei Viertel der Umsätze in der Kreislaufwirtschaft durch Tätigkeiten in der Entsorgungswirtschaft erreichen.

Das herausragende Bundesland in der Kreislaufwirtschaft ist Nordrhein-Westfalen. Es erzielt mit einem Umsatz von 15,9 Mrd. DM 1998 allein 36% der Umsätze, die im gesamten Bundesgebiet erwirtschaftet werden. Die Verteilung auf die einzelnen Segmente der Kreislaufwirtschaft stellt sich wie folgt dar: In Nordrhein-Westfalen werden 22% der Umsätze in der Recyclingwirtschaft, 35% der Umsätze im Großhandel mit Altmaterialien und Reststoffen und 41% der Umsätze in der Entsorgungswirtschaft in Deutschland erzielt. Diese Dominanz des Bundeslandes war ein wesentliches Kriterium bei der Auswahl des Untersuchungsgebietes für die empirische Untersuchung in Kapitel 5.

---

[97] Im Gegensatz zur Recyclingwirtschaft und Entsorgungswirtschaft kann der Großhandel auch ohne Zweigstellen in der Region überregional tätig werden.

Abb. 22: Umsatz der Kreislaufwirtschaft 1998[98]

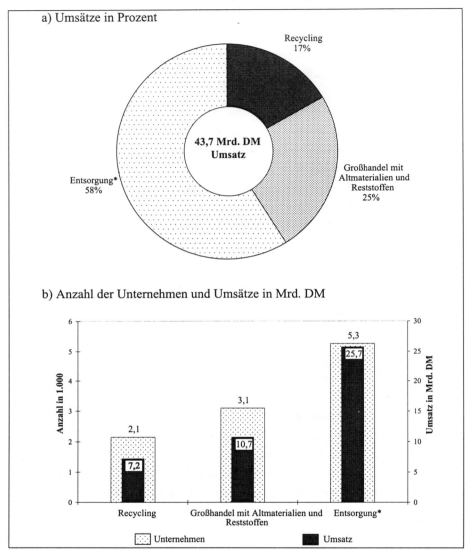

a) Umsätze in Prozent

Recycling
17%

43,7 Mrd. DM
Umsatz

Großhandel mit
Altmaterialien und
Reststoffen
25%

Entsorgung*
58%

b) Anzahl der Unternehmen und Umsätze in Mrd. DM

Recycling — Großhandel mit Altmaterialien und Reststoffen — Entsorgung*

☐ Unternehmen   ■ Umsatz

* Entsorgung beinhaltet auch Abwasserreinigung und sonstige Entsorgung.

Quelle: eigene Berechnungen nach Statistisches Bundesamt (1998; FS 14, R. 8).

---

[98] Die Umsätze aus der Umsatzsteuerstatistik und die Umsätze aus anderen Statistiken können abweichen. So ist der Umsatz nach Umsatzsteuerstatistik im Großhandel mit Altmaterialien und Reststoffen 10,7 Mrd. DM und nach der Großhandelstatistik 12,7 Mrd. (siehe hierzu Fußnote 103).

**Abb. 23 Umsatzanteile der Teilmärkte der Kreislaufwirtschaft in den Bundes-
ländern 1998**

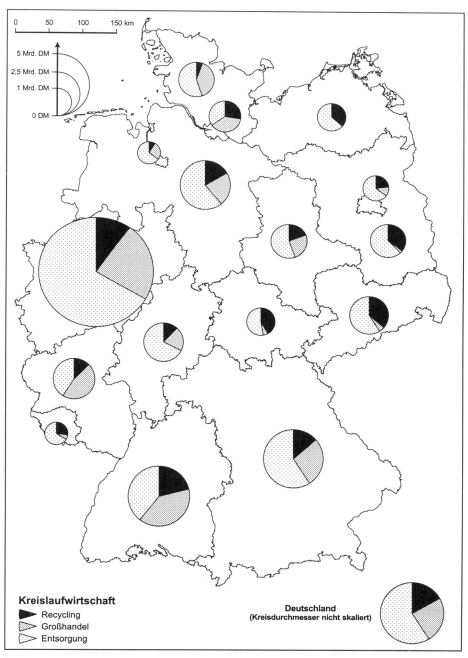

Quelle: eigene Berechnungen und eigene Darstellung nach Statistisches Bundesamt (1998; FS 14, R. 8).

84

Die Beschäftigten in der Kreislaufwirtschaft lassen sich, seitdem die Bundesanstalt für Arbeit die Zahlen der sozialversicherungspflichtig Beschäftigten auf Basis der Wirtschaftszweigklassifikation des Statistischen Bundesamtes herausgibt, zumindest für die Jahre 1998 und 1999 ermitteln. Die Zahl der in der privaten Kreislaufwirtschaft Beschäftigten ist in den beiden Jahren mit gut 200.000 relativ konstant. Es hat jedoch eine Verschiebung zugunsten der Recyclingwirtschaft und zu ungunsten der Entsorgungswirtschaft stattgefunden (siehe Abb. 24).

Abb. 24: Beschäftigte in der Kreislaufwirtschaft 1998 und 1999

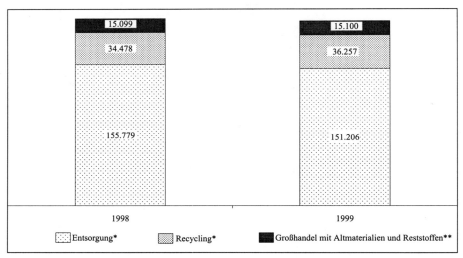

* Zahl jeweils zum Stichtag 30.Juni nach Angaben der Bundesanstalt für Arbeit; ** Beschäftigungszahl 1998 für den Großhandel nach Angaben des Statistischen Bundesamtes, Zahl für 1999 geschätzt.

Quelle: eigene Berechnungen nach Bundesanstalt für Arbeit (1999, 2000) und Statistisches Bundesamt (unveröffentlichte Angaben).

3.2.3.2   Die private Entsorgungswirtschaft

Der Markt für Entsorgungsleistungen wird europaweit durch eine Zunahme der Wertschöpfung innerhalb der Branche geprägt. Das Wachstum beruht hier vornehmlich auf dem Trend zunehmender Vorbehandlung der Abfälle zur Beseitigung. Eine Studie der Unternehmensberatung Frost & Sullivan (1999a) zur Siedlungsabfallwirtschaft in Europa sieht für die thermische Behandlung (einschließlich Abfallsortierung und Abfalltrennung) das stärkste Wachstum. Nach der Studie hat der Markt zur Behandlung und Entsorgung von Hausmüll und hausmüllähnlichen Abfällen in Europa ein

Volumen von fast 30 Mrd. Dollar (siehe Tab. 10). Hieran hat Deutschland aufgrund seines hohen absoluten Abfallaufkommens und aufgrund der vergleichsweise hohen Preise einen Anteil von fast einem Drittel (1998: 32,6%).

Tab. 10: Der europäische Markt für Siedlungsabfallwirtschaft, Umsätze in Europa. Prognose bis 2005 (Mrd. US-Dollar)

Jahr	Umsätze in Mrd. US-Dollar	Umsatzwachstumsrate (in Prozent)
1995	28,51	-
1996	28,75	0,8
1997	29,09	1,2
1998	29,57	1,6
1999	30,15	2,0
2000	30,88	2,4
2001	31,68	2,6
2002	32,55	2,7
2003	33,34	2,4
2004	34,05	2,1
2005	34,70	1,9

Quelle: Frost & Sullivan, 1999b.

Die Entwicklung des Marktes in der Zukunft wird bestimmt von den Rahmenbedingungen für die Wirtschaft. So hängt die Stellung Deutschlands innerhalb Europas im Wesentlichen davon ab, inwieweit die angestrebte Privatisierung auch tatsächlich umgesetzt wird.

Die Entsorgungswirtschaft[99] in Deutschland entwickelte sich in den letzten zehn Jahren äußerst dynamisch. Vorangetrieben durch die Einführung des Dualen Systems Deutschland und die Privatisierungen in den neuen Ländern kann Anfang der 1990er Jahre von einem sprunghaften Anstieg in der Entwicklung gesprochen werden. Wäh-

---

[99] Entsorgungswirtschaft wird im Folgenden gemäß der amtlichen Statistik definiert. Nach der Klassifikation der Wirtschaftszweige (1993) findet sich die Entsorgungswirtschaft in der Gruppe 90 wieder. Sie heißt dort „Abwasser- und Abfallbeseitigung und sonstige Entsorgung". Diese Branchenzugehörigkeit der WZ 93 gilt seit 1994, davor wurde die Entsorgungswirtschaft der Nummer 745 der Systematik der Wirtschaftszweige, Ausgabe 1979 zugeordnet (vgl. Statistisches Bundesamt 1993). Demnach zählen nach dieser Abgrenzung die kommunalen Unternehmen der Entsorgungswirtschaft, die Hersteller von Anlagen und Maschinen zur Abfall- und Abwasserbeseitigung und die Recyclingwirtschaft (nach WZ 93 Gruppe 37) nicht zur Entsorgungswirtschaft, wie sie hier definiert wird.

rend 1990 erst 2.783 Unternehmen der Entsorgungswirtschaft ausgewiesen wurden, waren es 1992 mit 4.708 zwei Drittel mehr. Im Vergleich zu 1986, dem Zeitpunkt der Einführung der vierten Novelle des Abfallgesetzes und dem Beginn der 3. Phase in der Abfallgesetzgebung (siehe Kapitel 3.1.1), lag die Zahl der Unternehmen 1992 mehr als doppelt so hoch. Der Umsatz hatte sich im Zeitraum 1986 bis 1992 fast verfünffacht (siehe Abb. 25). In der zweiten Hälfte der 1990er Jahre durchläuft die Entsorgungsbranche eine Phase der Konsolidierung auf sehr hohem Umsatzniveau. 1998 lag der Umsatz mit 25,7 Mrd. DM (ohne Umsatzsteuer) jedoch wiederum gut eine Milliarde über dem Vorjahr.

Abb. 25: Entwicklung der deutschen Entsorgungswirtschaft 1986-1998

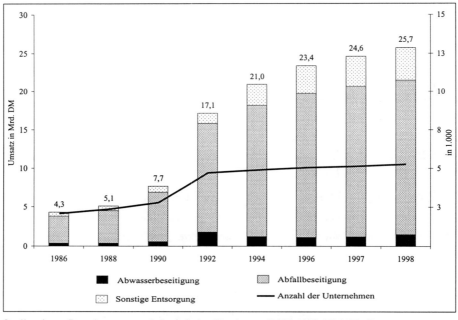

Quelle: eigene Berechnungen nach Statistisches Bundesamt (1986-1998; FS 14 R. 8).

Die hier genannten Umsätze sind nicht gleich zu setzen mit den Gesamtumsätzen der Entsorgungswirtschaft. Die Unternehmen, die ihren wirtschaftlichen Schwerpunkt nicht in der Entsorgungswirtschaft haben, werden nicht innerhalb der Gruppe 90 in der Umsatzsteuerstatistik ausgewiesen. Dies kann dazu führen, dass z. B. Umsätze der Tiefbauunternehmen in der Entsorgungswirtschaft nicht in der Statistik auftauchen, da ihr wirtschaftlicher Schwerpunkt in anderen Bereichen liegt.[100] Durch diesen Tatbe-

---

[100] Zum Schwerpunktprinzip innerhalb der amtlichen Statistik vgl. Statistisches Bundesamt 1993.

stand und durch den Umstand, dass die Angaben des Bundesverbandes der Deutschen Entsorgungswirtschaft (BDE) inklusive Umsatzsteuer sind, fallen die Schätzungen des BDEs deutlich höher aus. Des Weiteren ist die Abgrenzung zwischen Entsorgungswirtschaft und Recyclingwirtschaft im BDE nicht erfolgt, so dass die Angaben der amtlichen Statistik ein genaueres Bild zeichnen als die nur in Werten „von... bis" angegebene Umsatzentwicklung des Verbandes (siehe Abb. 26).

Abb. 26: Umsatzentwicklung bei den BDE-Mitgliedern von 1991-1999 in Mrd. DM in jeweiligen Spannweiten

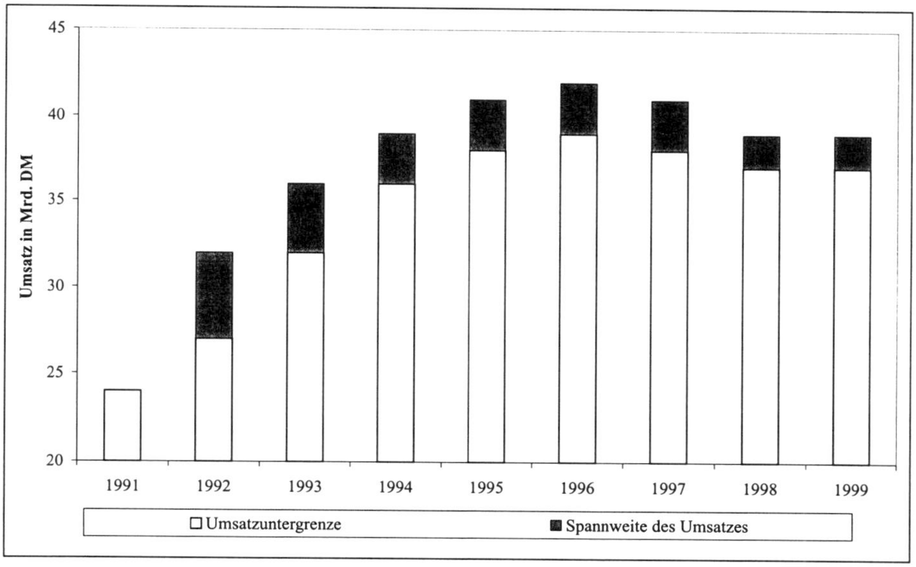

Quelle: eigene Darstellung nach BDE 2000a.

Als weiterer wesentlicher Faktor entwickelte sich die Beschäftigtenzahl ähnlich dynamisch wie der Umsatz. Waren 1988 noch 21.979 Beschäftigte in der privaten Entsorgungswirtschaft tätig, hat sich ihre Zahl im früheren Bundesgebiet bis 1993 auf 45.238 bereits mehr als verdoppelt und bis 1997 mit 61.303 sozialversicherungspflichtigen Beschäftigten fast verdreifacht (vgl. Wackerbauer 1999, S. 21). 1998 sind die Beschäftigungszahlen in der Entsorgungswirtschaft leicht rückläufig, womit die Umsatzentwicklung auf die Beschäftigungssituation durchschlägt (siehe Abb. 24). Ein Vergleich zwischen 1997 und 1998 ist leider nicht möglich, da die Bundesanstalt für Arbeit 1998 ihre Systematik auf die Wirtschaftszweigklassifikation umgestellt hat.

Den dominierenden Bereich in der Entsorgungswirtschaft stellt die Abfallbeseitigung mit einem Umsatzanteil von fast 75% in der Gesamtbranche dar. Eine Betrachtung der Umsätze zeigt, dass seit 1994 nur noch geringe Zuwächse zu verzeichnen sind (siehe Abb. 25). Im stärksten Segment der privaten Abfallentsorgung – der Sammlung, Beförderung und Zwischenlagerung von Abfällen – ist von 1997 zu 1998 sogar ein Rückgang um 1,2% bzw. knapp 200 Mio. DM zu vermelden gewesen. Demnach sind die Boomjahre im Abfallbereich vorbei, was aus Sicht des Kreislaufwirtschafts- und Abfallgesetzes verwundert. Denn die Zielsetzung der Privatisierung im Abfallbereich müsste im Gegenteil zu einem weiteren Wachstum im privatwirtschaftlich organisierten Teil der Entsorgungswirtschaft führen. Mögliche Gründe dafür, dass diese Entwicklung nicht bzw. noch nicht eingesetzt hat, sollen insbesondere in Kapitel 4.2 und im Rahmen der empirischen Untersuchung in Kapitel 5 diskutiert werden.

Die seit der Umstellung der Wirtschaftsystematik 1993 mögliche tiefere Analyse der Entsorgungswirtschaft veranschaulicht, dass die privaten Unternehmen nur in geringem Ausmaß im Bereich Abfallbehandlung und Abfallbeseitigung tätig sind (siehe Abb. 27). Kernbereich ist das Gebiet der Abfallsammlung. Dennoch zeigt sich, dass die privaten Unternehmen zunehmend in die vormals rein kommunal geprägten Geschäftsfelder vordringen. So nehmen die Umsätze im Bereich Abfallbehandlung deutlich zu, auch wenn sie insgesamt noch recht niedrig sind. Sie haben sich im Zeitraum 1994-1998 bei den Abfallverbrennungsanlagen und sonstigen Abfallbehandlungsanlagen[101] verdreifacht und bei den Kompostierungsanlagen immerhin verdoppelt. Dieser Teil der privaten Entsorgungswirtschaft kann sicherlich noch stärker vom Kreislaufwirtschafts- und Abfallgesetz profitieren. Insbesondere wenn die Übergangsfrist für die TASi 2005 abgelaufen und damit eine der wesentlichen Wettbewerbsverzerrungen in der Abfallwirtschaft aufgehoben sein wird (siehe Kapitel 4.1.2.2).

Insgesamt kann für die Branche festgehalten werden, dass sie weniger durch konjunkturelle Schwankungen geprägt wird als durch Nachfrageimpulse aufgrund staatlicher Umweltpolitik und der Zunahme der Public-Privat-Partnerships, z. B. bei der Straßenreinigung oder der Abwasserentsorgung in den neuen Ländern (vgl. Wackerbauer 1999, S. 23). Für den Abfallbereich stellt die staatliche Umweltpolitik den eindeutig dominanten Faktor dar. So kann der Entwicklungsimpuls der privaten Entsorgungswirtschaft an der Verpackungsverordnung von 1991 festgemacht werden. Denn

---

[101] Zum Großteil mechanisch-biologische-Anlagen, aber auch Anlagen zur Behandlung und Vernichtung von Sondermüll sowie sonstige Anlagen zur Abfallzerkleinerung (vgl. Statistisches Bundesamt 1993, S. 434).

das Duale System[102], das im Gefolge der Verpackungsverordnung entstand, löste einen wahren Auftragsboom in der Entsorgungswirtschaft aus. Es bleibt von daher abzuwarten, inwieweit anhängige Verordnungen zur Produktverantwortung (siehe Ende Kapitel 3.1.1) neue Nachfrageimpulse auslösen können. Besondere Impulse erhofft sich die Branche im Bereich der Entsorgung und Verwertung von Elektronikschrott. Nach aktuellen Schätzungen des Bundesumweltministeriums fallen in Deutschland jährlich rund 1,5 Mio. Tonnen Elektronikschrott an. Diese Menge unterteilt sich in Unterhaltungselektronik, Haushaltsgeräte und IT-Hardware. So könnten die gebrauchten IT-Geräte, die bislang ausschließlich – wenn überhaupt – von den Kommunen erfasst werden, durch die geplante IT-Altgeräte-Verordnung ein wichtiges Marktfeld für die privaten Entsorger bilden (vgl. Umwelt Magazin 2000b), denn aufgrund der kurzen Innovationszyklen und der Veränderung des Verbraucherverhaltens in Bezug auf IT-Geräte wäre bei konsequenter Verwertung ein erhebliches Marktwachstum zu erwarten.

Abb. 27: Umsätze und Umsatzstruktur der Entsorgungswirtschaft im Abfallbereich 1994-1998

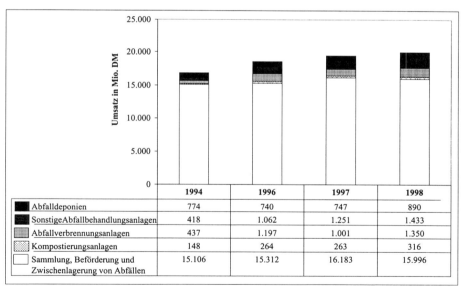

	1994	1996	1997	1998
■ Abfalldeponien	774	740	747	890
▨ Sonstige Abfallbehandlungsanlagen	418	1.062	1.251	1.433
▦ Abfallverbrennungsanlagen	437	1.197	1.001	1.350
▨ Kompostierungsanlagen	148	264	263	316
☐ Sammlung, Beförderung und Zwischenlagerung von Abfällen	15.106	15.312	16.183	15.996

Quelle: eigene Berechnungen nach Statistisches Bundesamt (1994-1998; FS 14 R. 8).

---

[102] zur wettbewerbsrechtlichen Problematik des Dualen System Deutschlands siehe Kapitel 3.2.4

3.2.3.3 Die Recyclingwirtschaft und der Großhandel mit Altmaterialien und Reststoffen

Der Markt für Verwertungsleistungen bzw. die Recyclingwirtschaft ist der am stärksten durch die Gesetzgebung beeinflusste Markt. Er ist geprägt durch gewachsene Teilmärkte, wie etwa den des Eisen- und Stahlrecyclings und durch völlig neue Elemente, wie den Markt für Kunststoffrecyclate. Innerhalb der Kreislaufwirtschaft wird auf den Aufbau der Recyclingwirtschaft nach der Abfallvermeidung das größte Augenmerk gelegt (siehe Kapitel 4.1.1). Die Recyclingwirtschaft, die 1993 in die Wirtschaftszweigklassifikation des Statistischen Bundesamtes aufgenommen wurde, kann in zwei große Teilmärkte mit folgenden Untergruppierungen eingeteilt werden:

1) Recycling von Schrott
   - Recycling von Eisen und Stahl
   - Recycling von NE-Metallen
2) Recycling von sonstigen Alt- und Reststoffen
   - Recycling von Papier
   - Recycling von Glas
   - Recycling von Kunststoff
   - Recycling von Textilien
   - Recycling von sonstigen Materialien (z. B. Altreifen, Batterien, Altöle etc.).

Um im Folgenden einzelne Entwicklungen in der Recyclingwirtschaft besser beurteilen zu können, wurden die Gesamtsituation und die Situation der einzelnen Teilmärkte anhand der Produktionsstruktur, der Außenhandelsdaten und der Distributionsstruktur -sprich der Großhandel mit Altmaterialien und Reststoffen - untersucht.

3.2.3.3.1 Die Recyclingwirtschaft und der Großhandel mit Altmaterialien und Reststoffen im Überblick

Die Recyclingwirtschaft in Deutschland konnte im Zeitraum 1995 bis 1999 ihre Produktion wertmäßig um fast 60% steigern. Diese Entwicklung verlief nicht kontinuierlich, sondern ist durch ein sprunghaftes Mengenwachstum von 1996 zu 1997 charakterisiert. Seither ist das Wachstum nicht mehr durch ein Mengenwachstum[103], sondern durch das Anziehen der Preise zu erklären. Dies kann auf die gestiegenen Qualitäten der Sekundärrohstoffe zurückgeführt werden.

---

[103] Im Gegenteil ging die Menge im Zeitraum 1997-1999 sogar wieder leicht zurück.

Abb. 28: Produktion von Sekundärrohstoffen in Deutschland 1995-1999

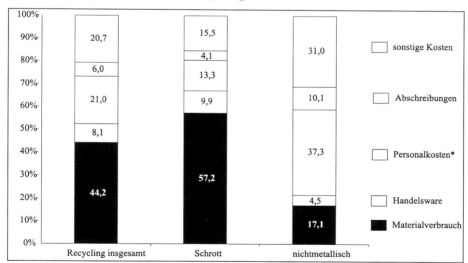

Quelle: eigene Berechnungen nach Statistisches Bundesamt (1995-1999; FS 4, R. 3.1).

Abb. 29: Kostenstruktur in der Recyclingwirtschaft 1998

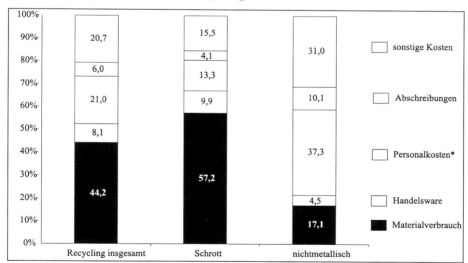

* Personalkosten inklusive Kosten für Lohnarbeiten

Quelle: eigene Berechnungen nach Statistisches Bundesamt (1998; FS 4 R. 4.3).

Die Unterschiede in den beiden Teilmärkten Recycling von Schrott und Recycling von nicht-metallischen Altmaterialien und Reststoffen werden auch anhand der Kostenstruktur deutlich. So hängen die Kostenentwicklungen der Schrottrecycler im Wesentlichen von den Materialkosten und die Kosten der Recyclingunternehmen im Markt für nicht-metallische Altmaterialien und Reststoffe insbesondere von den Personalkosten ab. Dies führt in der Praxis dazu, dass die beschäftigungsintensiven Unternehmen der Recyclingwirtschaft einerseits danach streben, personalextensivere Recyclingverfahren zu entwickeln (z. B. die SORTEC-Anlage, die auf der EXPO in Hannover vorgestellt wurde) und andererseits dazu, dass sie versuchen, alle Lohnkostenspielräume auszunutzen.[104]

Der Außenhandel mit Abfällen zur Verwertung (Alt- und Reststoffe) zeigt bei der wertmäßigen Gesamtbetrachtung ein verfälschtes Bild. Abb. 30a) signalisiert durch die positive Außenhandelsbilanz, dass in Deutschland zumindest wertmäßig mehr Abfälle zur Verwertung recycelt werden, als tatsächlich vorhanden sind. Dieser Eindruck kann durch zwei Aspekte widerlegt werden. Erstens zeigt sich bei einer Betrachtung der Im- und Exportpreise, dass in Deutschland höherwertige Alt- und Reststoffe eingeführt und minderwertige ausgeführt werden. Dies schlägt sich auch in der mengenmäßigen Außenhandelsbilanz mit einem Defizit von 8.541 t nieder. Zweitens zeigt sich in Ansehung der einzelnen Teilmärkte, dass die Außenhandelsbilanz der gesamten Branche nur durch die Segmente Eisen und Stahl sowie NE-Metalle geschönt wird (siehe Abb. 30b).

---

[104] Es wird, versucht innerhalb der Unternehmen bzw. durch Ausgründungen die Arbeitnehmer nach den möglichst geringeren Tariflöhnen zu bezahlen. So sind die Tariflöhne im Transportwesen z. B. geringer als im Entsorgungswesen. Dies kann dann zur Ausgliederung des Transportbereiches führen.

Abb. 30: Außenhandel mit Altmaterialien und Reststoffen in Deutschland 1995-1999

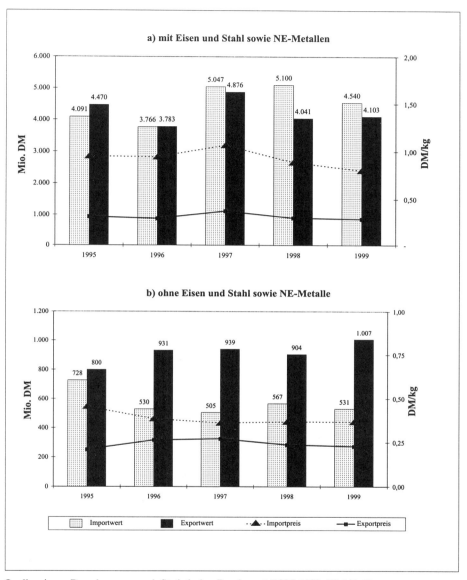

Quelle: eigene Berechnungen nach Statistisches Bundesamt (1995-1999; FS 7 R. 2).

Auch die Analyse der Distributionsstruktur der Altmaterialien und Reststoffe zeigt eindruckvoll die überragende Bedeutung des Marktsegments Eisen und Stahl sowie NE-Metalle. Der Großhandel mit Alt- und Reststoffen, der 1998 einen Umsatz von 12,7 Mrd. DM erwirtschaftete, bestand zu 82% aus Großhandel mit Schrott . Auch sind im Großhandel mit Schrott mit einem Anteil von 70% an den Gesamtbeschäftigen von insgesamt 15.099 mehr Beschäftigte zu finden als im sonstigen Reststoffgroßhandel.[105]

Abb. 31: Sortimentsstruktur im Großhandel mit Altmaterialien und Reststoffen 1995

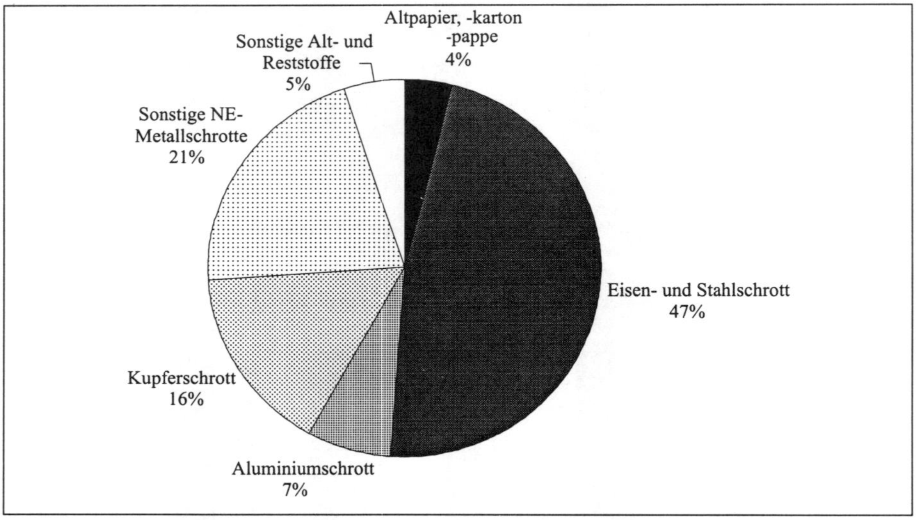

Quelle: eigene Berechnungen nach Statistisches Bundesamt (1995; FS 6, R. 1.3).

Ursache dieser Dominanz im Reststoffhandel ist die hohe Recyclingfreundlichkeit von Metallen und die gute Wiederverwendbarkeit der Sekundärrohstoffe. Daraus hat sich eine Nachfrage nach Schrott gebildet, die für „positive" Preise auf dem Schrottmarkt sorgt. Daher existierte der Schrotthandel schon lange vor Einführung einer Abfall- und Kreislaufwirtschaft in Deutschland. Schrott ist ein wertvoller Sekundärrohstoff, der insbesondere bei der Elektrostahlerzeugung der dominierende Rohstoff ist. Er kann, im Gegensatz zu vielen anderen Materialien, nahezu unendlich oft einge-

---

[105] Diese bisher unveröffentlichten Zahlen stammen vom Statistischen Bundesamt und beziehen sich auf die Großhandelsstatistik. Die Umsatzwerte des Großhandels mit Altmaterialien und Reststoffen weichen von den Werten aus der Umsatzsteuerstatistik ab. Grund hierfür ist, dass die beiden Statistiken auf unterschiedlichen Grundgesamtheiten beruhen (vgl. FS 6 HGZ 93 (Großhandel und Handelsvermittlung), S. 13f.).

schmolzen und zur Herstellung von Neustahl bzw. NE-Metallen verwandt werden. Abnehmerbranche ist je nach Material der entsprechende Zweig in der metallerzeugenden Industrie. Bei der Herstellung von NE-Metallen liegt die Schrotteinsatzquote in der Regel zwischen 40 und 80%.

Der Großhandel mit Altmaterialien wird durch zwei Entwicklungen gekennzeichnet:

- Das Sortiment wird um Neumaterial der entsprechenden Produktgruppe erweitert.
- Die Tätigkeit wird auf vor- und/oder nachgelagerte Bereiche ausgedehnt.

Konkret bedeutet dies, dass beispielsweise der Schrottgroßhändler auch mit Neumetallen handelt bzw. der Metallhändler auch im Schrotthandel tätig ist. Die Unternehmensfunktion besteht allerdings nach wie vor im Großhandel. Diese Kombination ist nicht selten am Markt anzutreffen. Ebenfalls relativ häufig sind Unternehmen mit unterschiedlichen Funktionen, also z. B. Großhandel und Recycling oder Großhandel und Entsorgung, anzutreffen. Diese Unternehmen handeln nicht nur mit der entsprechenden Ware, sondern verarbeiten sie im Sinne einer erweiterten Wertschöpfungskette auch weiter.

Der Alt- und Reststoffhandel erweitert sein Leistungsspektrum. Die reine Distributionsfunktion tritt in den Hintergrund, und zwar zugunsten einer weitergehenden Aufbereitung bzw. Verarbeitung der Handelsware zwecks Wiederverwertung. Trennung und Sortierung sind wesentliche Aufgaben des Großhandels, die aufgrund der notwendigen Sortenreinheit eine entscheidende Komponente für die Wiederverwertung spielen. Das heißt, neben der Distribution wird die Bearbeitung bzw. Aufbereitung der Stoffe immer wichtiger (vgl. BBE 1999, S. 15).

Darüber hinaus engagiert sich der Handel auch in der Wiederverwertung der aufbereiteten Sekundärrohstoffe. Zum Beispiel bindet sich der Handel mit NE-Schrott an Hütten- und Umschmelzwerke. Dadurch erweitern diese Betriebe ihre Wertschöpfungskette. Gleiches passiert im Altpapierhandel, wo sich Händler und Papierhersteller annähern. Diese Verbindungen werden häufig gesucht, um den Absatz des Materials bzw. die Verfügbarkeit von Einsatzstoffen sicherzustellen.

Wegen seiner produktionsbezogenen Beschaffungs- und Absatzseite spielt in der Branche die Betätigung als Einzelhändler, also der Verkauf an Endverbraucher, keine Rolle. Hauptabnehmer ist die inländische metallerzeugende Industrie (Stahlhersteller,

NE-Metallhersteller, Gießereiindustrie), die den Metallschrott als Einsatzstoff in der Produktion einsetzt, darüber hinaus natürlich Unternehmen, die nicht-metallische Rest- und Abfallstoffe aufbereiten.

Tab. 11: Entwicklung der Großhandelsverkaufspreise für Altmaterial und Rest-stoffe (in % der Vorjahrespreise)

	1995	1996	1997	1998	1999
GH mit Altmaterial und Reststoffen insgesamt	**26,1%**	**-34,5%**	**10,9%**	**-12,4%**	**-9,9%**
darunter:					
GH mit Eisen- u. Stahlschrott	7,3%	-14,5%	15,3%	-12,1%	-24,6%
GH mit NE-Metallschrott	11,3%	-15,4%	18,1%	-15,1%	-7,6%
GH mit Lumpen u. textilen Reststoffen	86,1%	-74,1%	-24,7%	-8,9%	79,8%
GH mit Altpapier u. -pappe	77,3%	-69,9%	-15,7%	-6,9%	46,9%

Quelle: eigene Berechnungen nach Statistisches Bundesamt (1996-2000; FS 17 R. 6).

Problematisch für alle Beteiligten ist die stark schwankende Angebots- und Nachfragesituation auf den Märkten. Überangebot bzw. Übernachfrage führen zu rapiden und deutlichen Preisausschlägen. Wie kurzfristig und extrem diese Ausschläge sein können, zeigte das Jahr 1998. In den ersten sechs Monaten beispielsweise lagen die Großhandelsverkaufspreise noch um 1% über dem vergleichbaren Vorjahreswert. Um für das Gesamtjahr einen Rückgang von 12% zu erreichen, sind sie in der zweiten Jahreshälfte um beachtliche 24% gefallen.

Sekundärrohstoffe sind sehr preiselastisch. Kleine Nachfrage- und Angebotsschwankungen können große Preisänderungen zur Folge haben. Dementsprechend ist der Großhandel mit Altmaterial und Reststoffen auch von starken Umsatzausschlägen betroffen. Die Preise für Sekundärrohstoffe hängen u. a. von denen der jeweiligen Primärrohstoffe ab.

Zu Beginn des Jahres 1998 profitierten die Preise noch von dem hohen Produktionsniveau in der Stahlindustrie. Nachdem der konjunkturelle Höhepunkt im ersten Halbjahr überschritten wurde, gingen Produktion und Auftragseingang stark zurück. Da die rezessive Entwicklung mit einer deutlichen Abnahme der Stahlproduktion auch 1999 noch anhielt, wird dies nun voll auf das Ergebnis der Branche durchschlagen. Der gegenwärtige starke Preisdruck auf Metallschrott ist ein Zeichen dieser rückläufigen Nachfrage, die auch infolge der Asienkrise gelitten hat.

Preislich muss allerdings zwischen den einzelnen Marktsegmenten differenziert werden: Während die Preise für Eisen-, Stahl- und NE-Metallschrott auch 1999 massiv verfielen, hat in den anderen Bereichen bereits eine Erholung eingesetzt.

Wird an Recyclinganlagen geliefert, spielt die Sortenreinheit eine entscheidende Rolle. Für alle Materialien im wertstofflichen Recycling gilt, dass, je reiner das angelieferte Material ist, desto höherwertiger die daraus gewinnbaren Sekundärrohstoffe sind. Grundlagen einer jeden Sortenreinheit sind Sortierung und Trennung des Abfalls. Dabei ist es notwendig, das Optimum zwischen höherem Aufwand für diese Tätigkeiten und dem höheren Ertrag in Form steigender Verkaufserlöse zu ermitteln. Aus der Sortenreinheit ergibt sich der Trend zur Spezialisierung auf bestimmte Werk- bzw. Abfallstoffe innerhalb des Großhandels, denn die Ansprüche an die Sortenreinheit erfordern Investitionen in entsprechend leistungsfähige Sortier- und Aufbereitungsanlagen.

Die zum Teil schwierige Beschaffungs- (und Absatz-)situation der Reststoffgroßhändler kommt daher, dass die vom Gesetzgeber gewünschte Kreislaufführung vieler Stoffe noch nicht geschlossen ist bzw. sich im Aufbau befindet: Ein Stoff wird zum wiederverwertbaren Sekundärrohstoff erklärt, Recyclingkapazitäten werden aufgebaut, um Recyclingquoten zu erfüllen, aber eine Nachfrage nach den aufbereiteten Stoffen besteht nicht. Häufig muss den Abnehmern in der Anfangsphase die Übernahme sogar finanziell vergütet werden (z. B. Kompost). Wurden nach entsprechenden monetären Anreizen die Produktionstechniken auf die Aufnahme von Sekundärrohstoffen umgestellt, können sich funktionierende Märkte oder zumindest Kreisläufe entwickeln (z. B. Papier, Glas, Schrott). Erst unter dieser Voraussetzung ist der Markt bereit, die Leistungen des Großhandels zu bezahlen.

Insgesamt ist eine Tendenz zu einem Mangel an Abfall- und Reststoffen festzustellen, was durch massiven Aufbau von Recycling- und Entsorgungskapazitäten in einigen Bereichen erklärt werden kann. Auf einem anderen Blatt steht allerdings die Frage, ob es für die durch das Recycling gewonnenen Sekundärrohstoffe auch genügend Nachfrage gibt.

Nach einer Erhebung des Statistischen Bundesamtes wird im Großhandel mit Altmaterial und Reststoffen mehr als ein Drittel der Waren (wertmäßig) von Lieferanten mit Sitz im Ausland bezogen. Ein weiteres Drittel wird über andere Großhändler beschafft. Dies ist ein Indiz für eine mehrstufige Struktur (kollektierender und auslie-

fernder Großhandel) des Marktes. Der Rest kommt im Wesentlichen von einheimi-
schen Industrie- und Handwerksbetrieben.

Im Großhandel mit nicht-metallischen Altmaterialien und Reststoffen hat in einigen
Bereichen eine Monopolisierung auf der Beschaffungsseite stattgefunden. Das Duale
System Deutschland (DSD) hat faktisch ein Monopol auf Verpackungsabfälle aus
Verkaufsverpackungen. Es überlässt seine Abfallmengen den Garantiegebern für die
jeweiligen Stoffe (z. B. Deutsche Gesellschaft für Kunststoff-Recycling DKR oder
der Gesellschaft für Glasrecycling und Abfallvermeidung GGA).

**Abb. 32: Beschaffung im Großhandel mit nichtmetallischen Altmaterialien und
Reststoffen 1995**

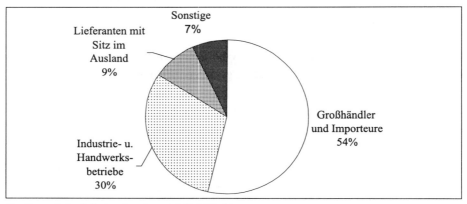

Quelle: nach Statistisches Bundesamt (1995; FS 6 R. 1.3).

Abnehmer des Großhandels mit Altmaterial und Reststoffen sind entweder Recyclingunternehmen, die die Ware zur Wiederverwendung aufbereiten, oder Hersteller,
die das aufbereitete Material als Sekundärrohstoff in der Produktion einsetzen. Dazu
zählt auch die thermische Verwertung von z. B. Altöl. Wichtigste Abnehmer sind aber
eindeutig Industriebetriebe mit einem Anteil von zwei Dritteln am Absatz. Hier handelt es sich schwerpunktmäßig um Stahlhütten und Gießereien mit Schrott als wichti-
gem Rohstoff.

3.2.3.3.2 Der Markt für Eisen und Stahl

Die Produktion von Sekundärrohstoffen im Markt für Eisen und Stahl hat im Zeitraum 1995-1999 wertmäßig um gut 50% zugenommen. Mengenmäßig konnte die Produktion mit einer Ausweitung um knapp 90% im gleichen Zeitraum fast verdoppelt werden. Wie bereits oben ausgeführt, ist der Markt für Eisen und Stahl durch eine hohe Preisvolatilität gekennzeichnet. Dies führte auch dazu, dass der Produktionswert sowohl bei Sekundärrohstoffen aus Eisen und Stahl als auch beim Neuschrott trotz mehr oder minder konstanter Mengensteigerungen starken Schwankungen unterlag. Insbesondere 1998 und 1999, bedingt durch die Stahlkrise, ging der Herstellerabgabepreis zurück, so dass für den gesamten Zeitraum ein Preisverfall um fast 20% zustande kam (siehe Abb. 33 und Abb. 34).

Abb. 33: Produktion von Sekundärrohstoffen aus Eisen und Stahl in Deutschland 1995-1999

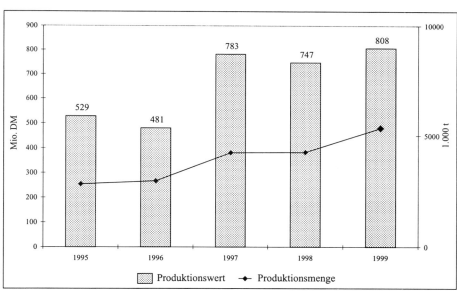

Quelle: eigene Berechnungen nach Statistisches Bundesamt (1995-1999; FS 4, R. 3.1).

Das Recycling von Eisen und Metallen ist seit jeher fester Bestandteil des Wirtschaftens mit dem Produkt Eisen und Stahl. Somit scheint das Kreislaufwirtschafts- und Abfallgesetz nur geringen Einfluss auf den traditionellen Markt für Sekundärrohstoffe aus Eisen und Stahl zu haben. Diese auf den ersten Blick schlüssige Argumentation ist nur bedingt stichhaltig, da der Markt für Eisen- und Stahlrecycling Ende der 1980er Jahre stark unter Druck geriet, weil die Entsorgungskosten in die Höhe schnellten. Um den Grund hierfür zu erläutern, muss bekannt sein, dass über 80% des Sekundärstahls zu diesem Zeitpunkt aus dem Autorecycling stammten. Die Altautos wurden geschreddert, und durch Metallabscheider wurden die metallischen Fraktionen entnommen. Übrig blieb nur die sogenannte Schredderleichtmüllfraktion, die aufgrund ihrer Bestandteile an Öl, Bremsflüssigkeit etc. als Sondermüll deklariert teuer entsorgt werden musste. Daraus ergab sich in den 1980er Jahren, dass die Entsorgungskosten die Erlöse aus dem Verkauf des Sekundärrohstoffes fast aufzehrten. Die Preisdifferenz zum Primärrohstoff wurde somit größer, wodurch der Absatz schwierig wurde. In dieser Problematik liegt demnach die Hauptmotivation des Gesetzgebers, die Altautoverordnung zu installieren. Durch sie sollen aufgrund der Entnahme der Öle etc. und durch die Demontage der sonstigen Fraktionen aus Kunststoff, Textilien etc. die Schredderleichtmüllfraktion von den Schadstoffen entfrachtet und der Markt für Sekundärrohstoffe aus Eisen und Stahl wieder gestärkt werden. Aus Sicht des Gesetzgebers soll durch die Produktverantwortung der Hersteller verhindert werden, dass ein traditioneller Markt für Sekundärrohstoffe durch den nicht von ihm verursachten hohen Anteil an Sondermüll zum Erliegen kommt (vgl. Seidel 1994, S. 98ff.).

Abb. 34: Produktion von Neuschrott aus Eisen und Stahl in Deutschland 1995-1999

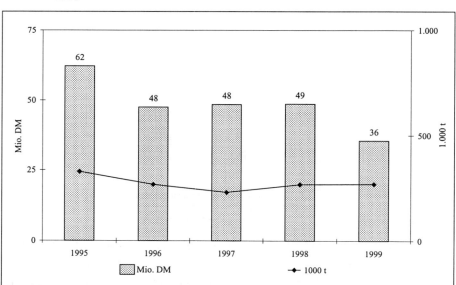

Quelle: eigene Berechnungen nach Statistisches Bundesamt (1995-1999; FS 4, R. 3.1).

101

Abb. 35 Erfassung und Aufbereitung von Stahlschrott in BDE-Mitgliedsfirmen 1999

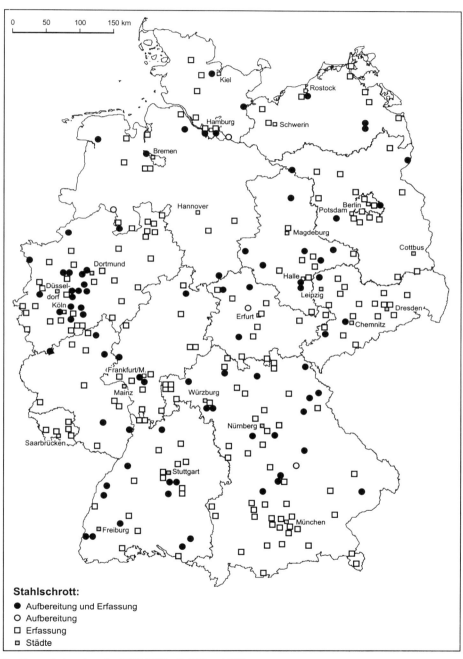

Quelle: nach Angaben des BDE 2000a, S. 100 und 109.

Die Recyclingindustrie im Bereich Eisen und Stahl ist in der gesamten EU hoch entwickelt und zeichnet sich durch zahlreiche Betreiber bei Sammlung und Sortierung
aus. In Deutschland sind die meisten Betreiber im Bundesverband der Deutschen Entsorgungswirtschaft organisiert. Nach Verbandsangaben gibt es in Deutschland flä-
chendeckend 308 Mitgliedsunternehmen, die Stahlschrott erfassen, und 108, die ihn
schließlich auch aufbereiten (siehe Abb. 35).

Die Struktur in der Recyclingindustrie bei Eisen und Stahl ist durch eine starke Nei-
gung zur vertikalen Integration gekennzeichnet. Die technische Abhängigkeit in Bezug auf Know-how ist als durchschnittlich einzustufen (KOM 1998, S. 23).

**Abb. 36: Außenhandel mit Altmaterialien und Reststoffen aus Eisen und Stahl
in Deutschland 1995-1999**

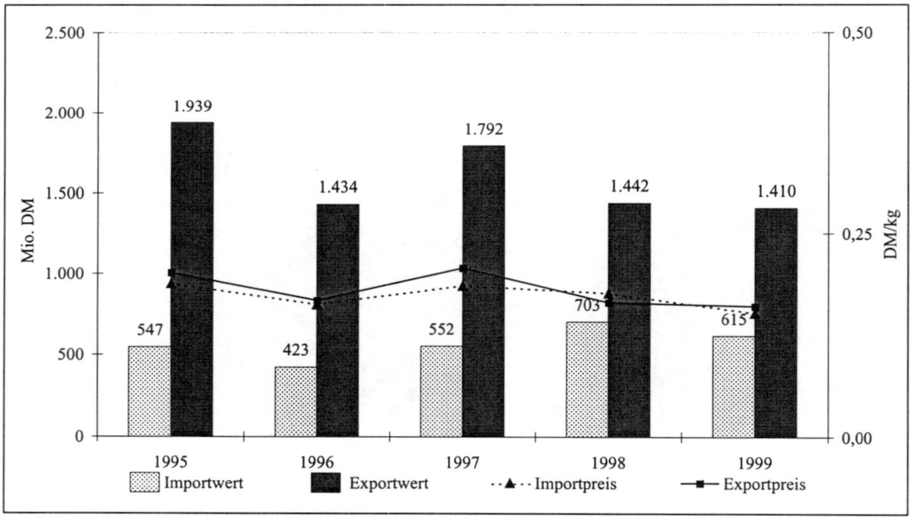

Quelle: eigene Berechnungen nach Statistisches Bundesamt (1995-1999; FS 7 R. 2).

Der Außenhandel mit Abfällen aus Eisen und Stahl ist sehr exportorientiert. Die Außenhandelsbilanz weist 1999 mengenmäßig einen Überschuss von 5,6 Mio. t und
wertmäßig von 795 Mio. DM aus. Insgesamt hat sich das Importvolumen im Zeitraum
1995-1999 jedoch mit einem wertmäßigen (+12%) und einem mengenmäßigen Anstieg (+63%) deutlich stärker entwickelt. Der Export hat im Vergleichszeitraum sogar
nachgelassen und lag 1999 mengenmäßig knapp 95% und wertmäßig gut 27% unter
dem Wert von 1995.

3.2.3.3.3 Der Markt für NE-Metalle

Recycelte NE-Metalle gehen zu den Herstellern von NE-Metallen und sind als Vorprodukt aus der Produktion nicht mehr wegzudenken. 1998 wurden 1,25 Mio. t NE-Metalle aus Sekundärrohstoffen hergestellt. Das sind 48% der gesamten NE-Metallproduktion von 2,6 Mio. t. 52% wurden aus Primärrohstoffen hergestellt. Insgesamt ist die Bedeutung des NE-Metallschrotts in der NE-Metallherstellung in den letzten Jahren kontinuierlich gestiegen (vgl. Statistisches Bundesamt FS 4 1998).

Die Bedeutung von Schrott als Rohstoff in der Produktion wird in den kommenden Jahren voraussichtlich weiter steigen, denn je nach Metall werden in der NE-Metallproduktion zwischen 70% und 95% Energie gespart.

Abb. 37: Produktion von Sekundärrohstoffen aus NE-Metallen in Deutschland 1995-1999

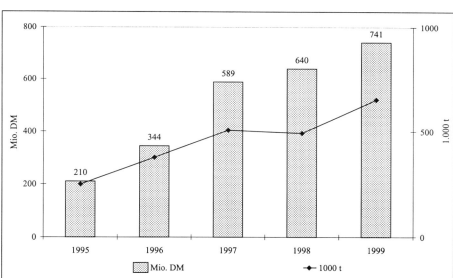

Quelle: eigene Berechnungen nach Statistisches Bundesamt (1995-1999; FS 4, R. 3.1).

Abb. 38: **Erfassung und Aufbereitung von NE-Metallen in BDE-Mitgliedsfirmen 1999**

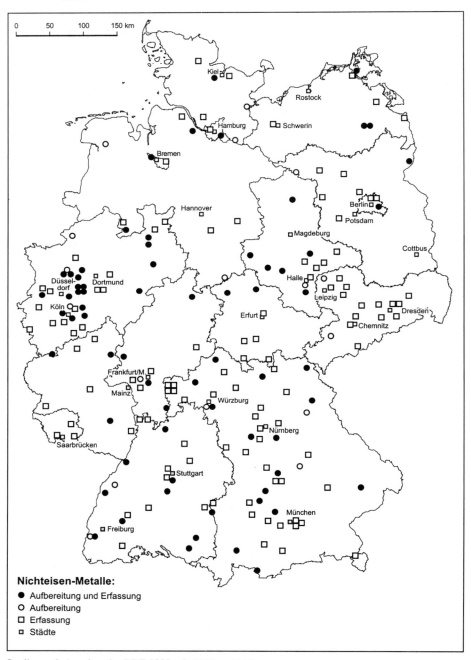

Quelle: nach Angaben des BDE 2000a, S. 1113 und 119.

Dieser Trend zum Recycling von NE-Metallen zeigt sich in den enormen Produktionssteigerungen der Recyclingindustrie von 1995 bis 1999. Die Produktionsmenge stieg um das 2,6-fache. Wertmäßig ist die Produktion noch stärker gestiegen, was auf die höhere Nachfrage und damit die Preissteigerungen in diesem Segment zurückzuführen ist. Insgesamt stiegen die Durchschnittspreise für NE-Metalle von 0,84 DM/kg in 1995 auf 1,14 DM/kg in 1999. In diesem in den letzten Jahren stark wachsenden Markt sind insgesamt 194 Mitgliedsfirmen des Bundesverbandes der Entsorgungswirtschaft mit der Erfassung und 89 mit der Aufbereitung von NE-Metallen beschäftigt (siehe Abb. 38). Aufgrund der geringen vertikalen Integration in der Branche ist die Recyclingindustrie im Bereich NE-Metalle bis jetzt noch durch eine größere Zahl an Klein- und Mittelständischen Unternehmen geprägt (KOM 1998, S. 23 und Kapitel 3.2.4).

Der Markt für NE-Metalle muss in zwei Bereiche gegliedert werden: erstens in den Bereich der Edelmetallabfälle, die aufgrund ihres Wertes eine hohe Wertschöpfung in sich bergen und somit auch einen hohen Recyclingaufwand ermöglichen (z. B. Platinrückgewinnung aus Katalysatoren). Zweitens in den Bereich der Nichtedelmetalle, die wegen ihrer Recyclingtauglichkeit ein hohes Potential für die Abfallreduzierung durch Abfallverwertung in sich bergen. Beispielhaft sei hier nur das Kupfer genannt, welches sich gut recyceln lässt und für das auch ein Markt besteht. Problem bei diesem Buntmetall ist jedoch, dass der Rücklauf zu gering ist und somit zu wenig Input vorhanden ist. Für solche Metalle ist es von daher wesentlich, dass effiziente Rücknahmesysteme in Form von Rücknahmenetzen oder auch Abfallbörsen aufgebaut werden, um das gesamte Potential der Abfallverwertung zu nutzen.

Der Außenhandel mit Abfällen aus NE-Metallen zeigt, dass in Deutschland mehr Abfälle recycelt werden, als auf dem deutschen Markt verfügbar sind. Die Zahlen der Außenhandelstatistik geben auch Aufschluss darüber, dass in Deutschland eher höherwertige Abfälle, d. h. Abfälle mit einem höheren NE-Metallanteil oder insgesamt Abfälle mit höherwertigerem NE-Metallanteil, verwertet werden (siehe Abb. 39).

Abb. 39: Außenhandel mit Altmaterialien und Reststoffen aus NE-Metallen in Deutschland 1995-1999

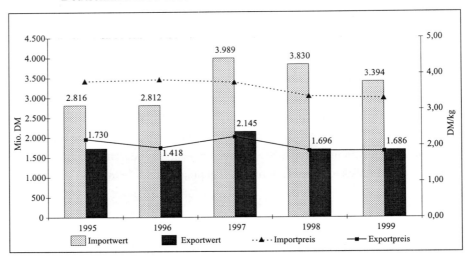

Quelle: eigene Berechnungen nach Statistisches Bundesamt (1995-1999; FS 7 R. 2).

3.2.3.3.4 Der Markt für Papier

Ähnlich wie bei Metallschrott ist die Situation bei Altpapier gelagert. Wegen der guten Wiederverwertungsmöglichkeit aufgrund der Kosteneinsparungen beim Einsatz in der Papierproduktion besteht auch hier eine reale Nachfrage, die schon vor dem staatlich verordneten Aufbau einer Abfallwirtschaft für einen funktionierenden Markt sorgte. Die Altpapiereinsatzquote bei der Erzeugung von Papier und Pappe erreichte 1999 mit 61,2% einen bisherigen Höchstwert (nach Angaben des Verbandes der Deutschen Papierfabriken vom 10.7.2000). Insgesamt ist Papier die größte anfallende Wertstoffgruppe im Hausmüll und in den hausmüllähnlichen Abfällen. Im Gegensatz zum Metallschrott allerdings ist die Wiederverwendung von Papier und Pappe im Herstellungsprozess in der Regel nicht ohne Qualitätsverlust möglich. Der Qualitätsverlust ist bei Papier infolge der abnehmenden Faserlängen unvermeidlich.

In Deutschland wurden 1999 1,5 Mio. t Sekundärrohstoffe aus Altpier zur Papierherstellung produziert. Dies bedeutet im Vergleich zu 1995 fast eine Verdoppelung der Recyclingmenge. Diesem mengenmäßigen Wachstum der Produktion steht ein wertmäßiger Rückgang von mehr als 30% gegenüber (siehe Abb. 42). Dies ist insbesondere auf den Preisrückgang von 1995 zu 1996 zurückzuführen, denn innerhalb eines Jahres sank der Preis von durchschnittlich 0,25 DM/kg auf 0,11 DM/kg. Mit den in der Recyclingindustrie verwerteten Mengen gehen nach Angaben des Bundesverbandes für Sekundärrohstoffe und Entsorgung insgesamt 10 Mio. t an die inländische Papierindustrie (vgl. Hallerbach 1999b).

Abb. 40: Produktion von Sekundärrohstoffen aus Papier in Deutschland 1995-1999

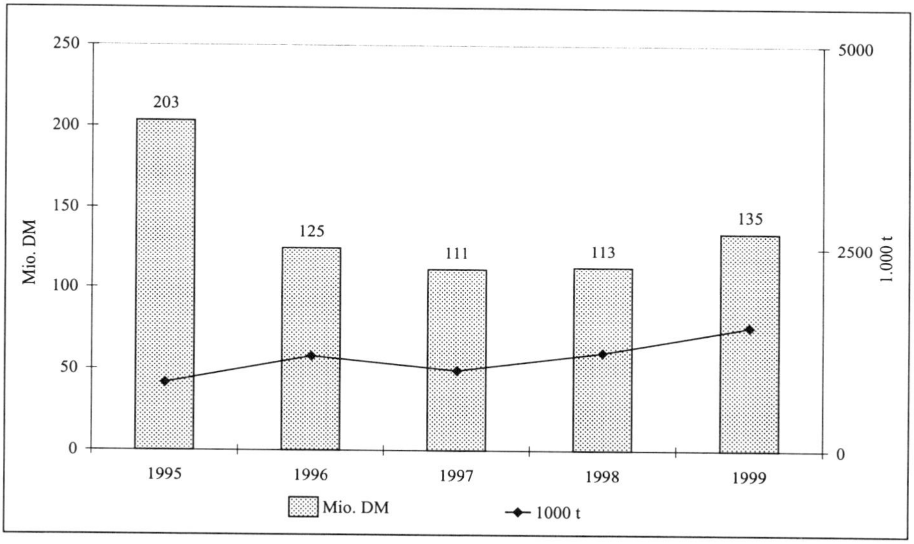

Quelle: eigene Berechnungen nach Statistisches Bundesamt (1995-1999; FS 4, R. 3.1).

Der Außenhandel mit Altpapier ist gekennzeichnet durch einen deutlichen mengenmäßigen Exportüberschuss. Insgesamt liegt Deutschland damit in Europa an der Spitze. Neben Belgien und Dänemark war Deutschland 1996 das einzige Land mit einem mengenmäßigen Exportüberschuss. Dies lässt sich damit begründen, dass Deutschland zwar die höchste Rücklaufquote für Altpapier in Europa hat, jedoch bei der Einsatzquote nur im Mittelfeld liegt (vgl. Confederation of European Paper Industries 2000, S. 1). Hier zeigt sich, dass in Deutschland im Vergleich zur restlichen EU noch hohes Potential für den Einsatz von Recyclingpapier besteht.

Abb. 41: Außenhandel mit Altmaterialien und Reststoffen aus Papier in Deutschland 1995-1999

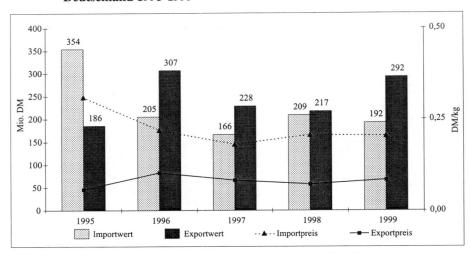

Quelle: eigene Berechnungen nach Statistisches Bundesamt (1995-1999; FS 7 R. 2).

Auf eine ähnlich der Verpackungsverordnung gestaltete Altpapierverordnung hat die Bundesregierung bisher verzichtet. Statt dessen akzeptiert sie die Selbstverpflichtungserklärung der in der Arbeitgemeinschaft Graphische Papiere (AGRAPA) zusammengeschlossenen Verbände von 1994. Inhalt dieser Selbstverpflichtung war die kontinuierliche Steigerung der Wiederverwertungsquote bei graphischem Papier auf 60% 2000. Nach Angaben der AGRAPA lag 1999 der Wert für graphisches Papier bereits bei 73%. Um eine effizientere Altpapiererfassung und insbesondere spätere Vermarktung zu ermöglichen, strebt die AGRAPA eine getrennte Erfassung von graphischem Papier und Packpapier beim Endverbraucher an (nach Angaben des Verband Deutscher Papierfabriken vom 10.07.2000).

3.2.3.3.5 Der Markt für Glas

Altglas ist ebenfalls ein sehr recyclingfreundliches und prinzipiell sogar unbegrenzt wiederverwertbares Gut als Rohstoff für die Herstellung von Glas. Abnehmer sind vorwiegend Glashütten bei Behälterglas und Floatwannen bei Flachglas. Die Menge von Fremdstoffen und die Sortenreinheit spielen bei Glas eine große Rolle, denn wie grundsätzlich für alle stofflich wiederverwertbaren Materialien gilt, dass die Qualität der Produkte, die im Recyclingprozess hergestellt werden, von der Sortenreinheit der Inputmaterialien abhängt.

Abb. 42: Produktion von Sekundärrohstoffen aus Altglas in Deutschland 1995-1999

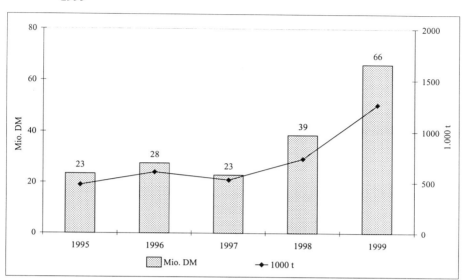

Quelle: eigene Berechnungen nach Statistisches Bundesamt (1995-1999; FS 4, R. 3.1).

Die Altglasverwertung in Deutschland ist im europäischen Vergleich sehr gut entwikkelt. Die Recyclingquote liegt mit 80% beim Behälterglas nur noch in der Schweiz
ähnlich hoch. Für Flachglas liegen keine amtlichen Angaben vor. Schätzungen für
1998 gehen jedoch von einer Recyclingquote um 60% aus. Nach Angaben des Bundesverbandes für Sekundärrohstoffe und Entsorgung wurden von den 495.000 t
Flachglas aus dem Bau- und Fahrzeugsektor rund 300.000 t verwertet (vgl. Hallerbach 1999b). Neben der Recyclingindustrie bereiten auch die Glashütten das Altglas
direkt wieder auf. Deshalb liegt die Produktionsmenge der Recyclingindustrie mit 1,3
Mio. t im Jahr 1999 unter dem tatsächlichen Wert des verwerteten Altglases, der bei
über 2,5 Mio. t liegt (vgl. Gesellschaft für Glasrecycling und Abfallvermeidung mbH
2000 und Abb. 42). Insgesamt konnte die Recyclingindustrie die Produktion der Sekundärrohstoffe aus Glas im Zeitraum von 1995 bis 1999 bei konstanten Preisen
wertmäßig fast verdreifachen.

110

Abb. 43: Altglasaufbereitungsanlagen für Behälterglas und Flachglas in Deutschland 1996

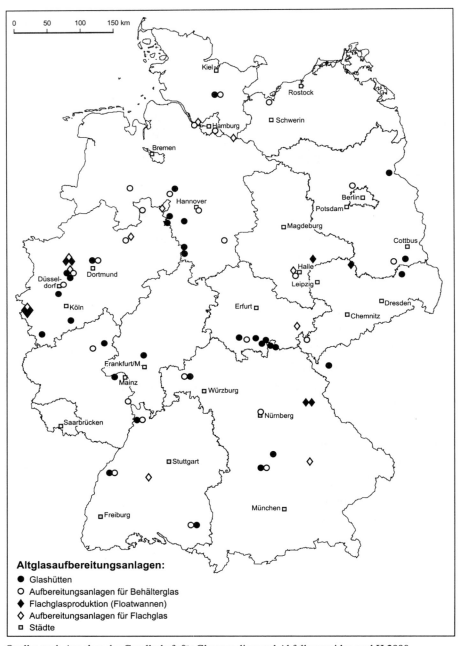

Quelle: nach Angaben der Gesellschaft für Glasrecycling und Abfallvermeidung mbH 2000.

Abb. 44: Außenhandel mit Altmaterialien und Reststoffen aus Glas in Deutschland 1995-1999

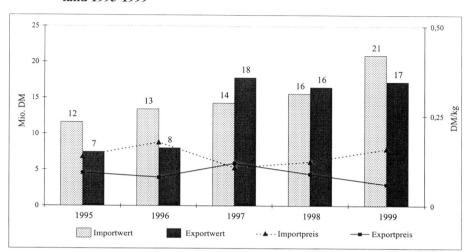

Quelle: eigene Berechnungen nach Statistisches Bundesamt (1995-1999; FS 7 R. 2).

Altglas spielt im Großhandel seit der Einführung des Dualen Systems Deutschland (DSD) keine Rolle mehr. Der bis dahin existierende Altglashandel ist faktisch zusammengebrochen. Rund 85% des in Deutschland erfassten Altglases stammen aus privaten Haushalten und besitzen den „Grünen Punkt", werden vom DSD als Eigentümer eingesammelt und der Verwertung zugeführt. Die Recyclingquote stieg 1998 auf den bisherigen Spitzenwert von 80,8%.

Trotz der hohen Dichte an Aufbereitungsanlagen für Altglas wird im Saldo mehr Altglas ausgeführt als eingeführt. Betrachtet man die Preise, zeigt sich, dass diese für unterschiedliche Arten des Altglases durchaus differieren können. Anhand der Durchschnittspreise der exportierten bzw. importierten Güter lässt sich ablesen, dass höherwertigeres Altglas, in diesem Fall meist sortenreineres Altglas, importiert und niedrigpreisigeres Altglas exportiert wird. Dies deutet darauf hin, dass Altglas, welches nicht sortenrein genug erfasst wird, in Deutschland keinen Markt findet und ins Ausland exportiert wird, wo die Ansprüche, z. B. an die Farbechtheit des Glases, nicht so hoch sind. Um einen höheren Recyclinganteil in Deutschland zu erreichen, müssen entweder die Erfassungssysteme bzw. Aufbereitungstechniken optimiert werden oder die Ansprüche an die Farbechtheit gesenkt werden (vgl. Gläßer et al. 1995, S. 105).

3.2.3.3.6   Der Markt für Kunststoff

Das Recycling von Kunststoff ist eines der am meisten diskutierten Themen in der Abfallwirtschaft. Es gibt eine Fülle von Untersuchungen und Ökobilanzen, die insbesondere die Verwertung von Kunststoffabfällen aus Verkaufverpackungen zum Gegenstand haben.[106] Kern der Frage bei all diesen Studien ist, ob nun werkstoffliches Recycling[107] dem rohstofflichen Recycling[108] vorzuziehen ist bzw. ob sich der Aufwand[109] der getrennten Erfassung von Kunststoffen überhaupt lohnt oder ob diese nicht direkt verbrannt werden sollten. Unabhängig von diesen Fragen scheint unbestritten, dass die separate Sammlung von Kunststoffen unsinnig ist, wenn die Wertstoffe letztlich energetisch verwertet werden bzw. exportiert werden in Regionen, in denen nicht mit einer geordneten Beseitigung zu rechnen ist (vgl. Hug 2000).

Kritiker führen gegen das Recycling von Kunststoffen im Wesentlichen drei Argumente an:

1. Rohstoffliches Recycling verbrauche mehr Energie als je wieder im Recyclingprozess gewonnen werden könne. Des Weiteren sei rohstoffliches Recycling viel zu teuer, da z. B. in der Kohle-Öl-Anlage in Bottrop 4.000 DM/t gezahlt werden, um Kunststoff in Öl umzuwandeln (vgl. Sohn 2000). Dem halten die Protagonisten entgegen, dass rohstoffliches Recycling mit Öl eine Ressource einspare, die im Gegensatz zu Erdgas, welches durch energetische Verwertung substituiert werde, wesentlich größere Notwendigkeit aus Sicht der nachhaltigen Entwicklung habe (vgl. auch Gläßer et. al. 1995, S. 89ff.).

---

[106] Beispielsweise haben die deutsche und europäische Kunststoffindustrie, das Duale System Deutschland und der Verband der Chemischen Industrie 1995 eine „Ökobilanz zur Verwertung von Kunststoffabfällen aus Verkaufsverpackungen" in Auftrag gegeben, das IFEU-Institut im Auftrag des Umweltbundesamtes 1998 die Studie „Ökologische Bilanzen in der Abfallwirtschaft" und. das Ökoinstitut in Wuppertal in 2000 schließlich eine Gegenüberstellung von energetischer und rohstofflicher Verwertung von Kunststoffen vorgenommen. (vgl. Verheyen/Spangenberg 1998 S. 59, Giegrich et al. 1999, Teil C und Dehoust 2000)

[107] Werkstoffliches Recycling bedeutet, dass nur eine mechanische Strukturzerstörung stattfindet, die spezifische stoffliche Eigenschaft des Abfalls aber bestehen bleibt. Bekannte Verfahren sind die Extrusion und die Intrusion sowie das Press- und das Spritzgießverfahren.

[108] Rohstoffliches Recycling führt dazu, dass der Abfall in seine Ausgangsmaterialien aufgespalten wird. Es findet eine chemische Strukturauflösung statt. Somit wird die dem Abfall innewohnende rohstoffliche Struktur erhalten und genutzt. Bekannte Verfahren sind die Methanolerzeugung und das Reduktionsverfahren als Ersatz von Schweröl bei der Gewinnung von Roheisen.

[109] Mit Aufwand ist hier sowohl der monetäre Aufwand für Sammlung, Sortierung und Behandlung als auch der Aufwand als Ressourcenverzehr, z. B. in Form von Energie für den Transport, gemeint.

2. Dem werkstofflichen Recycling wird entgegengehalten, dass für die Produkte, die aus den Sekundärrohstoffen – zu 64% aus Kunststoffgemischen (vgl. DKR 2000)- hergestellt werden könnten, keine Märkte existierten. Zudem sei eine sortenreine Erfassung, die einen höherwertigeren Sekundärkunststoff ermöglichen würde, nur für spezifischen Stoffstrom effizient (vgl. Sohn 2000). Hier widerspricht insbesondere das Duale System Deutschland, welches mit der Sortec 3.0 Anlage, die auf der EXPO in Hannover vorgestellt wurde, die Abfallwirtschaft revolutionieren möchte, da sie auch Kleinstverpackungen aus Kunststoff sortenrein sortieren könne, ohne getrennt zu sammeln (vgl. Brück 2000).

3. Kunststoff hat im Rahmen der Abfallströme mit ca. 0,6 Mio. t einen so geringen Anteil am Abfallaufkommen, dass der Aufwand für das Recycling in keinem Verhältnis zu dem Verwertung- bzw. Vermeidungspotential liegt (vgl. Hug 2000).

Als Reaktion auf diese Erkenntnisse fordert der Rat der Sachverständigen im Umweltgutachten 2000 (vgl. Tz 162*) eine Verbesserung des Kosten-Nutzen-Verhältnisses im Bereich der Verwertung von Kunststoffverpackungen und fordert eine Reform der Verpackungsverordnung. „Kernpunkt der Reform ist die Begrenzung der getrennten Erfassung und Verwertung von Kunststoffverpackungen auf die Teilmengen der großvolumigen, gering verschmutzten und weitgehend sortenreinen Hohlkörper (vor allem Flaschen) und Folien. Kleinteilige Kunststoffverpackungen hingegen sollen in Zukunft grundsätzlich im Rahmen der kommunalen Restmüllentsorgung erfasst und in Müllverbrennungsanlagen energetisch verwertet werden." (SRU 2000, Tz. 162*) Die Reform der Verpackungsverordnung im Sommer 1999 ging bereits teilweise auf die oben genannte Kritik ein, indem sie zumindest Quoten für wertstoffliches Recycling vorgab. Dies führte auch dazu, dass das werkstoffliche Recycling in Deutschland wieder anstieg und 1999 mit 287.000 Tonnen einen Höchststand erreichte (siehe Tab. 12).

Tab. 12 Kunststoffverwertung in Deutschland nach Verwertungsart von 1996-1999

	in 1.000 t				Anteil in %			
	1996	1997	1998	1999	1996	1997	1998	1999
Rohstoffliche Verwertung	251	359	361	341	47%	58%	57%	54%
Werkstoffliche Verwertung	284	256	271	287	53%	42%	43%	46%
Gesamt	535	615	634*	629*				

* 1998 wurden 2.000 t und 1999 1.000 t in Versuchsanlagen verwertet.

Quelle: eigene Berechnungen nach DKR 2000.

Neben den hier im Vordergrund stehenden Verpackungsabfällen aus Kunststoff fallen Kunststoffabfälle auch in der Produktion und in anderen Erzeugnissen, wie etwa im Auto an. Hier spielen andere Faktoren für die Beurteilung des Kunststoffrecycelns eine Rolle. Der Altkunststoff aus Produktionsabfall, der rd. 200 Mio. t ausmacht (vgl. Hug 2000), fällt meist sortenrein an. Dadurch ist er prädestiniert für das werkstoffliche Recycling und hat auch einen Markt, da aus diesem sortenreinen Sekundärmaterial wieder hochwertige Produkte hergestellt werden können. Die Altkunststoffe, die z. B. aus der Demontage von Altautos resultieren, eignen sich theoretisch ebenfalls zum werkstofflichen Recycling. Voraussetzung hier ist, dass schon bei der Konstruktion darauf geachtet wird, dass nicht zu viele verschiedene Kunststoffarten verwandt werden und dass die einzelnen Kunststoffteile auch gekennzeichnet sind, damit eine sortenreine Erfassung kosteneffizient möglich ist (vgl. Seidel 1994, S. 55ff.).

Die Produktion von Sekundärrohstoffen aus Kunststoff in Deutschland hat sich durch den oben skizzierten Tatbestand nur durch staatliche Rahmensetzungen entwickelt. Im Gegensatz zu den vorher beschriebenen Märkten existierte vor der Verpackungsverordnung von 1991 praktisch kein Markt für Altkunststoffe. Die Produktion von Sekundärrohstoffen aus Kunststoff war dementsprechend stark von den technischen Möglichkeiten abhängig. Mit der Entwicklung der Recyclingverfahren konnte die Produktion kontinuierlich ausgebaut werden. Sie steigerte sich von 1995 mit 75.000 t um 270% auf 275.000 t in 1999. Die geringe Nachfrage nach Sekundärrohstoffen aus Mischkunststoffen drückt sich in einem kontinuierlichen Preisverfall aus. Mischkunststoffe machten bei der durch das Duale System Deutschland gesammelten Kunststofffraktion 1999 immerhin 64% aus (vgl. DKR 2000).

115

Abb. 45: Kunststoffverwertung in Deutschland

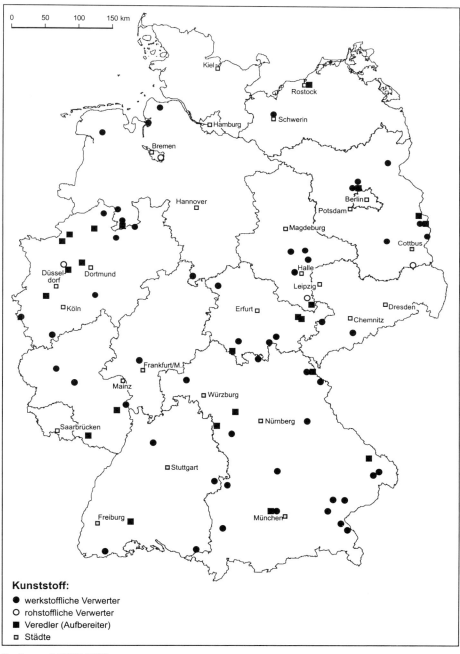

Kunststoff:
- ● werkstoffliche Verwerter
- ○ rohstoffliche Verwerter
- ■ Veredler (Aufbereiter)
- ▫ Städte

Quelle: nach DKR 2000.

Abb. 46: Produktion von Sekundärrohstoffen aus Kunststoff in Deutschland 1995-1999

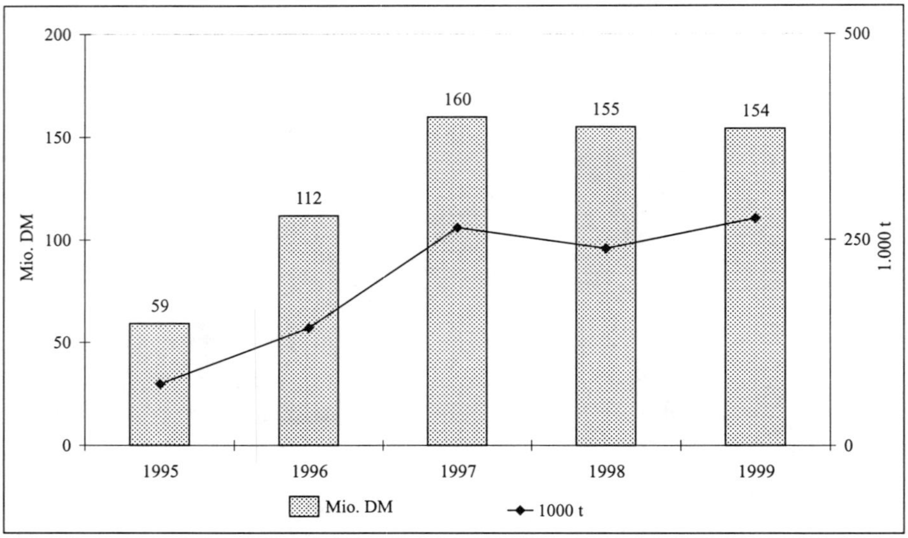

Quelle: eigene Berechnungen nach Statistisches Bundesamt (1995-1999; FS 4, R. 3.1).

Der Außenhandel mit Altkunststoffen ist durch einen deutlichen Exportüberschuss gekennzeichnet. 1999 wurden im Saldo fast 255.000 t mehr exportiert als importiert. Dies deutet darauf hin, dass einerseits die in Deutschland produzierte Menge an Sekundärrohstoffen aus Kunststoffen keinen Absatz findet und ins Ausland exportiert werden muss und andererseits, dass die Verwertungskapazitäten in Deutschland (siehe Abb. 47) noch nicht ausreichen. An dem höheren durchschnittlichen Exportpreis lässt sich deutlich ablesen, dass auch schon veredelte Produkte ausgeführt werden.

Abb. 47: Außenhandel mit Altmaterialien und Reststoffen aus Kunststoff in Deutschland 1995-1999

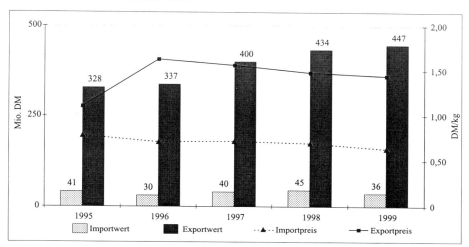

Quelle: eigene Berechnungen nach Statistisches Bundesamt (1995-1999; FS 7 R. 2).

3.2.3.3.7 Der Markt für Textilien und sonstige Abfälle zur Verwertung

Der Markt für sonstige Abfälle zur Verwertung ist vielschichtig gegliedert. Außer beim Markt für Alttextilien ist der Grund für die Entstehung dieser volumenmäßig meist kleinen Teilmärkte auf staatliche Regulierungen zurückzuführen. Bei diesen Märkten steht nicht die quantitative Abfallvermeidung, sondern die qualitative Abfallvermeidung im Vordergrund (siehe hierzu Kapitel 4.1.1), d. h. es stehen die Schadstofffracht der Produkte und die von ihnen ausgehende Gefährdung im Blickpunkt. Das Entstehen von Märkten für Altöle, Batterien usw. ist im Wesentlichen auf Verordnungen bzw. Verordnungsentwürfe zurückzuführen (zu den einzelnen Verordnungen und Verordnungsentwürfen (siehe Kapitel 3.1.1).

Der Markt für Alttextilien ist ähnlich wie die Märkte für Eisen und Stahl, Papier und Glas ein traditioneller Markt für Altmaterialien. Er ist durch karitative und kirchliche Sammlungen geprägt, wird in der jüngeren Vergangenheit aber immer mehr durch kommerzielle Erfasser und Sortierer dominiert, die über die Sammlung der Altkleider hinaus auch Textilien zum Recyceln erfassen und sortieren (siehe Abb. 48) Insgesamt werden in diesem Markt jedoch nach wie vor hauptsächlich Altkleider gehandelt, und es wird nur in geringem Umfang der reine textile Rohstoff recycelt.

Der Markt befindet sich genau an der Schnittstelle zwischen Produkt und Abfall (siehe Kapitel 4.1.2.1). Hieraus ergeben sich zahlreiche Probleme für die Großhändler mit Altmaterialien. Beispielhaft sei die Problematik an dem sehr wichtigen Handel mit den mittel- und osteuropäischen Ländern (MOEL) dargestellt. Die MOEL haben Alttextilien als Abfall eingestuft und daraufhin die Einfuhr teilweise untersagt bzw. mit hohen Einfuhrzöllen belegt. Nach Ansicht des Bundesverbandes für Sekundärrohstoffe und Entsorgung diente dies einzig dem Schutz der inländischen Textilindustrie und stellt demnach Importsubstitution dar. Diese Praxis, die aufgrund des Wegfalls der Zollpräferenzen für Alttextilien möglich wurde, schwächte 1998 den Markt für Alttextilien erheblich. Anfang 1999 konnten durch die EU neue Präferenzabkommen geschlossen werden, wodurch sich der Markt zumindest teilweise beruhigte. In der Frage des Ursprungszeugnisses zeigte sich ein zweiter Problemkontext, der auch für die meisten anderen Sekundärrohstoffe Bedeutung erlang. Wenn das Neumaterial nicht in der EU gefertigt wurde (z. B. Textilien aus China), welches Ursprungszeugnis hat dann die Altware? Diese Frage spielt nach der Abfallverbringungsverordnung bei den Exporten eine erhebliche Rolle, denn Materialien, die kein Ursprungszeugnis der EU haben, sind keine EU-Waren und werden wie Waren aus Drittländern behandelt. Aus diesem Grund fordert der Bundesverband für Sekundärrohstoffe und Entsorgung von der Kommission der Europäischen Gemeinschaften, das Sammeln und Sortieren von Altstoffen als Wertschöpfung am Standort anzuerkennen. Dies rechtfertige dann auch die Ausstellung eines Ursprungszeugnisses (vgl. Hallerbach 2000).

Abb. 48: Erfassung und Sortierung von Alttextilien in BDE-Mitgliedsfirmen 1999

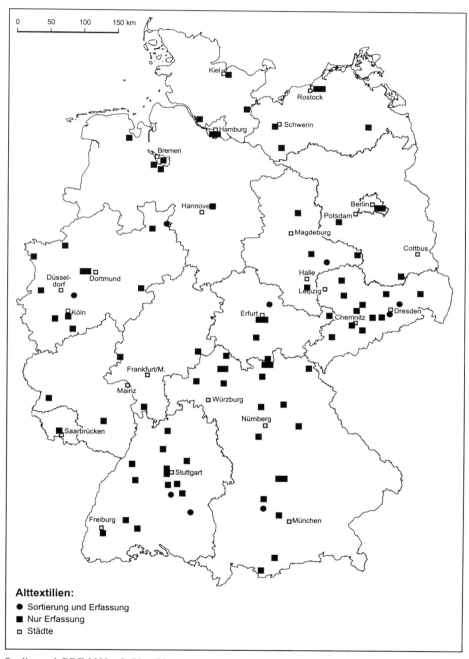

Quelle: nach BDE 2000a, S. 89 u. 93.

Neben dem traditionellen Altkleiderhandel ist der neuere Zweig, die Recyclingindustrie, für die Verwertung von Alttextilien in den letzten Jahren durch kontinuierliches
Wachstum gekennzeichnet. Hier werden Textilien so recycelt, dass sie Rohstoffe für
die Pappeherstellung, die Putzlappenindustrie und auch für die Bekleidungsindustrie
selber darstellen. Innerhalb von vier Jahren wurde die Produktion verdoppelt. Sie
spielt jedoch mit knapp 20.000 t in 1999 im Verhältnis zum Gesamtmarkt, d. h. inklusive Altkleider (rd. 600.000 t), weiterhin nur eine marginale Rolle (vgl. Abb. 49).

**Abb. 49: Produktion von Sekundärrohstoffen aus Textilien in Deutschland
1995-1999**

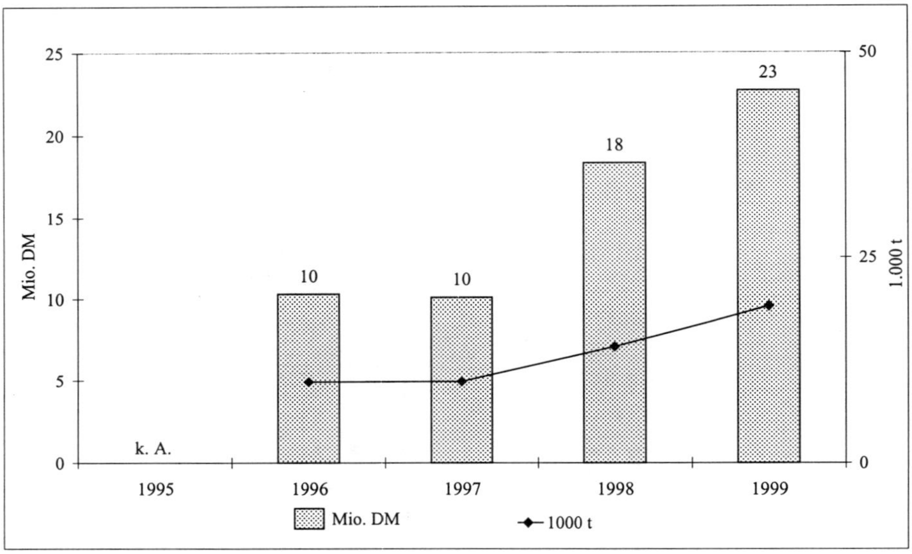

Quelle: eigene Berechnungen nach Statistisches Bundesamt (1995-1999; FS 4, R. 3.1).

Sowohl der Außenhandel mit Altkleidern als auch der Außenhandel mit sonstigen
Reststoffen aus Alttextilien (vgl. Abb. 50) haben in den letzten Jahren starke Einbu-
ßen hinnehmen müssen. Gründe hierfür liegen vor allem in den zahlreichen Problemen auf den Weltmärkten für diese Waren. Durch Devisenknappheit und Abwertung-
stendenzen (z. B. in Osteuropa und Afrika) sowie politische Unruhen (z. B. in Indien
und Pakistan) sind laut Bundesverband für Sekundärrohstoffe und Entsorgung tradi-
tionelle Absatzmärkte weggebrochen (vgl. Hallerbach 1999b).

Abb. 50: Außenhandel mit Altmaterialien und Reststoffen aus Textilien in Deutschland 1995-1999 (ohne Altkleider)

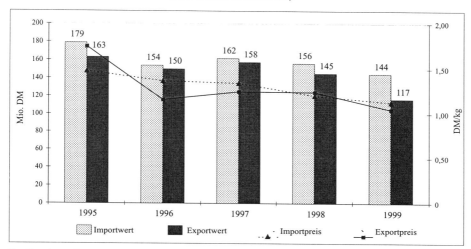

Quelle: eigene Berechnungen nach Statistisches Bundesamt (1995-1999; FS 7 R. 2).

Die sonstigen Märkte für Altmaterialien und Reststoffe sind wie oben bereits erwähnt mengenmäßig sehr gering. Aus diesem Grund wird auf eine quantitative Darstellung verzichtet. Es zeigt sich bei jenen Märkten, die durch staatliche Regulierung geschaffen wurden, dass sie - ähnlich wie beim Kunststoffrecycling herausgehoben – durch das selbe strukturelle Problem gekennzeichnet sind. Bei all diesen Märkten ist festzustellen, dass aufgrund von Verordnungen Kapazitäten aufgebaut werden, bei denen entweder das Endprodukt keine Abnehmer findet (z. B. Kompost ohne Gütezeichen, Sekundärrohstoffe aus Mischkunststoff.) oder bei denen der Input fehlt, da nicht genügend Abfälle zur Verwertung vorhanden sind. Hier beginnt dann, wie z. B. beim Altöl, ein Kampf um den Abfall (vgl. Hallerbach 1999b).

3.2.4   Die Unternehmensstruktur in der Entsorgungs- und Verwertungsbranche

Insgesamt hat der Wechsel der Abfallwirtschaft vom vergleichsweise einfachen Einsammeln, Transportieren und Abkippen des Mülls zu einer ausdifferenzierten "Umweltbranche" mit dem damit verbundenen Wandel von der staatlichen Daseinsvorsorge zum Verursacherprinzip nicht nur ökologische, sondern auch erhebliche ökonomische Implikationen. Der Aufbau einer umwelt- und ressourcenschonenden Kreislaufwirtschaft erfordert auf der einen Seite vielfältige Investitionen, die letztlich vom Gemeinwesen in Form höherer Produktpreise und Entsorgungskosten zu tragen sind.

So fallen allein durch die Verwertungstätigkeiten des DSD jährlich rd. 4 Mrd. DM Kosten an (3,7 Mrd. DM 1999), die auf die Verbraucher abgewälzt werden. Gesetzliche Vorschriften haben die jährlichen Aufwendungen des Produzierenden Gewerbes für die Abfallentsorgung von 1,7 Mrd. DM in 1985 auf 3,87 Mrd. DM (1995) verdoppelt (vgl. Umweltbundesamt 2000). Auch ließen die gestiegenen Anforderungen des Umweltschutzes an die Müllentsorgung, wie sie in der TA Siedlungsabfall formuliert wurden, die kommunalen Entsorgungsgebühren z. T. sprunghaft ansteigen (siehe Abb. 51). Problematisch bei der Betrachtung der Abfallgebühren ist die erhebliche Spannbreite der Gebühren.[110] Nach einer Studie der Umweltmanagement und -planung GmbH im Auftrag des Umweltbundesamtes 1998 zur Kostenstruktur in der kommunalen Abfallentsorgung liegen die Kosten der privaten Haushalte im Bereich von 40 DM je Einwohner und Jahr (DM/E,a) und 270 DM/E, a. Der Median liegt bei 141 DM/E, a. Diese Schwankungsbreiten deuten sowohl auf Kostendämpfungspotentiale hin als auch auf ungenügende Umsetzung abfallwirtschaftlicher Vorgaben. Schon der Kostenvergleich der thermischen Restabfallbehandlung mit der Restabfalldeponierung zeigt, dass die mengenspezifischen Kosten der Restmülldeponierung mit einem Median von 150 DM/t deutlich unter dem Median von 370 DM/t bei der thermischen Restabfallbehandlung liegen (vgl. Behrens/Maydell 1998, S. 5-17ff, und 8-1ff.). Demnach haben entsorgungspflichtige Körperschaften, die nur deponieren, einen deutlichen Kostenvorteil. Betrachtet man schließlich die Gesamtkosten der kommunalen Abfallentsorgungsträger in Bezug auf die TASi von 1995, zeigt sich in einer neuerlichen Studie der Umweltmanagement und -planung GmbH, dass Kosten bei öffentlich-rechtlichen Entsorgungsträgern, die den Anforderungen der TASi genügen, im Schnitt doppelt so hoch sind. Abweichungen bei den Kosten ergeben sich dann noch durch die unterschiedlichen Abschreibungsverfahren und durch die unterschiedlichen technischen Standards der Anlagen zur Restabfallbehandlung (vgl. Behrens/Maydell 1999, S. I-46f.).

---

[110] Nach Angaben des Bundes der Steuerzahler Nordrhein-Westfalen liegt die Gebührenspanne in Nordrhein-Westfalen 2000 zwischen 1.286,40 DM in Köln und 172,00 DM in Bergheim. Gründe für die hohen Gebührenlasten in Nordrhein-Westfalen werden insbesondere bei den hohen Kosten durch die Müllverbrennungsanlagen gesehen (Billanitsch 2000, S. 25) .

Abb. 51: **Veränderung der Gebühren für die Müllabfuhr in Deutschland von 1991-1998 in Prozent**

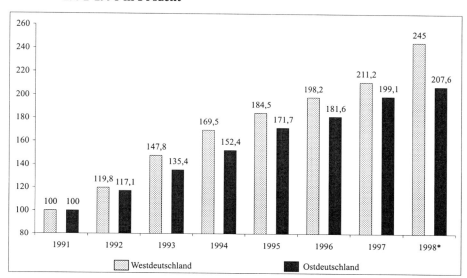

* 1998 für Westdeutschland geschätzt; 1998 Steigerung nur im Vergleich zu 1990 angegeben (260,9%)

Quelle: eigene Berechnungen nach Rips 1998 und Deutscher Mieterbund 2000.

Auf der anderen Seite wurde ein Markt in der Entsorgungswirtschaft geschaffen, der außergewöhnliche Zuwachsraten aufwies. Die ca. 280.000 Beschäftigten[111] in diesem Sektor erwirtschafteten 1996 einen Umsatz von fast 80 Mrd. DM. Damit lag im Zeitraum 1991-1996 der Zuwachs allein bei rund 20 Mrd. DM. Seit 1996 ist die Wachstumsphase in der Entsorgungswirtschaft in eine Stagnationsphase übergegangen, denn 1999 lag der Umsatz der Gesamtbranche nur noch bei rund 76 Mrd. DM (vgl. BDE 2000b). Von diesen 76 Mrd. DM 1999 konnte die private Entsorgungswirtschaft einen Anteil von ungefähr 38 Mrd. DM realisieren (siehe Abb. 26). Dieser Umsatz wurde 1999 von rund 151.000 sozialversicherungspflichtig Beschäftigten der privaten Entsorgungswirtschaft, weiteren 36.000 sozialversicherungspflichtig Beschäftigten in der Recyclingindustrie und schließlich ungefähr 15.000 Beschäftigten im Großhandel mit Altmaterialien und Reststoffen erwirtschaftet. Weitere Akteure auf diesem Markt sind die öffentlichen Entsorgungsunternehmen, die einen Umsatzanteil von rund einem Viertel erreichen. Die restlichen Umsatzmilliarden wurden hauptsächlich in Unternehmen erwirtschaftet, die im Sektor Hoch- und Tiefbau sowie Straßenbau für die

---

[111] Alleine in der privaten Wirtschaft sind rund 200.000 Beschäftigte tätig (siehe Abb. 24).

Entsorgung der mengenmäßig größten Abfallfraktion, den Baurestmassen, zuständig sind (vgl. BBE 1999, S. 221f.).

Allerdings hat die vom Gesetzgeber beabsichtigte weitgehende Privatisierung der Abfallwirtschaft neben den genannten Erfolgen auch negative Konsequenzen, so z. B. wettbewerbsrechtliche Bedenken, wie sie vom Bundeskartellamt bereits in seinem Tätigkeitsbericht 1991/1992 angemahnt und im Hauptgutachten der Monopolkommission 1992/1993 bestätigt wurden.

Die überdurchschnittlichen Renditen zusammen mit einem hohen Investitionsbedarf lockten branchenfremde, kapitalstarke Konzerne in den Markt, allen voran Großunternehmen aus der Energiewirtschaft, dem Hoch- und Tiefbau sowie der Baustoffindustrie. Sie können sich die notwendigen Investitionen in neue Sortier- und Aufbereitungsanlagen, häufig im Gegensatz zu den eingesessenen klein- und mittelständisch strukturierten Unternehmen, eher leisten. Als Folge davon werden immer mehr Unternehmen vom Markt verdrängt. Die Entsorgungsbranche war bis 1990 rein mittelständisch organisiert. Ein Wandel trat Anfang der 1990er Jahre ein als die großen Energiekonzerne den Markt entdeckten (vgl. Dluhosch 1995, Fußnote 1). Diese Unternehmen nutzten allem Anschein nach ihre Monopolgewinne dazu, Entsorgungs- und Verwertungsunternehmen zu Dutzenden zu erwerben. Von 1991 bis 1994 kam es allein zu 539 Zusammenschlüssen in der Entsorgungsbranche, woran der RWE-Konzern in den Jahren 1993 und 1994 mit 67 Fällen beteiligt war (vgl. Heistermann 2000a, S. 33). Zwar sind derzeit im Entsorgungsmarkt noch ca. 1000 kleine und mittlere Unternehmen tätig, jedoch haben diese daran insgesamt nur einen Anteil von 45%, während 55% auf die zwölf größten Unternehmen (u. a. Metallgesellschaft Umwelt AG, RWE-Entsorgung/ Trienekens, Thyssen/Sonnenberg, Sulo/Altvater, VEW/Edelhoff, Veba Kraftwerke Ruhr) entfallen (vgl. Monopolkommission 1994, S. 22f und Bundeskartellamt 1993, S. 19). Der Entsorgungsmarkt stagniert, wie oben beschrieben, womit die Konzentrationswelle in der Entsorgungswirtschaft in Bezug auf Akquisitionen von Unternehmen abebbt. Die Unternehmen scheinen darauf bedacht zu sein, ihre durch externes Wachstum erworbene Marktstellung zu sichern. „Andererseits hat die wettbewerbliche Dimension der einzelnen Erwerbsvorgänge zugenommen, da infolge des spürbar gestiegenen Wettbewerbdrucks zwischen den abfallwirtschaftlich tätigen Unternehmen zunehmend auch größere Unternehmen verschmolzen werden" (Bundeskartellamt 1999, S. 161). Ausdruck findet diese Entwicklung bei der jüngsten Fusion zwischen der RWE AG und der VEW AG. Hier hat das Kartellamt den Zusammenschluss der beiden Unternehmen am 4.7.2000 nur unter

Auflagen, insbesondere in Bezug auf die Tätigkeitsfelder in der Entsorgungswirtschaft, freigegeben. Vom Bundeskartellamt wurde auf dem Markt der Sammlung und des Transportes von Siedlungsabfällen in Nordrhein-Westfalen und angrenzenden Gebieten, auf dem Markt der Siedlungsabfallverbrennung in Nordrhein-Westfalen und auf dem Markt der flächendeckenden Entsorgung gewerblicher Abfälle die Entstehung oder Verstärkung einer marktbeherrschenden Stellung festgestellt, wenn nicht gewisse Unternehmensteile veräußert werden.[112]

In der amtlichen Statistik lassen sich die Konzentrationsgrade anhand der Umsatzsteuerstatistik errechnen. Sie zeigen für die gesamte Kreislaufwirtschaft hohe Konzentrationsgrade auf. Es lassen sich zwei Gruppen bilden: einerseits die Gruppe der Entsorgungswirtschaft sowie der Schrottrecyclingwirtschaft mit eher anlagenintensiven Unternehmen, welche höhere Konzentrationsgrade aufweist und andererseits die Gruppe der Recyclingwirtschaft nicht-metallischer Reststoffe, die eher durch personalintensive Unternehmen domiert wird und niedrigere Konzentrationsgrade verzeichnet (siehe Abb. 29).

Diese Berechnungen anhand der amtlichen Statistik stehen stark in der Kritik, da sie zu ungenau seien. Sie erfassten z. B. keine Unternehmenszusammenschlüsse oder sonstige Kooperationen zwischen Marktteilnehmern (siehe hierzu Monopolkommission 2000, S. 14 (Tz 28*)). Aus diesem Grund wurde hier auf Zahlen verzichtet und nur der Korridor dargestellt, innerhalb dessen sich die einzelnen Märkte der Kreislaufwirtschaft bewegen (siehe Abb. 52).

---

[112] Die Auflagen des Bundeskartellamtes sehen eine vollständige Veräußerung von Anteilen an der Entsorgung Dortmund GmbH, die weitgehende Veräußerung von Anteilen und Verbrennungskontingenten der Müllverbrennungsanlage Hamm und die Veräußerung aller Anteile vor, die VEW an der Interseroh AG hielt, um den erforderlichen Abbau von Marktanteilen und von zusammenschlussbedingten Verstärkungswirkungen zu gewährleisten (vgl. Bundeskartellamt 2000).

Abb. 52: Konzentration in der Kreislaufwirtschaft 1998

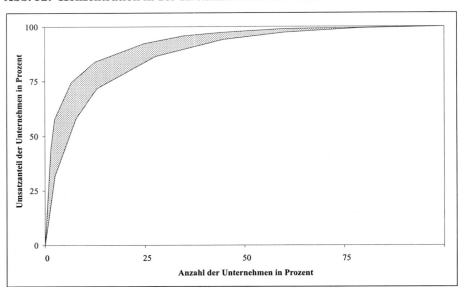

Quelle: eigene Berechnungen nach Statistisches Bundesamt (1998; FS 14, R. 8).

Auch die Rechtsformen geben Aufschluss über die Marktstruktur in der Kreislaufwirtschaft. Es zeigt sich, dass die Kreislaufwirtschaft nach wie vor durch eine Vielzahl von Einzelunternehmen gekennzeichnet ist, der Hauptteil des Umsatzes jedoch in den meist größeren Kapitalgesellschaften erwirtschaftet wird. Die GmbH dominiert auf allen Märkten mit Ausnahme des Großhandels, bei dem sachzielbedingt auch die Kommanditgesellschaft eine große Rolle spielt. In Unternehmen, die sich in der Umweltbranche im weitesten Sinne bewegen, haben Haftungsfragen eine großes Gewicht, so dass schon aus diesem Grund neben dem reinen Finanzierungsaspekt die GmbH eine oft gewählte Rechtsform ist.

Tab. 13: Steuerpflichtige und deren Lieferungen und Leistungen 1998 nach Rechtsformen

Rechtsform	Steuerpflichtige[1] Anzahl	Lieferungen u. Leistungen[2] 1 000 DM	Steuerpflichtige[1] Anzahl	Lieferungen u. Leistungen[2] 1 000 DM	Steuerpflichtige[1] Anzahl	Lieferungen u. Leistungen[2] 1 000 DM
	Recycling		Großhandel mit Altmaterialien und Reststoffen		Abwasser-, Abfallbeseitigung und sonstige Entsorgung	
Einzelunternehmen	768	548 782	2 114	1 799 343	2 060	1 368 431
Offene Handelsgesellschaften[3]	165	355 158	145	725 099	.	.
Kommanditgesellschaften[4]	181	1 868 497	215	3 137 404	485	7 308 021
Aktiengesellschaften[5]	.	.	5	512 402	.	.
Gesellsch. mit beschränkter Haftung	1 007	4 348 632	566	3 991 218	2 186	15 010 697
Erwerbs- u. Wirtschaftsgenossenschaften	.	.	-	-	4	7 627
Betr. gewerbl. Art. v. Körpersch. d. öffentl. Rechts	.	.	-	-	54	376 992
Sonstige Rechtsformen	.	.	54	569 482	39	185 603
Insgesamt ...	2 147	7 248 152	3 099	10 734 948	5 258	25 742 986

1) Steuerpflichtige mit Lieferungen und Leistungen über 32 500 DM. - 2) Ohne Umsatzsteuer. 3) Einschl. Gesellschaften des bürgerlichen Rechts u.ä. - 4) Einschließlich GmbH & Co. KG. - 5) Einschl. KGaA und Bergrechtliche Gewerkschaften. Gepunktete Felder: Angaben zur Wahrung des Steuergeheimnisses gesperrt. Striche in den Feldern: keine Angaben.

Quelle: Statistischen Bundesamtes (unveröffentlichte Angaben).

Eine weiteres Problem der Entsorgungswirtschaft birgt die Zusammenarbeit von öffentlich-rechtlichen und privaten Entsorgungsträgern. Im Rahmen der Verpackungsverordnung von 1991 gründeten Kommunen mit privaten Entsorgungsunternehmen, meist im Kernbereich Energieversorgungsunternehmen, Gemeinschaftsunternehmen, die die Aufgaben des Dualen Systems Deutschland übernahmen. Wettbewerb um einzelne Erfassungsgebiete im Wege von Ausschreibungen fand nicht statt (vgl. Monopolkommission 1994, S. 25). Hierdurch entstanden regionale Angebotsmonopole, die den anderen Entsorgungsunternehmen den Marktzutritt versperrten. Diese Tendenzen zur Marktabschottung ergeben sich auch im Bereich Sonderabfall wegen der weitgehenden Beibehaltung des öffentlich-rechtlichern Entsorgungsmonopols (vgl. Bundeskartellamt 1997). Im Bereich der Verpackungsverordnung soll die Novellierung dazu führen, dass durch das Ausschreibungsgebot (EU-weit) ein Mindestmaß an Wettbewerb auf der Entsorgungsstufe erreicht wird. Da das Kartellamt regionale Monopole zur Entsorgung von Verkaufsverpackungen für notwendig erachtet, wird zumindest ein Wettbewerb um Entsorgungsgebiete möglich (vgl. Monopolkommission 1996, S. 32). Die mittelständische Entsorgungswirtschaft - vertreten durch den Bundesverband für Sekundärrohstoffe und Entsorgung - sieht gerade in den oben beschriebenen Gemeinschaftsgründungen von Großunternehmen und Kommunen nach wie vor mögliche Wettbewerbsverzerrungen. Gemeinschaftsunternehmen bedingen Interessenskollisionen bei den öffentlichen Entsorgungsträgern, die fast zwangsläufig zu einer Ausschaltung des Wettbewerbs führen (vgl. Hallerbach 1999a).

Konzentration ist nicht nur auf der Angebotsseite, sondern auch auf der Nachfrage-seite nach Entsorgungsdienstleistungen zu beobachten. So hat beispielsweise das DSD faktisch ein Monopol auf Verpackungsabfälle, weil ein wesentliches Element seiner Funktionsfähigkeit die möglichst vollständige Erfassung aller mit dem Grünen Punkt versehenen Verkaufsverpackungen ist. Die Deutsche Gesellschaft für Kunst-stoff-Recycling (DKR), die innerhalb des DSD für den schon angesprochenen Kunst-stoffabfall zuständig ist, hat die Möglichkeit, sich als einziger Anbieter von DSD-Kunststoffen den Verwerter aussuchen und damit entsprechende Konditionen aushan-deln zu können.

Es gab seit der Gründung des DSD immer wieder Anlass zu kartellrechtlichen Prü-fungen, jedoch wurden bis jetzt keine Maßnahmen getroffen, und zwar ausschließlich aus dem Grund, die Verpackungsverordnung nicht vorzeitig scheitern zu lassen. Die Beschlussabteilung des Bundeskartellamtes hat ihr Ermessen in dieser Frage regelmä-ßig zu überprüfen, wie F. Heistermann, zuständig für die Entsorgungswirtschaft im Bundeskartellamt, beim 1. Würzburger Verpackungsforum 2000 anmerkte. Die Dy-namik der Märkte macht es erforderlich, dass die Marktstrukturen in Bezug auf die Organisation der Erfassung von Verkaufsverpackungen und die bestehenden Ver-wertungsmärkte bzw. Verwertungsmöglichkeiten ständig unter Wettbewerbsgesicht-punkten untersucht werden müssen. Nicht zuletzt die zunehmende Bereitschaft, alter-native Entsorgungsstrukturen zu nutzen, hat dazu geführt, dass aufgrund der deutli-chen Zunahme von Beschwerden Missbrauchsverfahren eingeleitet wurden. Der eine Themenkomplex beinhaltet die Zulassung eines weiteren Garantiegebers für das Glas-recycling. Hier wird überprüft, ob das Duale System Deutschland seine Marktstellung missbräuchlich nutzt, um einen weiteren Wettbewerber neben dem bisher alleinigen Garantiegeber, der Glasrecycling und Abfallvermeidungs mbH (GGA), auszuschal-ten. Das andere Verfahren umkreist den Problembereich des Marktzutritts alternativer Systeme. Hier sind zwei Bereiche relevant: erstens, inwieweit das LAGA[113] Papier „Rahmenbedingungen zur Führung eines Mengenstromnachweises für Selbstentsor-ger" den faktischen Marktzutritt bzw. die Möglichkeit der Selbstentsorgung durch die Höhe der Anforderungen praktisch unmöglich macht. Zweitens wird untersucht, ob der Zeichennutzungsvertrag des Dualen Systems Deutschland rechtens ist. Die Frage ist, ob das Duale System von Lizenznehmern auch dann die volle Lizenzgebühr für den Grünen Punkt verlangen kann, wenn nicht alle Mengenströme des Lizenznehmers durch das Duale System Deutschland verwertet werden. Mit dieser Untersuchung entscheidet sich, ob potentielle Wettbewerber überhaupt eine Chance haben, da Her-

---

[113] Länder Arbeitsgemeinschaft Abfall

steller und Vertreiber nicht bereit sein werden, zweimal ihre Entsorgungskosten zu entrichten. Hier müsste das Duale System Deutschland bereit sein, Splittingvereinbarungen zu treffen, um den Markt für den Wettbewerb zu öffnen (vgl. Heistermann 2000a, S. 31ff, 2000b, S. 17ff.).

Insgesamt kann festgehalten werden, dass die Abfallwirtschaft in Deutschland, ausgelöst durch einen ökologischen Bewusstseinswandel und angestoßen durch die Aktivitäten des Gesetzgebers, in den letzten zehn Jahren einen deutlichen Wandlungsprozess erfahren hat. Ziel der Abfallwirtschaft ist heute neben der Vermeidung, Verwertung und umweltschonenden Entsorgung von Abfall die Überführung des gesamten Bereiches in weitgehend privatwirtschaftlich organisierte Strukturen. Hierbei muss jedoch beachtet werden, dass eine Privatisierung nur dann Sinn macht, wenn auch echte Märkte bestehen, d. h. Wettbewerb möglich ist (vgl. Heistermann 2000a, S. 40).

4   Umweltökonomische Analyse des Kreislaufwirtschafts- und Abfallgesetzes

In diesem zweigeteilten Kapitel soll das Kreislaufwirtschafts- und Abfallgesetz untersucht werden. Nachdem im ersten Teil die Ausgestaltung des Gesetzes dargestellt wird, sollen im zweiten Teil auf der Basis der Kapitel 2 und 3 der Einsatz der umweltökonomischen Instrumente und Grundprinzipien untersucht und deren potentielle Wirkung herausgearbeitet werden. Kapitel 2 bildet hierfür den theoretischen Rahmen und Kapitel 3 fließt als Restriktion für die Entfaltungsmöglichkeiten des Kreislaufwirtschafts – und Abfallgesetzes mit ein.

4.1   Das Kreislaufwirtschafts- und Abfallgesetz

Das Kreislaufwirtschafts- und Abfallgesetz (KrW-/AbfG) wurde 1994 beschlossen. Als 5. Novelle des Abfallgesetzes von 1972 trat es nach einer Übergangszeit von zwei Jahren im Oktober 1996 in Kraft. Wesentlichste und wichtigste Änderung ist der Schritt weg von der staatlichen Daseinsvorsorge hin zum Verursacherprinzip. Wer Güter produziert und konsumiert, ist nach §§ 5 und 11 für die dabei anfallenden Abfälle grundsätzlich verantwortlich. Die Verpflichtung der öffentlichen Hand zur Abfallentsorgung wird damit gelockert, sie erhält grundsätzlich eine subsidiäre Auffangfunktion für Fälle, bei denen die privaten Initiativen nicht greifen. Letztendlich ist damit eine Überführung des Abfallbereiches in weitgehend private Strukturen geplant. Diese Verlagerung der abfallrechtlichen Verantwortung in Richtung „Entstehung der Abfälle" ist nach K. Töpfer (1994, S. 349f.) „... erforderlich, um spürbare Anreize auf die Entscheidungsträger in der Wirtschaft auszulösen und damit eine moderne Kreislaufwirtschaft zu ermöglichen."

Der Gesetzgebungsprozess des endgültigen Kreislaufwirtschafts- und Abfallgesetzes dauerte fast vier Jahre (vgl. Köller 1996, S. 59ff.). Erstmals wurde in der Koalitionsvereinbarung von 1991 eine Novellierung des Gesetzes festgeschrieben, die eine stärkere Produkt- bzw. Produzentenhaftung und einen eindeutigen Vorrang des stofflichen Verwertens vorsah. Die darauffolgenden langwierigen Kontroversen zwischen Bundesregierung, Bundestag und Bundesrat wurden von intensivem Lobbyismus der beteiligten Kreise in Form des Bundesverbands der Deutschen Industrie (BDI), des Deutschen Industrie- und Handelstages (DIHT), des Zentralverbandes des Deutschen Handwerks, des Bundesverbandes des Deutschen Groß- und Außenhandels und des

Bundesverbandes der Deutschen Entsorgungswirtschaft (BDE) begleitet. Nach Einschaltung des Vermittlungsausschusses konnte das Verfahren schließlich am 23.6.1994 erfolgreich beendet werden. Probleme traten nicht nur bei einem Ausgleich der divergierenden Interessen zwischen Politik und Wirtschaft auf der einen Seite und Bund, Ländern und Kommunen auf der anderen Seite auf, sondern insbesondere bei dem Abgleich mit dem EU-Abfallrecht. Dort bestand zusätzlich hoher Koordinationsbedarf (siehe Kapitel 3.1.2). Der erfolgreiche Abschluss des Vermittlungsverfahrens ging einher mit dem Ziel der Bundesregierung, das Gesetz noch in der zwölften Legislaturperiode zu verabschieden (vgl. Wagner/Matten 1995, S. 45). Durch diesen internen Zeitdruck, aber auch durch den externen Druck aufgrund der Umsetzungspflicht der Richtlinie 91/166/EWG des Rates der Europäischen Gemeinschaften über Abfälle vom 18. März 1991 innerhalb von zwei Jahren, kam es dazu, dass das Gesetz schließlich doch überhastet verabschiedet wurde. Hieraus folgte, dass noch etliche „Reparaturnotwendigkeiten" an dem Gesetz nötig sind, wie viele Beobachter behaupten (vgl. Versteyl/Wendenburg 1994, S. 843).

4.1.1 Ziel und Grundsätze des Kreislaufwirtschafts- und Abfallgesetzes

Das Kreislaufwirtschafts- und Abfallgesetz verfolgt nach §1 KrW-/AbfG im Wesentlichen zwei Ziele:

1) nachhaltige Entwicklung durch Abfallvermeidung und –verwertung,
2) sichere umweltunschädliche Beseitigung (auch in Hinblick auf Beseitigung außerhalb der Bundesgrenzen).

Das Kreislaufwirtschafts- und Abfallgesetz hat in § 1 die Förderung der Kreislaufwirtschaft verankert, ohne diese im Gesetz klar zu definieren. Aus der Entstehungsgeschichte des Gesetzes heraus und den §§ 4 und 5, welche die Grundsätze bzw. Grundpflichten festlegen, kann man die Kreislaufwirtschaft wie folgt charakterisieren (vgl. Köller, 1996, S. 82):

Kreislaufwirtschaft umfasst die Vermeidung und die Verwertung von Abfällen. Die Beseitigung von Abfällen hingegen ist nicht Teil der Kreislaufwirtschaft. Unter Abfallentsorgung versteht der Gesetzgeber Abfallverwertung und Abfallbeseitigung, womit die Abfallverwertung eine Schnittstelle zwischen diesen beiden Rechtsbegriffen darstellt (siehe Abb. 53).

Abb. 53: Zentrale Begriffe des Kreislaufwirtschafts- und Abfallgesetzes

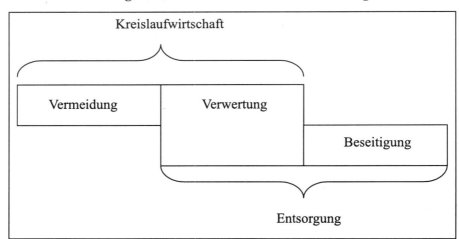

Quelle: verändert nach Köller 1996, S. 82.

Obwohl das Kreislaufwirtschafts- und Abfallgesetz Vermeidung als oberste Pflicht festlegt, lässt sich bereits aus der Umformulierung von § 1 des Gesetzes während des Gesetzgebungsverfahrens erkennen, dass Vermeidung eher unverbindlich und unkonkret im Gesetz verankert ist. In den ersten Entwürfen[114] war in Bezug auf die Zweckbestimmung des Gesetzes immer noch von einer abfallarmen Kreislaufwirtschaft die Rede. Indem jedoch der Wortlaut „abfallarm" gestrichen wurde, lässt sich bereits vermuten, dass von verschiedenen Seiten der Wunsch gehegt wird, dass ein verstärktes Recycling Abfallvermeidung kompensieren kann. Stellvertretend hierfür soll folgendes Zitat stehen: „ Die energetische Verwertung von Abfall wird im Heizkraftwerk Nord der Mannheimer Versorgungs- und Verkehrsgesellschaft mbH (MVV) auf der Friesenheimer Insel praktiziert. In einem Punkt ist die Aussage allerdings zu relativieren: *Durch die energetische Verwertung der Stoffe vermeiden wir*, dass aus ihnen Abfall überhaupt erst entsteht" (Scheuß 1997, S. 123; kursiv nicht im Original). Hiermit zeigt sich, dass die Zielsetzung der Abfallvermeidung verbunden mit einer Senkung des Ressourcenverbrauches nicht bei allen Marktakteuren an erster Stelle steht.

---

[114] Vorentwurf vom 17.06.1992 und Regierungsentwurf vom 31.03.1993 und Beschlussempfehlung des Umweltausschusses vom 13.04.1994.

Neben diesen aus dem Gesetzestext abzuleitenden Zweckbestimmungen standen des Weiteren folgende Ziele im Blickwinkel (vgl. Neuschäfer 1997, S. 92):

- Angleichung von deutschem Abfallrecht und europäischem Abfallrecht (siehe Kapitel 3.1.2),
- stärkere Betonung des Verursacherprinzips gegenüber der staatlichen Daseinsvorsorge, indem die Abfallerzeuger mehr in die Pflicht genommen werden und die Produzentenverantwortung verankert wird,
- Deregulierung und Entbürokratisierung der Abfallüberwachung
- bessere Handhabung gegenüber sogenannten „Schwarzen Schafen" innerhalb der Entsorgungsbranche durch Erweiterung des Abfallregimes.

Der Angleichungszwang an das EU-Recht bedeutete – wie oben bereits erwähnt – einen erheblichen Zeitdruck und führte dazu, dass weiche EU-Formulierungen, insbesondere bezogen auf die Definition des Abfallbegriffes, eins zu eins übernommen wurden. Dies führte zu erheblichen Problemen beim Vollzug des Gesetzes und konterkariete das Ziel der Entbürokratisierung und Deregulierung, wie später noch dargelegt wird. Die stärkere Verankerung des Verursacherprinzips im Gesetz ist verbunden mit dem Ziel der stärkeren Privatisierung in der Entsorgungswirtschaft.

Der gesamte bereits privat organisierte Sekundärrohstoffmarkt wurde in den Geltungsbereich des Abfallrechtes überführt, um unter anderem das Ziel der besseren Handhabung von Regelverstößen zu erreichen.[115] Wenn nun von einer Privatisierung in der Abfallwirtschaft gesprochen wird, ist demnach stets zu prüfen, ob eine Überführung von vormals öffentlichen Tätigkeiten in die private Wirtschaft stattgefunden hat oder ob nicht nur durch die Einbeziehung der Verwertungsbetriebe der Anteil der privaten Unternehmen gestiegen ist.

Die Legitimierung für eine Verstärkung des Verursacherprinzips wird in § 2 KrW-/AbfG verankert, indem explizit die Ausklammerung von verwertbaren Wirtschaftsgütern aus dem Regime des Abfallwirtschaftsrechts aufgehoben wird. Es wird die Voraussetzung geschaffen, dass das Abfallrecht nicht nur die schadlose Beseitigung regelt, sondern auch die Möglichkeit hat, in die Produktherstellung (§ 4 Abs. 2 Nr. 1 KrW-/AbfG), Produktgestaltung (§ 4 Abs. 2 Nr. 2 KrW-/AbfG) und schließlich auch

---

[115] Ein großes Problem nach altem Recht stellte die Umdeklarierung von Abfällen in Wirtschaftsgüter dar. Indem dies geschah, konnte das Abfallrecht nicht mehr greifen und Exporte z. B. waren überall hin möglich.

in die Produktverwendung (§ 4 Abs. 2 Nr. 3 KrW-/AbfG) einzugreifen. Durch diese rechtliche Basis ist erstmals die Möglichkeit geschaffen worden, sich endgültig von der Wegwerfgesellschaft abzukehren.

Die Stoßrichtung des Kreislaufwirtschafts- und Abfallgesetzes wird im zweiten Teil des Gesetzes deutlich, in dem die Grundsätze und Pflichten der Erzeuger und Besitzer von Abfällen sowie der Entsorgungsträger geregelt werden. § 4 legt die Hierarchie der Handlungsoptionen fest. Demnach ist vorrangig zu vermeiden[116] und erst dann zu verwerten und letztendlich zu beseitigen. Probleme wirft die Abgrenzung zwischen den einzelnen Handlungsoptionen auf, wie im Folgenden jeweils an den Schnittstellen verdeutlicht wird (vgl. Krieger 1995, S. 343ff.).

Abb. 54: Zielhierarchie im Kreislaufwirtschafts- und Abfallgesetz

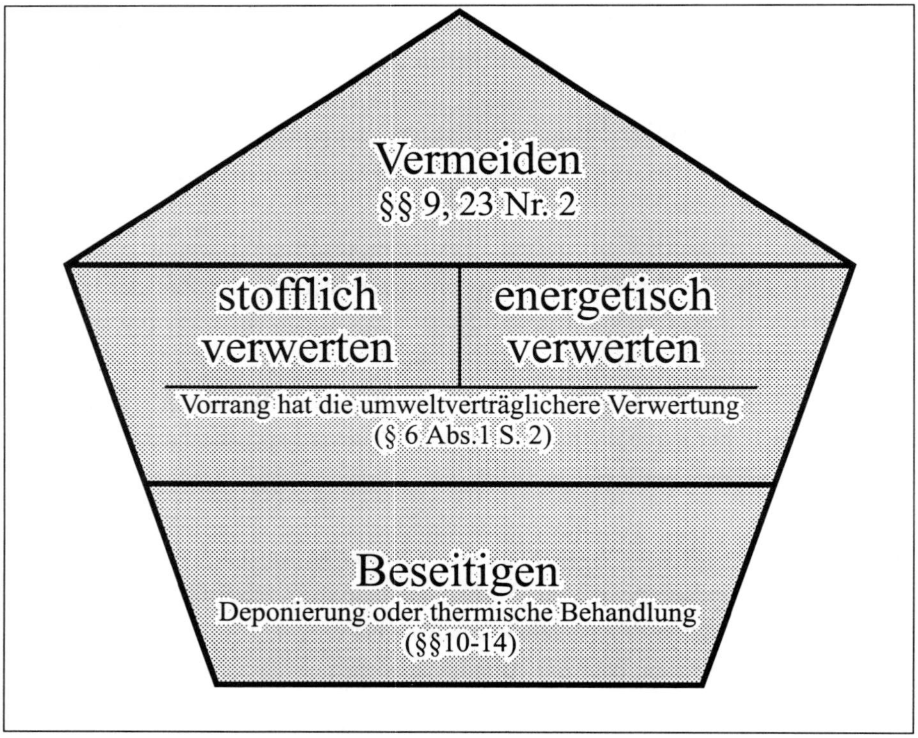

Quelle: nach Köller 1996, S. 117.

---

[116] Die Abfallvermeidung ist hier zwar als Ziel genannt, ist aber insgesamt im Gesetz eher unverbindlich und unkonkret verankert (siehe Seite 66).

Die Abfallvermeidung ist damit erstmals auch im Bundesgesetz verankert. Das Vermeidungsgebot erfasst den Produktionsbereich durch das Bundes-Immissionsschutzgesetz (§ 5 Abs. 1 Nr. 3 BImSchG), welches mit dem KrW-/AbfG verzahnt ist sowie den Konsumtionsbereich durch eine umfassende Produktverantwortung (§ 22 Abs. 1 KrW-/AbfG).

Bei der Abfallvermeidung müssen zwei Aspekte unterschieden werden: erstens die quantitative und zweitens die qualitative Abfallvermeidung. Die quantitative Abfallvermeidung zielt darauf ab, dass der Ressourcenverzehr insgesamt gesenkt werden soll und somit eine Ressourcenschonung gewährleistet wird. Von qualitativer Abfallvermeidung hingegen ist die Rede, wenn die Vermeidungsstrategie darauf ausgerichtet ist, die Schadstoffbelastung der Abfälle zu senken. Die Abfallvermeidung insgesamt ist am effektivsten, wenn sie bei der Konstruktion der Produkte ansetzt, da bei späteren Stufen im Wirtschaftsprozess die Vermeidung meist nur noch über Kostensteigerungen, z. B. durch aufwendige Verfahren oder Konsumverzicht, erreicht werden kann. Im Gesetz ist die Konkretisierung der quantitativen Abfallvermeidung eher schwach verankert. Höhere Priorität hat die qualitative Abfallvermeidung, indem z. B. in §5 Abs. 3 Schadstoffanreicherungen in Produkten durch Verwertung unterbunden werden sollen. Inwiefern die durch das Gesetz ermöglichte stärkere Produktverantwortung (§§ 22ff. KrW-/AbfG) zur Abfallvermeidung führen kann, soll in Kapitel 4.2 analysiert werden. Nicht vermeidbare Rückstände sollen schließlich umweltverträglich verwertet werden. Die Abgrenzung zwischen Abfallvermeidung und Abfallverwertung wird im Gesetz anhand der anlageninternen Kreislaufführung festgemacht, d. h. solange ein Stoff innerhalb eines geschlossenen Systems verbleibt, handelt es sich um Abfallvermeidung und nicht um Abfallverwertung. Damit sind Vorschriften des Abfallrechtes, beispielsweise für überwachungsbedürftige Stoffe, für diese Prozesse irrelevant. Nur das Bundesimmissionsschutzgesetz kann im Rahmen des Genehmigungsverfahrens eingreifen (vgl. Köller 1996, S. 118f.). Schwieriger wird die Rechtsgestalt jedoch, wenn es um die Ausgestaltung der stofflichen und energetischen Verwertung geht. Im Gegensatz zum AbfG von 1986 ist nunmehr die Rangfolge zwischen stofflicher (Recycling) und energetischer Verwertung (Energiegewinnung durch Abfallverbrennung) geregelt: Beide sind grundsätzlich gleichrangig. § 6 schreibt vor, die im jeweiligen Einzelfall umweltverträglichste, sprich hochwertigere Verwertungsart anzuwenden (vgl. Fouquet/Mahrwald 1999, S. 144ff.). Was die umweltverträglichste Verwertungsart im Einzelnen ist, wird durch die Bundesregierung durch Rechtsverordnung bestimmt (§ 6 Abs. 1 KrW-/AbfG). Großbritannien und Deutschland sind innerhalb der EU die einzigen Länder, bei denen stoffliche und energetische Verwertung gleichrangig sind, alle anderen Länder ziehen die stoffliche der energetischen Verwertung vor (vgl. Krämer 1999, These 4).

Stoffliche Verwertung umfasst nach § 4 Abs. 3 KrW-/AbfG drei Felder:

1) Substitution von Primärrohstoffen, z. B. Rückgewinnung von Platin aus Katalysatoren,
2) Nutzung der stofflichen Eigenschaften der Abfälle für den ursprünglichen Zweck, z. B. Altglas zur Neuglasherstellung,
3) Nutzung der stofflichen Eigenschaften der Abfälle für andere Zwecke, z. B Kompost als Bodenverbesserer.

Nicht zur stofflichen Verwertung zählen Maßnahmen, die der Energierückgewinnung dienen. Hier handelt es sich um energetische Verwertung nach § 4 Abs. 4 KrW-/AbfG.

Stoffliche Verwertung ist demnach mit dem üblichen Begriffsinhalt des Recyclings gleichzusetzen und umfasst alle Maßnahmen der Wieder- und Weiterverwendung auf möglichst hoher Wertstoffstufe.

Nicht vermeidbare und nicht verwertbare Rückstände schließlich sollen als Abfall umweltverträglich entsorgt, d.h. letztendlich deponiert werden. Ob ein Verfahren nun der Abfallverwertung oder der Abfallentsorgung zuzuordnen ist, macht der Gesetzgeber an dem Hauptzweck der Maßnahme fest. Demnach wird erst von stofflicher Verwertung gesprochen, wenn der Hauptzweck der Tätigkeit die Nutzung des Abfalls ist und nicht nur dessen Schadstoffentfrachtung (vgl. Klöck 1997, S. 118). Welche Probleme diese Abgrenzungskriterien aufwerfen, kann man wertneutral an folgendem Beispiel aufzeigen: Der Bergeversatz von Abfällen wird von der einen Seite als Verwertung deklariert, da der Abfall andere Rohstoffe, die sonst als Füllmaterial verwandt würden, substituiert, und von der anderen Seite wird es als Beseitigung angesehen, da laut dieser Ansicht der Hauptzweck die schadlose Beseitigung darstellt (vgl. Müller/Süß 1998, S. 56f.).

Noch schwieriger wird die Abgrenzung zwischen energetischer Verwertung und thermischer Behandlung, zumal dies auch in den gleichen Anlagen zum gleichen Zeitpunkt stattfinden kann (vgl. Baars 1997, S. 233 u. Bothe 1996, S. 176). Energetische Verwertung liegt nur dann vor, wenn der Hauptzweck die Nutzung des Abfalls als Ersatzbrennstoff ist.[117] Von thermischer Behandlung wird hingegen gesprochen, wenn nur die Inertisierung der Schadstoffe bzw. die Volumenreduzierung der Reststoffe im Vordergrund stehen.

Neben diesen Abgrenzungen legt der Gesetzgeber die Grenze für die Verwertung anhand der rechtlich schwer fassbaren Begriffe „technisch möglich" und „wirtschaftlich zumutbar" fest (§ 5 Abs. 4 KrW-/AbfG). Wesentliche im Gesetz genannte Aspekte sind, dass zumindest ein Markt für den gewonnenen Stoff vorhanden sein muß bzw. geschaffen werden kann und dass die Verwertungskosten nicht unverhältnismäßig die Beseitigungskosten übersteigen. Hier spielen Erfahrungen aus dem Kunststoffrecycling eine Rolle, denn der Gesetzgeber wollte verhindern, dass es zu einer Produktion von nicht absetzbaren Stoffen bzw. Produkten kommt.[118] Der Beseitigung wird des Weiteren Vorrang eingeräumt, wenn diese unter Emissions-, Ressourcenschonungs-, Energieverbrauchs- bzw. qualitativen Abfallvermeidungsgesichtspunkten die umweltverträglichere Lösung ist. Insgesamt kann man diesen Kriterien zur Abgrenzung von Verwertung und Beseitigung zustimmen, da damit ein marktfernes Verwerten bzw. Recycling um jeden Preis ökonomisch wie ökologisch verhindert wird. Problematisch hingegen ist diese Regelung, wenn hierdurch eine Hintertür geöffnet wird, um ein vermehrtes Beseitigen zu rechtfertigen. Hier bleibt abzuwarten, inwiefern sich durch die Rechtsprechung eine eindeutige Ausgestaltung der Begriffe ergibt.

Die endgültige Entsorgung von Abfällen wird durch § 10 KrW-/AbfG und durch die noch auf der Grundlage des Abfallgesetzes von 1986 entstandene „Allgemeine Verwaltungsvorschrift über Anforderungen an die Entsorgung von Abfällen nach dem Stand der Technik" geregelt. § 10 KrW-/AbfG bestimmt sowohl die Aufgaben, die mit der Abfallbeseitigung verbunden sind, als auch die Kriterien, die an eine gemeinwohlverträgliche Beseitigung anzulegen sind. Letztlich legt er jedoch vor allen Dingen die Beseitigungsautarkie fest. Dieser eindeutig definierte Zwang zur Beseitigung im Inland wird in der juristischen Literatur stark diskutiert. Eines scheint jedoch nicht möglich, und zwar die Beseitigungsautarkie auf eine Entsorgungsautarkie auszuweiten, wie es z. B. Köller (vgl. 1996 S. 154) vornimmt. Es ist zwar richtig, dass die EU

[117] Als Anforderungen werden im Gesetz ein Mindestheizwert ohne Vermischung mit anderen Stoffen (Vermischungsverbot) und ein Mindestfeuerungswirkungsgrad sowie die Nutzung der Wärme und die anschließende Möglichkeit der schadlosen Beseitigung der Reste (qualitative Abfallvermeidung) festgeschrieben (§6 Abs. 2 Nr. 1-4). Zur Diskussion der Relevanz der technischen Abgrenzungskriterien siehe Barniske/Hoffmann 1997 und Bredereck 1998.
[118] Anfänglich konnten durch das nicht sortenreine Recycling von Kunststoff aus dem gewonnenen Granulat maximal dickwandige Produkte, wie z. B. Parkbänke oder Lärmschutzwände, erstellt werden (vgl. Gläßer et. al. S. 93ff.).

eine Entsorgungsautarkie anstrebt, aber dennoch sollen Abfälle zur Verwertung durchaus innerhalb der EU gehandelt werden. Eine nationalstaatliche Autarkie gilt nur für Abfälle zur Beseitigung (siehe Kapitel 3.1.2). Die Diskussion um die Beseitigungsautarkie erstreckt sich weiterhin auf die Frage, was unter Inland zu verstehen ist. Die Gebietsbezogenheit der Abfallentsorgung wird auf den §15 Abs. 1 in Verbindung mit §13 Abs. 1 S. 1 KrW-/AbfG zurückgeführt (vgl. Klöck 1997, S. 122). Daraus folgern die einen, dass sich der Terminus „Inland" auf eine Bundeslandautarkie bzw. durch die Abfallwirtschaftspläne sogar auf die Autarkie innerhalb einer öffentlich-rechtlichen Körperschaft bezieht. Die Anderen hingegen sehen durch den Zwang zur Aufstellung von Abfallwirtschaftsplänen nach überörtlichen Kriterien eine strenge Autarkie allenfalls für den Nationalstaat. Diese könnte selbst wieder durch das EU-Recht und das darin verankerte Prinzip der Nähe in Grenzregionen aufgebrochen werden.[119] Diese scheinbar müßige Diskussion erlangt dadurch Brisanz, dass die TA-Si mit der Regelung in 12.1 Ausnahmen schafft, die sich auf die „ausreichenden Behandlungskapazitäten" beziehen. Es muss demnach geprüft werden, ab wann nicht TASi-konform abgelagert werden kann. Erst dann, wenn in Deutschland keine entsprechenden Behandlungskapazitäten vorhanden sind, oder bereits, wenn nur in der jeweiligen entsorgungspflichtigen Körperschaft keine Entsorgungskapazitäten existieren.

Die endgültige Entsorgung wird durch eine Verwaltungsvorschrift geordnet, die sich aus der Technische Anleitung Abfall (TA Abfall) von 1991 und der TASi von 1993 zusammensetzt. Die TA Abfall bezieht sich insbesondere auf den Umgang und die Behandlung von Sonderabfall („besonders überwachungsbedürftige Abfälle"). Darüber hinaus regelt sie nicht nur die Umweltstandards für die Errichtung und den Betrieb von Entsorgungsanlagen, sondern auch übergreifend das gesamte Managementsystem der Abfallentsorgung (vgl. Weidemann 1991, S. 226; Michaelis 1993, S. 131 f.).

Die TASi von 1993 legt die Anforderungen an Siedlungsabfälle und deren Behandlung fest. Ziel ist eine Entlastung der Hausmülldeponien, indem nur solche Stoffe abgelagert werden dürfen, bei denen auch langfristig keine negativen Umweltauswirkungen zu befürchten sind (siehe Kapitel 2). Allerdings wurde in der TASi eine Übergangsfrist von zwölf Jahren festgelegt, so dass sie ihre volle Wirkung erst ab dem Jahr 2005 entfalten kann. Hieraus ergeben sich erhebliche Probleme im heutigen

---

[119] Zur Diskussion um die Bedeutung des Grundsatzes der Entsorgungsautarkie siehe Kulartz 1998, S. 19f. und Queitsch 1995, S. 417f.

Geschehen auf dem Abfallmarkt, da viele Deponien, die auch 2005 nicht den Stand der TASi-Anforderungen erreichen können, bis dahin vermehrt Abfälle zu „Dumpingpreisen" akquirieren, um zumindest noch einen Teil ihrer Fixkosten bis zum Jahr 2005 zu decken. Dies führt zu einem ruinösen Wettbewerb auf den Entsorgungsmärkten, wie in Kapitel 4.2.3 noch ausgeführt wird.

Neben der Festlegung der Pflichtenhierarchie ist in §5 Abs. 2 KrW-/AbfG auch eine der wesentlichen Neuerungen des Kreislaufwirtschafts- und Abfallgesetzes enthalten. Hier werden dem Abfallerzeuger bzw. -besitzer die Verpflichtungen zur Vermeidung, Verwertung und Beseitigung übertragen. Durch diese verursachergerechte Pflichtenzuweisung begründet sich die nur noch subsidiäre Funktion der öffentlich-rechtlichen Entsorgungsträger.[120] Es ist jedoch einschränkend festzuhalten, dass alle Abfälle aus privaten Haushalten durch §13 KrW-/AbfG wieder den öffentlich-rechtlichen Entsorgungsträgern zugewiesen werden müssen, d.h. die privaten Haushalte müssen ihre Abfälle, soweit sie selbige nicht verwerten (in der Regel also kompostieren) können, den öffentlich-rechtlichen Entsorgungsträgern überlassen. Satz zwei des §13 Abs. 1 KrW-/AbfG hat im Vollzug noch zu weiteren Problemen geführt, da er besagt, dass auch Abfälle aus anderen Herkunftsbereichen, soweit diese nicht in eigenen Anlagen beseitigt werden oder überwiegendes öffentliches Interesse besteht, den öffentlich-rechtlichen Entsorgungsträgern überlassen werden müssen. Es stellt sich die Frage, ob z. B. Nicht-Auslastung von Anlagen der öffentlichen Hand bereits überwiegendes öffentliches Interesse begründet, bzw. was eigene Anlagen im Sinne des Gesetzes sind.[121]

---

[120] Gerade diese verursachergerechte Zuweisung sehen einige Unternehmen verletzt. So sagen z. B. die Bau- und Abbruchunternehmen, dass sie zwar „Erzeuger" der Abfälle sind, die Pflichten des Kreislaufwirtschafts- und Abfallgesetz aber den Auftraggebern als „eigentliche Verursacher" obliegen müssten (vgl. Sander 1996, S. 13). Dem kann nicht zugestimmt werden, da aus umweltökonomischer Sicht nicht relevant ist, wer die Pflichten hat, sondern nur dass jemand die Pflichten hat bzw., um mit Coase zu sprechen, die Eigentumsrechte verteilt sind. In diesem Fall können die Unternehmen des Abbruchgewerbes für die Pflichten, die ihnen aus dem KrW-/AbfG erwachsen, ein Entgelt verlangen. Dadurch würden gerade die gewünschten Marktkräfte das allokative Optimum erreichen. Somit wären bei einem Abbruch die Sanierungs- und Verwertungskosten internalisiert.

[121] Zur Diskussion, ab wann eine Anlagen eigen im Sinne des §13 Abs. 1 S.2 ist, siehe Jungnikkel/Bree 1996, S. 297ff.

4.1.2   Der Abfallbegriff

Die Definition des Abfallbegriffes des § 1 AbfG von 1986 war sehr umstritten. Hieran wurden viele Probleme des Abfallrechtes festgemacht, so dass das „Elend des Abfallgesetzes" zum geflügelten Wort wurde (vgl. Wendenburg 1995, S. 835f.). Probleme äußerten sich besonders bei der Abgrenzung von Wirtschaftsgut und Abfall, denn jeder Verwertungswille schloss den Abfallbegriff aus und führte dazu, dass „die Flucht aus dem Abfallrecht und seinen kostenträchtigen Anforderungen vorprogrammiert, der Fluchtweg rechtlich vorgezeichnet [war]. Da Abfälle nach den strengen Gesetzen der Ökonomie immer den billigsten Weg gehen, nutzten Abfallerzeuger und –besitzer alle sich außerhalb des Abfallrechts bietenden Entsorgungsmöglichkeiten, was – mangels rechtlicher Vorgaben – zu manchen Abfallskandalen im In- und Ausland führte" (Petersen 1998, S. 1114). Um dieses Dilemma zu beheben und um der EU-Abfallrahmenrichtlinie (91/156/EWG) zu genügen (siehe Kapitel 3.1.2), wurde Abfall in § 3 Abs. 1 KrW-/AbfG wie folgt definiert:

„Abfälle im Sinne dieses Gesetzes sind bewegliche Sachen,
die unter die in Anhang I *aufgeführten Gruppen fallen*
und deren sich ihr Besitzer
entledigt,
entledigen will
oder entledigen muß.
Abfälle zur Verwertung *sind Abfälle, die verwertet werden;*
Abfälle die nicht verwertet werden, sind Abfälle zur Beseitigung."

Demnach ist der Abfalltatbestand gegeben, wenn gleichzeitig erstens die beweglichen Sachen unter die in Anhang I aufgeführten Gruppen fallen (Listenprinzip) und zweitens ein Entledigungswille vorliegt (vgl. Köller 1997, S. 7f.). Damit übernimmt das Kreislaufwirtschafts- und Abfallgesetz fast wortgleich den europäischen Abfallbegriff und den Anhang I der EG-Abfallrahmenrichtlinie. Die Formulierungen der Abfallgruppen in Anhang I erfassen fast alle. Dies verdeutlichen die folgenden zwei Auffangstatbestände: Gruppe Q 1 „ Nachstehend nicht näher beschriebene Produktions- oder Verbrauchsrückstände" und Q 16 „Stoffe oder Produkte aller Art, die nicht einer der oben erwähnten Gruppen angehören" (vgl. Fluck, 1995 S. 537).

Die weiteren Absätze des § 3 KrW-/AbfG definieren den Entledigungswillen bzw. bestimmen, wann sich ein Besitzer von Abfällen entledigt, entledigen will bzw. entledigen muss. Das KrW-/AbfG kennt entsprechend dem AbfG von 1986 den subjektiven und den objektiven Abfallbegriff. Der objektive Abfallbegriff, der in § 3 Abs. 4 KrW-/AbfG festgelegt wird, stützt sich auf die in zwei Gerichtsentscheiden entwickelten Auslegungskriterien zum objektiven Abfallbegriff des § 1 Abs. 1 AbfG von 1986.[122] Demnach müssen drei Prüfschritte durchgeführt werden, die alle zu bejahen sind, um einen objektiven Abfalltatbestand zu begründen: (Köller 1997, S. 10)

1) Die Sache wird nicht mehr zweckentsprechend verwandt.
2) Von der Sache geht ein gegenwärtiges Gefahrenpotential aus.
3) Es kann ein zukünftiges Gefahrenpotential von der Sache ausgehen.

Der subjektive Abfallbegriff wird schließlich durch § 3 Abs. 2 und 3 KrW-/AbfG definiert. Da die Entledigung im Vergleich zum alten Abfallgesetz bereits durch die Zuführung zur Abfallentsorgung gegeben ist, und nicht erst durch die Zuführung zur Beseitigung, unterliegt rd. das dreifache Mengenvolumen den abfallrechtlichen Pflichten (vgl. Petersen/Rid 1995, S. 7). Nach dieser Definition gehört jedes Recycling der abfallrechtlichen Entledigung an. Absatz 3 erweitert den Abfallbegriff nochmals, indem „auch solche Rückstände erfasst werden, die weder zielgerichtet produziert [Reststoffe] noch zweckentsprechend [Altstoffe] eingesetzt werden" (§ 3 Abs.3 KrW-/AbfG).

Mit der Ausweitung des Abfallregimes sollten Abgrenzungsschwierigkeiten aufgehoben und Grauzonen eliminiert werden. Ob dies gelungen ist oder ob nicht nur eine Verschiebung der Problemlage ins Abfallrecht stattgefunden hat und wie die Abgrenzung zum Produkt gesehen wird, soll in den folgenden Unterkapiteln analysiert werden.

---

[122] Die Gerichtentscheide beziehen sich auf Urteile des Bundesverwaltungsgerichtes vom 24.06.1993. Sie wurden in der Literatur unter dem Titel „Altreifenurteil und Bauschutturteil" diskutiert (siehe Köller 1996, Fußnote 94).

4.1.2.1 Die Abgrenzung zwischen Abfall und Produkt

Da die Regelungen des Kreislaufwirtschafts- und Abfallgesetzes definitionsgemäß nur auf Abfälle anzuwenden sind, ist die Abgrenzung von Abfall zu Nicht-Abfall von entscheidender Bedeutung zur Bestimmung des Geltungsbereiches des Abfallregimes.[123] Um Probleme bzw. unterschiedliche Sichtweisen bei der Abgrenzung von Abfällen und Nicht-Abfällen verdeutlichen zu können, sollte in einem ersten Schritt zwischen Reststoffen und Altstoffen unterschieden werden.

Reststoffe oder besser Prozessabfälle sind nach dem Kreislaufwirtschafts- und Abfallgesetz solche Abfälle, denen keine Zweckbestimmung während des Produktionsprozesses zukommt, d.h. die anfallen, ohne dass die Handlung hierauf gerichtet ist (§3 Abs. 3 Nr.1 KrW-/AbfG). „Maßgeblich für die Beurteilung der Zweckbestimmung ist dabei die Auffassung des Erzeugers oder Besitzers unter Berücksichtigung der Verkehrsauffassung" (Petersen 1998, S. 1115). Ein negativer Marktwert für Stoffe, die bei der Produktion anfallen[124], begründet nach der Verkehrsanschauung bereits die Abfalleigenschaft, da hier keine Zweckbestimmung vermutet wird (vgl. Versmann 1999, S. 41). Von einem Nebenprodukt wird hingegen gesprochen, wenn der Anlagenbetreiber es gewollt entstehen lässt und unmittelbar vermarktet. Kriterium für das Vorliegen eines Nebenproduktes ist, „dass der Anlagenbetreiber den Stoff auch anfallen lassen würde, wenn er das Hauptprodukt auch ohne den Anfall des Nebenproduktes mit den gleichen oder geringeren Kosten herstellen könnte" (Wuttke 1998, S. 15). Diese Abgrenzung führte trotz der allgemein befürworteten Angleichung des Immissionsschutz- und Abfallregimes in Bezug auf die Definition der Begriffe „Reststoffe"[125] und „Abfälle zur Verwertung" zu einem Rückgang bei den bisherigen Reststoffen, der nicht allein auf gewünschte Produktionsänderungen zurückzuführen ist. Der Rückgang wird vielmehr damit begründet, dass viele Unternehmen dazu übergehen, für ihre Produktionsverfahren weitere Nebenzwecke zu erfinden, um die ehemals als Reststoffe bezeichneten Erzeugnisse als Neben-, Co- und Kuppelprodukte umzuwidmen (vgl. Schink 1996, S. 105). Ursächlich für diese Umwidmung sind weniger die mit dem Abfallbegriff verbundenen Pflichten als die Furcht vor der stigmatisierenden Wirkung des Abfallbegriffes. Dies korrespondiert auch mit dem Positionspa-

---

[123] Zur Analyse der Grundsätze und Kriterien der Abgrenzung von Produkt und Abfall aus juristischer Sicht siehe Wolfers 1998, S. 225ff.

[124] Dies Produkte werden in der Regel als Kuppelprodukte bezeichnet und treten insbesondere in der Chemischen Industrie auf, da chemische Prozesse meist mehrere Erzeugnisse hervorbringen. Zur Relevanz der Kuppelproduktion für die Kreislaufwirtschaft siehe Dyckhoff 1996, S. 173ff.

[125] Ursprünglich sollten Abfälle zur Verwertung auch als Reststoffe bezeichnet werden, um die gleichen Begriffe wie im §5 Abs. 1 Nr.3 BImSchG zu verwenden.

pier des BDI, welches zur Abgrenzung zwischen Produkt und Abfall folgendes aus-
führt: „Einerseits werden Entledigungstatbestände zu weit gefasst, so dass Stoffe, die
bisher einen Produkt- oder produktähnlichen Status hatten, als Abfälle eingestuft
werden. Andererseits werden die Anforderungen an Produkte mittels der Beurteilung
ihres Marktwertes und der zu erfüllenden Produktnormen so hoch geschraubt, dass
Stoffe, insbesondere auch solche, die am Markt (noch) nicht voll etabliert sind, unnö-
tigerweise unter das Abfallregime zu fallen drohen" (BDI 1998, S. 4). Nach diesen
Aussagen scheint der weite Abfallbegriff dem Regelungsanspruch des Gesetzes, d. h.
der Förderung der Kreislaufwirtschaft, entgegenzustehen. Wenn aufgrund der ökonomisch durchaus verständlichen Zielsetzung jeder verwertbare Reststoff aus einer
Anlage als „marktfähiges Gut" deklariert wird, werden künftig nur noch Produkte
oder Abfälle zur Beseitigung im Produktionsprozess anfallen. In diesem Extremfall
würde das Kreislaufwirtschafts- und Abfallgesetz sogar hinter die Rechtslage des
Abfallgesetzes zurückfallen (vgl. Petersen 1998, S. 1115). Vertreter dieser Wirkungs-
kette sehen demnach in der Wahl der Begrifflichkeit „Abfall" ein Hauptmanko bei der
Abgrenzung von Produkt und Abfall zu Verwertung. Nach ihrer Meinung hätte der
Begriff „Sekundärrohstoff" für Abfälle zur Verwertung, wie es der Regierungsentwurf des Kreislaufwirtschafts- und Abfallgesetzes noch vorsah, nicht die Verwertung
von Reststoffen erschwert, da er nicht negativ vorbelastet sei und einer Vermarktung
nicht im Wege stünde (vgl. Petersen 1998, Fußnote 28).

Bei Altstoffen bzw. gebrauchten Konsumgütern liegt keine Entledigung vor, wenn
Stoffe oder Gegenstände mit ihrer ursprünglichen Zweckbestimmung unmittelbar
weiter verwandt werden, so z. B. Altreifen, die unmittelbar weiter als Reifen ge-
braucht werden, oder wenn eine neue Zweckbestimmung direkt an Stelle der alten
tritt, beispielsweise ein Altreifen, der als Fender im Schiffsverkehr genutzt wird (vgl.
Versmann 1999, S. 42). Eine Weiterverwendung als Produkt wird nicht angenommen,
wenn eine erhebliche Teilmenge (>10%) nicht weiter verwandt werden kann bzw.
werden soll oder Zweifel bestehen, ob sie weiter verwandt werden kann (vgl. Wuttke,
1998, S. 15).

Zusammenfassend ist demnach Abfall, was in einem Produktionsprozess oder nach
Gebrauch anfällt und nicht mehr unmittelbar nutzbar, reparierbar und vermarktbar ist.
Die Abfalleigenschaft endet hingegen, wenn der Stoff nach umweltverträglicher Verarbeitung in ein Erzeugnis umgewandelt wurde und als Produkt tatsächlich vermarktet
oder verwandt wird (vgl. Köller 1996, S. 105ff.).

4.1.2.2 Die Abgrenzung zwischen Abfall zur Verwertung und Abfall zur Beseitigung

Die Abgrenzung zwischen Abfall zur Verwertung und Abfall zur Beseitigung ist aufgrund ihrer Rechtsfolgen innerhalb des Kreislaufwirtschafts- und Abfallgesetzes Bestandteil vieler Diskussionen. Die Abgrenzungsproblematik ist jedoch nicht neu, da sie vergleichbar ist mit der alten Abgrenzungsdebatte zwischen Abfall und Wirtschaftsgut beim AbfG von 1986. Nur findet diesmal der „Kampf" um den Abfall innerhalb der Mauern des Gesetzes statt (vgl. Kersting 1994, S. 274f. u. Kunig 1997, S. 210).

Die beiden Abfallarten „Abfall zur Verwertung" und „Abfall zur Beseitigung" sind in § 3 Abs.1 Satz 2 definiert, indem allein darauf abgezielt wird, ob tatsächlich verwertet wird oder nicht. Es ist nicht von Relevanz, ob eine potentielle Verwertung möglich ist. Nur eine zeitnahe tatsächliche Verwertung macht aus potentiellen Abfällen zur Beseitigung Abfälle zur Verwertung (vgl. Versteyl/Wendenburg 1994, S. 839). Problematisch bei dieser Abgrenzung ist, dass es keine Legaldefinition für Abfallverwertung oder Abfallbeseitigung gibt (siehe hierzu auch Ende des Kapitels 3.1.1). § 3 Abs. 2 gibt lediglich den Hinweis, „dass die in Anhang II B des KrW-/AbfG aufgeführten Verwertungsverfahren dafür maßgeblich sein sollen, was unter „Verwertung" zu verstehen ist" (Köller 1996, S. 104). Anhang II A legt „Beseitigung" fest, indem Beseitigungsverfahren aufgelistet werden. Diese Klassifizierung der Begriffe Verwertung bzw. Beseitigung sind sehr unbefriedigend und führen zu zahlreichen Kontroversen.[126] Es wird z. B. diskutiert, ob die Aufzählung der einzelnen Verfahren im Anhang II des Kreislaufwirtschafts- und Abfallgesetzes abschließend ist oder nur beispielhaft. Von dieser Frage hängt ab, inwieweit z. B. einerseits innovative Verwertungsverfahren oder andererseits der Bergeversatz als Verwertungsverfahren angesehen werden können oder nicht [127]. Bisher sind alle Versuche, Klarheit über die Abgrenzung zwischen Abfällen zur Verwertung und Abfällen zur Beseitigung zu schaffen, gescheitert. Anfang des Jahres 2000 ist auf der Umweltministerkonferenz noch die „Verwaltungsvorschrift zum Abfallbegriff sowie zur Abfallverwertung und Abfallbeseitigung nach dem Kreislaufwirtschafts- und Abfallgesetz" gescheitert, die Rechtssicherheit bringen sollte. Diese Abgrenzung ist so wichtig, weil von ihr die

---

[126] In der juristischen Diskussion gibt es ein Fülle von Aufsätzen, die sich mit der Diskussion über den Abfallbegriff beschäftigen. An dieser Stelle sollen einige Beiträge stellvertretend genannt werden. Weidemann 1995, S. 634ff; Dolde/Vetter 1997, S. 937ff; Versteyl/Wendenburg 1996, S. 937ff; Stede 1998, S. 226ff; Petersen, 1998, S. 117ff; Schultz 1999, S. 90ff u. Versmann 1999, S. 49ff.

[127] Zur Diskussion zum Bergeversatz aus ökonomischer und ökologischer Sicht vgl. Knappe 1997, S. 157ff.

gesamte Zielerreichung des Kreislaufwirtschafts- und Abfallgesetzes abhängt. Wie soll ein Vorrang der Verwertung durchgesetzt werden, wenn man nicht festlegen kann, wann Verwertung beginnt? Des Weiteren beziehen sich die meisten abfallwirtschaftlichen Steuerungsinstrumente auf Abfälle zur Beseitigung, während Abfälle zur Verwertung privatwirtschaftlichen Grundsätzen unterliegen (vgl. Versmann, S. 44). Dies führt verständlicherweise dazu, dass die Privatwirtschaft in die Verwertung drängt,[128] was vom Gesetzgeber auch so gewollt ist, da er die Abfallverwertung stärken möchte. Allerdings besteht bei der jetzigen Rechtslage die Gefahr, dass faktische Beseitigungsverfahren als Verwertung deklariert werden[129] und potentielle Verwertungsverfahren ins Hintertreffen geraten. Eine solche mögliche Inflationierung des Verwertungsbegriffes führt einerseits dazu, dass meist kostenintensivere und höherwertigere Verwertungsverfahren keine Chance hätten und andererseits dazu, dass die Abfälle zur Beseitigung noch weiter zurückgingen und damit der Kostendruck auf die öffentlich-rechtlichen Entsorger weiter anstiege. Dieser einen Seite der Abgrenzungsproblematik, die zu einer Aufweichung des Verwertungsbegriffs, und damit zu einer rein begrifflichen Abnahme der Abfälle zur Beseitigung führt, steht auf der anderen Seite die Forderung nach einer restriktiven Handhabung des Verwertungsbegriffes gegenüber, denn die öffentlich-rechtlichen Entsorgungsträger stehen nicht mehr vor einem Entsorgungsnotstand, sondern vor einem Müllmengennotstand, d.h. die Entsorgungsträger haben aufgrund der Entwicklungen in der Abfallwirtschaft nicht mehr genügend Abfälle zur Beseitigung, um ihre Anlage kostendeckend zu betreiben und versuchen, so viele Abfälle wie möglich zu erhalten, um ihre Abfallentsorgungsanlagen auszulasten (vgl. Hallerbach 1998 S. 1). Die Abgrenzungsbestimmungen für Abfälle zur Beseitigung und Abfälle zur Verwertung sind in diesem Zusammenhang als Bestandsschutzregeln für die öffentlich-rechtlichen Entsorgungsträger zu sehen (vgl. Petersen 1998, S. 1118).

Diese Zielsetzung war im Gesetzgebungsverfahren noch gar nicht vorgesehen. Die Regelungen z. B. bezüglich des Hauptzwecks einer Maßnahme (siehe Kapitel 4.1.3.1) als Entscheidungskriterium, ob es sich um energetische Verwertung oder thermische Behandlung und damit Beseitigung handelt, wurden einzig zum Schutz des abfall-

---

[128] In diesem Zusammenhang sei darauf verwiesen, dass Gewerbeabfälle zur Verwertung keiner Andienungspflicht unterliegen. Dies führt auch dazu, dass einerseits öffentlich-rechtliche Entsorgungsträger versuchen, die Definition von Gewerbemüll restriktiv auszulegen und andererseits z. B. Wohnungsverwaltungen von Großwohnanlagen versuchen, ihre Abfälle als Gewerbemüll zu deklarieren, um somit eine kostengünstigere Entsorgung zu erreichen (o.V. 2000).

[129] Ob die faktische Vermehrung der „Abfälle zur Verwertung" auch tatsächlich dazu führt, dass verwertet wird, ist nicht nachvollziehbar bis zweifelhaft. (vgl. Verheyen/Spangenberg 1999, S. 254 u. Lahl, 1998, S. 675)

rechtlichen Verwertungsvorgangs getroffen und nicht zur Stützung der öffentlich-rechtlichen Beseitigung (vgl. Petersen 1998, Fußnote 72). Das Kreislaufwirtschafts-und Abfallgesetz, welches unter dem Eindruck des Entsorgungsnotstandes Anfang der 1990er Jahre konstruiert wurde, sah keinen Bedarf, Beseitigung zu „schützen". Im Gegenteil wurden eher Schutzmechanismen eingebaut, um Unternehmen vor unver-hältnismäßigem Verwerten zu bewahren bzw. um den Entsorgungsträgern Möglich-keiten zu geben, Aufgaben der Beseitigung Dritten zuzuordnen. Diese Mängel des Kreislaufwirtschafts- und Abfallgesetzes müssen dringend abgestellt werden, denn nach heutiger Rechtslage entscheidet letztlich der gewerbliche Abfallerzeuger selbst, ob er private oder öffentlich-rechtliche Entsorgung (Einstufung, Verwertung oder Beseitigung) wählt (vgl. Lautenbach 1998, S. 348). Beispielhaft sei hier nur die Si-tuation bezüglich der sogenannten „Gemische" (Abfallgemische oder Wertstoffgemi-sche?) skizziert (vgl. Weidemann 1997, S. 315). Es stellt sich die Frage, ob Sortierung von Abfallgemischen stoffliche Verwertung ist oder nicht bzw. ab welchem Verwer-tungsanteil dies der Fall ist. Erst wenn diese Frage geklärt ist, entscheidet sich, ob der Abfall privaten Entsorgern zugeführt werden kann oder öffentlichen zugeführt werden muss. Zur Zeit kann der Abfallerzeuger in dem dargestellten Fall noch selbst ent-scheiden, ob er den Abfall aufgrund von „zwei Holzpaletten, die auf dem Container liegen"[130], als Abfall zur Verwertung deklariert und damit privaten Entsorgern zuführt (vgl. Schwartmann 1998, S. 1151f., Kersting 1998, S. 1153f., Giesberts 1999, S. 600f. u. Held 1999, S. 674).

Insgesamt führt die Sachlage nach „Ansicht von A. Schink ... [dazu, dass das] Abfall-recht mehr denn je von wirtschaftlichen [(Kosten)] Interessen geprägt [wird]. Die umweltrechtlichen Aspekte seien gänzlich in den Hintergrund getreten. Auch die Kommunen verfolgten erhebliche wirtschaftliche Interessen. Zur Refinanzierung der ausgesprochen teuren modernen Abfallverbrennungsanlagen benötigen einige Ge-meinden und Kreise große Mengen an Abfällen, um ihre Anlagen auszulasten. Als Reaktion auf die hohen Preise umgingen private Wirtschaftsunternehmen gezielt Überlassungspflichten, indem sie Abfälle teilweise fragwürdigen Verwertungsverfah-ren zuführten. Wachsende Konkurrenz sei ebenfalls unter den Landkreisen selbst festzustellen, die im großen Stil Abfälle aus benachbarten Landkreisen akquirierten" (Breitkreuz 1999, S. 32f.).

---

[130] Diese überspitzte Formulierung, die auch in der Diskussion zu den Andienungspflichten während der 6. Münsteraner Abfallwirtschaftstage in Münster fiel, soll dem Leser die prekäre Situation ver-deutlichen, in der sich die Abfallwirtschaft durch vage Begriffsfestlegungen befindet.

Bei der Lösung des Abgrenzungsproblems durch nachträgliche Erläuterungen zum Inhalt des Abfallbegriffs durch den Gesetzgeber müssen neben der innerdeutschen Interessenlage immer auch die engen Restriktionen durch die europäische Rechtslage beachtet werden (vgl. Frenz 1999, S. 305). Das Postulat des „freien Warenverkehrs" darf nicht durch Nationalstaaten der EU eingeschränkt werden. Dies würde aber passieren, wenn Beseitigung zu weit respektive Verwertung zu eng im deutschen Recht definiert würde. Beispielhaft sei auf das Beschwerdeverfahren beim Europäischen Gerichtshof verwiesen. Hier haben belgische Zementwerke geklagt, da deutsche Behörden vorgemischte Abfälle bzw. Abfälle, die in Belgien vermischt werden sollten, als Abfälle zur Beseitigung eingestuft und damit einen Export nach Belgien gestoppt haben (vgl. Stede 1998, S. 232).

4.1.3   Der Aufbau des Gesetzes

Der Aufbau des Kreislaufwirtschafts- und Abfallgesetzes kann in drei Ebenen unterteilt werden:

1) die innere Gliederung des Gesetzes,
2) die Verordnungsermächtigungen durch das Gesetz,
3) das untergesetzliche Regelwerk.

Im Folgenden werden die drei Ebenen in ihren Grundzügen dargestellt, ohne dass ein Anspruch auf Vollständigkeit erhoben wird. Wenn vom Kreislaufwirtschafts- und Abfallgesetz die Rede ist, ist allgemein der Artikel 1 des Gesetzes zur Vermeidung, Verwertung und Beseitigung von Abfällen gemeint, der den eigentlichen Gesetzestext umfasst und folgenden Titel trägt: Gesetz zur Förderung der Kreislaufwirtschaft und Sicherung der umweltverträglichen Beseitigung von Abfällen (Kreislaufwirtschafts- und Abfallgesetz – KrW-/AbfG)

Die anderen zwölf Artikel des Gesetzes regeln meist nur die entsprechenden Änderungen in anderen Bundesgesetzen (z. B BImSchVG), soweit sie mit dem alten Abfallgesetz verbunden waren oder jetzt mit dem Kreislaufwirtschafts- und Abfallgesetz verbunden sind.

4.1.3.1   **Der Inhalt und die Struktur des Kreislaufwirtschafts- und Abfallgesetzes**

Die innere Gliederung des Gesetzes umfasst neun Teile, die wie folgt überschrieben sind:

1. Teil: Allgemeine Vorschriften
2. Teil: Grundsätze und Pflichten der Erzeuger und Besitzer von Abfällen sowie der Entsorgungsträger
3. Teil: Produktverantwortung
4. Teil: Planungsverantwortung
5. Teil: Absatzförderung
6. Teil: Informationspflichten
7. Teil: Überwachung
8. Teil: Betriebsorganisation und Beauftragter für Abfall
9. Teil: Schlussbestimmungen

Allgemeine Vorschriften sowie Grundsätze und Pflichten der Erzeuger und Besitzer von Abfällen sowie der Entsorgungsträger

Im ersten Teil stehen der im Kapitel 4.1.1 dargelegte Zweck und der Geltungsbereich sowie die in Kapitel 4.1.2 ausführlich behandelten Begriffbestimmungen im Mittelpunkt.

Der zweite Teil des Gesetzes umfasst insgesamt 16 Paragraphen, die neben der bereits diskutierten Pflichtenhierarchie und deren Ausgestaltung (§§5-12) die Überlassungspflichten, die Möglichkeiten der Kooperation und die Erstellung von Abfallbilanzen und Abfallkonzepten festschreiben. Die in §13 geregelten Überlassungspflichten spielen beim „Kampf" um den Abfall eine bedeutende Rolle, da hier die öffentlichen Entsorgungsträger eine Möglichkeit sehen, durch die Hintertür zumindest die besonders überwachungsbedürftigen Abfälle wieder an sich zu binden (siehe auch Kapitel 4.1.1). Rechtlich umstritten ist jedoch, ob eine Nichtauslastung von Anlagen bereits ein Grund im Sinne des §13 Abs. 4 ist. Nach Angaben von Sander (1996, S. 5) ist eine Einforderung von Andienungs- und Überlassungspflichten an landeseigene Stellen für besonders überwachungsbedürftige Abfälle inzwischen vor allem zur Auslastung von Anlagen und zur Einnahmenerzielung durchaus üblich. So haben Baden-Württemberg, Bayern, Hessen, Niedersachsen, Rheinland-Pfalz, Saarland, Schleswig-

Holstein und Thüringen entsprechende Andienungs- und Überlassungspflichten für besonders überwachungsbedürftige Abfälle erlassen (vgl. Fischer 1998, S. 26).

Ein Problem für die Kapazitätsplanung der Anlagen der öffentlich-rechtlichen Entsorgungsträger tritt durch die Bestimmung des § 13 Abs. 1 Satz 2 auf. Die öffentlich-rechtlichen Entsorgungsträger müssen im Notfall auch weiterhin Gewerbeabfälle öffentlich entsorgen. Hieraus ergeben sich zwei Problemkreise. Erstens müssen die öffentlich-rechtlichen Entsorger immer gewisse Kapazitäten vorhalten, um für eventuelle Notfälle gerüstet zu sein, wobei sich die Frage der Finanzierung stellt. Der zweite Problemkreis dreht sich um die Frage, was unter überwiegendem öffentlichen Interesse zu verstehen ist, d. h. ob auch wirtschaftliches Interesse, wie etwa mangelnde Auslastung der Anlagen, zu einer Überlassungspflicht führen kann (vgl. Hösel/Lersner 1995, S. 156). Wäre dies der Fall, gäbe es eine Hintertür, durch die die öffentlich-rechtlichen Entsorgungsträger wieder eine Überlassungspflicht einführen könnten.

Die Pflichten der öffentlich-rechtlichen Entsorgungsträger und damit das Ausmaß der Daseinsvorsorge im Kreislaufwirtschafts- und Abfallgesetz legt § 15 KrW-/AbfG fest. Neben den Abfällen aus privaten Haushaltungen müssen die öffentlich rechtlichen Entsorgungsträger auch Abfälle zur Beseitigung aus anderen Herkunftsbereichen annehmen und im Sinne des Kreislaufwirtschafts- und Abfallgesetzes erst, wenn möglich, verwerten und dann beseitigen. In den Absätzen 2 und 3 des § 15 KrW-/AbfG werden Gründe genannt (z. B Beauftragung Dritter §16 KrW-/AbfG), aus denen der öffentlich-rechtliche Entsorgungsträger die Annahme verweigern kann (vgl. Queitsch 1995, S. 417). Insgesamt begründet dieser Paragraph jedoch dessen subsidiäre Funktion, mit all den damit verbundenen Vorhaltekosten. Die Möglichkeit zur Kooperation bietet das Gesetz im Rahmen der §§ 17 und 18, die das Entstehen von Verbänden oder aber die Wahrnehmung der Aufgaben durch Selbstverwaltungskörperschaften in der Wirtschaft[131] ermöglichen bzw. fördern sollen. Die §§ 19 und 20 führen die Pflicht zur Erstellung von Abfallwirtschaftskonzepten und Abfallbilanzen ab einer gewissen Menge je Abfallart ein. Beide zu erstellenden Papiere unterscheiden sich durch ihre Ausrichtung. Während die Abfallbilanzen rückwärtsgerichtet sind und tatsächliche Stoffströme abbilden, gehen die Abfallkonzepte hingegen weit darüber hinaus. Sie erfordern vom Abfallerzeuger auch eine zukunftsgerichtete Planung der

---

[131] Hiermit meint der Gesetzgeber Industrie- und Handelskammern, Handwerkskammern und Landwirtschaftskammern.

Stoffströme und deren Verwertungs- bzw. Entsorgungswege sowie Ausführungen zu deren Vermeidung.

Produktverantwortung

Im dritten Teil des Gesetzes wird die Produktverantwortung in den §§ 22- 26 KrW-/AbfG geregelt. § 22 KrW-/AbfG beschreibt das Wesen der Produktverantwortung und die §§ 23 und 24 KrW-/AbfG stellen die Ermächtigungsgrundlage für die Bundesregierung dar, Rechtsverordnungen zu erlassen. Diese können Verbote, Beschränkungen und Kennzeichnungspflichten für bestimmte Erzeugnisse nach sich ziehen und/oder Rücknahme- und Rückgabepflichten für die Hersteller oder Vertreiber bedeuten. § 25 regelt die freiwillige Rücknahme und soll durch die Befreiung von Verpflichtungen (z. B. Nachweispflichten) Anreize für eigenständige Aktivitäten geben. § 26 gibt schließlich die Pflichten nach der Rücknahme der Produkte vor (siehe hierzu auch unten Teil acht des Kreislaufwirtschafts- und Abfallgesetzes).

Der Grundsatz der Produktverantwortung für Hersteller und Vertreiber von Erzeugnissen wird hiermit - zum ersten Mal weltweit- gesetzlich geregelt, denn der Produzent oder Vertreiber ist nunmehr auch für die umweltverträgliche Gestaltung und die Rücknahme seiner Produkte nach Gebrauch verantwortlich. Damit weitet sich der Verantwortungsbereich des Unternehmers immer weiter aus. Endete früher die Verantwortung der Produzenten an den Werkstoren, so ging sie unter der Prämisse des Verbraucherschutzes in den letzten Jahrzehnten auf den Produktgebrauch über, um nun Ende der Neunziger Jahre, d.h. eigentlich seit 1991 durch die Verpackungsverordnung, den gesamten Lebenszyklus eines Produktes zu umfassen. Einschränkend muss an dieser Stelle festgehalten werden, dass im Kreislaufwirtschafts- und Abfallgesetz selbst keine generelle Produktverantwortung festgeschrieben ist. Es wird lediglich die Verordnungsermächtigung dazu gegeben (vgl. Neuschäfer 1997, S. 94). In wieweit dies bereits zu tatsächlichen Reaktionen der Unternehmen führt, die betrieblichen Prozesse abfallwirtschaftlich zu optimieren, ist eine Frage, die mit Hilfe der empirischen Analyse in Kapitel 5 beantwortet werden soll.

Planungsverantwortung

Im vierten Teil des Gesetzes wird die Planungsverantwortung festgelegt und bezogen auf die Abfallbeseitigung in zwei Abschnitte unterteilt. Das Bereitstellen, Überlassen, Ansammeln, Befördern, Behandeln, Lagern und Ablagern von Abfällen ist nicht in diesem Teil geregelt, sondern im Sinne der Philosophie des Kreislaufwirtschafts- und Abfallgesetzes im oben beschriebenen zweiten Teil des Gesetzes verankert, der die Erzeuger bzw. Besitzerpflichten bestimmt. Der erste Abschnitt im vierten Teil umfasst „Planung und Ordnung" im engeren Sinne und der zweite setzt sich mit der Zulassung von Abfallbeseitigungsanlagen auseinander. Es werden die Ordnung der Beseitigung, die Durchführung der Beseitigung und die Abfallwirtschaftsplanung der Länder vorgeschrieben. Für Abfallbeseitigung bleibt dabei grundsätzlich der Anlagennutzungszwang aufrechterhalten. Es dürfen aber zur Erhöhung der Flexibilität auch immissionsschutzrechtlich genehmigte Anlagen, die überwiegend einem anderen Zweck dienen, und nach dem Bundesimmissionsschutzgesetz als unbedeutend klassifizierte Anlagen ohne weitere Genehmigung zur Lagerung oder Behandlung von Abfällen zur Beseitigung benutzt werden (vgl. Sander 1996, S. 8f.).

§28 legt die Durchführung der Beseitigung fest. Im Kreislaufwirtschafts- und Abfallgesetz ist durch die Möglichkeit der Einschaltung Dritter neuer Handlungsspielraum gegeben. Konnten nach dem Abfallgesetz von 1986 Dritte nur in Form der Verwaltungshilfe in Anspruch genommen werden, können nun die Entsorgungspflichten auf einen Dritten ganz oder teilweise übertragen werden. Wichtig an dieser Änderung ist, dass die entsorgungspflichtige Körperschaft dadurch ihrer Pflicht enthoben werden kann. Voraussetzung zur Aufgabenübertragung ist die Sach- und Fachkunde des Beauftragten und die Sicherheit, dass kein überwiegendes öffentliches Interesse entgegensteht. Die Übertragung von Pflichten, insbesondere die Mitbenutzung kann auch gegen den Willen des Betreibers geschehen. Hiermit sollten angesichts des Entsorgungsnotstandes, wie er noch Ende der achtziger Jahre vorherrschte, alle Entsorgungswege offen gehalten werden (vgl. Köller 1996, S. 225).

Der zweite Abschnitt des vierten Teils regelt die Zulassung von Abfallentsorgungsanlagen und soll diese erheblich erleichtern bzw. beschleunigen. So unterliegen nur noch die vom Gesetzgeber nicht gewünschten Deponien einer abfallrechtlichen Planfeststellung bzw. einer abfallrechtlichen Plangenehmigung mit einer entsprechenden Umweltverträglichkeitsprüfung nach dem UVP-Gesetz (vgl. Erbguth 1997, S. 60ff.). Die Errichtung und der Betrieb bzw. wesentliche Änderungen der Anlage oder des Betriebes von sonstigen ortsfesten Abfallbeseitigungsanlagen zur Lagerung oder Behandlung von Abfällen zur Beseitigung benötigen meist nur eine Genehmigung nach dem Bundesimmissionsschutzgesetz. Hier gelten dann die Vorschriften der 17. BImSchV für Abfallverbrennungsanlagen und zukünftig die Vorschriften der 29. BImSchV für mechanisch-biologische Anlagen (siehe Fußnote 65).

Während Deponiebetreiber der Verpflichtung unterliegen, die Stilllegung unverzüglich anzumelden und einen Stilllegungsplan vorzulegen, gelten diese Anforderungen des § 36 nur für sonstige Betreiber von Abfallbeseitigungsanlagen, wenn sie besonders überwachungsbedürftige Abfälle beseitigen. Hier hat der Gesetzgeber zur Erhaltung der Entsorgungssicherheit und zur Vorbeugung von potentiellen Altlasten, die dann nicht mehr verursachergerecht finanziert rekultiviert bzw. saniert werden, eine höhere Regelungsdichte vorgeschrieben.

Absatzförderung und Informationspflichten

Die Teile fünf und sechs des Kreislaufwirtschafts- und Abfallgesetzes behandeln die Absatzförderung (§ 37 KrW-/AbfG) und die Informationspflichten (§§ 38, 39 KrW-/AbfG). Im Bereich der Absatzförderung ist die Pflicht der öffentlichen Hand verankert, eine Vorreiter-Rolle einzunehmen. So sollen insbesondere in der Beschaffung Akzente gesetzt werden. Dies gilt sowohl für die Beschaffung von abfallarmen Produkten sowie für die Förderung der Wiederverwendung von Wertstoffen als auch für die Vergabe von Aufträgen durch die öffentliche Hand. Es soll erreicht werden, dass durch die öffentliche Hand, die ein durchaus beachtliches Beschaffungsvolumen aufweist, ein Markt im Sinne des § 5 Abs. 4 KrW-/AbfG geschaffen wird bzw. dass eine Abfallvermeidungsstrategie der Produzenten auch einen Wettbewerbsvorteil, zumindest in dem Bereich des öffentlichen Beschaffungswesens, erreichen kann. Die Informationspflichten der öffentlichen Hand, die im sechsten Teil vorgegeben werden, sollen die Transparenz in der Abfallbeseitigung erhöhen, indem eine allgemeine Auskunftspflicht eingeführt wird. Zudem sollen sie den Informationsstand der Marktakteure erhöhen, indem Informationen weitergegeben werden oder durch Beratung das Know-how bzw. die Akzeptanz der verschiedenen Möglichkeiten des Vermeidens, Verwertens und Beseitigens von Abfällen erhöht wird.

Überwachung

Die im siebten Teil gestaltete abfallrechtliche Überwachung ist in der Grundstruktur deckungsgleich mit der erst 1990 neu erlassenen Abfallreststoffüberwachungsverordnung. Es werden erstens Auskunfts- und Mitwirkungspflichten gegenüber der zuständigen Behörde geregelt. Zweitens werden Regeln für überwachungsbedürftige Abfälle, Nachweisverfahren, Transportgenehmigungen und Genehmigungen für Maklergeschäfte aufgestellt. Drittens werden schließlich die Grundlagen für die Entsorgungsfachbetriebe und Entsorgungsgemeinschaften gelegt.

Auch wenn sich der Überwachungsaufwand durch das Kreislaufwirtschafts- und Abfallgesetz nicht wesentlich verändert, so hat er sich durch die Erweiterung des Abfallbegriffs doch erheblich vergrößert. Diese Ausweitung der Kontrolle war ein wesentliches Ziel des neu geschaffenen Abfallrechtes. Nach altem Recht führte die einfache Umdeklarierung von Abfällen in Wirtschaftsgüter dazu, dass der Gesetzgeber aus abfallrechtlicher Sicht keine Handhabe mehr gegen etwaige umweltschädigende Maßnahmen der Besitzer hatte. Beispielhaft konnten so nach heutigem Recht besonders überwachungsbedürftige Abfälle zur Verwertung (z. B. giftige Chemikalien) durch Umdeklarierung ins Ausland verbracht werden, ohne dass ein abfallrechtlicher Nachweis über deren weiteren Verbleib erbracht werden mußte.

Folgende Beteiligte sind gegenüber der zuständigen Behörde auskunftspflichtig über Betrieb, Anlagen, Einrichtungen und sonstige der Überwachung unterliegende Gegenstände:

1) Erzeuger oder Besitzer von Abfällen und damit alle Wirtschaftsakteure (Unternehmen und Konsumenten),

2) Entsorgungspflichtige und damit öffentlich-rechtliche Körperschaften sowie etwaige Entsorgungsverbände und Selbstverwaltungskörperschaften der Wirtschaft, insofern sie Entsorgungsaufgaben übernommen haben,

3) Betreiber von Verwertungs- und Abfallbeseitigungsanlagen, auch wenn diese stillgelegt worden sind. Hierdurch soll dem Verursacherprinzip Geltung verschafft werden. In der Vorzeit konnte bei Altlasten oftmals der Schädiger nicht mehr ausgemacht oder ein Verschulden aus Mangel an Informationen nicht nachgewiesen werden,

4) Betreiber von Abwasseranlagen, in denen Abfälle mitverwertet und mitbeseitigt werden und

5) Betreiber von Anlagen im Sinne des Bundes-Immissionsschutzgesetzes, in denen Abfälle mitverwertet und mitbeseitigt werden. Damit gilt die Auskunftspflicht auch für Anlagenbetreiber, die nicht nur im Hauptzweck Abfälle beseitigen.

Dem erheblich gestiegenen Kontrollaufwand stehen auf der anderen Seite auch einige Auflockerungen der abfallrechtlichen Überwachung gegenüber. Insgesamt sind die Möglichkeiten zur Auflockerung der Überwachung immer an ein Entgegenkommen der Marktakteure gekoppelt. Es soll durch diese Art der Belohnung ein stärkerer Anreiz zu umweltkonformem Handeln auf ‚freiwilliger Basis‘ gegeben werden. So werden bestimmte Eigenentsorger von der Nachweispflicht befreit, „wenn sie jährliche

Abfallbilanzen und alle fünf Jahre Abfallwirtschaftskonzepte aufstellen und auf die Beweiskraft der Nachweise verzichten" (Köller 1996, S. 292). Weitere Erleichterungen gelten für die Entsorgungsfachbetriebe, die z. B. keine Transportgenehmigung brauchen und die ein sogenanntes „privilegiertes Verfahren" durchlaufen, indem sie keine Einzelbestätigungen der Behörde für die jeweilige Verwertung bzw. Beseitigung benötigen.

Die Einrichtung von Entsorgungsfachbetrieben, deren Ausgestaltung im untergesetzlichen Regelwerk (siehe Kapitel 4.1.3.2) noch genauer bestimmt wird, soll nach dem Vorbild der Fachbetriebe beim Umgang mit brennbaren Flüssigkeiten und wassergefährdeten Stoffen die Entsorgungsbranche auf seriösere Beine stellen, indem nunmehr „schwarze Schafe" identifiziert werden können. Die Entsorgungsfachbetriebe werden nicht staatlicherseits genehmigt oder in irgendeiner Form geprüft, sondern nur auf freiwilliger Basis von staatlich anerkannten Entsorgergemeinschaften aus der Entsorgungswirtschaft selbst lizenziert. Da sich der Abfallerzeuger bei der Übergabe seiner Abfälle an den Entsorger vergewissern muss, ob dieser zuverlässig und in der Lage ist, die ihm überlassenen Abfälle ordnungsgemäß zu entsorgen, wird erwartet, dass die Entsorgungsfachbetriebe bei den Abfallerzeugern einen Wettbewerbsvorteil erlangen, da sie im Zuge der Zertifizierung Sach- und Fachkunde nachweisen müssen (vgl. bvse o. J., S. 34ff.).

Betriebsorganisation und Beauftragter für Abfall

Der achte Teil des Kreislaufwirtschafts- und Abfallgesetzes (§§ 53-55 KrW-/AbfG) umfasst den Bereich Betriebsorganisation und Beauftragter für Abfall. § 53 Abs. 1 begründet die Anzeige- und Mitteilungspflichten für Kapitalgesellschaften und für Personengesellschaften mit mehreren vertretungsberechtigten Gesellschaftern, die eine genehmigungsbedürftige Anlage im Sinne des § 4 BImschG betreiben, bzw. die Besitzer von Abfällen durch freiwillige Rücknahme oder durch Rücknahme aufgrund erlassener Rechtsverordnung (z. B. alle Unternehmen des Dualen Systems Deutschland) geworden sind. Diese dem Bundesimmissionsschutzgesetz und der Strahlenschutzverordnung entlehnte Rechtsgestaltung hat die Zielsetzung, einerseits der Behörde einen Ansprechpartner für alle abfallrechtlichen Fragen zu nennen und andererseits dem Betreffenden seine Verantwortung für die Erfüllung der abfallrechtlichen Pflichten vor Augen zu führen (vgl. Köller 1996, S. 335).

§ 53 Abs. 2 hat neben anderen Gesichtspunkten[132] die wesentliche Funktion, dass die Unternehmen, indem sie ihre Betriebsorganisation, wenn auch nur in groben Zügen, darlegen müssen, eine den Zielen des Kreislaufwirtschafts- und Abfallgesetzes folgende Arbeitsteilung vornehmen. Durch eine dementsprechende Aufgabenzuweisung müssen die Prozesse stoffstromorientiert analysiert werden. Kernelemente des § 53 sind demzufolge die genaue Zuweisung von Verantwortung, um mögliche Ausreden und Kommunikationsprobleme zwischen Behörde und Unternehmen auszuschalten sowie die Verpflichtung der Unternehmen, ihre Betriebsorganisation unter Abfallgesichtspunkten zu analysieren.

Die §§ 54 und 55 regeln die Bestellung und die Aufgaben eines Betriebsbeauftragten für Abfall. Der Betriebsbeauftragte für Abfall war bereits im AbfG von 1976 verankert. Seine Funktion zur Selbstkontrolle der Unternehmen ist in den Grundzügen unverändert geblieben. Der Einfluss und die Rechtsstellung - insbesondere bezogen auf den Kündigungsschutz - des Abfallbeauftragten wurden erheblich gestärkt. Ohne auf alle Einzelheiten eingehen zu können, sollen folgende relevante Tatbestände herausgegriffen werden:

- Der Betriebsbeauftragte für Abfall darf nicht dem Leitungsorgan angehören, sondern soll dieses beraten und kontrollieren. Er muss dementsprechend eigenständig sein. Die Bestellung ist mitbestimmungspflichtig, d.h. Betriebs- und Personalrat müssen informiert werden.
- Insgesamt wurden die Bestimmungen für Betriebsbeauftragte angeglichen. Dies bietet für kleinere Unternehmen die Option, die Aufgaben der einzelnen Betriebsbeauftragten, wie z. B. des Immissionsschutzbeauftragten und des Abfallbeauftragten, durch eine Person in Personalunion durchführen zu lassen (§ 54 Abs. 3 KrW-/AbfG).
- Als Betriebsbeauftragte für Abfall können nach wie vor Betriebsexterne bestellt werden. Diese unterliegen im Gegensatz zu den Betriebsinternen der behördlichen Genehmigung. Mit diesem Hemmnis wollte der Gesetzgeber dem Grundgedanken der innerbetrieblichen Kontrolle und Beratung durch einen mit allen Einzelheiten des Betriebes Vertrauten Nachdruck verleihen (vgl. Kotulla 1995 S. 452ff.).

---

[132] Z. B. müssen Informationen über die betriebliche Arbeitsteilung an die Behörden weitergegeben werden, um die Gefahrenabwehr im Unglücksfall besser koordinieren zu können.

- Die Qualifikationsanforderungen an den Betriebsbeauftragten für Abfall sind erheblich gestiegen. Er braucht Fachkunde, was den Anforderungen eines Berufsbildes mit allen staatlichen Aberkennungen entspricht. Hierzu zähen unter anderem ein abgeschlossenes Hochschulstudium und eine Qualifikation über die einfache Teilnahme an Lehrgängen hinaus.

- Gegenüber der früheren Rechtslage ist neu, dass grundsätzlich auch die Betreiber von Sortier- und Verwertungsanlagen sowie die Besitzer nach Rücknahme einen Betriebsbeauftragten für Abfall bestellen müssen.[133]

Problematisch an diesen ansonsten im Sinne der Philosophie der Kreislaufwirtschaft durchaus positiven Regelungen des achten Teils ist die Pflicht zur Mitteilung über die Betriebsorganisation und zur Bestellung eines Abfallbeauftragten für Unternehmen, die Produkte zurücknehmen. Die Motivation zur freiwilligen Rücknahme wird hierdurch sicher nicht gefördert. „Hier ist es dringend geboten, kleinere und mittlere Unternehmen zumindest von der Pflicht zur Bestellung von Abfallbeauftragten freizustellen und bei ihnen die Pflicht über die Mitteilung zur Betriebsorganisation auf wenige Angaben zu beschränken" (Sander 1996, S. 12).

Schlussbestimmungen

Der neunte und letzte Teil des Kreislaufwirtschafts- und Abfallgesetzes mit dem Titel Schlussbestimmungen umfasst die §§ 56-64. Während die §§ 56- 59 u. a. die Möglichkeiten bzw. die Zustimmungspflichtigkeit bei der Umsetzung von Rechtsakten der Europäischen Gemeinschaften[134] und beim Erlass von Rechtsverordnungen regeln, legt § 60 im Sinne des Kooperationsprinzips die Zusammensetzung der bei dem Erlass von Rechtsverordnungen und Verwaltungsvorschriften beteiligten Kreise fest. In den weiteren Paragraphen werden Bußgeldvorschriften und deren Umsetzung sowie die zuständigen Behörden genannt.

---

[133] Da in § 54 Abs. 1 Satz 2 die Möglichkeit eines Rechtverordnungserlasses gegeben ist, ergibt sich die juristische Fragestellung, ob eine solche Rechtsverordnung konstitutive Funktion hat, d.h. erst nach Erlass einer Rechtsverordnung ein Betriebsbeauftragter für Abfall bestellt werden muss (vgl. Kotulla 1995, S. 452), oder ob sie nur deklaratorischen Charakter hat, wie herrschende Meinung ist nach Köller (1996, FN 347).

[134] Zu den Rechtsakten der Europäischen Gemeinschaften zählen Verordnungen und Richtlinien. Verordnungen gelten nach Art. 189 Abs. 2 EGV unmittelbar in jedem Mitgliedsstaat und ersetzen etwaiges nationales Recht. Richtlinien hingegen müssen nach Art. 189 Abs. 3 EGV innerhalb einer bestimmten Frist meist zwischen 18 und 24 Monaten in nationales Recht umgesetzt werden.

4.1.3.2 Die Verordnungsermächtigungen und das untergesetzliche Regelwerk im Kreislaufwirtschafts- und Abfallgesetz

Das Kreislaufwirtschafts- und Abfallgesetz gibt dem Gesetzgeber eine ganze Palette von Verordnungsermächtigungen an die Hand. Mitunter wird das Kreislaufwirtschafts- und Abfallgesetz aus diesem Grund als reines „Absichtsgesetz" bezeichnet, da es nur Willenserklärungen abgibt und Möglichkeiten aufzeigt, ohne sie im Kern zu regeln. Erst die Verordnungen setzen die Absicht zur Kreislaufwirtschaft tatsächlich um. Problematisch ist der zähe Umsetzungsprozess, den die Verordnungen durchlaufen. So dauerte z. B. die Umsetzung der Altautorichtlinie in Deutschland fast zehn Jahre (vgl. Seidel, 1994, S. 80ff.). Die im Gesetz verankerten Verordnungsermächtigungen lassen sich in zwei Kategorien aufteilen. Zum einen in die aufgrund des §59 KrW-/AbfG zustimmungspflichtigen Verordnungsermächtigungen und zum anderen in die nicht zustimmungspflichtigen Verordnungsermächtigungen. Zustimmungspflichtig in diesem Sinne heißt, dass neben der Länderkammer auch der Bundestag dem Verordnungsentwurf zustimmen muss. Die zustimmungspflichtigen Verordnungsermächtigungen sind inhaltlich auf die Umsetzung der Produktverantwortung, auf die Bestimmung des Vorranges der stofflichen oder energetischen Verwertung sowie auf die Umsetzung von EU-Recht ausgerichtet (siehe Tab. 14). Das Gesetz ermöglicht des Weiteren den Erlass von allgemeinen Verwaltungsvorschriften. Diese sind im Vergleich zu Verordnungen nicht gleichermaßen rechtswirksam, da sie z. B. keine Bußgelder bei Nichteinhaltung nach sich ziehen (§61Abs. 1 Nr.5 KrW-/AbfG) und auch nicht geeignet sind, EU-Richtlinien in deutsches Recht zu überführen. Beispiel für eine Ermächtigung zum Erlass einer allgemeinen Verwaltungsvorschrift ist § 12 Abs. 2 KrW-/AbfG.

Tab. 14: **Verordnungsermächtigungen im Kreislaufwirtschafts- und Abfall-gesetz**

KrW-/AbfG	Ermächtigung/Zielsetzung	unter Ein-schaltung von
§ 6 Abs. 1 Satz 4	*Vorrang der stofflichen oder energetischen Verwertung* Da im Gesetzgebungsverfahren kein Konsens über eine generelle Vorrangregel geschaffen werden konnte, muss nun im Einzelfall geprüft werden, ob entweder der einen oder der anderen Verwertungsart der Vorrang eingeräumt werden soll.	Bundestag, Bundesrat, Beteiligte Kreise (B)
§ 7 Abs. 1	*Anforderungen an die Kreislaufwirtschaft* Diese Verordnungsermächtigung ist eine Weiterentwicklung des § 14 AbfG von 1986 und ermächtig zu einzelstoffbezogenen Verordnungen. Diese Durchführungsverordnungen sollen z. B. die qualitative Abfallvermeidung unterstützen, indem gewissen Stoffen genaue Beseitigungswege aufgezeigt werden, damit sie nicht durch Verwertung wieder in den Wirtschaftskreislauf eingehen.	Bundestag, Bundesrat, Beteiligte Kreise (B)
§ 8 Abs. 1	*Landwirtschaftliche oder sonstige Düngung* Diese Verordnungsermächtigung löst § 15 AbfG ab und zielt darauf ab, die landwirtschaftliche Verwertung von Klärschlamm und Kompost zu regeln. Die Kompostverordnung baut auf dieser Ermächtigungsgrundlage auf und soll z. B. einen Schadstoffeintrag in Böden verhindern.	Bundesrat, Beteiligte Kreise (B)
§ 8 Abs. 3	*Landwirtschaftliche oder sonstige Düngung* Wie bei §8 Abs. 1, jedoch gilt die Ermächtigung für Landesregierungen, wenn der Bund keine eigenen Regeln aufgestellt hat.	
§ 9 Satz 3	*Anlageninterne Verwertung* Da anlageninterne Verwertung im Sinne des § 4 Abs. 2 Vermeidung ist, schafft diese Verordnungsermächtigung die Möglichkeit, über Verordnungen gemäß § 6 Abs. 1 und § 7 Einfluss auf stoffbezogene Aspekte der Anlageninternen Kreislaufführung zu nehmen.	

Noch Tab. 14: Verordnungsermächtigungen im Kreislaufwirtschafts- und Abfallgesetz

§12 Abs. 1	*Anforderungen an die Abfallbeseitigung* Die Verordnungsermächtigung kann die gemeinwohlverträgliche Abfallentsorgung konkretisieren, indem 1. Anforderungen an die Getrennthaltung und Behandlung, 2. Anforderungen an die Bereitstellung, Überlassung, Einsammlung, Beförderung, Lagerung und Ablagerung und 3. Verfahren zur Überprüfung der Anforderungen formuliert werden.	Bundesrat Beteiligte Kreise (B)
§ 12 Abs. 2	*Technische Anleitungen* Die technischen Anleitungen sollen zum besseren Vollzug des Gesetzes und der erlassenen Rechtsverordnungen dienen (z. B. TA Abfall). Sie begründen aber keine Rechtspflichten und können nicht Rechtsgrundlage für den Bürger belastende Verwaltungsakte sein. Auch für Gerichte sind sie nicht bindend und entfalten damit keine unmittelbare Rechtswirkung.	Bundesrat, Beteiligte Kreise (B)
§ 13 Abs. 4 Satz 3	*Andienungspflichten* Die Bundesregierung kann durch Rechtsverordnung besonders überwachungsbedürftige Abfälle zur Verwertung einer Andienungspflicht unterwerfen, wenn keine ordnungsgemäße Verwertung anderweitig gewährleistet werden kann.	Bundesrat
§ 19 Abs. 4 (UR)	*Abfallwirtschaftskonzepte* Diese Verordnungsermächtigung soll die Möglichkeit eröffnen, die Anforderungen an Form und Inhalt der Abfallwirtschaftskonzepte bundeseinheitlich zu regeln. Sie zählt zum untergesetzlichen Regelwerk. Einzig die Anforderungen an die öffentlich-rechtlichen Entsorgungsträger bleiben ausgenommen und dementsprechend reine Länderangelegenheit (§ 19 Abs. 5 Satz 2).	Bundesrat Beteiligte Kreise (B)
§ 20 Abs. 1 i.V.m. §19 Abs. 4 (UR)	*Abfallbilanzen* Abfallbilanzen unterliegen der gleichen Verordnungsermächtigung wie die Abfallwirtschaftskonzepte. Siehe dementsprechend bei Abfallwirtschaftskonzepten.	Bundesrat Beteiligte Kreise (B)
§ 22 Abs. 4	*Herstellerpflichten* Die Produktverantwortung, die in §23 formuliert wird, steht unter Verordnungsvorbehalt, d. h. sie wird erst rechtswirksam, wenn der Personenkreis durch diese Verordnungsermächtigung benannt wird. Des weiteren wird festgelegt für welche Erzeugnisse und in welcher Art und Weise die Produktverantwortung wahrzunehmen ist.	

Noch Tab. 14: **Verordnungsermächtigungen im Kreislaufwirtschafts- und Abfallgesetz**

§ 23 Abs. 1	*Produktbeschränkungen* Die Fortentwicklung des §14 AbfG von 1986 wird durch diese Verordnungsermächtigung angestrebt. Sie soll ermöglichen, dass gewissen Erzeugnissen Verkehrsbeschränkungen oder das Verbot der Innerkehrbringung ausgesprochen werden. Des weiteren können Verordnungen zur Einführung von Wiederverwendungsmodellen und zur Kennzeichenpflicht erlassen werden. Hierbei wird bewusst (teilweise gewollt) in Kauf genommen, dass sich durch die Kennzeichenpflicht der Absatz der entsprechenden Produkte verschlechtern kann.	Bundestag, Bundesrat und Beteiligte Kreise (B)
§ 24 Abs. 1 und 2	*Rücknahme, Rückgabe, Kosten und Modus* Die Rückgabepflichten und der Aufbau von Rückgabemöglichkeiten z. B. in Form von Rückgabenetzen sowie die Zuweisung der Kosten für die Rücknahme ist ein Kernbereich der Produktverantwortung. Dementsprechend ist das Ziel einer abfallarmen Kreislaufwirtschaft eng an den Erlass dieser Rechtverordnungen geknüpft. Beim Erlass dieser Rechtsverordnungen sind verschiedenen rechtliche Grenzen zu beachten, wie etwa die Freiheit des Warenverkehrs im EU-Binnenmarkt (siehe hierzu auch Kapitel 3.1.2).	Bundestag, Bundesrat und Beteiligte Kreise (B)
§ 27 Abs. 3	*Anlagenbefreiung* Diese Verordnungsermächtigung gilt nur auf Landesebene. Sie dient der Ordnung der Beseitigung und soll die Beseitigung in Anlagen, die nicht Abfallentsorgungsanlagen im Sinne des §27 Abs. 1 Satz 1 sind, ermöglichen. Die Option soll erlaubt sein, solange keine Beeinträchtigung des Wohls der Allgemeinheit zu befürchten ist. In Betracht kommt hier besonders die Beseitigung pflanzlicher Abfälle.	
§ 34 Abs. 1 Satz 2	*Planfeststellungsverfahren* Das Planfeststellungsverfahren ist mit Inkrafttreten des KrW-/AbfG nur noch nach Bundesrecht zu regeln. Die Verordnungsermächtigung gibt die Möglichkeit, Einzelheiten über die Paragraphen des Verwaltungsverfahrensgesetzes hinaus bundeseinheitlich festzuschreiben.	Bundesrat
§ 41 Abs. 1 Satz 2 (UR)	*Abfallbestimmungsverordnung* Bis die Bundesregierung aufgrund dieser Ermächtigungsgrundlage „besonders überwachungsbedürftige" Abfälle zur Verwertung bestimmt, galt in der Übergangszeit die AbfBestV. Diese Verordnung wird dem untergesetzlichen Regelwerk zugeordnet, welches den Vollzug regelt.	Bundesrat, Beteiligte Kreise (B)

Noch Tab. 14: Verordnungsermächtigungen im Kreislaufwirtschafts- und Abfallgesetz

§41 Abs. 3 (UR)	*Reststoffbestimmungsverordnung* Bis Bundesregierung aufgrund dieser Ermächtigungsgrundlage „besonders überwachungsbedürftige" Abfälle zur Verwertung bestimmt, galt in der Übergangszeit die RestBestV. Diese Verordnung wird dem untergesetzlichen Regelwerk zugeordnet, welches den Vollzug regelt.	Bundesrat, Beteiligte Kreise (B)
§ 48 (UR)	*Nachweisverordnung* Diese dem untergesetzlichen Regelwerk zugehörige Verordnungsermächtigung soll die Einzelheiten des Nachweisverfahrens bestimmen.	Bundesrat, Beteiligte Kreise (B)
§49 Abs. 3 (UR)	*Transportgenehmigung* Die ebenfalls dem untergesetzlichen Regelwerk zuzuordnende Verordnungsermächtigung soll der Bundesregierung die Möglichkeit bieten, die berufliche Qualifikation und Ausbildung zu definieren, mit der man die notwendige Sachkunde nachgewiesen werden kann.	Bundesrat
§ 50 Abs. 2	*Maklergenehmigung* Durch Rechtsverordnung kann der Gesetzgeber festlegen, dass Personen, die bestimmte, besonders überwachungsbedürftige Abfälle zur Verwertung einsammeln und/oder befördern, sowie Personen, die bestimmte überwachungsbedürftige bzw. bestimmte besonders überwachungsbedürftige Abfälle in Verkehr bringen oder verwerten, einer Genehmigung ähnlich der Maklergenehmigung bedürfen.	Bundesrat, Beteiligte Kreise (B)
§ 52 Abs. 2 (UR)	*Entsorgungsfachbetrieb* Diese dem untergesetzlichen Regelwerk zugehörige, Verordnungsermächtigung soll die Anforderungen an einen Entsorgungsfachbetrieb festlegen. Dabei sollen diese auf die Anforderungen an ein Umweltmanagementsystem nach der Öko-Audit-Verordnung und den DIN ISO 9000 ff. abgestimmt werden und nicht hinter den Anforderungen an eine Makler- oder Transportgenehmigung zurückbleiben.	Bundesrat, Beteiligte Kreise (B)
§52 Abs. 3 Satz 3 (UR)	*Richtlinien über Entsorgergemeinschaften* Das Bundesministerium für Umwelt, Naturschutz und Reaktorsicherheit soll durch diese Verordnungsermächtigung, die zu dem untergesetzlichen Regelwerk gehört, bundeseinheitliche Richtlinien für Entsorgergemeinschaften festlegen.	Bundesrat

Noch Tab. 14: **Verordnungsermächtigungen im Kreislaufwirtschafts- und Abfallgesetz**

§54 Abs. 1 Satz 2	*Betriebsbeauftragter für Abfall*	Bundesrat,
	Das Bundesministerium für Umwelt, Naturschutz und Reaktorsicherheit bestimmt durch Rechtsverordnung diejenigen Anlagen, deren Betreiber Abfallbeauftragte zu bestellen haben (vgl. hierzu auch Fußnote 133).	Beteiligte Kreise (B)
§57 (UR)	*Umsetzung von EU-Recht* Diese Verordnungsermächtigung regelt formell die Umsetzung von Rechtsakten der Europäischen Gemeinschaften. Europäische Richtlinien sind mindestens durch Verordnungen umzusetzen. So ist die Verordnung zur Einführung des Europäischen Abfallkatalogs, die zum untergesetzlichen Regelwerk gehört, eine solche formelle Umsetzung durch § 57.	Bundestag, Bundesrat
§58 Abs. 2	*Bundeswehr* Das Bundesministerium der Verteidigung wird hier ermächtigt Ausnahmen für die Bundeswehr zu erlassen, wenn zwingende Gründe der Verteidigung oder die Erfüllung zwischenstaatlicher Pflichten dies erfordern.	

(UR)   Untergesetzliches Regelwerk. Diese Verordnungsermächtigungen begründen das untergesetzliche Regelwerk, welches insbesondere den Vollzug des Kreislaufwirtschafts- und Abfallgesetz regelt. Näheres dazu im zweiten Teil dieses Kapitels.
(B)   Anhörung der Beteiligten Kreise gemäß § 60 KrW-/AbfG zur Verbesserung der Entscheidung gemäß dem Kooperationsprinzip. Kein Vetorecht durch beteiligte Kreise. Bundesrat und Bundestag müssen zustimmen, soweit sie in das Verordnungserlassverfahren eingeschaltet sind.
Quelle: verändert nach Köller 1996, S. 369 unter Einbeziehung der Textfassung des Kreislaufwirtschafts- und Abfallgesetzes mit Erläuterungen (vgl. Köller 1996, S. 81ff.).

Teile der Verordnungsermächtigungen gestalten das untergesetzliche Regelwerk. Diese untergesetzlichen Regelungen dienen der inhaltlichen Ausgestaltung und vor allem der Vollzugsfähigkeit des Kreislaufwirtschafts- und Abfallgesetzes. Die sieben Verordnungen und die Richtlinie sind am 14.08.1996 mit Zustimmung des Bundeskabinetts beschlossen worden und traten damit zeitgleich mit dem Kreislaufwirtschafts- und Abfallgesetz in Kraft. Im Einzelnen besteht das untergesetzliche Regelwerk aus folgenden Vorschriften (vgl. BMU 1996a, S. II):

1) Verordnung zur Einführung des Europäischen Abfallkatalogs (EAKV),
2) Verordnung zur Bestimmung von besonders überwachungsbedürftigen Abfällen (BestbüAbfV),
3) Verordnung zur Bestimmung von überwachungsbedürftigen Abfällen zur Verwertung (BestüVAbfV),
4) Verordnung über Verwertungs- sowie Beseitigungsnachweise (Nachweisverordnung – NachwV),
5) Verordnung zur Transportgenehmigung (TgV),

6) Verordnung über Abfallwirtschaftskonzepte und Abfallbilanzen (AbfKoBiV),
7) Verordnung über Entsorgungsfachbetriebe (EfbV),
8) Richtlinie für die Tätigkeit und die Anerkennung von Entsorgergemeinschaften (Entsorgergemeinschaftenrichtlinie).

Die ersten drei Verordnungen können unter dem Sammelbegriff Abfallbestimmungsverordnungen zusammengefasst werden. Sie dienen der Konkretisierung der Abfallarten. Das Kreislaufwirtschafts- und Abfallgesetz unterscheidet drei Arten von Abfällen nach ihrer Überwachungsbedürftigkeit. Im einzelnen sind dies „besonders überwachungsbedürftige", „überwachungsbedürftige" und „nicht überwachungsbedürftige" Abfälle. Für die Abfälle zur Beseitigung gilt, dass sie kraft Gesetzes mindestens überwachungsbedürftig sind, d.h. alle nicht in der Verordnung zur Bestimmung von besonders überwachungsbedürftigen Abfällen enthaltene Abfälle zur Beseitigung sind überwachungsbedürftig. Abfälle zur Verwertung hingegen können allen oben angeführten Kategorien zugeordnet werden und sind erst dann nicht überwachungsbedürftig, wenn sie weder in der Verordnung zur Bestimmung von besonders überwachungsbedürftigen Abfällen noch in der Verordnung zur Bestimmung von überwachungsbedürftigen Abfällen zur Verwertung enthalten sind.

Die Motivation für die drei Verordnungen geht aus den europäischen Vorgaben und aus den Vollzugserfahrungen in der Vergangenheit hervor. So setzt die EAKV die entsprechende EU-Richtlinie um. Sie ersetzte zum 1.1.1999 die Abfallarten der Abfallbestimmungsverordnung von 1990 und des Abfallartenkatalogs der LAGA (vgl. hierzu Seite 57). Des Weiteren wird durch die anderen beiden Verordnungen das „Verzeichnis gefährlicher Abfälle" - der Hazardous Waste Catalogue (HNC) - umgesetzt, welches der Rat der Europäischen Union am 22.12.1994 beschlossen hat. Problematisch aus deutscher Sicht ist, dass der HNC eher zu wenige Abfälle in die Kategorie der gefährlichen Abfälle einstuft und damit wieder die Frage auftaucht, ob durch das Subsidiaritätsprinzip in der EU Deutschland engere Bestimmungen treffen darf (siehe Anlage 2 der BestbüAbfV) oder ob aufgrund der materiellen Folgen und den damit verbundenen Einschränkungen der Warenfreiheit keine engeren Regelungen möglich sind (vgl. hierzu beispielsweise Eckert 1997, S. 967).

Neben diesen EU-Rechtsfragen haben die Verordnungen, die Bezug nehmen auf die Abfälle zur Verwertung, zwei weitere Aspekte im Fokus. Erstens soll im Hinblick auf die qualitative Abfallvermeidung überwacht werden, dass nicht verstärkt Abfälle in der Produktion eingesetzt werden, die gegenüber Rohstoffen einen höheren Schadstoffgehalt aufweisen. Zweitens soll die Möglichkeit zur Überwachung von Abfällen eröffnet werden, bei denen aus den Vollzugserfahrungen bekannt ist, dass sie nicht immer ordnungsgemäß verwertet werden (vgl. Wagner 1997 S. 41f.).

Ein Kernelement des untergesetzlichen Regelwerkes bildet die Nachweisverordnung. Diese knüpft an die besondere Überwachungsbedürftigkeit ein obligatorisches Nachweisverfahren, das ohne besondere Anordnung der zuständigen Behörde durchgeführt werden muss und an die „einfache" Überwachungsbedürftigkeit ein fakultatives Nachweisverfahren, das nur auf Anordnung der zuständigen Behörde zu leisten ist. Nicht überwachungsbedürftige Abfälle zur Verwertung müssen nur einen Nachweis erbringen, wenn die zuständige Behörde das Wohl der Allgemeinheit gefährdet sieht (vgl. Gruneberg 1996, S. 819f.). Die in den genannten Fällen durchzuführenden Nachweisverfahren lassen sich in zwei Teilbereiche aufspalten. Einerseits wird eine Vorabkontrolle in Form der Zulässigkeitsüberprüfung der vorgesehenen Entsorgung und andererseits eine Verbleibskontrolle durchgeführt, indem der Nachweis über die Durchführung der Entsorgung erbracht werden muss (vgl. Budde 1997, S.23). Durch die Erweiterung des Abfallbegriffs im Kreislaufwirtschafts- und Abfallgesetz und die damit verbunden Mengenausweitung auf Abfälle zur Verwertung ist mit einer Zunahme der Nachweisverfahren zu rechnen. Aus diesem Grund und aus Gründen der Motivation enthält die Nachweisverordnung Elemente, das Nachweisverfahren zu beschleunigen bzw. zu vereinfachen. Zwei dieser Elemente sind hervorzuheben (vgl. Wuttke 1998, S. 32ff.):

(a) Hat eine Entsorgerbehörde nicht binnen 30 Tagen über die Zulässigkeit der Entsorgung entschieden, ist die vorgesehene Entsorgung zulässig.
(b) Die Nachweisverordnung kennt ein privilegiertes Verfahren, wenn die Entsorgung in zertifizierten Entsorgungsfachbetrieben oder in freigestellten Verwertungs- oder Beseitigungsanlagen erfolgt, die einen hohen Entsorgungsstandard garantieren.

Die Verordnung zur Transportgenehmigung bezieht sich im Vergleich zum AbfG von 1986 nur noch auf Unternehmen, die gewerbsmäßig[135] einsammeln oder befördern. Damit ist z. B. der Werksverkehr zwischen verschiedenen Standorten eines Unternehmens nicht mehr erfasst. Die Transportgenehmigung ist im Kreislaufwirtschafts-

---

[135] Gewerbsmäßig heißt in diesem Zusammenhang, dass die Tätigkeit „auf Gewinnerzielung ausgerichtet ist, auf eine gewisse Dauer angelegt ist oder mit Wiederholungsabsicht durchgeführt wird." (Wuttke 1998, S. 36)

und Abfallgesetz vom konkreten Transportvorgang losgelöst „und als reine Sach-, Fachkunde- und Zuverlässigkeitsprüfung des Einsammlers oder Beförderers ausgestaltet worden" (Wuttke 1998, S. 36).

Die Verordnung über Abfallwirtschaftskonzepte und Abfallbilanzen trifft Regelungen zu Form und Inhalt und gestaltet Ausnahmetatbestände (siehe näheres bei Schmidt 1996, S. 8 und Stoltenberg 1998, S. 103ff.). Ziel der Verordnung ist es, das neue Instrument des Kreislaufwirtschafts- und Abfallgesetzes so zu konkretisieren, dass zum einen die Vergleichbarkeit und Einheitlichkeit gewährleistet ist, und zum anderen die Unternehmen dazu veranlasst werden, ihre betrieblichen Prozesse so darzustellen, dass sie ihre gesamten Stoffströme analysieren müssen.

Die Verordnung über Entsorgungsfachbetriebe sowie die Richtlinie für die Anerkennung und Tätigkeit von Entsorgergemeinschaften gestalten die materiellen Anforderungen, die Betriebe erfüllen müssen. Die Regelungen gehen hinsichtlich der Kriterien „Ausstattung der Unternehmen" und „Qualifikation des Unternehmens" über die Anforderungen nach den Vorschriften von Umweltmanagementsystemen (DIN ISO 9000 ff, EMAS) hinaus, sind jedoch durchaus darauf ausgelegt, dass man unterschiedliche Zertifizierungen miteinander verzahnt durchführen kann (vgl. Wuttke 1998, S. 41).

Die drei letztgenannten Verordnungen sind von dem übrigen untergesetzlichen Regelwerk dadurch abzugrenzen, dass sie nicht für den Vollzug des Gesetzes unabdinglich sind, sondern einzig der Erleichterung der Überwachung dienen. Sie sollen zu einer Deregulierung der Überwachung führen (vgl. BMU 1996b, S. 2).

4.2 Umweltpolitische Prinzipien und Instrumente im Kreislaufwirtschafts- und Abfallgesetz

Dieses Kapitel soll die Analyse des Kreislaufwirtschafts- und Abfallgesetzes anhand des entscheidungsorientierten Lösungsansatzes (siehe Kapitel 2.2) abrunden. In den einzelnen Teilabschnitten werden die wesentlichen Stärken und Schwächen des Gesetzes herausgearbeitet. Da im Zuge der besseren Lesbarkeit Detailfragen bereits in Abschnitt 4.1 behandelt wurden, werden hier nur noch die übergreifenden Fragestellungen aufgegriffen. Bevor der entscheidungsorientierte Lösungsansatz als Prüfkatalog zu Rate gezogen wird, finden in Kapitel 4.2.1 die umweltpolitischen Prinzipien

ihren Platz, da gerade die Vermischung von unterschiedlichen Prinzipien im Kreis-
laufwirtschafts- und Abfallgesetz Probleme aufwirft.

4.2.1   Umweltpolitische Prinzipien

Die umweltpolitischen Prinzipien dienen der Orientierung für die inhaltliche Ausgestaltung des umweltpolitischen Handelns und der Formulierung von umweltpolitischen Zielen. Sie bilden den Rahmen, nach dem Handlungsalternativen (siehe Kapitel
2.2.1 und 4.2.2) ausgewählt werden sollen, indem sie die Wahl der Alternativen durch
die Vorgabe einschränken (vgl. Knüppel 1989, S. 18). In dieser Arbeit werden die
Prinzipien in die Gruppen Verteilungs-[136], Bewahrungs- und Teilhabungsprinzipien
eingeteilt (siehe Abb. 55). Innerhalb dieser Gruppen ist eine Kombination von Prinzipien zur Ausrichtung des umweltpolitischen Handelns schwer durchführbar. Grup-
penübergreifend hingegen ist eine Verknüpfung gewünscht, da jede Gruppe ihren
Schwerpunkt auf einen anderen Teilbereich der Umweltpolitik legt. Während die
Verteilungsprinzipien ihren Fokus auf die Kostenzurechnung richten, steht bei den
Bewahrungsprinzipien die zeitliche Komponente, der Zeitpunkt des Eingriffes in den
Marktmechanismus, im Vordergrund. Bei den Teilhabungsprinzipien wird das Au-
genmerk auf die Entscheidungsvorbereitung und -umsetzung des umweltpolitischen
Handelns gerichtet. Dennoch sind die Prinzipien nicht frei von Überschneidungen.

Die erste Gruppe, die Verteilungsprinzipien, auch Kostenzurechnungsprinzipien genannt, enthält mit dem Verursacherprinzip jene Leitlinie, die im Kreislaufwirtschafts-
und Abfallgesetz insbesondere durch die Produktverantwortung angewandt wurde
(siehe Kapitel 4.1.1).

Auch die zweite Gruppe, die Bewahrungsprinzipien, sind im Kreislaufwirtschafts-
und Abfallgesetz verankert, indem für die öffentlich-rechtlichen Entsorgungsträger,
dem Vorsorgeprinzip folgend, die Andienungspflicht durch die privaten Haushalte
erhalten wurde. Leitgedanke war die Vorbeugung der „wilden" Entsorgung durch die
privaten Haushalte. Auch das Nachsorgeprinzip wird angewandt, da die öffentlich-
rechtlichen Entsorgungsträger dazu verpflichtet sind, Abfälle anzunehmen insofern
sie nicht von den privaten Entsorgungsträgern entsorgt werden bzw. werden können
(siehe Kapitel 4.1.3.1 bzw. § 15 KrW-/AbfG).

---

[136] Der Begriff Verteilungsprinzipien wurde von Lintz (1994, S. 58) eingeführt und beschreibt, wie die
Kosten der Umweltschädigung auf die einzelnen Akteure im Rahmen der Umweltnutzung verteilt
werden können.

Die dritte Gruppe, die Teilhabungsprinzipien, wird durch § 60 KrW-/AbfG und durch die Möglichkeit von Selbstverpflichtungserklärungen der Wirtschaft im Gesetz implementiert.

Abb. 55: Umweltpolitische Grundprinzipien

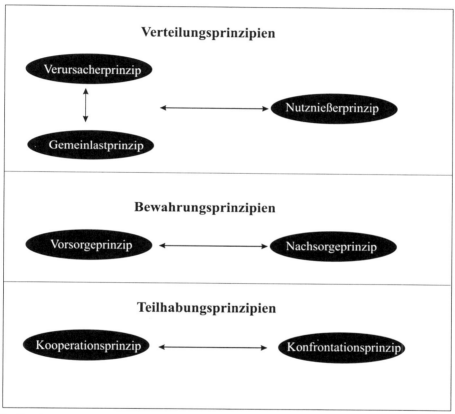

Quelle: eigene Darstellung.

Die im Kreislaufwirtschaftsgesetz verankerten Prinzipien sind für sich betrachtet durchaus zielführend. Einzig über das Vorsorgeprinzip, bezugnehmend auf die privaten Haushalte, kann unterschiedlich geurteilt werden. Hier steht die Frage des Verantwortungsbewusstseins der Bürger im Vordergrund. Ein Streitpunkt ist, ob der Bürger bei freier Wahl des Entsorgers vermehrt die „wilde" Entsorgung wählen würde, um Kosten zu sparen.

Bei zusammenhängender Betrachtung der Grundprinzipien tritt ein Problem des Kreislaufwirtschafts- und Abfallgesetzes zu Tage. Die unterschiedlichen Stoßrichtungen des Verursacherprinzips und des Nachsorgeprinzips führen dazu, dass die öffentlich-rechtlichen Entsorgungsträger im gewerblichen Bereich nicht verursachungsgerecht bzw. nicht wirklich nach dem Gemeinlastprinzip abrechnen können. Zur Zeit stellt sich der Sachverhalt folgendermaßen dar: Die öffentlich-rechtlichen Entsorgungsträger rechnen nur die Kosten für die Entsorgung bei den gewerblichen Anlieferern verursachergerecht ab, d. h. sie setzen nur die Kosten zu diesem Zeitpunkt an. Die Frage ist nun, wer die Vorhaltekosten übernimmt, die den öffentlich-rechtlichen Entsorgungsträgern dadurch entstehen, dass sie im Zuge des Nachsorgeprinzips gewisse Entsorgungskapazitäten vorhalten müssen. Zur Zeit zahlen die privaten Haushalte diese Position über die Abfallgebühren. Demnach findet keine verursachungsgerechte Kostenzurechnung statt bzw. wird nach dem Gemeinlastprinzip nur ein Teil der Betroffenen, die privaten Haushalte, belastet. Es ist dringend geboten, Regelungen zu finden, die auch die Erzeuger von Abfällen, die nicht aus privaten Haushalten stammen, zur Zahlung verpflichten. Denkbar wäre eine Fondslösung oder eine Abgabe für den Bereich der Vorhaltekosten, die von allen Marktteilnehmern, die Abfälle produzieren, getragen bzw. geleistet wird. Der andere Teil der Kosten könnte dann verursachergerecht abgerechnet werden (vgl. hierzu auch Verheyen/Spangenberg 1998, S. 79). Indem die Trennung von Kosten für die eigentliche Entsorgungsleistung und Kosten für die Sicherung des Gemeinwohls in Form von freigehaltenen Entsorgungskapazitäten aufgehoben würde, wäre gleichzeitig eine Wettbewerbsverzerrung zwischen privaten und öffentlich-rechtlichen Entsorgern eliminiert. Problematisch bliebe die Umsatzsteuer-Regelung, die den öffentlich-rechtlichen Entsorgern einen Vorteil gegenüber den privaten Anbietern verschafft.

Die Abfallgebühren, die in den meisten Regionen noch nach dem Gemeinlastprinzip erhoben werden, werden in Kapitel 4.2.3 diskutiert.

4.2.2 Veränderung der Handlungsalternativen für die Adressaten des Kreislaufwirtschafts- und Abfallgesetzes

Die Menge der verfügbaren Handlungsalternativen wird im Wesentlichen über die Begrifflichkeiten im Kreislaufwirtschafts- und Abfallgesetz geregelt. Hier liegt – wie in Kapitel 4.1.2 bereits ausführlich dargestellt – das Hauptproblem des Kreislaufwirtschafts- und Abfallgesetzes. Solange die Abfallbegrifflichkeiten nicht geklärt sind, entsteht ein Begriffsvakuum, das zu folgenden Tatbeständen führt:

- Investitionen in neue Verwertungsverfahren werden zurückgehalten, da Marktpotentiale für einzelne Fraktionen nicht bestimmt werden können.
- Ob Abfälle verwertet oder beseitigt werden, entscheidet der Preis und nicht die Abfalleigenschaft.
- Wo Abfälle entsorgt werden, entscheidet ebenfalls der Preis (Mülltourismus nicht nach Kapazitäten, sondern nach Preisen) (vgl. Bauer 1999, S.73).

Diese elementare Schwäche des Kreislaufwirtschafts- und Abfallgesetzes gilt es unverzüglich zu beheben, damit nicht alle sonstigen Wirkungen des Gesetzes überlagert werden. Dabei ist nicht vordringlich, wo letztlich die Grenzen zwischen Produkt und Abfall bzw. zwischen Abfall zur Verwertung und Abfall zur Beseitigung liegen, sondern vielmehr, dass sie klar definiert sind. Erst dann kann sich ein Markt entwickeln. Solange jedoch nicht geklärt ist, ab wann von Verwertung gesprochen werden kann, können die Marktteilnehmer ihre Verwertungsmethoden nicht im Vergleich zum Mindestanspruch durch das Gesetz absetzen, um ihre Unternehmen z. B. im Zuge einer offensiven Umweltstrategie als besonderes ressourcenschonend zu positionieren.

Zudem muss seitens des Gesetzgebers im Auge behalten werden, dass der Handlungsspielraum für die Definitionen der Begriffe durch die Vorgaben des Binnenmarktes sehr eng ist (siehe hierzu Kapitel 3.1.2). Es sollte vermieden werden, dass kurzfristige Überlegungen dazu führen, den Beseitigungsbegriff zu weit zu fassen, nur um die momentane Situation der öffentlich-rechtlichen Entsorgungsträger zu entschärfen. Deren jetzige Probleme resultieren nicht nur aus der Definition des Abfalls und der damit verbunden Ausfuhr in andere EU-Länder, sondern:

- aus der langen Übergangsfrist in der TASi und dem damit verbundenen Preisverfall (siehe Kapitel 4.2.3),

- aus der Vermischung von Daseinsvorsorge und Verursacherprinzip (siehe Kapitel 4.2.1)
- und aus der zu engen Auslegung der Entsorgungsautarkie (siehe Kapitel 4.1.1).

Es stellt sich die Frage, ob die Zielsetzung, das Abfallregime auf Abfälle zur Verwertung zu erweitern, um insbesondere die illegalen Abfallexporte in den Griff zu bekommen, nicht das genaue Gegenteil bewirkt hat, indem immer mehr Abfälle zumindest ins EU-Ausland verbracht und damit der deutschen Abfallgesetzgebung entzogen werden. Demnach gilt „[a]uch für den Entsorgungssektor [...] die Beobachtung: Bei staatlichen Ingerenzen in marktwirtschaftliche Abläufe ist das Gegenteil von >>gut<< allzu häufig >>gut gemeint<<" (Tettinger 1995, S. 221).

Ein wichtiges ordnungsrechtliches Instrument des Kreislaufwirtschafts- und Abfallgesetzes stellt die Produktverantwortung dar. Da die Produktverantwortung im Gesetz nicht festgeschrieben ist, und erst durch Verordnungen zur Entfaltung gelangt, ist, aufgrund der langwierigen Prozesse bis zum Verordnungserlas,s noch kein wirklich positiver Impuls für die Kreislaufwirtschaft auf dem Weg zur Abfallvermeidung und Abfallverwertung zu erwarten. Ob die Tatsache, dass bei freiwilliger Rücknahme von Produkten gewisse Erleichterungen bezüglich des Nachweisverfahrens gelten, allerdings im Sinne des Gefangenendilemmas (siehe Kapitel 2.1.2.2) Anreiz genug sind, eigene Rücknahmesysteme aufzubauen, erscheint eher unwahrscheinlich. Gleichzeitig entstehen neue Pflichten für den Marktakteur. Indem er einen Betriebsbeauftragten für Abfall und die Betriebsorganisation offenlegen muss, wird der Anreiz zur aktiven Rolle der Unternehmen durch Deregulierung des Nachweisverfahrens wieder zunichte gemacht (siehe Kapitel 4.1.3.1).

Die erste Verordnung, die Produktverantwortung festschrieb, war die Verpackungsverordnung. Sie löste in der Kreislaufwirtschaft nachhaltige Strukturveränderungen aus (siehe Kapitel 3.2.3 und 3.2.4). Aus diesen Erfahrungen sollten zukünftige Verordnungen zur Produktverantwortung Schlüsse ziehen.

Erstens sollten nicht nur Verwertungsquoten die Vorgaben bei der Verwertung sein, sondern insbesondere Qualitätsanforderungen an die Verwertung im Sinne einer späteren Vermarktung mit in das Anforderungsprofil an die Verwertung übernommen werden. Wie in Kapitel 3.2.3.3 am Beispiel der einzelnen Märkte dargelegt, ist nicht die Verwertungsmenge für die Kreislaufführung relevant, sondern die Qualität des Sekundärrohstoffes, die über den Einsatz in der Produktion entscheidet (siehe hierzu

empirisch Kapitel 5.4). Die Analyse des Außenhandels hat gezeigt, dass minderwertige Sekundärrohstoffe exportiert werden, da für sie kein Markt in Deutschland besteht.
Ein weiterer Aspekt im Zuge der Zielsetzung, die Verwertung zu forcieren, sollte die
stärkere Stützung von Sekundärrohstoffen sein. Das Instrument der Absatzförderung
(§37 KrW-/AbfG) ist hierzu ein erster guter Ansatz, die Marktstellung von Sekundärrohstoffen zu stärken (siehe Kapitel 4.1.3.1). Insgesamt werden Maßnahmen zur Herstellung einer Wettbewerbsgleichheit zwischen Primärrohstoffen und Sekundärrohstoffen noch zu wenig verfolgt. Während z. B. die Sekundärrohstoffe aus Stahl mit
den Kosten der Entsorgung der Schredderleichtmüllfraktion (siehe Kapitel 3.2.3.3.2)
belastet werden, sind die Kosten des Neustahls aus Übersee mit viel zu geringen Ge-
stehungs- und Energiekosten - im Sinne der externen Kosten – belastet. Hierdurch
treten Wettbewerbsverzerrungen auf, die Märkte – wie nahezu beim Sekundärstahl
Ende der achtziger Jahre – zum Erliegen bringen können oder diese erst gar nicht entstehen. Neben der Wettbewerbsverzerrung im Vergleich zu den Primärrohstoffen treten durch die Rechtsunsicherheit infolge der Abfalldefinition auch Wettbewerbsverzerrungen im Vergleich zu den Beseitigungstechniken auf. Zur Zeit sind die Beseitigungskosten so niedrig, dass die aufwendigeren Verwertungsverfahren nicht mit den
Preisen für Beseitigung konkurrieren können. Hier ist die Übergangsfrist der TASi
das Hauptproblem bei der ungleichgewichtigen Marktsituation (siehe Kapitel 4.2.3)..

Ein zweiter Punkt, der bei der Erstellung zukünftiger Verordnungen berücksichtigt
werden muss, ist die Frage des Wettbewerbs. Die Marktstrukturen, wie sie sich zur
Zeit in der Kreislaufwirtschaft darstellen (siehe Kapitel 3.2.4), sind wenig geeignet,
die wirklichen Stärken der Privatisierung zu nutzen. Nur echter Wettbewerb auf den
Märkten führt zu effizientem Wirtschaften im Sinne eines kosteneffizienten Quali-
tätswettbewerbes. Hierzu muss bei einer Verordnung immer überprüft werden, ob
dem Wettbewerb im Rahmen der Verordnungsrichtlinien noch genügend Platz eingeräumt wird. Falls aus umweltpolitischen Überlegungen heraus dennoch regionale
Monopole im Sinne eines natürlichen Monopols[137] notwendig erscheinen, sollten im
Sinne einer Second-Best-Lösung - wie bei der Novellierung der Verpackungsverordnung geschehen - durch die Ausschreibungen von Erfassungsgebieten ein Minimum
an Wettbewerb aufrecht erhalten werden. Kritiker sehen hier in der Argumentation
mit den Fixkosten keine Begründung für die Zementierung von Monopolen. Ähnlich

---

[137] Die Erfassung von Reststoffen ist effizient meist nur durch ein System durchführbar, da der Bürger
sonst von jedem Unternehmen unterschiedliche Tonnen, Säcke oder Ähnliches beziehen müsste.
Allein schon bei der Erfassung würden Ineffizienzen entstehen, z. B. durch doppelte Transportwe-
ge etc.

wie auf dem Telekommunikationsmarkt könnten Mitbenutzungssysteme aufgebaut werden, die den Wettbewerb wieder zuließen.

Ein Beispiel für die Missachtung dieses Aspekts stellt der jüngst vorgelegte Entwurf der Batterieverordnung dar. Er sieht unter anderem vor, dass Batterien nur durch ein gemeinsames Rücknahmesystem gesammelt und entsorgt werden dürfen. Hersteller und Vertreiber können ihren Entsorgungspflichten zwar auch durch Selbstentsorgung nachkommen bzw. Dritte damit beauftragen, dann aber nur eigene Batterien und keine Batteriegemische entsorgen. Dies hebt den potentiellen Restwettbewerb faktisch auf und ist umweltpolitisch nicht begründbar (vgl. Heistermann 2000a, S. 32).

Welche Anforderungen an das Entstehen von Märkten für Sekundärrohstoffe und deren tatsächlichen Einsatz gerichtet werden, soll in der empirischen Analyse im nächsten Kapitel ermittelt werden.[138]

Weitere Elemente zur Veränderung der Handlungsalternativen im Kreislaufwirtschafts- und Abfallgesetz sind die Option zu Kooperationen im Entsorgungsbereich und die Deregulierung der Überwachung bei der Einschaltung von Entsorgungsfachbetrieben.

Der Anreiz zur Bildung von zwischenbetrieblichen Kooperationen in der Kreislaufwirtschaft kann eine vorteilhafte Lösung bieten, da aufgrund der Anforderungen an das Know-how und der hohen finanziellen Belastungen bei der Einführung von Verwertungs- bzw. Vermeidungsmaßnahmen (z. B. Rücknahmenetze, Demontageanlagen etc.) gerade kleine und mittlere Unternehmen dies nur durch Zusammenarbeit mit Marktpartnern erreichen können (vgl. Beuermann/Halfmann 1998, S. 72.). Während der Anreiz zur Deregulierung der Überwachung und der Wegfall der Transportgenehmigung bei Abfalltransporten für Entsorgungsfachbetriebe durchaus Wirkungen auf dem Markt erzielt hat,[139] sind Anreize zu zwischenbetrieblichen Kooperationen durch das Kreislaufwirtschafts- und Abfallgesetz kaum aufzufinden.[140] Die Möglichkeit der Bildung von Entsorgergemeinschaften beispielsweise, die im untergesetzli-

---

[138] Eine Studie zur Wettbewerbsfähigkeit der Recyclingindustrie liefert umfangreiche Informationen und nennt Maßnahmen, die darauf abzielen sollen, die im Text genannten Wettbewerbsverrungen und die fehlende Markttransparenz abzubauen (vgl. Kommission der Europäischen Gemeinschaften 1998, S.10ff.).

[139] Allein in Nordrhein-Westfalen sind von März 1997 bis Oktober 1999 2.688 Unternehmensstandorte zertifiziert worden (vgl. Prüßmeier 2000, S. 188).

[140] Einzige Ausnahme bildet derzeit der FHE-Entsorgungsverband nach § 17 KrW-/AbfG in Hamburg (vgl. Siechau 1999, S. 151-172).

chen Regelwerk ausgestaltet sind, hat weniger das Ziel, Kooperationen im Bereich von Verwertungs- und Vermeidungsmaßnahmen zu fördern, als Dachgesellschaften zu schaffen, die Entsorgungsfachbetriebe zertifizieren (siehe Richtlinie für die Tätigkeit und die Anerkennung von Entsorgergemeinschaften (Entsorgergemeinschaftenrichtlinie)). Anreize, die gemeinsame Kooperationen von Unternehmen auf regionaler Ebene, z. B. innerhalb eines Gewerbegebietes oder innerhalb eines Wirtschaftszweiges, gefördert hätten, wären im Rahmen des Kreislaufwirtschafts- und Abfallgesetzes weitere wichtige Elemente zur Erreichung einer Kreislaufwirtschaft gewesen. In diesem Zusammenhang sind als einzige angestrebte Kooperationslösungen im Kreislaufwirtschafts- und Abfallgesetz Selbstverpflichtungserklärungen der Wirtschaft installiert worden, die ermöglichen, im Sinne des Kooperationsprinzips Verordnungen auszusetzen (siehe hierzu Kapitel 2.2.2).

Entsorgungsfachbetriebe hingegen sind ein Instrument des Kreislaufwirtschafts- und Abfallgesetzes, das aufgrund der Anreizstruktur stark in Anspruch genommen wird. Insbesondere das Einsparen einer Transportgenehmigung und das „privilegierte" Nachweisverfahren scheinen wesentliche Kriterien für die Unternehmen zu sein, sich zertifizieren zu lassen. Der Anteil der Entsorgungsfachbetriebe in Nordrhein-Westfalen, die Abfälle einsammeln und befördern, lag 1999 bei über 80%, Lagerung betrieben nur noch ca. 60%, und Abfallbehandlung führten noch ca. die Hälfte aus, während 30% verwertet und nur noch 2% beseitigt haben (vgl. Prüßmeier 2000, S. 190).

Die Einführung von Entsorgungsfachbetrieben sollte den Abfallbesitzern die Möglichkeit bieten, schwarze Schafe unter den Entsorgern auszufiltern. Des Weiteren sollten einheitliche Standards für die Entsorgung eingeführt werden bzw. erreichte Standards gefestigt werden. Diese wichtige Zielsetzung, insbesondere zur Sicherung der geordneten Verwertung und Beseitigung,[141] wird von Kritikern nach drei Jahren Vollzug teilweise als nicht erreicht angesehen. Bemängelt wird vor allem die uneinheitliche Prüftiefe der verschiedenen Sachverständigen sowie die Erteilung von Zertifikaten über den beantragten Umfang hinaus. Nach Meinung der Gewerkschaft ÖTV hat durch den Wettbewerb um Zertifizierungsaufträge inzwischen eine weitgehende Entwertung der Zertifikate stattgefunden (vgl. Schoch 1999, S. 2). Diese Kritikpunkte werden auch in einem durch das Umweltbundesamt in Auftrag gegebenen Gutachten

---

[141] Ein wesentliches Argument gegen die Privatisierung des Entsorgungsbereiches war es, dass durch Wettbewerb die erreichten Entsorgungsstandards im Zuge von Kosteneinsparungen sinken bzw. nicht eingehalten würden. Um dieses Argument zu entkräften, wurden die Entsorgungsfachbetriebe eingeführt.

zu den Entsorgungsfachbetrieben gesehen. Es wird hier richtigerweise nicht die Verwerfung des Prinzips der Selbstverantwortung und Selbstkontrolle gefordert, sondern die Verbesserung der Kontrolle der Sachverständigen (vgl. Hahn et. al. 1999, S. 260f.). Im Kern handelt es sich hier nicht um eine falsche Anreizgestaltung, sondern um Vollzugsprobleme.

Insgesamt wurde von allen beteiligten Kreisen die Wirksamkeit der Entsorgungsfachbetriebsverordnung als geeignet bis gut geeignet eingestuft (vgl. BMU 2000d, S. 345). Trotz der Verbesserungsmöglichkeiten sind bei den zertifizierten Entsorgungsfachbetrieben die Fach- und Sachkunde verbessert worden sowie die Transparenz und die Selbstverantwortung der Betriebe gestiegen. Von Seiten der Entsorgungsfachbetriebe wird zunehmend bemängelt, dass die Deregulierungsmaßnahmen, die durch die Zertifizierung erreicht wurden, weit hinter den Erwartungen zurückblieben. Hier sind auch im Zuge der Entlastung der Behörden durchaus noch Spielräume für Deregulierungsmaßnahmen gegeben. Dies sollte immer unter der Vorausetzung geschehen, dass die Kontrolle und damit die Einhaltung der Standards gewährleistet wird.

Insgesamt werden die Handlungsalternativen im Kreislaufwirtschafts- und Abfallgesetz immer mehr durch das Ordnungsrecht bestimmt. Deregulierung findet bei den Entsorgungsfachbetrieben nur in geringem Maße statt. Das Aufgabenspektrum des Ordnungsrechtes wird jedoch durch die Erweiterung des Abfallregimes auf Abfälle zur Verwertung erheblich erweitert (siehe Kapitel 4.1.3.1). Damit nehmen die Vollzugsprobleme durch die Erweiterung der Überwachung entgegen der gewünschten Abnahme zu.

Eine wesentliche Funktion des Ordnungsrechtes, die genaue Zuweisung von Rechten und Pflichten (siehe Kapitel 2.2.1), findet zwar im Kreislaufwirtschafts- und Abfallgesetz statt. Dennoch wird sie sofort wieder durch die ungenauen Rechtsbegriffe und den Verweis auf spätere Verordnungen aufgeweicht. Von wirklichen property-rights im Sinne von Coase kann nicht gesprochen werden. Somit wird die Entstehung eines Marktes für diese Verfügungsrechte verhindert. Wenn nicht klar definierte Pflichten auf den Abfallbesitzer zukommen, besteht kein Anreiz, diese im Sinne des Transaktionskostenansatzes durch Hierarchie, Kooperation oder Markt zu regulieren.

4.2.3 Veränderung der Kosten-Nutzen-Relation durch das Kreislaufwirtschafts- und Abfallgesetz

Die aktive Veränderung der Kosten-Nutzen-Relation wird in der umweltökonomischen Literatur mit den sogenannten ökonomischen Instrumenten gleichgesetzt, die eine Marktsteuerung entweder über Mengen- oder über Preissetzungen vollziehen. Obwohl auch die Monopolkommission marktwirtschaftliche Instrumente in der Abfallpolitik vorziehen würde, stellt sie das Problem der Informationsgewinnung hinsichtlich der Identifizierung der externen Kosten in den Vordergrund (vgl. Monopolkommission 1996, S. 33 und Kapitel 2.2.2). Die Frage der richtigen[142] Identifizierung der externen Kosten kann als Argument gegen die marktwirtschaftlichen Instrumente immer herangezogen werden. Es ist jedoch bei der Anwendung von ökonomischen Instrumenten die Frage, ob nicht auch ein näherungsweise „richtiger" Preis zumindest eine effizientere Lösung aus ökologischer Sicht bietet als gar keine Änderung. Im Falle der Kreislaufwirtschaft würde dies z. B. bedeuten, dass eine Deponieabgabe nie genau in der Höhe der externen Kosten ermittelt werden kann. Durch die Erhöhung der Entsorgungspreise für Deponierung könnten Wettbewerbsverzerrungen aber zumindest entschärft werden.

Es scheint daher nicht richtig, ökonomische Instrumente zur Steuerung der Kreislaufwirtschaft von vornherein zu verwerfen.[143] Es wäre sinnvoll gewesen, Optionen wie Abgaben oder die Ausgabe von handelbaren Zertifikaten im Kreislaufwirtschafts- und Abfallgesetz eindeutig zu verankern. Der Einsatz von ökonomischen Instrumenten ist über den Verordnungsweg in Bezug auf die Produktverantwortung durchaus denkbar, wird im Moment aber nicht angestrebt (siehe Kapitel 3.1.1).

In der Kreislaufwirtschaft spielt die aktive Gestaltung der Kosten-Nutzen-Relationen durch ökonomische Instrumente - wenn überhaupt - nur durch Second-Best-Methoden (z. B. Vorgabe von Verwertungsquoten oder Selbstverpflichtungserklärungen) eine Rolle. Die indirekte (ungewollte?) Steuerung der Kosten-Nutzen-Relation findet hingegen in erheblichem Maße statt. Folgende Sachverhalte sind zu nennen:

1. die Übergangsfrist der TASi,
2. die Anforderungen an Verbrennungsanlagen,
3. die Abfallgebühren.

---

[142] Im Sinne der exakten Festlegung der monetären Höhe der externen Kosten.
[143] Dies betont auch die Monopolkommission, auch wenn bei ihren Ausführungen die Skepsis zu überwiegen scheint (vgl. Monopolkommission 1996, S. 33).

Auch wenn die TASi schon vor dem Kreislaufwirtschafts- und Abfallgesetz in Kraft trat, ist die negative Wirkung der zwölfjährigen Übergangsfrist bis 2005 durch das Kreislaufwirtschafts- und Abfallgesetz verstärkt worden. Durch die in Kapitel 4.1.2 und 4.2.2 dargestellte Begriffsungenauigkeit sind die Möglichkeiten der Steuerung der Abfallströme noch schwieriger bis nahezu unmöglich geworden. Der Zwang zur Verfüllung von Deponien bis 2005 und die Möglichkeit, noch unbehandelte Abfälle ablagern zu können, verbunden mit der freien Wahl der Entsorger seitens des produzierenden Gewerbes, ergibt folgenden Sachverhalt: Die Deponien nehmen Abfälle zu Preisen an, die keine Kosten für Behandlung - teilweise auch nicht einmal die Kosten für die spätere Rekultivierung der Deponien - umfassen. Es gelangen hierdurch kaum noch Abfälle in die Müllverbrennungsanlagen und sonstigen Anlagen zur Abfallbehandlung,[144] da die Preise in Relation zu hoch sind. Wegen der Nichtauslastung der Müllverbrennungsanlagen bei hohen Fixkosten versuchen die Betreiber nun entweder durch Dumpingpreise zumindest einen Teil der Fixkosten zu decken, oder durch Einfluss auf die Kommunen bzw. Länder die freie Wahl des Entsorgers bei Gewerbeabfällen einzudämmen. Dieser Situation gilt es dringend zu begegnen, da die privaten Haushalte gleich zweimal die Kosten dieser Fehlregulierung zahlen. Erstens subventionieren sie die Entsorgungspreise, da sie voll an den Fixkosten der jeweiligen Müllverbrennungsanlage beteiligt sind, und zweitens müssen sie im Zuge der Steuern und Abgaben die spätere Rekultivierung bzw. Sanierung der Deponiestandorte finanzieren. Es sollten jedoch nicht die Symptome behandelt (z. B. Überlassungspflichten für Abfälle verschärfen), sondern die Ursachen bekämpft werden. Sie liegen im obigem Fall eindeutig bei dem zu geringen Deponiepreis, der nicht die externen Kosten und damit die sozialen Gesamtkosten widerspiegelt. Die Einführung einer Deponieabgabe, die gleiche Vorausetzungen für Müllverbrennungsanlagen und mechanisch-biologische Anlagen schafft, wäre hier sinnvoll.

Zur Zeit stellt sich die Situation jedoch folgendermaßen dar: Es gibt Kreise, die in Behandlungstechnologien investiert haben und somit hohe Kostenbelastungen tragen müssen und solche, die keine Abfallbehandlungsinfrastruktur haben, und somit auf Kosten der Umwelt ihre Abfallgebühren niedrig halten können (siehe Kapitel 3.2.4). Betrachtet man unter diesem Gesichtspunkt noch einmal Abb. 13 und Abb. 14, zeigt sich, dass die Problematik fehlender Infrastruktur für Abfallbehandlung ab 2005 kaum anders sein wird. Es werden weder ausreichend Anlagen insgesamt vorhanden sein (siehe Kapitel 3.2.2), noch wird die regionale Verteilung es ermöglichen, dass in den neuen Bundesländern eine TASi-konforme Entsorgung geschieht.

---

[144] Phänomen der „verschwundenen" Gewerbeabfälle (vgl. Weiler 1999, S. 137ff.)

Seitens des Gesetzgebers ist zu beachten, dass bei den notwendigen Maßnahmen 2005 nicht erneut Regionen benachteiligt werden, die rechtzeitig investiert haben. Andererseits bietet sich die Chance – unter Wahrung des Prinzips der Nähe - die Entsorgungsautarkie aufzubrechen und zu einer verstärkten Kooperation oder Mitnutzung gemeinsamer Anlagen zu gelangen. Eine Ballung von MVAs, wie sie aufgrund der eng ausgelegten Entsorgungsautarkie an der Rheinschiene entstanden ist, kann unter ökonomischen Gesichtspunkten nicht als erstrebenswert für das gesamte Bundesgebiet angesehen werden. Es sollte hier dem Prinzip der Niederlande folgend erst dann eine neue MVA errichtet werden, wenn der Bedarf nicht durch eine andere Verteilung auf die bestehenden Anlagen im Bundesgebiet zu decken ist (vgl. Nieuwenhoven 1999, S. 168ff.).

Der geschilderte Preiskampf hat Auswirkungen auf die Verwertung von Abfällen. Durch die niedrigen Entsorgungspreise haben aufwendige Verwertungsverfahren in einem Markt, der durch die weichen Definitionen von Verwertung und Beseitigung gekennzeichnet ist, keine Chance (siehe auch Kapitel 4.2.2). Inwieweit die reine Kostenorientierung und damit diese Aussage Bestand hat, wird in der empirischen Analyse zu beantworten sein.

Ein weiterer Aspekt einer indirekten Veränderung der Kosten-Nutzen-Relationen ist die Ungleichgewichtung der Kriterien innerhalb der Abfallverbrennung. Es bestehen Wettbewerbsverzerrungen aufgrund unterschiedlicher Normen beim Mitverbrennen in industriellen Anlagen (z. B. Zementwerken) und Monoverbrennung in Müllverbrennungsanlagen. Diese Wettbewerbsverzerrungen richten sich auf die unterschiedlichen Anforderungen an Immissionen. Während die Müllverbrennungsanlagen der 17. BImSchV genügen müssen, sind die Anforderungen an den Immissionsschutz bei Industrieanlagen bei gleichen Inputmaterialien (hier Abfall) niedriger. Sie müssen nur den Anforderungen der TA Luft und der 13. BImSchV genügen. Diese kostenrelevanten Normenunterschiede gilt es zu beheben (zur Diskussion vgl. SRU 1998a, Tz. 592). Seitens der Betreiber von Müllverbrennungsanlagen - auch im Lichte des Preiskampfes um Abfälle – wird eher die Zielsetzung verfolgt, Mitverbrennung zu unterbinden und damit Konkurrenten auszuschalten. Es scheint im Hinblick auf die Zeit nach 2005 nicht sinnvoll die Mitverbrennung zu verwerfen. Die Prognosen zeigen ab 2005 eine erhebliche Deckungslücke auf, die zumindest durch die Mitverbrennung sinnvoll reduziert werden kann (siehe Kapitel 3.2.2). Andererseits ist es eine unabdingliche Forderung, dass durch die Mitverbrennung keine höheren Schädigungen für die Umwelt entstehen. So ist beispielsweise zu prüfen, ob durch den Einsatz von Abfällen bei der Zementproduktion keine Schadstoffanreicherungen im Zement entstehen (vgl. Verheyen/Spangeberg 1998, S. 50f.).

Der dritte Aspekt der indirekten Veränderung der Kosten-Nutzen-Relationen betrifft die Abfallgebühren. Während dem gewerblichen Abfallerzeuger durch die Preiskämpfe auf dem Entsorgungsmarkt keine Anreize zur Abfallverwertung und Abfallvermeidung durch die Abfallentsorgungskosten geboten werden,[145] steigen die Gebühren bei den privaten Haushalten kontinuierlich an (siehe Abb. 51). Dieses Spannungsfeld birgt erhebliche Risiken. Bei den gewerblichen Abfallerzeugern werden kostenintensive Vermeidungs- oder Verwertungsanstrengungen zumindest aufgeschoben. Sie bergen bei den niedrigen Entsorgungskosten keine Einsparungspotenziale.

Die privaten Haushalte tragen durch die hohen Verwertungsquoten im Rahmen der Verpackungsverordnung viel zur Abfallverwertung bei. Dennoch ist fraglich, ob diese positive Entwicklung, die allein auf intrinsischer Motivation beruht, weiter fortschreitet. Einerseits werden die Anforderungen an die Haushalte durch potentielle Verordnungen (siehe Kapitel 3.1.1) noch weiter steigen, während sich andererseits keine Entlastung bei den Gebühren zeigt (vgl. Bilitewski/Apitz 1999, S. 28ff.). Mittlerweile ist eine verursachergerechte Gebührenabrechnung keine unlösbare Aufgabe mehr. Die Steuerung der Behältergrößen und der Abfuhrrhythmen zeigen zumindest bei den Modellversuchen deutliche Erfolge (siehe Kapitel 3.2.2). Dem Argument der einsetzenden „wilden Entsorgung" könnte – in Anlehnung an die Praxis in den USA - durch hohe Strafandrohungen im Sinne des Gefangenendilemmas als Lösungsstrategie entgegen gewirkt werden. Bei der Anreizgestaltung zur Abfallvermeidung und Abfallverwertung müssen zukünftig mehr die privaten Haushalte ins Auge gefasst werden. Eine einseitige Fokussierung auf die freiwillige Mithilfe im Sinne des verständigungsorientierten Ansatzes (siehe Kapitel 2.2) scheint problematisch. Des Weiteren muss die Gebührentransparenz verbessert werden. Eine kontinuierliche Gebührenerhöhung bei gleichzeitiger Abfallreduzierung seitens der Gebührenzahler schwächt ansonsten die Kooperationsbereitschaft nachhaltig (siehe das Beispiel in Fußnote 50). Zur Gebührentransparenz zählt, neben der Darlegung der Kostenentwicklung in der Einzelgemeinde, vor allem die Transparenz zwischen den Gemein-

---

[145] Der BVSE spricht im Zusammenhang mit dem Preisverfall sogar von der Gefahr des Rückfalls in die Ex-und -Hopp Mentalität vergangener Jahre.

den, damit nicht durch unterschiedliche Abschreibungsverfahren erhebliche Gebührendifferenzen entstehen.[146]

4.2.4 Möglichkeiten zur Beeinflussung der Präferenzen durch das Kreislaufwirtschafts- und Abfallgesetz

Ein neuer Schwerpunkt sind die Maßnahmen zur Veränderung des Informationsgehaltes. Durch die Steigerung des Informationsgehaltes verändern sich Präferenzen, die im Rahmen des Entscheidungsmodells die zielkonformen Handlungen unterstützen (siehe Kapitel 2.2.3). Das entscheidende Instrumentarium hierfür ist im Teil 2 (Grundpflichten) und im Teil 8 (Betriebsorganisation und Betriebsbeauftragter für Abfall des Kreislaufwirtschafts- und Abfallgesetzes verankert (siehe Kapitel 4.1.3.1).

Teil 2 des Kreislaufwirtschafts- und Abfallgesetzes schreibt in Verbindung mit dem untergesetzlichen Regelwerk die Erstellung von Abfallbilanzen und Abfallwirtschaftskonzepten ab einer gewissen Abfallmenge je Abfallart vor (siehe Kapitel 4.1.3). Durch diese Verpflichtung zur Dokumentation der Abfallströme und zur Erstellung von Konzepten für die innerbetriebliche Abfallwirtschaft ist ein Instrument installiert, dass im Sinne der intrinsischen Motivation insbesondere den Informationsgehalt im Unternehmen hinsichtlich der abfallrelevanten Stoffströme (quantitativ und monetär) deutlich verbessert. Auf der Grundlage dieser Dokumentationen sind die Unternehmen häufig erst in der Lage, potentielle Felder zur Ressourcenschonung bei gleichzeitiger Kosteneinsparung zu ermitteln. In diesem Sinne sind die geforderten Dokumentationen ein wertvoller Beitrag zur Entscheidungsverbesserung im Sinne des hier verwandten entscheidungsorientierten Lösungsansatzes. Inwieweit das Instrument der Informationspflichten des Kreislaufwirtschafts- und Abfallgesetzes in der Realität Erfolg hat, wird in Kapitel 5 untersucht. Die Dokumentationspflichten zielen ebenso darauf ab, dass die Unternehmen ihre Stoffströme offen legen müssen und somit gegenüber der Unternehmensumwelt ihr spezifisches Handeln darlegen müssen.

Teil 8 des Kreislaufwirtschafts- und Abfallgesetzes befasst sich mit der Organisation der Unternehmen. Verbunden mit der Möglichkeit der Festlegung der Produktverantwortung haben die Anforderungen dieses Teils den Zweck, die betrieblichen Abläufe aus abfallwirtschaftlicher Sicht zu analysieren (siehe Kapitel 4.1.3.1). Durch die Pflicht, die Betriebsorganisation offenzulegen, soll die funktionsübergreifende Sicht-

---

[146] Zur Ermittlung der Gebühren und zur Entgeltkalkulation vgl. Gawel 1994, S. 469ff.

weise gefördert werden. Gerade abfallwirtschaftliche Vorgänge als Querschnittsaufgabe im Unternehmen lassen sich nachhaltig nur durch eine Vernetzung der einzelnen Funktionsbereiche in der Planung und der Organisation realisieren.

Die Zielsetzung der Produktverantwortung geht in dieser Hinsicht noch weiter. Eine Produktverantwortung im engen Sinne verlangt eine Planung und Organisation über die Unternehmensgrenzen hinaus. Es müssen unternehmensübergreifend Wertschöpfungsketten betrachtet werden (vgl. Wagner/Matten 1995, S. 50f.). Hieraus können ganz neue Anforderungsprofile an Produkte entstehen und ganz neue Vermarktungsstrategien erwachsen. Beispielhaft sei das Ökoleasing angeführt, das ein Beitrag zur Abfallvermeidung durch freiwillige Übernahme der Produktverantwortung bietet (siehe zur Ausgestaltung Soete 1997, 70ff.).

Auch hier gilt es, den Informationsstand zu verbessern und damit zu besseren Entscheidungen aus abfallwirtschaftlicher Sicht zu gelangen. Nur eine Transparenz der Abfallkosten und die Informationen über Kosteneinsparungspotenziale bedeuten eine stärkere Motivation zur Abfallvermeidung (vgl. Greaves 1998, S. 2f.).

Daneben stellen Informationen über eindeutig nachweisbare Vorteile und praktische Erfahrungen realer Unternehmen den stärksten Anreiz für Abfallvermeidungsmaßnahmen dar (vgl. Atkins 1997, S. 80ff.). In diesem Zusammenhang ist die Informationspflicht für die öffentlichen Entsorgungsträger ein guter Ansatz, zumindest die Erfolge in diesem Sektor zu kommunizieren. Insgesamt sollte der Fokus nach Erkenntnissen der Studien von CEST[147] stärker auf gezielte Unterstützung einzelner Demonstrationsprojekte gerichtet werden. Dadurch könnten im Sinne des Schwerpunktprinzips den Studien zufolge wesentlich größere Erfolge erzielt werden. Voraussetzung ist eine effiziente Kommunikationspolitik des Staates, der die Erfolge bekannt macht und Multiplikatoreffekte schafft (vgl. Greaves 1998, S. 4ff.). Als Beispiel für ein erfolgreiches regionales Projekt ist das Hohenloher Modell anzuführen, das durch die Vermeidung von Sondermüll Kosteneinsparungen und qualitative Abfallvermeidung vereint hat (vgl. Länderspiegel vom 17.09.1999 im ZDF).

Neben diesen unternehmensorientierten Anreizen finden sich im Kreislaufwirtschafts- und Abfallgesetz nur wenige Ansätze zur Veränderung der Präferenzen der privaten Haushalte wieder. Sie sind im jetzigen Spannungsfeld der Kreislaufwirtschaft die Verlierer, da sie mit steigenden Abfallgebühren, steigenden Produktpreisen und stei-

---

[147] Centre for Exploration of Science and Technology

gendem Sortieraufwand konfrontiert werden. Gleichzeitigen werden hohe Anforderungen an ihre Mithilfe gestellt. Das Duale System Deutschland wird im Ausland nur deshalb so gelobt, weil der Beitrag der privaten Haushalte hoch ist und weil die Verwertungstechniken oder die Sammelsysteme so effizient sind (vgl. Young 2000). Dies muss bei zukünftigem Mehraufwand für die privaten Haushalte bedacht werden, wenn nicht der Zusammenbruch des gesamten Systems in Kauf genommen werden soll.

5   Die Kreislaufwirtschaft aus Sicht der Unternehmen – eine empirische Analyse

Analysen des Kreislaufwirtschafts- und Abfallgesetzes enden meist im Entsorgungs-bereich, d. h. die eigentlichen Adressaten des Gesetzes und deren Reaktionen werden ausgeklammert. Jenem Defizit soll durch diese Arbeit entgegengewirkt werden, in-dem die Reaktionen der Unternehmen als Abfallerzeuger untersucht werden.

Von der Befragung ausgeschlossen wurden private Haushalte, da die vierte Phase der Abfallgesetzgebung, die durch eine verursachergerechte Pflichtenzuweisung (siehe Kapitel 3.1.1) gekennzeichnet ist, sich in Gestalt des Kreislaufwirtschafts- und Ab-fallgesetzes vorerst nur an die Produzenten von gewerblichen Abfällen und damit an die Unternehmen richtet. Private Haushalte unterliegen – außer bei der Eigenkompo-stierung – nach wie vor der Andienungspflicht im Rahmen der öffentlichen Daseins-vorsorge (Status der dritten Phase der Abfallgesetzgebung). Sie haben damit kaum Handlungsspielraum, aktive Veränderungen vorzunehmen. Fragen zur Gebührenab-rechnung, die eine Steuerung des Verhaltens der privaten Haushalte ermöglichen, sind nicht im Zusammenhang mit dem Kreislaufwirtschafts- und Abfallgesetz zu klären, da die Gebühren im Rahmen der Gemeindeordnung geregelt werden. Des Weiteren wurden Wirkungen von verschiedenen Erfassungssystemen bereits angesprochen. Auch sie haben starken Einfluss auf das Abfallverhalten der privaten Haushalte, wer-den jedoch nicht durch das Kreislaufwirtschafts- und Abfallgesetz geregelt. Um die Reaktionen von privaten Haushalten zu analysieren, müssten einzelne Verordnungen und deren Regelungsanforderungen zu Rate gezogen werden, wovon hier abgesehen wird.

Die Gliederung dieses Kapitels ist durch die theoretische Untersuchung in den vorhe-rigen Kapiteln vorgegeben. So werden in einem ersten Teil die von den Unternehmen prognostizierten Abfallströme und die Entsorgungsstrukturen dargestellt. In einem zweiten Teil werden dann die Markthemmnisse für Sekundärrohstoffe aus Sicht der Unternehmen identifiziert, um die zukünftige Entwicklung der Kreislaufwirtschaft abzulichten.

Anschließend wird das Kreislaufwirtschafts- und Abfallgesetz aus drei Blickwinkeln untersucht. Erstens wird gefragt, welche Meinungen die Unternehmen zum Kreis-laufwirtschafts- und Abfallgesetz allgemein haben und wie sie zu gewissen Aussagen in der öffentlichen Diskussion stehen. Zweitens wird analysiert, welche Wirkungen das Kreislaufwirtschaftsgesetz insgesamt hat und welche zusätzlichen Faktoren Einfluss auf das Abfallverhalten der Unternehmen haben. Drittens wird schließlich untersucht, ob einzelne Maßnahmen im Kreislaufwirtschafts- und Abfallgesetz Wirkung zeigen.

5.1 Struktur der befragten Unternehmen

Die Gründungen der befragten Unternehmen verteilen sich relativ gleichmäßig auf das letzte Jahrhundert, wobei in der Zeit nach dem Zweiten Weltkrieg eine größere Zahl an Unternehmensgründungen zu finden ist (siehe Abb. 56). Es bestehen in der Befragung bezüglich des Gründungsjahres demnach keine Verzerrungen. Die Altersstruktur wird im Laufe der empirischen Analyse keine weitere Rolle mehr spielen, da keine signifikanten Unterschiede im Verhalten bzw. bei den Aussagen der Unternehmen aufgrund des Gründungsjahres abgeleitet werden konnten. Grundsätzlich scheint das Alter eines Unternehmens keinen Einfluss auf die betriebliche Abfallwirtschaft zu haben. Beharrungstendenzen sind aufgrund „alt eingesessener" Strukturen deshalb nicht zu identifizieren.

Abb. 56: Altersstruktur der befragten Unternehmen

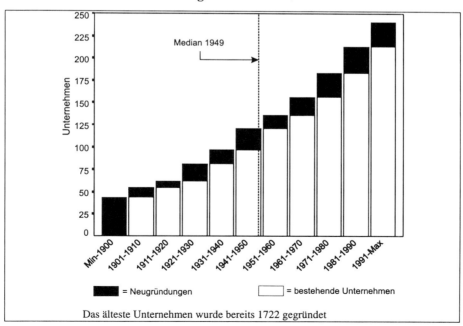

Quelle: eigene Erhebung.

Weitere Typisierungsmerkmale, bei denen kaum signifikante Unterschiede in Bezug auf die betriebliche Abfallwirtschaft abgeleitet werden konnten, sind die Anzahl der Betriebsstandorte, die Produktionsverfahren und die Organisationsstruktur.

Die befragten Unternehmen haben zu 75% nur einen Betriebsstandort. Weitere 13% haben einen Zweitstandort. Wenn Unternehmen mehrere Betriebstandorte haben, dann verfügen 56% mindestens über einen weiteren in Deutschland, 54% über einen innerhalb der EU und immerhin noch 38% über einen Standort außerhalb der EU. Die statistische Auswertung lässt auch hier keine signifikante Aussage zu, die darauf hinweist, dass Unternehmen mit mehreren Standorten ein anderes Entsorgungsverhalten haben.

Die dominierende Organisationsstruktur der Unternehmen ist die Funktionalorganisation, die mit einem Anteil von fast 70% erwartungsgemäß gehäuft bei kleineren Unternehmen nachzuweisen war. Bei den Produktionsverfahren überwiegt die Serienfertigung mit 45%, gefolgt von der Einzelfertigung mit 33% und der Massenfertigung mit 22% der Unternehmen (siehe Abb. 57). Bei der Auswertung konnten keine signifikanten Unterschiede herausgearbeitet werden. Nur bei der Entsorgungsstruktur wurden Abweichungen ermittelt, die jedoch nicht eindeutig auf das Produktionsverfahren bzw. die Fertigungsstruktur zurückzuführen waren, sondern eher auf die Betriebsgröße. Diese korrelierte stark mit den beiden Variablen.

Abb. 57: Organisationsstruktur und Produktionsverfahren der befragten Unternehmen

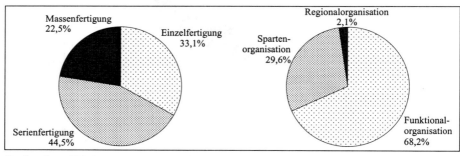

Quelle: eigene Erhebung.

Maßgeblicher für die Beurteilung der betrieblichen Abfallwirtschaft sind hingegen die Angaben zur Zertifizierung und zur Betriebsgröße in Bezug auf die Beschäftigtenzahl.

In Nordrhein-Westfalen sind 44% der Unternehmen zertifiziert. Bei der Art der Zertifizierung liegt die ISO 9001 mit 46% vorn. Die ISO 14001 rangiert mit 17% fast
gleichauf mit der ISO 9002 (14%) und der EMAS (15%). Die EMAS als einzige europäische Zertifizierung tritt immer in Verbindung mit der ISO 14001 auf, was die
Aussage stützt, dass eine Angleichung der beiden Normen die Verbreitung der EMAS
forcieren könnte (siehe Kapitel 2.2.3). Angleichung in diesem Sinne heißt bereits geprüfte Komponenten der einzelnen Managementsysteme bei weiteren Zertifizierungsmaßnahmen anzuerkennen, damit sie nicht erneut geprüft werden müssen. Im
Rahmen der Auswertung wurden die Unternehmen nur danach typisiert, ob sie zertifiziert sind. Eine tiefergehende Aufgliederung nach einzelnen Zertifizierungsarten erschien aufgrund der zu geringen Fallzahl und der fehlenden inhaltlichen Differenzierung nicht sinnvoll.

Abb. 58: Verteilung der Unternehmen nach Beschäftigtengrößenklassen

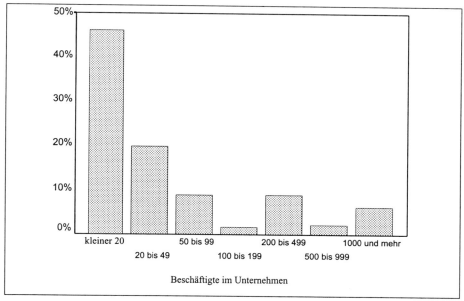

Quelle: eigene Erhebung.

Eine eindeutige Typisierung im Rahmen der Auswertung konnte anhand der Beschäftigtenzahl vorgenommen werden. Die Beschäftigungsgrößenklassen zeigten eine
Häufung der Betriebe mit weniger als 20 Beschäftigten, womit in dieser Befragung

- diametral zu den meisten sonstigen Befragungen[148] - die kleinen Unternehmen im Rahmen der statistischen Signifikanz überrepräsentiert waren (siehe Kapitel 1.3.2 und Abb. 58). In dieser Untersuchung hat der Durchschnittsbetrieb[149] 22 Beschäftigte (inklusive Unternehmer), von denen 6 Angestellte und 15 Arbeiter sind.

Des Weiteren wurden mit Hilfe einer Faktorenanalyse und durch eine auf den ermittelten Faktoren aufbauende Clusteranalyse vier Umweltstrategien abgeleitet (zum Verfahren siehe Kapitel II). Nach diesen Strategietypen eingeteilt, hatten 28% der Unternehmen eine offensive, 36% eine abwartende, 10% eine defensive und schließlich 26% keine abfallwirtschaftliche Strategie (siehe Abb. 71).

5.2   Die Entwicklung der Abfallströme

Die Abfallmenge, die von den Unternehmen angegeben wurde, schwankte zwischen 0,3 t und 193.446 t. Im Mittelwert ergab dies rund 2.300 t je Betrieb. Dieser Mittelwert ist jedoch durch Extremwerte verfälscht, denn 88% der Unternehmen gaben eine Abfallmenge von unter 1.000 t an. Der Median von 50 t pro Unternehmen spiegelte die Verteilung der Abfallmengen besser wider. Insgesamt werden die Angaben zur Abfallmenge jedoch nicht weiter in die Beurteilung einfließen, da der Plausibilitätstest scheiterte (siehe Kapitel 1.3.3).

Die Entwicklung der Abfallströme tendiert in eine positive Richtung. Einschränkend ist festzuhalten, dass ein Großteil der Unternehmen keine Veränderungen der Abfallströme im Unternehmen erwartete. Mit sinkenden Abfallmengen im Unternehmen rechneten 20% der Unternehmen, 12% erwarteten hingegen einen Anstieg der Abfallmenge. Unabhängig von der Gesamtentwicklung der Abfallmengen werden die Abfälle zur Beseitigung in 35% der Unternehmen zurückgehen und die Abfälle zur Verwertung in 36% der Unternehmen ansteigen. Hier zeigt sich eine gewünschte Verlagerung der Abfallströme weg von der Beseitigung hin zur Verwertung. Untermauert wird diese Entwicklung mit der Aussage von 24% der Unternehmen, die den Anteil   von   Sekundärrohstoffen   in   der   Produktion   erhöhen   wollen.   Damit

---

[148] Oftmals waren gerade die Rücklaufquoten bei den kleinen Unternehmen schlechter, womit diese Gruppe dann meist unterrepräsentiert ist.

[149] Da die Ausreißer das Bild verzerren würden, wurde für den Durchschnittsbetrieb der Median zugrunde gelegt. Der größte Betrieb hatte insgesamt 44.315 Beschäftigte. Allein durch diesen hohen Wert liegt der Mittelwert bei 427 Beschäftigten.

zeigt sich bei einem Drittel der Unternehmen in Nordrhein-Westfalen die Tendenz zu einem veränderten Abfallverhalten im Sinne des Kreislaufwirtschafts- und Abfallgesetzes. So führen die Unternehmen der Recyclingwirtschaft zukünftig mehr Abfälle der Verwertung zu und nehmen gleichzeitig mehr Sekundärrohstoffe ab. Für die zukünftige Entwicklung von Sekundärrohstoffmärkten gehen damit positive Impulse aus, so dass eine Situation, wie sie beispielsweise auf dem Markt für Sekundärkunststoffe herrscht, potentiell verhindert werden könnte.

Abb. 59: Prognose der Abfallströme

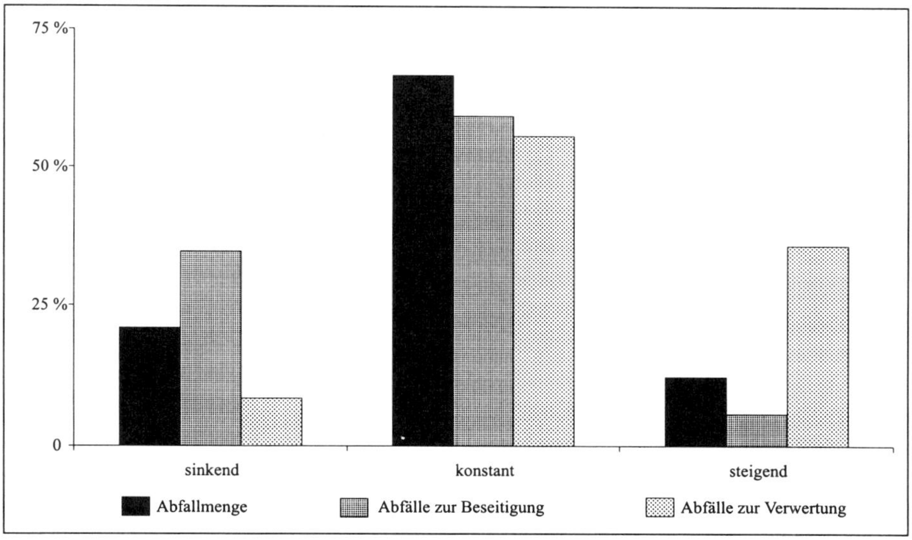

Quelle: eigene Erhebung.

Im Folgenden wird untersucht, ob spezifische Kriterien an den Aussagen zur Entwicklung der Abfallmengen und der Abfallströme festgemacht werden können. Zu diesem Zweck wurden die Unternehmen nach verschiedenen Kriterien gruppiert. Mittels des χ^2-Tests wurde geprüft, ob die Gruppen unabhängig sind. Signifikante Ergebnisse konnten insbesondere bei der Gruppierung nach den unterschiedlichen Umweltstrategien erreicht werden.[150] Ebenso lieferte die Einteilung in Betriebsgrößenklassen sowie in zertifizierte bzw. nicht zertifizierte Unternehmen Aufschluss über

---

[150] Der χ^2-Test war für alle vier relevanten Variablen (Abfallmenge, Abfälle zur Beseitigung, Abfälle zur Verwertung und Einsatz von Sekundärrohstoffen) hochsignifikant.

die Strukturen.[151] Bei Betrachtung derjenigen Unternehmen, die steigende Abfälle zur Verwertung und sinkende Abfälle zur Beseitigung prognostizierten, zeigt sich bereits, dass fast die Hälfte dieser Unternehmen eine offensive Umweltstrategie verfolgte. Ein weiteres Drittel jener Unternehmen hatte eine abwartende Strategie und damit immer noch eine hohe Umweltorientierung (siehe Abb. 71; S. 243).

Bei der Betrachtung aller Fälle zeigt sich, dass die Unternehmen mit steigender Umweltorientierung zumindest eine Veränderung der Situation erwarten. Die Unternehmen mit defensiver Umweltstrategie gaben zu fast einem Viertel an, dass die Abfallmenge steigen wird, während die Unternehmen mit einer offensiven Umweltstrategie zu fast 33% sinkende Abfallmengen für ihr Unternehmen voraussahen. Bei den Unternehmen mit abwartender Umweltstrategie waren es immerhin noch 22%, die sinkende Abfallmengen für ihr Unternehmen erwarteten. Diese Prognose korrespondiert mit den Aussagen zur Entwicklung der Abfallströme und des Einsatzes von Sekundärrohstoffen. Es lässt sich für über 90% der Unternehmen mit einer offensiven Strategie folgende Aussage treffen: Die Abfallströme werden sich nicht zugunsten der Beseitigung verlagern, und die Abfälle zur Verwertung werden steigen (50% der Unternehmen) bzw. konstant bleiben. Dies findet bei 33% der Unternehmen mit einer offensiven Umweltstrategie, kombiniert mit einem steigenden Einsatz von Sekundärrohstoffen, statt.

Es zeigt sich, dass die Präferenzstruktur der Unternehmen maßgeblichen Anteil am Abfallverhalten bzw. an der Entwicklung der Abfallströme hat. Gleichzeitig ist auch erkennbar, dass die starke Umweltorientierung nicht zwangsläufig zu zielkonformem Handeln führt, denn zwei Drittel der Unternehmen mit einer offensiven Umweltstrategie und drei Viertel der Unternehmen mit einer abwartenden Umweltstrategie sahen keine Veränderungen bei der Abfallaufkommensstruktur (siehe Tab. 15).

---

[151] Nicht alle Gruppierungen waren signifikant. Manche waren nur signifikant (90%). Die im folgendem Text genannten Zusammenhänge waren hochsignifikant, wenn keine weitere Anmerkung erfolgt.

Tab. 15: Entwicklung der Abfallströme nach Umweltstrategietypen

	Umweltstrategie			
	offensive Strategie	abwartende Strategie	defensive Strategie	keine Umweltstrategie
Prognose der Abfallmenge				
steigend	14,1%	11,8%	**23,8%**	6,8%
konstant	53,1%	65,9%	71,4%	**81,4%**
sinkend	**32,8%**	**22,4%**	4,8%	11,9%
Entwicklung der Abfälle zur Beseitigung				
steigend	3,0%	9,5%	4,2%	3,4%
konstant	43,9%	57,1%	70,8%	**75,9%**
sinkend	**53,0%**	33,3%	25,0%	20,7%
Entwicklung der Abfälle zur Verwertung				
steigend	**50,8%**	36,9%	39,1%	16,1%
konstant	41,5%	52,4%	60,9%	**75,0%**
sinkend	7,7%	10,7%	0 %	8,9%
Anteil der Sekundärrohstoffe in der Produktion				
steigend	**33,9%**	20,5%	30,0%	14,3%
konstant	61,0%	74,4%	65,0%	**79,6%**
sinkend	5,1%	5,1%	5,0%	6,1%

Quelle: eigene Erhebung.

Anhand der Einteilung in zertifizierte und nicht zertifizierte Unternehmen zeigt sich signifikant, dass 30% der zertifizierten Unternehmen und nur 16% der nicht zertifizierten Unternehmen mit einer sinkenden Abfallmenge rechneten. Deutlichere Unterschiede treten bei der prognostizierten Entwicklung der Abfallströme zu Tage. Hier rechneten 53% der Unternehmen, die zertifiziert waren, mit sinkenden Abfällen zur Beseitigung und 49% mit steigenden Abfällen zur Verwertung in ihrem Unternehmen. Bei den nicht zertifizierten Unternehmen sahen nur 25% sinkende Abfälle zur Beseitigung und 29 % steigende Abfälle zur Verwertung. Die Prognose in Bezug auf die Entwicklung des Einsatzes von Sekundärrohstoffen im Unternehmen zeigt keine signifikanten Unterschiede. Aus diesen Ergebnissen lässt sich ableiten, dass zertifizierte Unternehmen aufgrund der besseren Kenntnisse bzw. aufgrund der stärkeren Auseinandersetzung mit den Stoffströmen im Unternehmen eher Potentiale für weitergehende Verwertungsmaßnahmen bzw. für die Erfassung von getrennten Stofffraktionen sahen, die dann als Abfall zur Verwertung entsorgt werden können.

Abb. 60: Entwicklung der Abfallmengen in Unternehmen nach Beschäftigungs-größenklassen

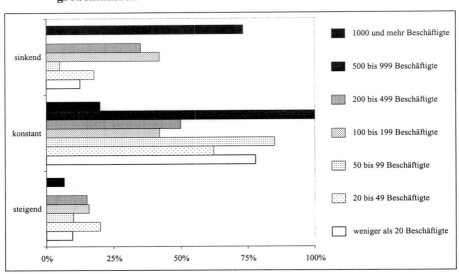

Quelle: eigene Erhebung.

Abschließend wurden die Aussagen zur Entwicklung der Abfallströme anhand der Betriebsgrößenklassen typisiert. Statistisch signifikante Aussagen lassen sich nur zu den Prognosen der Abfallmengen und der Entwicklung der Abfälle zur Beseitigung machen. Hier lässt sich ableiten, dass mit zunehmender Beschäftigtenzahl die Abfallmenge eher rückläufig sein wird. So rechneten nur 23% der Unternehmen mit weniger als 20 Beschäftigten, aber fast drei Viertel (73%) der Unternehmen mit mehr als 1.000 Beschäftigten mit einem Rückgang der Abfallmengen im eigenen Unternehmen.[152] Die gleiche Aussage gilt auch für die Abfälle zur Beseitigung. Insgesamt gesehen ist dies für die absolute Abfallmengenentwicklung in Nordrhein-Westfalen positiv zu werten, da die Unternehmen, die schon aufgrund ihrer Größe mehr Abfall produzieren, in Zukunft geringere Mengen erwarten. Dies könnte zu einer spürbaren Entlastung der Abfallinfrastruktur beitragen, die - wie in Kapitel 3.2.2 ausgeführt – ab 2005 mit erheblichen Überlastungen zu kämpfen haben wird.

---

[152] Ausnahme bildet hier die Klasse mit Unternehmen, die 500-999 Beschäftigten haben. Hier werden keine Veränderungen in der Entwicklung der absoluten Abfallmengen erwartet (siehe auch Abb. 60).

5.3   Entsorgungsstruktur der Unternehmen

Die Entsorgungsstruktur in den Unternehmen unterscheidet sich signifikant nur in Bezug auf die Betriebsgröße. Es lassen sich zwar gewisse Tendenzen zugunsten des Anteils zur Verwertung bei zertifizierten Unternehmen erkennen, jedoch sind diese nicht statistisch signifikant. Bei den Umweltstrategien konnten ebenfalls keine eindeutigen Unterschiede ermittelt werden. Dies ist damit zu begründen, dass mit einem hohen Anteil an Abfällen zur Verwertung nicht unbedingt eine starke Umweltorientierung verbunden sein muss. Es kann gerade bei den Unternehmen mit defensiver Umweltstrategie die Abgrenzungsproblematik zum Tragen kommen, die mitunter zu sogenannten Scheinverwertungen bzw. zu minderwertigeren Verwertungen führt, die kostengünstiger als die Beseitigung sind (siehe Kapitel 4.1.2.2).

Die Situation in den Unternehmen stellt sich wie folgt dar: 3% der Unternehmen haben gar keine Abfälle zur Beseitigung mehr, weitere 22% haben kaum Abfälle zur Beseitigung (1-10%). 32% der Unternehmen können mit einem Anteil von 11-50% an Abfällen zur Beseitigung als verwertungsorientiert eingestuft werden und 18 % als beseitigungsorientiert, da ihr Anteil an Abfällen zur Beseitigung bei 51-80% liegt. Die restlichen Unternehmen stechen dadurch hervor, dass sie zu 19% mit einem Anteil von 91-99% kaum Abfälle zur Verwertung haben und zu 6% gar keine Abfälle zur Verwertung deklarieren. Im Durchschnitt liegt der Anteil der Abfälle zur Verwertung bei den Unternehmen bei 60% (Median 70%) bzw. der Anteil der Abfälle zur Beseitigung bei den Unternehmen bei 40% (Median 30%).

Einzige erklärende Variable für die Verteilung der Abfälle zur Beseitigung und der Abfälle zur Verwertung in den Unternehmen sind die Betriebsgrößenklassen. Es ließe sich hier mit Hilfe einer einfaktoriellen Varianzanalyse ein deutlicher Unterschied hinsichtlich der verschiedenen Größenklassen ableiten.[153] Abb. 61 zeigt, dass der Anteil der Abfälle zur Verwertung mit der Zahl der Beschäftigten wächst, während der Anteil der Abfälle zur Beseitigung entsprechend sinkt.[154]

---

[153] Für Abfälle zur Beseitigung F = 3,218 und Signifikanz = 0,005 → Die Gruppenmittelwerte sind hochsignifikant unabhängig.
[154] Die Betriebsgrößenklasse mit 500-999 Beschäftigten bildet hier eine Ausnahme. Gründe sind nur schwer ableitbar. Deshalb wird die Abweichung auf die geringe Fallzahl in dieser Klasse und die daraus resultierenden Verzerrungen zurückgeführt.

Abb. 61: Anteil der Abfallarten in Abhängigkeit von der Beschäftigungsgrößen- klasse

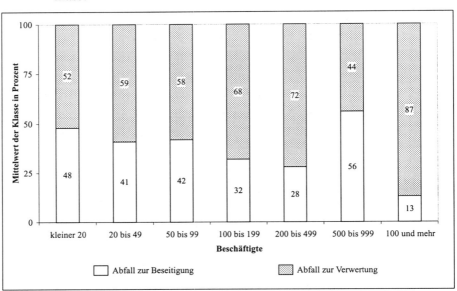

Quelle: eigene Erhebung.

Für die Wirkung des Kreislaufwirtschafts- und Abfallgesetzes bedeutet dieses Ergeb- nis, dass gerade kleinere Unternehmen nicht der Zielsetzung folgen, vorrangig zu verwerten. Hier sollten insbesondere Mengenfragen in den Vordergrund treten. Es scheint, dass die Abfallmengen der einzelnen Stofffraktionen zu gering sind, als dass sich eine Verwertung oder aus Sicht des Unternehmens eine getrennte Erfassung loh- nen würde. Ein Anreiz zur Kooperation, z. B. innerhalb eines Gewerbegebietes im Rahmen der Kreislaufwirtschaft (gemeinsame Erfassung), die eine Mengenauswei- tung der einzelnen Fraktionen bedeuten könnte, ist im Kreislaufwirtschafts- und Ab- fallgesetz zu schwach implementiert, wie die Reaktionen der Unternehmen zeigen (siehe auch Kapitel 5.7.3). Hier müssen dringend neue Impulse gesetzt werden, wenn auch kleine Unternehmen verstärkt zur getrennten Sammlung als Basis für die Ver- wertung ermutigt werden sollen.

Die oben ausgeführten Aspekte zeigen, welcher Anteil tatsächlich der Recyclingindu- strie und welcher dem Entsorgungsbereich zugeführt wird. Im Folgenden sollen nun die innerbetrieblichen Strukturen der Kreislaufwirtschaft anhand von drei Faktoren beleuchtet werden, bevor im letzten Teil dieses Kapitels die Lieferstruktur der Unter- nehmen näher untersucht wird:

1. Erfassung der Abfälle im Unternehmen,
2. innerbetriebliche Verwertung,
3. Entscheidungsstruktur im Unternehmen.

Die Sortierung von Abfällen findet mittlerweile in fast 90% der Unternehmen statt. Dies ist weniger auf das Kreislaufwirtschafts- und Abfallgesetz zurückzuführen als auf die Gebührenstaffelung für gemischte und nicht gemischte Abfälle, da 87% der Unternehmen bereits vor Inkrafttreten des Gesetzes diese Sortierungen vornahmen. Eine Untersuchung der Unternehmen, die sortieren, bringt zu Tage, dass hiervon 75% Papier, Pappe und Karton trennen, 41% Kunststoffe, 38% Metalle, 17% Glas und jeweils 10% Öle und Schmiermittel sowie Farben und Lacke. Verglichen mit der Branchenzugehörigkeit der Unternehmen, zeigt sich eine hohe Korrelation mit den verwandten Werkstoffen und den Sortiervorgängen.

Insgesamt ist eine Bereitschaft der Unternehmen zur Sortierung gegeben, sofern die nötigen Anreize geschaffen werden. Die hohe Sortierbeteiligung verdeutlicht dies.

Innerbetriebliche Verwertung wird von 30% der Unternehmen durchgeführt. Schwerpunkte bilden hier Papier mit 41%, Kunststoffe mit 23% und Metalle mit 18%. Der hohe Anteil des Kunststoffes mag im ersten Augenblick verwundern, zeigt jedoch, dass Recycling von Kunststoff bei sortenreiner Erfassung, wovon bei innerbetrieblicher Verwertung auszugehen ist, durchaus sinnvoll zu realisieren ist. Eine weitere Rubrik der innerbetrieblichen Verwertung bilden mit 34% die sonstigen Stoffe. Hier ist eine Vielzahl von Hilfs- und Betriebsstoffen zu sehen, die durch Kreislaufführung in nicht unerheblichem Maße zur Abfallvermeidung beitragen. Bei diesen Stoffen steht meist nicht die Quantität im Vordergrund, sondern ihr Gefährdungspotenzial. Aus diesem Ergebnis kann geschlossen werden, dass zumindest das Ziel der qualitativen Abfallvermeidung gewisse Früchte trägt.

Der Anteil von 30% der Unternehmen, die innerbetriebliche Verwertung betreiben, wird durch die Frage nach dem Zeitpunkt der Einführung der Verwertungsmaßnahmen noch einmal relativiert. Das Kreislaufwirtschafts- und Abfallgesetz hat bei vielleicht 22% der Unternehmen, die innerbetriebliche Verwertung durchführen, eine Rolle gespielt, wenn das Jahr 1994 als Grenzlinie genommen wird. 55% der Unternehmen, die innerbetriebliche Verwertung durchführen, taten dies auch schon 1985, also vor der dritten Phase der Abfallwirtschaft, wodurch ein Zusammenhang mit der Abfallgesetzgebung kaum gegeben ist. Aus dem Kreislaufwirtschafts- und Abfallgesetz resultiert demnach keine Forcierung der innerbetrieblichen Verwertung. Somit ist das Ziel der stärkeren quantitativen Abfallvermeidung in dieser Hinsicht verfehlt.

Die Bedeutung der Abgrenzung der Abfallarten und damit der Weg in die Kreislauf-wirtschaft wird entscheidend durch denjenigen beeinflusst, der die Abfälle den unter-schiedlichen Kategorien zuführt. Aus diesem Grunde wurde gefragt, wer im Unter-nehmen entscheidet, ob es sich um Abfälle zur Verwertung oder Abfälle zur Beseiti-gung handelt.

Abb. 62: Entscheidungsstruktur in den Unternehmen hinsichtlich der Abfallar-ten

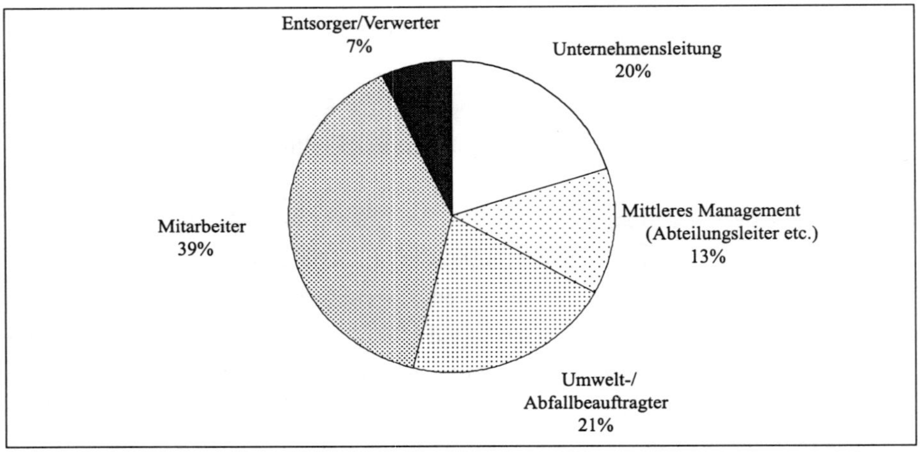

Quelle: eigene Erhebung.

Abb. 62 macht deutlich, dass die Entscheidung über die Arten der Entsorgung zu 39% von Mitarbeitern getroffen wird. Unter Berücksichtigung der Komplexität dieser Ent-scheidung müssten die Mitarbeiter diesbezüglich geschult werden. Aus der Analyse der Unternehmen, bei denen die Mitarbeiter die Entscheidung treffen, finden sich 41%, die ihre Mitarbeiter bezüglich des Kreislaufwirtschafts- und Abfallgesetzes schulen. Nur 30% sahen hierdurch jedoch eine Aufgabenerweiterung des operativen Bereiches und nur 10% sahen darin einen Anstieg der Kosten für die Mitarbeiter-schulung.

Die folgenden Ausführungen widmen sich der Entsorgungsstruktur der Unternehmen. Die Rechtsstellung der Empfänger und die räumliche Streuung der Empfänger sind dabei entscheidende Merkmale. Welches Unternehmen an welchen Empfänger liefert, gilt es im Folgenden zu untersuchen.

Die Lieferstruktur der Abfälle zur Beseitigung und der Abfälle zur Verwertung zeigt ein sehr differenziertes Bild. Den größten Erklärungsgehalt für die Wahl des Entsorgungsträgers haben die Variablen, die Aufschluss über den Informationsstand der Unternehmen geben. So zeigt der T-Test hohe Signifikanz bei den Gruppierungsvariablen Zertifizierung, Dokumentationsmaßnahmen und Abfallbeauftragter. An dieser Stelle soll nur die Zertifizierung als Gruppierungsvariable analysiert werden, da die anderen beiden Elemente inhaltlich zu den gleichen Ergebnissen geführt haben und in Kapitel 5.7.1 und Kapitel 5.7.2 noch ausführlich behandelt werden.

Die zertifizierten Unternehmen zeigen höhere Ausprägungen, was auf die höhere Affinität mit der Problematik zurückgeführt werden kann. Diese Affinität wird damit begründet, dass eine Zertifizierung freiwillig ist, während die Bestellung eines Betriebsbeauftragten für Abfall und die Dokumentation der Abfallströme unter bestimmten Bedingungen eine Rechtspflicht darstellt. Des Weiteren werden einerseits einzelne Variablenelemente herausgegriffen, um die Entscheidungsdeterminanten für die Entsorgungswege offen zu legen. Andererseits werden die Probanden in solche, die über 50% und solche, die unter 50% an öffentliche Entsorgungsträger liefern, aufgeteilt.[155]

Die Analyse aller Unternehmen lässt einen Durchschnittsbetrieb erkennen, der 57% der Abfälle zur Beseitigung an öffentlich-rechtliche Entsorgungsträger und 43% an private Entsorgungsträger liefert. Räumlich orientiert sind die Empfänger zu 69% in der gleichen Gemeinde beheimatet, und zu weiteren 29% liegen diese im übrigen Bundesland. Nur durchschnittlich 2% der Abfälle zur Beseitigung verlassen das Bundesland auf direktem Weg.

Dieses Ergebnis könnte der Aussage, dass sich die Gewerbeabfälle „das billigste Loch" suchen, widersprechen (siehe Kapitel 4.2.3). Anderseits liegt die Vermutung nahe, dass lediglich die Unternehmen nicht räumlich differenziert suchen. Die räumliche Verteilung der Verbringung der Abfälle wird demnach nicht von den Unternehmen selbst gesteuert, sondern von den Entsorgern als Mittler zwischen der Entsor-

---

[155] Aufgrund der Verteilung der Ausprägungen scheint eine höhere Differenzierung, d. h. eine Einteilung in mehrere Klassen, nicht sinnvoll.

gungsinfrastruktur und den Unternehmen. Entsorger in diesem Sinne sind die privaten Entsorger und die öffentlichen Entsorgungsträger ohne eigene Infrastruktur.

Für die staatlichen Instanzen bedeutet dies, dass die Entsorger die wesentlichen Akteure sind, die es zu beobachten gilt, wenn Abfallströme gesteuert bzw. kontrolliert werden sollen. Hiermit ist die Bedeutung der Entsorgungsfachbetriebe und deren effiziente Zertifizierung und Kontrolle als ein effektives Steuerungselement für schadlose Beseitigung hervorzuheben.

Abfälle zur Verwertung werden vom Durchschnittsbetrieb noch zu 19% an öffentlich-rechtliche und zu 81% an private Entsorgungsträger geliefert. In der Gemeinde verbleiben 43% der Abfälle zur Verwertung, während weitere 45% ins übrige Bundesland, 5% in die restliche Bundesrepublik und 2% in die EU geliefert werden.[156] Auch für die Abfälle zur Verwertung gilt, ausgeweitet auf das Bundesland, dass die Unternehmen die räumliche Nähe des Entsorgers suchen und nicht im gesamten Bundesland oder gar in der gesamten EU nach Verwertern suchen. Der hohe Anteil der privaten Entsorger zeigt, dass die Abfälle zur Verwertung durch einen höheren Privatisierungsgrad gekennzeichnet sind als die Abfälle zur Beseitigung.

Die Verteilung der Quoten in Bezug auf öffentlich-rechtliche und private Entsorgung, aber auch die räumliche Verteilung der Quoten zeichnen ein zweigeteiltes Bild. Es werden entweder öffentlich-rechtlichen oder privaten Entsorgungsträgern die Abfälle zur Beseitigung überbracht. Hier zeigt sich das Phänomen, dass die Unternehmen selten mit mehr als einem Partner im Entsorgungsbereich zusammenarbeiten.

Die Verteilung der Lieferungen von beiden Abfallarten nach der Rechtsstellung der Entsorgungsträger, gruppiert nach Beschäftigungsgrößenklassen, ist im Mittel durch einen steigenden Anteil der Lieferungen an private Entsorgungsträger bei steigender Beschäftigungszahl gekennzeichnet, was sich auf den höheren Informationsstand der größeren Unternehmen zurückführen lässt (siehe Abb. 63). Die räumliche Verteilung der Lieferung konnte hinsichtlich der Beschäftigungsgrößenklassen keine signifikanten Unterschiede hervorbringen. Die stärkeren Ausprägungen der Unternehmen mit Einzelfertigung und mit Funktionalorganisation bei den Lieferungen von Abfällen zur Beseitigung an öffentlich-rechtliche Entsorgungsträger, im Gegensatz zu den jeweils

---

[156] Die restlichen 5% der Unternehmen machten keine Angaben zur räumlichen Verteilung.

anderen[157], sind weniger auf die Organisationsstruktur bzw. das Produktionsverfahren zurückzuführen als auf die meist damit verbundene Unternehmensgröße. Zur Funktionalorganisation lässt sich anmerken, dass diese aufgrund der Beanspruchung der Unternehmensleitung eher zu einer Beibehaltung bestehender Strukturen führt und somit ein Wechsel des Entsorgers erst bei erheblichem Kostendruck erfolgen würde. Hiermit lässt sich auch der hohe Anteil der Lieferungen an die öffentlich-rechtlichen Entsorgungsträger erklären.

Eines der hochsignifikanten Kriterien zur Erklärung der Lieferentscheidung war die Frage der Zertifizierung.[158] Die Unternehmen, die zertifiziert sind, lieferten Abfälle zur Beseitigung im Mittel zu 65% (nicht zertifiziert 50%) und Abfälle zur Verwertung zu 8% (nicht zertifiziert 25%) an private Entsorger. Räumlich gesehen, lieferten die zertifizierten Unternehmen Abfälle zur Beseitigung zu 50% an Entsorger in ihrer eigenen Gemeinde (nicht zertifiziert 70%) und zu 48% an Entsorger im übrigen Bundesland (nicht zertifiziert 28%). Abfälle zur Verwertung wurden hingegen nur zu 27% in die eigene Gemeinde (nicht zertifiziert 54%), zu 62% in das übrige Bundesland (nicht zertifiziert 37%) und noch zu 8% in die restliche Bundesrepublik geliefert (nicht zertifiziert 4%).[159]

Aus diesen Unterschieden zwischen Unternehmen, die zertifiziert sind und solchen die nicht zertifiziert sind, kann gefolgert werden, dass die Privatisierung der Kreislaufwirtschaft und die freie Wahl der Entsorgungsträger auch in räumlicher Sicht eng mit dem Wissensstand der Unternehmen verbunden sind. Es ist davon auszugehen, dass zertifizierte Unternehmen einen stärkeren Fokus auf die Stoffströme im Unternehmen richten und damit insgesamt einen besseren Marktüberblick haben. Im Umkehrschluss ist durch die Steigerung des Informationsstandes insgesamt eine Veränderung der Stoffströme von Unternehmen an die Entsorger zu erwarten. Eine stärkere Privatisierung und vermehrter Wettbewerb über enge räumliche Grenzen hinaus wäre die Folge.

---

[157] Andere abgefragte Organisationsformen waren die Sparten- und die Regionalorganisation, und weitere Produktionsverfahren, die zur Wahl standen, waren die Serien- und die Massenfertigung.

[158] Nicht signifikant sind nur die regionalen Ausprägungen Lieferung von „Abfällen zur Beseitigung ins übrige Bundesgebiet" sowie „Lieferung von Abfällen zur Verwertung ins übrige Bundesgebiet". Wegen der geringen Fallzahl sollten diese Variablen auch nicht weiter aufgeteilt werden.

[159] Die restlichen Unternehmen machten keine Angaben zur räumlichen Verteilung.

Abb. 63: Lieferverbindungen nach Rechtsstellung der Entsorger und Betriebs-größenklassen

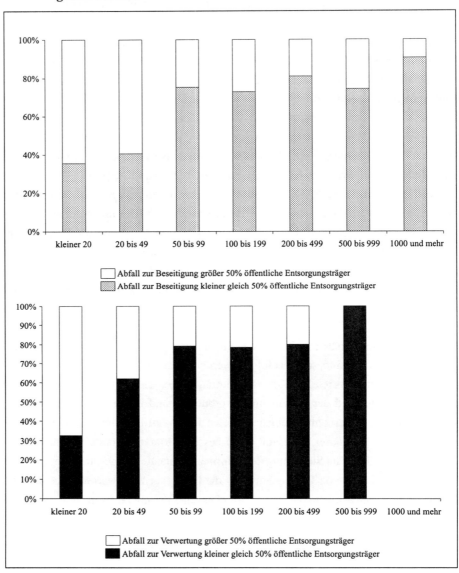

Quelle: eigene Erhebung.

Tab. 16: Unternehmensstruktur nach Lieferverflechtung

		Lieferung von Abfällen zur Beseitigung an öffentliche Entsorgungsträger		Lieferung von Abfällen zur Verwertung an öffentliche Entsorgungsträger	
		<= 50%	> 50%	<= 50%	> 50%
Beschäftigte	∅	651	50	487	21
Betriebsstandorte	∅	4	1	3	1
Kuppelproduktion	Nein	55,3%	44,7%	81,8%	18,2%
	ja	84,6%	15,4%	96,2%	3,8%
Zertifizierung	Nein	52,6%	47,4%	77,3%	22,7%
	ja	70,5%	29,5%	94,9%	5,1%
Abfallbeauftragter	Nein	50,7%	49,3%	75,7%	24,3%
	Ja	70,2%	29,8%	94,6%	5,4%
Verhaltensänderungen durch das Kreislaufwirtschafts- und Abfallgesetz					
Informationssuche	Nein	48,1%	51,9%	76,0%	24,0%
	Ja	61,3%	38,7%	85,5%	14,5%
organisatorische Maßnahmen	Nein	47,4%	52,6%	77,0%	23,0%
	Ja	63,7%	36,3%	86,5%	13,5%
Produktionsorientierte Maßnahmen	Nein	41,8%	58,2%	75,3%	24,7%
	Ja	66,7%	33,3%	87,4%	12,6%
Dokumentations-Maßnahmen	Nein	46,3%	53,7%	75,0%	25,0%
	Ja	74,7%	25,3%	94,8%	5,2%

Quelle: eigene Erhebung.

Tab. 16 gibt abschließend einen Überblick über die hochsignifikanten Kriterien, welche die Lieferungen an private oder öffentliche Entsorgungsträger determinieren. Sie weist aus, dass Unternehmen, die sich mit dem Kreislaufwirtschafts- und Abfallgesetz beschäftigen bzw. die aufgrund ihrer Größe höhere Informationsverarbeitungskapazitäten haben, in stärkerem Maße die Privatisierung in der Kreislaufwirtschaft nutzen.

5.4   Die Markthindernisse für Sekundärrohstoffe

In Kapitel 3.2.3.3 wurde herausgearbeitet, dass die Sekundärrohstoffmärkte mit starken Problemen zu kämpfen haben. Diese wurden unter anderem durch Akzeptanz und Informationsprobleme sowie durch Kostennachteile gegenüber den Primärrohstoffen begründet. Hauptgrund für die Entwicklungshemmnisse des Sekundärrohstoffmarktes wird in der mangelnden Sortenreinheit der Inputstoffe gesehen. Hierdurch entstehen in der Praxis – z. B. beim Kompost – negative Preise, da für die Sekundärrohstoffe kein Absatz gefunden werden kann. Um dies aus Sicht der Unternehmen zu verifizieren, wurden im Rahmen der Erhebung Einschätzungen zum Einsatz von Sekundärrohstoffen abgefragt.

Die Unternehmen gaben zu 24% an, ihren Anteil der Sekundärrohstoffe in der Produktion erhöhen zu wollen und nur zu 5% demnächst weniger Sekundärrohstoffe einsetzen zu wollen. Diese Einschätzungen sind im Kern bei allen Unternehmen gleich, da signifikante Unterschiede nur bei den Unternehmen identifiziert werden konnten, die ihre Abfallströme dokumentieren (siehe Kapitel 5.7.2). Unternehmen, die keine Dokumentationsmaßnahme durchführen, prognostizierten zu 17 % steigenden Einsatz von Sekundärrohstoffen und zu 8% sinkenden Einsatz. Die Unternehmen, die ihre Abfallströme dokumentieren, rechneten hingegen zu 23% mit steigenden und zu 2% mit sinkenden Einsatzmengen für Sekundärrohstoffe.

Die Probanden beurteilten die Hinderungsgründe für die weitere Nutzung von Sekundärrohstoffen im Unternehmen sehr unterschiedlich. Die verschiedenen Ausprägungen lassen eine Einteilung in relevante und nicht relevante Faktoren bedingt zu. Der Preis, die Markttransparenz und die Kontinuität der Lieferung der Sekundärrohstoffe treten im Hinblick auf die Aussagen zur Sortenreinheit, zu den Auflagen für Abfälle zur Verwertung sowie zu den Normungen und Sicherheitsanforderungen für die Produkte vergleichsweise in den Hintergrund. Eine Mittelstellung haben die Aussagen zur Qualitätssicherung und zur Akzeptanz bei Abnehmern bzw. Konsumenten (siehe Tab. 17).

Tab. 17: Hinderungsgründe für den Einsatz von Sekundärrohstoffen

Aussagen	sehr unbedeutend	unbedeutend	indifferent	bedeutend	sehr bedeutend
Qualitätssicherung ist zu aufwendig	32,9%	6,7%	29,6%	14,6%	16,3%
Sortenreinheit ist nicht gewährleistet	28,8%	3,8%	25,4%	20,4%	21,7%
Kontinuität ist mengenmäßig nicht gesichert	35,4%	13,3%	29,6%	13,3%	8,3%
Markttransparenz ist zu gering	32,9%	14,6%	30,8%	12,5%	9,2%
Sekundärrohstoffe sind zu teuer	30,5%	10,9%	36,0%	14,2%	8,4%
Die Auflagen für Abfälle zur Verwertung sind zu hoch	32,1%	7,5%	25,8%	18,8%	15,8%
Normungen und Sicherheitsanforderungen verhindern den Einsatz von Sekundärrohstoffen	27,1%	7,9%	30,0%	15,8%	19,2%
Akzeptanz bei Abnehmern bzw. Konsumenten ist zu gering	30,8%	12,9%	25,4%	17,1%	13,8%

Quelle: eigene Erhebung.

Bereits aus dieser groben Auswertung kann die Bedeutung der indirekten Marktsteuerung bei Sekundärrohstoffen ermessen werden. Es scheinen für die Unternehmen – mit Ausnahme der Sortenreinheit – weniger die Probleme auf den Sekundärrohstoffmärkten im Vordergrund zu stehen als die Hemmnisse durch Marktregulierungen in Form von Auflagen, Normungen und Sicherheitsanforderungen. Es muss geprüft werden, ob die Sicherheitsanforderungen und insbesondere die Normungen[160], die den Einsatz von Sekundärrohstoffen nicht ermöglichen, ökonomischen, ökologischen oder sozialen[161] Zielen im Sinne einer nachhaltigen Entwicklung folgen (siehe Kapitel 2.1.3). In diesem Kontext ist z. B. auch die Frage erheblich, ob Mitverbrennung aufgrund von Auflagen, Normen und Sicherheitsanforderungen gehemmt werden soll.

Im Folgenden werden die Aussagen anhand verschiedener Kriterien ausgewertet, um ein klareres Bild der Situation auf den Sekundärrohstoffmärkten zeichnen zu können.

---

[160] Beispielhaft sei hier nur die Glasindustrie angeführt, die aufgrund von Normen gewisse Farbtöne so genau garantieren muss, das dies vom menschlichen Auge nicht mehr wahrnehmbar ist (vgl. Seidel 1994, S. 52f.).

[161] Soziale Ziele meint in diesem Zusammenhang insbesondere den Arbeitsschutz und den Schutz der Anwender .

Die auch in Kapitel 3.2.3.3 diskutierte Sortenreinheit der Sekundärrohstoffe wurde von den Unternehmen durchaus unterschiedlich gewichtet. Immerhin ein Drittel maß ihr kaum bis keine Bedeutung zu. Dieser vermeintliche Widerspruch zu den Aussagen im theoretischen Teil dieser Arbeit kann durch die Klassifizierung der Unternehmen aufgelöst werden. Die Untersuchung der Aussagen anhand der Umweltstrategien der einzelnen Unternehmen bringt zum Vorschein, dass Unternehmen ohne Umweltstrategie der Sortenreinheit zu 55% keine Bedeutung beimaßen und zu 20% deren Bedeutung erkannten. Die Unternehmen mit einer defensiven Umweltstrategie waren ebenfalls zu drei Viertel entweder indifferent (46%) oder sahen keine Bedeutung (39%). Die Unternehmen mit einer offensiven bzw. einer abwartenden Umweltstrategie hingegen maßen der Problematik mit gut 50% Bedeutung zu.

Auch die Unternehmen mit Abfallbeauftragtem und die Unternehmen, die Dokumentationsmaßnahmen durchführen, zeigten signifikant höhere Werte bei der Beurteilung der Bedeutung der Sortenreinheit von Sekundärrohstoffen.

Die mengenmäßige Kontinuität der Sekundärrohstoffe ist – wie oben bereits erwähnt – nicht der wesentliche Hinderungsgrund für deren Einsatz. Dennoch liefert die Einteilung der Unternehmen nach Umweltstrategien die Erkenntnis, dass mit zunehmender Umweltorientierung die Bedeutung der Lieferunregelmäßigkeiten bei Sekundärrohstoffen zunimmt. Dieser Unterschied in den Beurteilungen kann durch die Erfahrungswerte bezüglich des Umgangs mit Sekundärrohstoffen bedingt sein, die bei Unternehmen mit einer höheren Umweltorientierung meist größer sind.

Die mangelnde Markttransparenz auf den Sekundärrohstoffmärkten spielt nur bei den Unternehmen eine Rolle, die sich auch tatsächlich mit diesen Märkten beschäftigen. Dies kann aus den signifikanten Ergebnissen gefolgert werden, die durch die Klassifizierung nach Umweltstrategien und Dokumentationsmaßnahmen zustande kamen.[162] Insgesamt wird der fehlenden Markttransparenz jedoch im Vergleich eine nicht so hohe Bedeutung zugemessen, was auch ein Verdienst der meist von den IHKs durchgeführten Recyclingbörsen sein kann.

Die Preise der Sekundärrohstoffe nehmen bei den Unternehmen nur eine untergeordnete Rolle ein. Auch eine Differenzierung nach einzelnen Kriterien bringt keine aus

---

[162] Markttransparenz: Keine Umweltstrategie: 60% sehr unbedeutend, offensive Umweltstrategie: 18% sehr bedeutend, Unternehmen mit Dokumentation: 28% bedeutend bzw. sehr bedeutend, Unternehmen ohne Dokumentation: 16% bedeutend bzw. sehr bedeutend.

sagekräftigen Ergebnisse hervor. Dies verwundert, da gerade das Preisargument oftmals als Haupthinderungsgrund für das Entstehen von Sekundärrohstoffmärkten angesehen wird.

Die Aussage zur Qualitätssicherung zeigte über alle Unternehmen hinweg jeweils für ein Drittel Bedeutung, keine Bedeutung bzw. Indifferenz. Die Unternehmen, die Dokumentationsmaßnahmen durchführten, sahen dies signifikant anders. Sie maßen der Qualitätssicherung mit 21% (keine Dokumentationsmaßnahmen 9%) Bedeutung und zu 20% (keine Dokumentationsmaßnahmen 14%) hohe Bedeutung zu.

Die bisher analysierten Aussagen deuten darauf hin, dass die genannten Probleme der Sekundärrohstoffmärkte zwar vorhanden sind, jedoch erst bei näherer Auseinandersetzung des Unternehmens mit den Stoffströmen auftreten. Insgesamt gesehen haben die bisher analysierten Aussagen – mit Ausnahme der Sortenreinheit - eine nicht so hohe Bedeutung, was auf einen guten Standard der Recyclingindustrie in Deutschland schließen lässt.

Die Aussage zur Akzeptanz der Abnehmer zeigt eine durchaus hohe Ausprägung bei der Bedeutung für die Unternehmen. Es lässt sich jedoch auch nach einer Klassifizierung anhand verschiedener Merkmale nicht ableiten, ob die Aussage, die in Kapitel 4.1.2.1 gemacht wurde, in Bezug auf den Makel des Abfallbegriffs (Abfall zur Verwertung anstatt Sekundärrohstoff) von den Unternehmen gestützt wird. Es liegen keine signifikanten Ausprägungen vor, die ein Akzeptanzproblem für Abfälle zur Verwertung bestätigen würden.

Neben der Sortenreinheit sind die relevantesten Probleme für die Unternehmen die Auflagen, Normungen und Sicherheitsanforderungen an die Produkte bzw. die Inputstoffe. Die Ausprägungen bei den Auflagen für Abfälle zur Verwertung zeigen, dass die Unternehmen mit einem potentiell hohen Informationsstand[163] dieser Problematik signifikant höhere Bedeutung zumessen. Der Gesetzgeber bzw. der Verordnungsgeber muss demnach aufpassen, dass er nicht mit zu hohen Anforderungen an die Abfälle zur Verwertung insgesamt die Verwertung gefährdet. Zu hohe Auflagen könnten letztlich das Entstehen von Märkten verhindern.

---

[163] Unternehmen mit offensiver bzw. abwartender Umweltstrategie und Unternehmen, die ihre Abfallströme dokumentieren.

Ein weiteres Problemfeld für die Nutzung von Sekundärrohstoffen bildet der Komplex der Normungen für und der Sicherheitsanforderungen an Produkte. Diese Aussage ergab bei der Klassifizierung nach verschiedenen Merkmalen die meisten hochsignifikanten Ergebnisse. Es lassen sich folgende Aussagen treffen:

- Je stärker die Strategie umweltorientiert ausgerichtet ist, desto größer wird die Bedeutung des Problems der Einhaltung von Normen und Erfüllung von Sicherheitanforderungen beim Einsatz von Sekundärrohstoffen eingeschätzt (keine→defensive→abwartende→offensive Umweltstrategie).
- Je mehr Beschäftigte das Unternehmen hat, desto höher wird das oben genannte Problem eingestuft.
- Wenn das Unternehmen zertifiziert ist, einen Abfallbeauftragten hat oder seine Abfallströme dokumentiert, wird das oben genannte Problem höher bewertet.

Abschließend ist zu konstatieren, dass die Sekundärrohstoffmärkte mit ihren Problemen nur den Unternehmen bekannt sind, die sich auch tatsächlich mit diesen beschäftigen. Die große Zahl der Unternehmen, die entweder indifferent sind oder den Problemen keine Bedeutung beimessen, verdeutlicht eine nur unzureichende Auseinandersetzung mit dieser Problematik.[164]

5.5 Beurteilung des Abfallrechts

In Kapitel 3.1.2 und 4 wurden mehrere Thesen aus der aktuellen Diskussion verarbeitet. Sie wurden im Rahmen dieser Befragung auf ihren Bekanntheitsgrad und ihre Relevanz für die Unternehmen geprüft. Um dies zu ermitteln, wurden den Unternehmen Thesen vorgelegt, die sie einerseits bezüglich ihrer Richtigkeit und andererseits bezüglich ihr Bedeutung bewerten sollten. Des Weiteren wurden die Probanden gefragt, wie sie das Kreislaufwirtschafts- und Abfallgesetz im Vergleich zu früheren Regelungen im Abfallrecht beurteilen.

Die Beurteilung des Kreislaufwirtschafts- und Abfallgesetzes fiel im Vergleich zu den meisten anderen Befragungen, bei denen die Adressaten hinsichtlich neuer Gesetze bzw. Marktregulierungen befragt wurden, recht positiv aus. Die Hälfte der Unternehmen sah im Vergleich zum alten Abfallgesetz von 1986 keine Verschlechterung der Situation, und 28% sahen Verbesserungen.

---

[164] Unter den Unternehmen sind auch solche, die sehr wohl Sekundärrohstoffe einsetzen und die Probleme nicht sehen bzw. sie gelöst haben.

Eine differenziertere Betrachtung der Aussagen zeigt bei einer Klassifizierung nach den Umweltstrategien hochsignifikant unterschiedliche Ausprägungen:

- Unternehmen mit einer offensiven Umweltstrategie bewerteten das Kreislaufwirt- schafts- und Abfallgesetz wesentlich positiver als andere Unternehmen (15% sehr positiv, 28% positiv, 10% negativ, 6% sehr negativ).
- Unternehmen mit einer defensiven Umweltstrategie bewerteten das Kreislaufwirt- schafts- und Abfallgesetz wesentlich negativer als andere Unternehmen (25% sehr negativ, 29% negativ, 12% positiv, 8% sehr positiv).
- Unternehmen ohne Umweltstrategie sehen zu 73% keine Veränderungen zum alten Abfallgesetz von 1986.

Diese Ergebnisse deuten darauf hin, dass die Maßnahmen des Gesetzes die richtigen Adressaten treffen. Die Unternehmen mit einer offensiven Umweltstrategie sollten im Sinne der Deregulierung entlastet und für ihr umweltkonformes Verhalten belohnt werden. Die Unternehmen mit einer defensiven Umweltstrategie dagegen sollten eher belastet werden, um einen Anreiz zu einem Strategiewechsel zu schaffen. Eine Gleichsetzung der Einschätzung der Unternehmen zum Kreislaufwirtschafts- und Abfallgesetz mit der Höhe der Belastung stellt eine Verlagerung zu Gunsten der Un- ternehmen mit einer offensiven Umweltstrategie dar. Hiermit lässt sich für diesen Bereich ein Erfolg des Kreislaufwirtschafts- und Abfallgesetzes ableiten.

Die Angaben der Unternehmen ohne Umweltstrategie belegen das Desinteresse bzw. das Nichtwissen dieser Probanden in Bezug auf das Gesetz. Bei diesen Unternehmen müssen die Maßnahmen zielgerichteter angesetzt werden, um sie zu anderen Verhal- tensweisen anzuregen bzw. um ihren Wissensstand zu erhöhen.

Zur tiefergehenden Analyse einzelner Fragen des Abfallrechtes gibt Tab. 18 über Standpunkte der Unternehmen zu einzelnen Problemfeldern des Abfallrechts Auf- schluss.

Abb. 64: Beurteilung des Kreislaufwirtschafts- und Abfallgesetzes im Vergleich zum alten Abfallgesetz

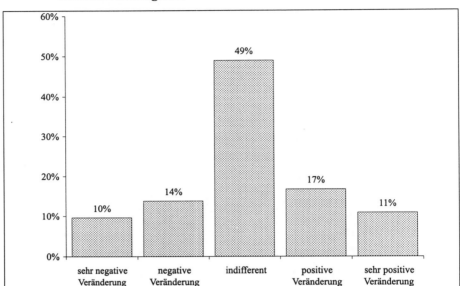

Quelle: eigene Erhebung.

Vorweg sei auf die Frage der Kuppelproduktion eingegangen, die in der Literatur durch die Hinzunahme der Zweckbestimmung beim Abfallbegriff problematisiert wird (siehe Kapitel 4.1.2.1). Insgesamt deuten die Antworten (alle Fälle), insbesondere die Antworten der Unternehmen, die Kuppelprodukte produzieren, darauf hin, dass in der Praxis keine Nachteile für Kuppelprodukte gesehen werden. Der hohe Wert bei der Ausprägung „weiß nicht" ist darauf zurückzuführen, dass viele Unternehmen, die keine Verfahrenstechniken anwenden, mit dem Begriff Kuppelprodukt wenig anfangen konnten.

Die Antworten zu den einzelnen Thesen lassen sich in zwei Blöcke teilen: in Aussagen mit hohen Werten bei der Antwort „weiß nicht" und in Aussagen, die durch hohe Werte bei der Antwort „stimmt" determiniert sind. Gekoppelt wird diese Zweiteilung an die Ausprägungen der Einschätzungen zur Wichtigkeit der einzelnen Thesen. Hier wird nur den Thesen Wichtigkeit beigemessen, die auch von über 50% der Unternehmen bejaht wurden.

Tab. 18: Standpunkte zum Abfallrecht aus Sicht der Unternehmen

	stimmt	stimmt nicht	weiß nicht	unwichtig	indifferent	wichtig
Das Gesetz regelt die Abgrenzung zwischen Produkten und Abfällen nur unzureichend.	29%	18%	53%	22%	51%	27%
Das Gesetz regelt die Abgrenzung zwischen Abfällen zur Beseitigung und Abfällen zur Verwertung nur unzureichend.	35%	24%	41%	15%	49%	35%
Kuppelproduktion wird vom Gesetzgeber benachteiligt.	15%	4%	81%	48%	44%	9%
Entsorgungsautarkie für Abfälle zur Beseitigung behindert die Wirtschaft.	39%	21%	40%	26%	46%	28%
EU-Binnenmarkt für Abfälle zur Verwertung ist Grund für die Abgrenzungsproblematik.	22%	13%	64%	35%	54%	12%
Anzahl der Verordnungen und Gesetze im Umweltrecht sind nicht durchschaubar.	68%	7%	25%	11%	33%	55%
Vollzugsunterschiede in den verschiedenen Regionen bringen Rechtsunsicherheit.	61%	3%	36%	9%	39%	52%
Informationsdefizit bezüglich des Gesetzes ist groß.	56%	17%	26%	9%	40%	51%
Durch Erhöhung des Kostenblocks entsteht ein internationaler Wettbewerbsnachteil.	52%	16%	32%	20%	21%	59%
Praktische Fragestellungen werden im Gesetz nur unzureichend geregelt.	55%	6%	39%	16%	33%	51%

Die Antworten wichtig/indifferent/unwichtig beziehen sich nur auf die Fälle, die nicht mit „weiß nicht" in der vorherigen Teilfrage beantwortet wurden.

Quelle: eigene Erhebung.

Die Thesen, zu denen die Unternehmen keine Aussagen bzw. relativ gesehen weniger Aussagen machen konnten, beinhalten sämtlich Probleme mit dem Abfallbegriff bzw. Abgrenzungsfragen desselben. Es zeigt sich, dass die Unternehmen wenig Wissen hatten oder der Frage eine geringe Bedeutung zugestanden, auch wenn sie der Problematik grundsätzlich zustimmten. Dieses Ergebnis stützt die Aussage in Kapitel 4.2.2, es sei weniger relevant, wie abgegrenzt werde, als dass im Sinne einer genauen Definition der Verfügungsrechte abgegrenzt werde (siehe Kapitel 2.2.1). Es handelt sich insgesamt bei den Abgrenzungsfragen – wie bereits ausgeführt - weniger um

Probleme des produzierenden Gewerbes als um Fragen der Auslastung der Entsorgungsinfrastruktur.

Für die Unternehmen waren jene Fragestellungen wesentlich wichtiger, die den Wettbewerb bzw. die Informationsverarbeitungskapazität tangierten. Aus ihrer Sicht waren sowohl die Anzahl der Gesetze und Verordnungen als auch die Informationen über die Gesetze nicht durchschaubar, wie über 50% der Unternehmen bestätigten. Sie hielten diese Probleme darüber hinaus für durchaus wichtig für ihr Unternehmen, da sie z. B. aus Haftungssicht nicht wüssten, ob sie gesetzes- bzw. verordnungskonform handelten. Des Weiteren sahen die Probanden praktische Fragestellungen zu 55% nicht ausreichend geregelt und machten in der Ausformulierung der Anordnungen ein wichtiges Defizit aus. Das sollte durch eine bessere Abstimmung vermieden werden. Hier wird durch das Kreislaufwirtschafts- und Abfallgesetz durch die Einschaltung der sogenannten beteiligten Kreise (§ 60 KrW-/AbfG) im Rahmen der Verordnungsermächtigungen ein praktikables Instrument geliefert, um diesem Defizit aus Sicht der Unternehmen zu begegnen (siehe Tab. 14).

Einen weiteren wichtigen Themenkomplex bildet die Frage des Wettbewerbs. Die Unternehmen bemängelten, dass sie im internationalen Vergleich, aber insbesondere durch die föderalistische Struktur der Abfallgesetzgebung Nachteile hätten. Im internationalen Vergleich wurden Kostenunterschiede gesehen. Des Weiteren entstünden durch die föderalistische Struktur aufgrund mangelnder Angleichungen Vollzugsunterschiede. Diesen Sichtweisen muss die Angleichung der Normen in der gesamten EU entgegen gehalten werden. Demnach sollte ein Wettbewerbsnachteil in der EU aufgrund unterschiedlicher Anforderungen und den damit verbundenen Kosten zukünftig nicht mehr gegeben sein. Problematisch in diesem Zusammenhang ist die schleppende Umsetzung einheitlicher Regeln in den einzelnen Nationalstaaten, was mittelfristig durchaus noch zu Wettbewerbsverzerrungen innerhalb der EU führen kann (siehe Kapitel 3.1.2).

Diese Vollzugsunterschiede innerhalb Deutschlands gilt es zügig abzubauen, da sie nicht nur für das produzierende Gewerbe große Probleme in der Kreislaufwirtschaft hervorbringen (siehe Kapitel 4.2). Hier ist aus Sicht der Unternehmen wichtig einheitliche Vorgaben zu machen. Die genauen Inhalte sind - wie oben bereits beschrieben - weniger wichtig.

Die Analyse der Frage nach den Standpunkten der Unternehmen zu den einzelnen Thesen anhand ausgewählter Kriterien brachte für alle Aussagen hoch signifikant höhere Ausprägungen für das Feld „stimmt", sofern die Unternehmen einen Abfallbeauftragten hatten, ihre Abfallströme dokumentierten, tendenziell mehr Beschäftigte hatten bzw. zertifiziert waren. Umgekehrt gaben Unternehmen, die diesen Kriterien nicht genügten, hochsignifikant öfter an, die Aussage nicht beurteilen zu können. Einzige Ausnahme bildete die Aussage zum Informationsdefizit. Hier gaben die kleineren Unternehmen hochsignifikant öfter an, dass dies stimme. Dies untermauert das Ergebnis, dass auch bei diesem Themenkomplex der Informationsstand der Probanden wesentliches Kriterium für die Einschätzung der Situation war.

Eine Analyse anhand der Umweltstrategie zeigt, dass hohe Zustimmung sowohl bei Unternehmen mit defensiver als auch mit offensiver Strategie herrschte. Unternehmen ohne Umweltstrategie gaben hingegen hochsignifikant öfter „weiß nicht" an. Dieses Ergebnis kann damit begründet werden, dass die Unternehmen mit einer defensiven Strategie genauso über die umweltrelevanten Tatbestände Bescheid wissen müssen, wie jene mit einer offensiven Strategie. Ansonsten könnten sie nicht im Sinne ihrer Strategie agieren. Beispielsweise sollte ein Unternehmen mit einer defensiven Umweltstrategie genau die Mindestanforderungen kennen, um strategiekonform gerade so viele wie nötig, aber so wenig wie möglich in Umweltschutzmaßnahmen zu investieren.

Einzige Ausnahme bei den Einschätzungen bildete die Frage der Erhöhung des Kostenblocks im internationalen Vergleich. Hier stimmten die Unternehmen mit defensiver Umweltstrategie, die definitionsgemäß rein kostenorientiert handeln und nicht umweltorientiert agieren, mit einem Wert von 80% weit überdurchschnittlich zu, während die Unternehmen mit offensiver Umweltstrategie unterdurchschnittlich zustimmten (40%).

5.6   **Wirkung des Kreislaufwirtschafts- und Abfallgesetzes insgesamt**

Die Wirkungen des Kreislaufwirtschafts- und Abfallgesetzes werden in diesem Kapitel anhand der Veränderung der Kostenstrukturen und der Veränderung der Organisationsstrukturen[165] im Unternehmen erläutert. Im anschließenden Kapitel 5.7 werden einzelne Maßnahmen des Kreislaufwirtschafts- und Abfallgesetzes auf ihren Zielerreichungsgrad hin untersucht.

Bevor auf einzelne Themenfelder eingegangen wird, sollen übergreifend die Wirkungen analysiert werden. Hierzu wurden die Probanden gefragt, ob das Kreislaufwirtschafts- und Abfallgesetz auf ihre Geschäftstätigkeit eine Wirkung hat. Es gaben insgesamt 61% der Unternehmen an, dass keine Wirkungen vom Gesetz ausgingen, 34% sahen durch das Gesetz im Saldo Kostensteigerungen und gerade 5% konnten im Saldo Kostensenkungen realisieren. Der Anteil der Unternehmen, die keine Wirkungen ausmachen konnten, kann aufgespalten werden in Unternehmen, die zu 69% bereits vorher ihre Wirtschaftsweise angepasst hatten und zu 31% in Unternehmen, die keine kostenwirksamen Veränderungen vorgenommen hatten.

Eine Verifizierung dieser Ergebnisse anhand der Einteilung der Antworten in verschiedene Unternehmenskategorien brachte zu Tage, dass zertifizierte Unternehmen, Unternehmen mit Abfallbeauftragtem und Unternehmen mit einer offensiven Umweltstrategie hochsignifikant öfter angaben, ihre Wirtschaftsweise bereits vor Inkrafttreten des Kreislaufwirtschafts- und Abfallgesetzes geändert zu haben. Unternehmen mit einer defensiven oder einer abwartenden Umweltstrategie gaben ebenso wie nicht zertifizierte Unternehmen und Unternehmen ohne Abfallbeauftragten hochsignifikant öfter an, im Saldo Kostensteigerungen hinnehmen zu müssen. Die Kostensenkungen im Saldo wurden hingegen fast ausschließlich von Unternehmen mit Abfallbeauftragtem realisiert.[166]

Demnach kann festgehalten werden, dass die Wirkungen des Kreislaufwirtschafts- und Abfallgesetzes in den Unternehmen nur schwach wahrgenommen werden. Dies korrespondiert mit den Ergebnissen in Kapitel 5.5, die bereits einen geringen Informationsstand erkennen ließen. Ein Unternehmen, welches kaum Wissen über ein Ge-

---

[165] Der Begriff Organisation wird hier sehr weit gefasst. Er umfasst Informationsmaßnahmen, organisatorische Maßnahmen im engeren Sinne, produktionsorientierte Maßnahmen und Dokumentationsmaßnahmen.

[166] zehn der elf Unternehmen, die Kostensenkungen realisiert haben, hatten einen Betriebsbeauftragten für Abfall.

setz hat, ist nicht in der Lage dessen Wirkung zu beurteilen. Die Gruppierung der Unternehmen zeigt weiter, dass Unternehmen ohne Know-how im Abfallbereich[167] vermehrt Kostensteigerungen sahen. Hier ist die Unkenntnis im Bereich der Gestaltungsmöglichkeiten durch das Kreislaufwirtschafts- und Abfallgesetz ein wesentlicher Grund.

Der hohe Prozentsatz der Unternehmen mit Know-how im Abfallbereich, die keine Wirkungen durch das Kreislaufwirtschafts- und Abfallgesetz sahen, kann als ein deutlicher Mangel des Gesetzes angesehen werden. Dies äußert sich auch in Verlautbarungen aus Wirtschaftskreisen, in denen nur von einem Absichtsgesetz gesprochen wird, das keine eigene Wirkung entfaltet.

5.6.1 Kostenstrukturen

Der Anteil der Entsorgungskosten an den Gesamtkosten nimmt nach Ansicht von 39% der Unternehmen zu. Immerhin 12% sehen den Anteil auch zurückgehen. Unternehmen, die sinkende Anteile prognostizierten, hatten hochsignifikant mehr Beschäftigte, waren zum Großteil zertifiziert, hatten meist einen Abfallbeauftragten, dokumentierten ihre Abfallströme und hatten eine höhere Umweltorientierung. Mit anderen Worten: Je höher der Wissensstand im Unternehmen über abfallwirtschaftliche Tatbestände war, desto eher wurden in Relation auch sinkende Entsorgungskosten erwartet. Dies verdeutlicht, dass sich Kosteneinsparungspotentiale erst für Unternehmen mit hohem Know-how in Abfallfragen ergeben.

Die Entwicklung der einzelnen Kostenblöcke im Unternehmen durch die Einführung des Kreislaufwirtschafts- und Abfallgesetzes wurde von den Unternehmen unterschiedlich bewertet. So sahen etwa bei den Entsorgungsgebühren- bzw. entgelten 13% der Unternehmen rückläufige Tendenzen, 34% gleichbleibende Strukturen, aber auch 34% ansteigende und 19% der Unternehmen stark ansteigende Kosten. Die anderen Kostenblöcke sind hingegen dadurch gekennzeichnet, dass gut drei Viertel der Unternehmen keine Veränderungen sahen und der Rest steigende Kosten erwartet (siehe Abb. 65).

---

[167] nicht zertifiziert, keinen Abfallbeauftragten, keine Dokumentationsmaßnahmen

Abb. 65: Entwicklung der Kostenblöcke im Unternehmen

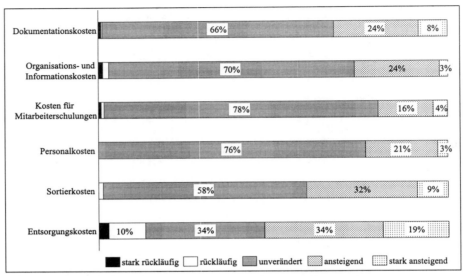

Quelle: eigene Erhebung.

Gut 40% der Unternehmen sahen Zunahmen bei den Sortierkosten, die sich sowohl aus dem Sortieraufwand als auch aus den Kosten für die Logistik, die Bereitstellung von Stellflächen usw. zusammensetzen. Wenn mit den Kostenerhöhungen in den jeweiligen Unternehmen auch die entsprechenden Tätigkeiten (z. B. höhere Sortierkosten aufgrund steigender Sortierquote) zunahmen, dann konnte zumindest ein Viertel der Unternehmen zu einer positiven Veränderung seiner Geschäftstätigkeit angeregt werden.

Die Analyse der Kostenstrukturen anhand der verschiedenen Klassifizierungskriterien zeigte bei der Einschätzung der Entsorgungsgebühren bzw. –entgelte die gleichen Differenzierungen wie bei den Anteilen der Entsorgungsgebühren an den Gesamtkosten. Da die Entsorgungsgebühren- bzw. –entgelte den höchsten Anteil der Entsorgungskosten insgesamt ausmachen, ist dies nicht überraschend.

Besonderes herauszustellen sind die zertifizierten Unternehmen[168] und die Unternehmen mit Betriebsbeauftragtem für Abfall[169], die zu über einem Viertel rückläufige bzw. stark rückläufige Kosten in diesem Bereich hatten. Des Weiteren lässt sich durch

---

[168] Die zertifizierten Unternehmen sahen zu 6% stark rückläufige und zu 21% rückläufige Entsorgungsgebühren bzw. –entgelte aufgrund des Kreislaufwirtschafts- und Abfallgesetzes.

[169] Die Unternehmen mit Abfallbeauftragtem sahen zu 6% stark rückläufige und zu 20% rückläufige Entsorgungsgebühren bzw. –entgelte aufgrund des Kreislaufwirtschafts- und Abfallgesetzes.

eine Klassifizierung nach Unternehmen mit unterschiedlicher Umweltstrategie ab-
lichten, dass Unternehmen mit defensiver Umweltstrategie zu 72% steigende Gebühren bzw. Entgelte angaben, während die Unternehmen mit offensiver Umweltstrategie
zu 16% sinkende Entsorgungsgebühren bzw. -entgelte verzeichneten. Unternehmen
ohne Umweltstrategie haben zu 60% unveränderte Werte.

Auch hier lässt sich durch eine höhere Affinität mit dem Themengebiet eine bessere
Kostensituation ableiten. Die Unternehmen mit einer defensiven Umweltstrategie
versäumen durch die zu geringe Auseinandersetzung mit dem Thema alle Einspa-
rungspotentiale auszuschöpfen. Dies läuft ihrem Ziel entgegen, die Kosten zu minimieren. Werden die Sortierkosten mit in die Überlegung einbezogen, so bilden sie für
sich genommen zwar einen steigenden Kostenblock, schaffen auf der anderen Seite
aber auch die Möglichkeit, die Entsorgungsgebühren bzw. –entgelte erheblich zu senken. Hier scheinen gerade die Unternehmen mit einer defensiven Umweltstrategie nur
die negative Seite der Erhöhung der Sortierkosten[170] zu sehen und nicht die Chance
durch eine bessere Sortierung und Erfassung Entsorgungsgebühren bzw. –entgelte
einzusparen.

Die einzelnen Kostenblöcke, namentlich die Sortierkosten, die Personalkosten, die
Kosten für Mitarbeiterschulungen, die Organisations- und Informationskosten und die
Dokumentationskosten, steigen in Unternehmen, die zertifizieren, dokumentieren
oder einen Abfallbeauftragten haben, hochsignifikant öfter. Hieraus kann auf höhere
Aktivitäten in den Bereichen der einzelnen Kostenfelder[171] geschlossen werden.

Da die Möglichkeit, Kosten zu sparen die stärkste Motivation für umweltorientierte
Handlungen ist (siehe Kapitel 4.2.4), wurde des Weiteren gefragt, ob in Teilbereichen
Kostensenkungen erreicht werden konnten. Hier gaben 35% der Unternehmen an,
Kostensenkungen durch die freie Wahl des Entsorgers und damit durch die Privatisierung erzielt zu haben. Kostensenkungen durch Neustrukturierung von Betriebsabläufen erreichten 18% der Unternehmen, durch verbesserte betriebliche Logistik erreichten dies 19% und durch optimierte Materialnutzung schließlich 25% der Unternehmen. Diese Zahlen zeigen, dass durch die neuen Regelungen des Kreislaufwirt-
schafts- und Abfallgesetzes Kosten eingespart werden können. Da Unternehmen
durch praktische und tatsächlich vorhandene Beispiele am ehesten ihr Verhalten än-

---

[170] 61% der Unternehmen mit einer defensiven Umweltstrategie sahen ansteigende Sortierkosten.
[171] Z. B. steigende Kosten für Mitarbeiterschulungen: daraus folgt, mehr Mitarbeiter werden geschult
bzw. die Mitarbeiter werden besser geschult.

dern, müsste dies zur Motivation der anderen Unternehmen besser kommuniziert werden (vgl. Atkins 1997, S. 80ff.).

Die Ergebnisse der bisherigen Analyse lassen vermuten, dass auch hier die Unternehmen mit höherem Know-how im Abfallbereich wieder hochsignifikant öfter Kostensenkungserfolge angaben.

Eine gesonderte Stellung haben in diesem Komplex jedoch Unternehmen mit einem Abfallbeauftragtem. Sie erzielen:

- zu 50% Kostensenkungen durch die freie Wahl des Entsorgers (im Vergleich zu 23% der anderen Unternehmen),
- zu 27% Kostensenkungen durch die Neustrukturierung von Betriebsabläufen (im Vergleich zu 10% der anderen Unternehmen),
- zu gut 30% Kostensenkungen durch verbesserte betriebliche Logistik (im Vergleich zu 11% der anderen Unternehmen) und
- zu 34% Kostensenkungen durch optimierte Materialnutzung (im Vergleich zu 18% der anderen Unternehmen).

Es stellt sich hier die besondere Wirkung des Betriebsbeauftragten für Abfall dar. Diese Unternehmen zeigten auch gegenüber Unternehmen, die Dokumentationsmaßnahmen durchführen bzw. die zertifiziert waren, öfter an, Kostensenkungen realisiert zu haben. Demnach scheint die organisatorische Implementierung eines fach- und sachkundigen Mitarbeiters insbesondere auf der Kostenseite günstige Effekte zu verwirklichen.

5.6.2   Unternehmensorganisation

Die Produktverantwortung wird gerne als eine der Neuerungen des Kreislaufwirtschafts- und Abfallgesetzes dargestellt. In Kapitel 4.1.3.1 wurde bereits darauf hingewiesen, dass die Produktverantwortung erst durch Verordnungen gestaltet werden muss. Es ist demnach nur die Möglichkeit geschaffen worden, die Haftung der Unternehmen auf den Abfallbereich auszuweiten. In diesem Teil der Auswertung soll nun geprüft werden, inwieweit diese Option bereits zu Maßnahmen im Unternehmen geführt hat, die organisatorische Struktur im Unternehmen, den Produktionsprozess bzw. die Konstruktion der Produkte zu verändern und damit auf spätere Verwertungs- und Rücknahmepflichten auszurichten. Des Weiteren soll geklärt werden, welche

Informationskanäle von den Unternehmen genutzt wurden, um sich über Veränderungen im Abfallrecht zu informieren.

Maßnahmen zur Informationssuche über das Kreislaufwirtschafts- und Abfallgesetz wurden von 77% der Unternehmen ergriffen. Die Betrachtung der Unternehmen, gegliedert nach der jeweiligen Umweltstrategie, zeigt, dass die Unternehmen ohne Umweltstrategie fast 50% der Probanden stellten, die sich nicht eingehend über das Gesetz informierten. Auch die Informationsquellen ließen sich anhand der Umweltstrategie differenzieren. So wurde hochsignifikant deutlich, dass Unternehmen mit einer defensiven Umweltstrategie öfter Kammern und Branchenverbände und Unternehmen mit offensiver Umweltstrategie öfter professionelle Umweltberater zu Rate zogen. Bei den Informationsquellen lagen die Kammern und Branchenverbände mit einem Anteil von 73% insgesamt gesehen deutlich vor den Umweltberatern mit 23% der Unternehmen und den sonstigen Informationsquellen, wie etwa Fachliteratur und Internet mit 34%. Aufgrund dieses Ergebnisses sollte die Funktion der Kammern und Branchenverbände als Kommunikationsmedien stärker genutzt werden. Mit einer Durchdringung von fast drei Vierteln bilden sie z. B. einen guten Multiplikator, um die im vorherigen Kapitel analysierten Kostensenkungserfolge zu verbreiten.

Die Unternehmen änderten zu 67% organisatorische Abläufe im Unternehmen. Im Vordergrund standen die Mitarbeiterschulungen, dicht gefolgt von den Erweiterungen der Aufgabenfelder der Mitarbeiter im operativen Geschäft. Die Aufgabenerweiterung der Unternehmensleitung bzw. die Einführung unterstützender Einheiten für die Unternehmensleitung standen im Vergleich dazu etwas im Hintergrund (siehe Abb. 66). Unternehmen, die Stabsstellen für den Umweltbereich eingerichtet haben, sind zertifiziert und wickeln wahrscheinlich die gesamte Steuerung der Umweltmanagementsysteme über diese organisatorischen Einheiten ab. Eine Stabsstelle, die sich nur mit Abfallfragen beschäftigt, ist sicherlich kaum anzutreffen. Die organisatorischen Maßnahmen, die in den Unternehmen vorgenommen wurden, können als durchaus zielführend angesehen werden, wenn durch die Qualifikationsmaßnahmen auch sichergestellt wird, dass die Unternehmen ihre Stoffflüsse optimieren.

Die produktionsorientierten Maßnahmen sind maßgeblich für die Beurteilung der Wirkung der Produktverantwortung, da gerade der Produktionsprozess durch die Haftung für die spätere Entsorgung im Sinne einer Ressourcenoptimierung gesteuert werden soll. Das Schlagwort vom „Abfall her denken", das der Vorsitzende der UNEP Klaus Töpfer in seiner Zeit als deutscher Umweltminister geprägt hat, deutet gerade darauf hin, dass von der Konstruktion bis zur Realisation Maßnahmen zur späteren Abfallvermeidung getroffen werden sollen. Die Analyse der Antworten ergibt mit 66% der Unternehmen, die produktionsorientierte Maßnahmen durchführten, zwar einen hohen Wert, die genauere Aufschlüsselung, welche Maßnahmen durchgeführt wurden, verdeutlicht jedoch, dass meist nur „Reparaturen" und keine grundsätzlichen Änderungen der Produktionsweisen vorgenommen werden.

Abb. 66: Maßnahmen in Unternehmen nach Inkrafttreten des Kreislaufwirtschafts- und Abfallgesetzes

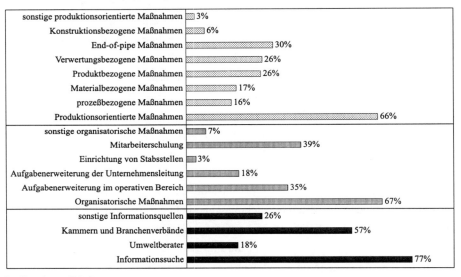

Quelle: eigene Erhebung.

Maßnahmen zur Verbesserung der Sammel- und Beseitigungslogistik führen die durchgeführten Änderungen an, dicht gefolgt von verwertungs- und produktbezogenen Maßnahmen (siehe Abb. 66). Auch wenn diese Maßnahmen im Sinne des Kreislaufwirtschafts- und Abfallgesetzes durchaus zielführend sind, deuten sie nicht auf eine langfristige Änderung der Produktpolitik hin, da sie erst nach Abschluss des Konstruktions- und Produktionsprozesses zum Zuge kommen. Die geringe Wirkung der potentiellen Produktverantwortung im Kreislaufwirtschafts- und Abfallgesetz zeigt sich noch deutlicher, wenn die Unternehmen betrachtet werden, die materialbezogene, jene die prozessbezogene und solche, die konstruktionsbezogene Maßnahmen durchführen. Ihre Anteilswerte heben sich deutlich nach unten ab und bilden eher die Ausnahme. Die Untersuchung der Frage, welche Unternehmen auch stärker diese langfristigen Änderungen ihrer Stoffströme anstreben, sei es durch veränderte Beschaffung, neue technische Verfahren bzw. durch Konstruktionsänderungen zu Gunsten einer effizienten Ressourcennutzung, brachte auch hier wieder zu Tage, dass Unternehmen mit höherer Affinität zum Thema Kreislaufwirtschaft deutlich öfter diese Maßnahmen vollzogen. Beispielsweise äußerten sich 28% der Unternehmen mit einer offensiven Umweltstrategie und 17% der Unternehmen mit einer abwartenden Umweltstrategie im Gegensatz zu gerade 8% der Unternehmen mit einer defensiven oder ohne Umweltstrategie dahingehend, die Beschaffungspolitik materialbezogen geändert zu haben. Unternehmen mit einer offensiven Umweltstrategie gaben zu 15% an, konstruktionsbezogene Maßnahmen, die am stärksten auf eine Änderung der Produktgestaltung im Sinne der Abfallvermeidung hindeuten, durchzuführen. Hingegen gaben 1% der Unternehmen mit einer defensiven und ohne Umweltstrategie dasselbe an.

5.7 Wirkungen einzelner Maßnahmen des Kreislaufwirtschafts- und Abfallgesetzes

Das Kreislaufwirtschafts- und Abfallgesetz hat für das produzierende Gewerbe einzelne Regeln verankert, die im untergesetzlichen Regelwerk durch Verordnungen konkretisiert wurden. Diese sollen in den folgenden Unterkapiteln näher untersucht werden.

Im einzelnen sind dies der Betriebsbeauftragte für Abfall, die Pflicht zur Erstellung von Abfallbilanzen und Abfallkonzepten ab bestimmten Abfallmengen sowie die Möglichkeiten zur Kooperation. Die beiden Instrumente der Bestellung eines Betriebsbeauftragten für Abfall und der Verpflichtung zu Dokumentationsmaßnahmen weisen starke Überschneidungen auf. Aus diesem Grund werden im Unterkapitel 5.7.2 nur jene spezifischen Wirkungen bzw. signifikanten Aussagen tiefer gehend aufgeführt, die nicht schon in Kapitel 5.7.1 behandelt wurden. Ansonsten wird auf die Aussagen im vorhergehenden Kapitel verwiesen.

Die Wirkung der Maßnahme, dass öffentliche Einrichtungen abfallvermeidungsorientiert beschaffen sollen (§ 37 KrW-/AbfG), konnte in dieser Befragung nicht beantwortet werden. Nur durch einen Zeitvergleich könnte dies sinnvoll geschehen. Es konnte jedoch erhoben werden, dass immerhin 28% der Unternehmen durch abfallarme Produkte Wettbewerbsvorteile erwarten, was auf die Wirkung der Maßnahme hindeutet.

Die Produktverantwortung konnte als einzelne Maßnahme nicht analysiert werden, da sie erst durch Verordnungen konkretisiert werden wird. Aus diesem Grund fand die Untersuchung der Wirkung der Ankündigung im Rahmen von Kapitel 5.6.2 statt.

5.7.1   Der Betriebsbeauftragte für Abfall

Durch die Verpflichtung zur Benennung eines Betriebsbeauftragten für Abfall wird im Rahmen des Kreislaufwirtschafts- und Abfallgesetzes das Ziel verfolgt, die Kompetenz in abfallrechtlichen Fragen im Unternehmen zu erhöhen und damit die Stoffströme im Sinne des Gesetzeszweckes zu lenken. Bei der Analyse muss einschränkend bedacht werden, dass das Instrument des Betriebsbeauftragten für Abfall schon im alten Abfallgesetz verankert war, im neuen Gesetz jedoch deutlich schärfer formuliert und ausgestaltet wurde.

In diesem Unterkapitel soll nun überprüft werden, ob sich Unternehmen mit einem Betriebsbeauftragten für Abfall signifikant von solchen ohne unterscheiden.

In Kapitel 5.4 und in Kapitel 5.5 wurde bereits darauf hingewiesen, dass die Unternehmen mit einem Betriebsbeauftragten für Abfall signifikant besser über die Probleme auf den Sekundärrohstoffmärkten bzw. im Abfallrecht Bescheid wussten. Hier lässt sich eindeutig die Erhöhung der Kompetenz in Bezug auf abfallwirtschaftliche Fragen erkennen. Fraglich ist im Folgenden nun, ob dieser Know-how-Vorsprung gegenüber den anderen Unternehmen auch zu anderen Handlungen führt.

Vorab wird zunächst die Durchdringung des produzierenden Gewerbes mit Betriebsbeauftragten für Abfall untersucht. Insgesamt hatten 40% der Unternehmen einen Betriebsbeauftragten für Abfall. Dieser war zu 92% eigener Mitarbeiter. Es zeigt sich, dass das Hemmnis[172] für externe Berater wirkt, da mit einem Anteil von 8% kaum externe Berater zum Einsatz kamen.

Unter dem Gesichtspunkt der Branchenzugehörigkeit konnten bei der Verteilung der Betriebsbeauftragten für Abfall keine signifikanten Unterschiede ermittelt werden. Einzig die Produzenten von chemischen Erzeugnissen sowie Gummi- und Kunststoffwaren lagen mit Ausprägungen von 67% und 50% überdurchschnittlich hoch bezüglich des Anteils der Betriebsbeauftragten für Abfälle.

---

[172] Externe Berater müssen behördlich genehmigt werden (siehe Kapitel 4.1.3.1).

Abb. 67: Betriebsbeauftragter für Abfall nach Unternehmensgröße und Umweltstrategie

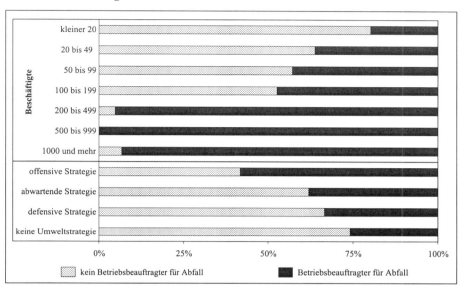

Quelle: eigene Erhebung.

Hochsignifikante Unterschiede ergab hingegen die Aufteilung der Unternehmen nach
Betriebsgrößenklassen und nach Umweltstrategien (siehe Abb. 67).

Die höhere Verbreitung der Betriebsbeauftragen für Abfall in größeren Unternehmen
ist durch deren Rechtsgestalt begründet, da mit der Größe der Unternehmung meist
auch die Personenzahl im Leitungsorgan steigt. Hierdurch erwächst nach dem Kreis-
laufwirtschafts- und Abfallgesetz eine Mitteilungs- und Anzeigepflicht (siehe Kapitel
4.1.3.1).

Die Korrelation von Unternehmen, die einen Betriebsbeauftragten für Abfall hatten,
und solchen, die eine offensive Umweltstrategie im Abfallbereich verfolgten, zeigt,
dass durch die Verpflichtung zur Bestellung eines Betriebsbeauftragten für Abfall
positive Veränderungen bewirkt werden. Es findet durch den Know-how-Zuwachs
anscheinend eine Änderung der Präferenzen zu einer stärkeren Umweltorientierung
statt, was nicht nur den Zielen des Kreislaufwirtschafts- und Abfallgesetzes sondern
dem gesamten Umweltschutzrecht sehr entgegen kommt.

Ein Vergleich der Mittelwerte der Stichproben von Unternehmen mit bzw. ohne Betriebsbeauftragten für Abfall durch den T-Test konnte für die Verteilung der Quoten

für Abfälle zur Verwertung bzw. Abfälle zur Beseitigung keine signifikanten Unterschiede hervorbringen. Ebenfalls wichen die Aussagen zur Lieferstruktur nicht so stark ab[173], wie dies bei zertifizierten Unternehmen der Fall war (siehe Kapitel 5.3). Es ist dennoch auch hier deutlich erkennbar, dass Unternehmen mit einem Betriebsbeauftragten für Abfall eine stärkere räumliche Differenzierung in ihrer Lieferstruktur aufwiesen und stärker als andere die Möglichkeiten der Privatisierung nutzten.

Die Abfallmenge wurde von 30% der Unternehmen mit Betriebsbeauftragtem für Abfall als sinkend angenommen. 42% erwarteten für ihr Unternehmen sinkende Abfälle zur Beseitigung, und 45% der Unternehmen erwarteten steigende Abfälle zur Verwertung. Diese Entwicklung ging bei 34% der Unternehmen mit einem Betriebsbeauftragten für Abfall einher mit Aussagen, die steigende Anteile von Sekundärrohstoffen in der Produktion prognostizierten. Diese signifikant positivere Einschätzung aus Sicht der Zielsetzung des Kreislaufwirtschafts- und Abfallgesetzes stellt das Instrument des Betriebsbeauftragten für Abfall in ein positives Licht.

Die Tatsache, dass die Unternehmen mit Betriebsbeauftragtem für Abfall die Entwicklung der Entsorgungskosten als sinkend einschätzten, kam in Kapitel 5.6.1 bereits zum Tragen. Hier sei nur darauf hingewiesen, dass die Unternehmen mit Abfallbeauftragten zu 25 % an sinkende Anteile der Entsorgungskosten an den Gesamtkosten glaubten, während dies Unternehmen ohne Betriebsbeauftragten für Abfall nur zu 3% sahen.

In der empirischen Erhebung wurde gefragt, welche Maßnahmen die Unternehmen nach Inkrafttreten des Kreislaufwirtschafts- und Abfallgesetzes ergriffen hatten. Hier soll nun untersucht werden, ob Unternehmen mit einem Abfallbeauftragtem hochsignifikant mehr Maßnahmen bzw. andere Maßnahmen vorgenommen hatten als die Unternehmen ohne einen Abfallbeauftragten. Die genaue Verteilung der Ausprägungen der einzelnen Maßnahmen war Gegenstand des Kapitels 5.6.2.

Gut 90% der Unternehmen mit Abfallbeauftragtem suchten aktiv Informationen zum Kreislaufwirtschafts- und Abfallgesetz (im Vergleich zu 69% bei jenen ohne). Es wurden zu 27% Umweltberater genutzt und zu 40% sonstige Quellen neben Kammern und Branchenverbänden. Hauptsächliche Nennungen bei den sonstigen Quellen waren das Internet und Fachzeitschriften.

---

[173] Im statistischen Sinne sind die Abweichungen immer noch hochsignifikant (T-Test).

Im Hinblick auf organisatorische Maßnahmen lag der Anteil der Unternehmen mit Betriebsbeauftragtem für Abfall mit 85% zu 55% im Vergleich zu den Unternehmen ohne diesen deutlich höher. An erster Stelle der organisatorischen Maßnahmen standen die Mitarbeiterschulungen zum Kreislaufwirtschafts- und Abfallgesetz, die 60% der Unternehmen mit Abfallbeauftragtem durchführten. Während die Aufgabenerweiterung der Unternehmensleitung vergleichbar mit der anderer Unternehmen ist, wurden nach Aussagen der Unternehmen mit Betriebsbeauftragtem für Abfall die Aufgabenbereiche im operativen Bereich deutlich öfter erweitert. Kombiniert mit der Mitarbeiterschulung sind solche Maßnahmen durchaus zielführend im Sinne des Kreislaufwirtschafts- und Abfallgesetzes, da sie an der Basis der Abfallerzeugung, d. h. direkt vor Ort, ansetzen. Problematisch ist es jedoch, wenn nur operative Maßnahmen getroffen werden. Schließlich müssen auch strategische Elemente hinzukommen, die im Rahmen der Planung zu veränderten Stoffströmen führen und damit das Ziel der quantitativen und qualitativen Abfallvermeidung langfristig vorantreiben.

Produktionsorientierte Maßnahmen wurden in 80% der Unternehmen mit Abfallbeauftragtem vorgenommen (im Vergleich zu 56% in den Unternehmen ohne). Im Vordergrund standen materialbezogene Aktivitäten im Rahmen der Beschaffungspolitik und verwertungsbezogene Maßnahmen in Bezug auf innerbetriebliche Kreislaufführung. Produktbezogene Maßnahmen unterschieden sich mit einem Anteil von 29% nicht signifikant von denen in anderen Unternehmen (23%).

Konstruktionsbezogene Maßnahmen wurden von 9% der Unternehmen mit Abfallbeauftragtem durchgeführt. Diese schwache Ausprägung ist immer noch hochsignifikant höher als bei allen anderen Unternehmen (siehe Kapitel 5.6.2).

Zusammenfassend kann festgehalten werden, dass Unternehmen mit Betriebsbeauftragtem für Abfall wesentlich bessere Informationen zur Kreislaufwirtschaft besaßen und ihre Handlungen stärker im Sinne des Kreislaufwirtschafts- und Abfallgesetzes ausrichteten. Damit ist die Verpflichtung zur Bestellung eines Betriebsbeauftragten ein effizientes Instrument, das über die Veränderung der Präferenzstruktur im Sinne des entscheidungsorientierten Lösungsansatzes das Ziel der Abfallvermeidung näher bringt.

Zu Bedenken gegeben werden sollte nur, dass diese Maßnahme, so wie es zur Zeit implementiert ist, nicht auf kleine Unternehmen ausgerichtet ist, bei denen im Zuge der Auswertung bisher die meisten Defizite in Bezug auf das Know-how über die

Kreislaufwirtschaft herausgearbeitet werden konnten. Seitens des Gesetzgebers sollte überdacht werden, ob nicht zusätzliche Anreize oder sogar Pflichten für kleinere Unternehmen verankert werden können. Diese sollten dazu führen, dass auch bei kleinen Unternehmen vermehrt Betriebsbeauftragte für Abfall bestellt werden. Es wäre denkbar, geringere Anforderungen zu stellen und für externe Berater das Hemmnis aufzubrechen, damit kleinere Unternehmen gemeinsam einen Betriebsbeauftragten für Abfall bestellen könnten.

5.7.2 Dokumentationsmaßnahmen

Ähnlich dem Instrument des Betriebsbeauftragten für Abfall zielt auch die Verpflichtung zur Dokumentation der Abfallströme bzw. bei Abfallkonzepten zur Planung der Ströme darauf ab, die Information im Unternehmen und das sogenannte Involvement[174] zu erhöhen. Deshalb stimmen viele Aussagen der Unternehmen, die ihre Abfallströme dokumentieren, mit den Aussagen der Unternehmen mit Abfallbeauftragtem überein. Dennoch kann nicht davon ausgegangen werden, dass alle Unternehmen, die einen Betriebsbeauftragten für Abfall haben, auch Dokumentationsmaßnahmen durchführen. Obwohl eine hohe Korrelation vorliegt, haben immerhin 30% der dokumentierenden Unternehmen keinen Betriebsbeauftragten für Abfall.

Abb. 68 spiegelt die Verteilung innerhalb der Gruppe der dokumentierenden Unternehmen wider. Insgesamt betrachtet, dokumentierten 42% der Unternehmen, 30% erstellten eine Abfallbilanz, 21% erarbeiteten Abfallwirtschaftskonzepte und 6% bzw. 10% dokumentierten freiwillig in Form des Öko-Audits bzw. durch sonstige Maßnahmen.

Der Mittelwertvergleich der Unternehmen mit und ohne Dokumentationsmaßnahmen ergibt hochsignifikant bei der Analyse der Abfallmengenentwicklung und der Lieferstruktur die gleichen Ergebnisse, wie dies bei den zertifizierten Unternehmen bzw. denen mit Abfallbeauftragtem der Fall ist (siehe Kapitel 5.3 und 5.7.1). Demnach ist auch dieses Instrument geeignet, den Informationsstand in den Unternehmen zu erhöhen und die Abfallströme in differenziertere Bahnen zu lenken.

---

[174] Involvement meint in diesem Zusammenhang, dass das Unternehmen sich mit den Problemen der Abfallströme auseinandersetzen muss und nicht mehr an ihnen vorbei sehen kann, indem diese z. B. unter dem Punkt „sonstige Kosten" verschwinden.

Abb. 68: Verteilung auf Dokumentationsarten bei dokumentierenden Unternehmen

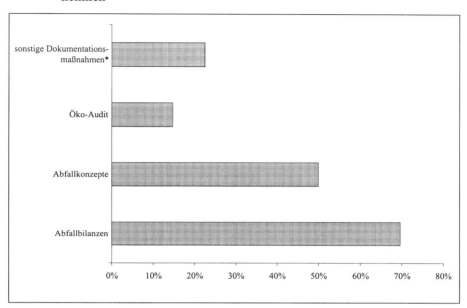

* insbesondere Begleitscheinauswertung

Quelle: eigene Erhebung.

Die Maßnahmen, die in jenen Unternehmen ergriffen wurden, die Dokumentationsmaßnahmen durchführten, werden im Folgenden nur in Relation zu den Werten bei den Unternehmen mit Betriebsbeauftragtem für Abfall bewertet, da die Richtungen der Aussagen beider Ausprägungen gleich waren (siehe Abb. 69)

Die dokumentierenden Unternehmen suchten vergleichsweise öfter bei den Kammern und Branchenverbänden um Informationen nach. Auch ist die Ausprägung bei der Maßnahme „Aufgabenerweiterung im operativen Bereich" höher, was mit den zusätzlichen Dokumentationspflichten der einzelnen Mitarbeiter begründet werden kann.

Erwartungsgemäß sind die Ausprägungen zwischen den Unternehmen, die Betriebsbeauftragte bestellt hatten und denen, die ihre Abfallströme dokumentiert haben, fast gleich. Dies ist schon darauf zurückzuführen, dass die Unternehmen zu einem hohen Prozentsatz identisch sind (siehe oben).

Abb. 69: Maßnahmen nach Inkrafttreten des Kreislaufwirtschafts- und Abfall-gesetzes in Unternehmen, die ihre Abfallströme dokumentiert haben

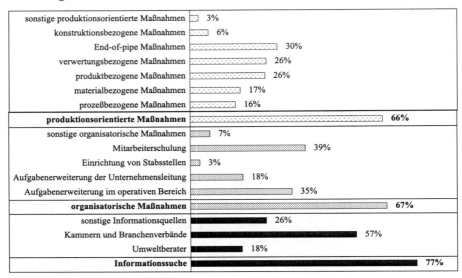

Quelle: eigene Erhebung.

Da beide Instrumente, die bis jetzt analysiert wurden, die gleiche positive Wirkung haben, stellt sich die Frage, ob beide angewandt werden müssen, da sie sich gegenseitig verstärken oder ob nicht eines der beiden Instrumente ausreichen würde. Um dies zu ermitteln, müssten die Wirkungen isoliert analysiert werden. Dies ergibt bei der statistischen Auswertung zu niedrige Fallzahlen, da die Teilmengen der Unternehmen, die nur einem Instrument zuzuordnen sind, sehr klein sind. Aus diesem Grund kann nur qualitativ geurteilt werden. Das Instrument des Betriebsbeauftragten für Abfall legt den Schwerpunkt auf die fachliche Qualifikation des Unternehmens und auf die Beeinflussung der Organisationsstruktur. Die Dokumentationsmaßnahmen setzen stärker auf eine Visualisierung der Stoffströme. Aufgrund dieser unterschiedlichen Ansätze ist eher von einer verstärkenden Wirkung der Instrumente bei gleichzeitigem Einsatz auszugehen als von der Substituierbarkeit.

Demnach kann auch dem Ansatz, dass die Unternehmen ihre Abfallströme dokumentieren sollten, Erfolg attestiert werden. Seitens des Gesetzgebers sollte überlegt werden, ob nicht auch für Unternehmen mit geringeren Abfallmengen je Abfallart Anreize geschaffen werden sollten, freiwillige Dokumentationsmaßnahmen durchzuführen.

5.7.3 Kooperationen im Entsorgungsbereich

Die Möglichkeit zu zwischenbetrieblichen Kooperationen ist ein weiteres Instrument im Kreislaufwirtschafts- und Abfallgesetz. Kooperationen in diesem Zusammenhang sind alle Formen der Zusammenarbeit, die durch die beiden Pole „Hierarchie"[175] und „Markt"[176] im Sinne der Transaktionskostentheorie begrenzt werden.

Die empirische Analyse ergab, dass gerade 18% der Unternehmen Kooperationen im Entsorgungs- und/oder Verwertungsbereich eingingen. Dies sind in absoluten Zahlen 40 Unternehmen im Rahmen dieser Befragung.[177] Von diesen 40 Unternehmen hatten 22 sowohl Kooperationen im Entsorgungsbereich als auch im Verwertungsbereich, 13 nur im Verwertungsbereich und 5 nur im Entsorgungsbereich. Es zeigt sich, dass die Unternehmen, wenn sie sich zu Kooperationen entschlossen, meist umfassende Zusammenarbeit anstrebten. Wenn Kooperationen geschlossen wurden, dominierten die Zusammenschlüsse mit Zulieferern und Abnehmern.[178] Im Verwertungsbereich spielten die Kooperationen mit Unternehmen gleicher Branche eine gewisse Rolle, womit zumindest Tendenzen firmenübergreifender Zusammenarbeit im Bereich der Entwicklung recyclingfreundlicher Produkte vorhanden sind.

Die regionale Streuung der Zusammenarbeit im Entsorgungsbereich beschränkt sich vorwiegend auf das lokale Umfeld und geht kaum über die Grenzen des Bundeslandes hinaus. Die Zusammenarbeit im Verwertungsbereich hingegen kann regional nicht eingeschränkt werden, da sie sowohl im lokalen Umfeld als auch im gesamten Bundesgebiet zu finden ist.

Ein Versuch, die Unternehmen mit Kooperationen im Entsorgungs- und/oder Verwertungsbereich zu charakterisieren, scheitert an der mangelnden statistischen Signifikanz. Einzige signifikant zulässige Aussage ist die Tatsache, dass Unternehmen, die Dokumentationsmaßnahmen durchführten, eher mit anderen Unternehmen koope-

---

[175] Hierarchie bedeutet den Aufbau klarer Entscheidungskompetenzen zur Regulierung der Problemfelder.

[176] Markt bedeutet, dass die Probleme durch reine Marktparameter gelöst werden und der Preis als Regulator fungiert.

[177] Aufgrund der geringen Fallzahl wird im Folgenden davon abgesehen, die Ausprägungen in Prozent anzugeben.

[178] Entsorgungsbereich: 3 Unternehmen mit Unternehmen gleicher Branche; 9 Unternehmen mit Unternehmen anderer Branchen; 16 Unternehmen mit Zulieferer und/oder Abnehmern. Verwertungsbereich: 11 Unternehmen mit Unternehmen gleicher Branche; 14 Unternehmen mit Unternehmen anderer Branchen; 17 Unternehmen mit Zulieferern und/oder Abnehmern.

rierten. Ansonsten lässt sich auch in Bezug auf die Beschäftigtengrößenklassen kein Zusammenhang ableiten.

Abschließend kann damit festgehalten werden, dass Kooperationen in der Kreislaufwirtschaft nur eine untergeordnete Rolle spielen und bislang nicht zu signifikanten Verhaltensänderungen der Marktakteure geführt haben. Das Instrument der Kooperationen im Unternehmensbereich wirkt demnach zur Zeit nicht zielführend. Es müssten daher neue Anreize für Zusammenschlüsse geschaffen werden, um die Erfassung von Abfällen zu verbessern und um die Informationen im Unternehmen und die Informationsflüsse zwischen Unternehmen zu erhöhen.

Gerade bei kleineren Unternehmen waren die Gründe für ein nicht zielkonformes Handeln im Sinne des Kreislaufwirtschafts- und Abfallgesetzes meist entweder mangelndes Wissen aufgrund fehlender Informationsverarbeitungskapazitäten oder zu geringe Mengen der einzelnen Abfallfraktionen. Um diesen Mangel abzubauen, sollten Kooperationen von kleineren Unternehmen besonders gefördert werden. Beispielsweise könnten Kooperationen im gleichen Gewerbegebiet unterstützt werden, da sie eine gute Möglichkeit bieten, auch kleinere Abfallmengen getrennt zu sammeln.[179] Auch für die Verbesserung der Informationsgewinnung würde es Sinn machen, z. B. für kleinere Unternehmen einen Anreiz zu schaffen, einen Abfallbeauftragten mit mehreren Unternehmen gemeinsam zu nutzen. Diese externen bzw. gemeinsamen Abfallbeauftragten sollten unter bestimmten Rahmenbedingungen privilegiert werden und nicht - im Vergleich zu den internen Abfallbeauftragten - besonderen Anforderungen entsprechen müssen (siehe Kap. 5.7.1).

---

[179] Es wäre denkbar, dass eine Malerwerkstatt die Farben und Lacke der anderen Unternehmen mit annimmt und beispielsweise die Schreinerei im Gegenzug das Holz sammelt usw.

6   Zusammenfassende Darstellung der Kreislaufwirtschaft

Ziel dieser Arbeit ist es, den Stand der Kreislaufwirtschaft in Deutschland darzustellen. Im Vordergrund der Analyse steht eine effiziente Kreislaufwirtschaft im Sinne einer verstärkten Kreislaufführung und Ressourcenvermeidung. Im Kreislaufwirtschafts- und Abfallgesetz mit seinen umweltpolitischen Instrumenten sind diese Ziele fest verankert worden. Aus diesem Grund bildet die Analyse des Gesetzes einen Schwerpunkt der vorliegenden Arbeit. Eine umfassende Untersuchung der Kreislaufwirtschaft in Deutschland kann jedoch nicht losgelöst von den wirtschaftlichen und politischen Rahmenbedingungen erfolgen, die durch ihre Wirkungen die Kreislaufwirtschaft lenken bzw. begrenzen.

Kapitel 2 zeigt zur Einführung in die Thematik das Spannungsfeld zwischen Ökonomie und Ökologie auf. Es wird deutlich, dass bei einer Betrachtung der Problemlage vier Ziele verfolgt werden müssen:

1) *qualitative Abfallvermeidung* (Reduzierung der Schadstofffracht der Abfälle),
2) *quantitative Abfallvermeidung* (Reduzierung des Ressourcenverzehrs auf der Inputseite),
3) *verstärkte Kreislaufführung* (Steigerung von Recycling und Verwertung; Strategien der Nutzungsintensivierung (zeitlich und technisch)),
4) *schonende Beseitigung* (schadlose Beseitigung; Beitrag zur Stärkung der Ökosysteme zur Sicherung der Aufnahmefähigkeit).

Durch die Darlegung der Problemlage anhand verschiedener Ausprägungen der Externen Effekte und anhand des „Gefangenendilemmas" wird abgeleitet, dass effiziente Lösungen nur durch ein gemischt-instrumentelles Vorgehen erreicht werden können. Der Einsatz der umweltökonomischen Instrumente muss sich dabei am Entscheidungsverhalten der Akteure orientieren. Es wird zwischen dem zweckrationalen, dem normorientierten und dem verständigungsorientierten Entscheider unterschieden. Unternehmen handeln im Sinne der begrenzten Rationalität annahmegemäß am ehesten als homo oeconomicus und dementsprechend zweckrational. Für Unternehmen gilt daher der entscheidungsorientierte Ansatz. Dieser gliedert die umweltpolitischen Maßnahmen danach, ob die Handlungsalternativen, die Kosten-Nutzen-Relationen oder die Präferenzstrukturen zielorientiert verändert werden. Beim zukünftigen Einsatz von umweltpolitischen Maßnahmen sollte diese akteursspezifische Sichtweise stärker berücksichtigt werden. Das Entscheidungsverhalten kann letztlich nur zielorientiert verändert werden, wenn das den Entscheidungen zu Grunde liegende Handlungsmodell bekannt ist.

Aus diesem Blickwinkel werden in Kapitel 3 die Rahmenbedingungen für die Kreislaufwirtschaft vorgestellt. Die institutionellen Rahmenbedingungen verändern die Handlungsalternativen in der Kreislaufwirtschaft zunehmend. So kann in Kapitel 3.1.1 aufgezeigt werden, dass die TASi entscheidenden Einfluss auf das Abfallverhalten in Deutschland hat. Durch die lange Übergangsfrist von zwölf Jahren sind nach wie vor die Ablagerungen von unbehandelten Abfällen auf Deponien möglich. Um sie bis 2005 noch möglichst vollständig zu verfüllen, nehmen die Betreiber die Abfälle zu Niedrigstpreisen an, die nicht einmal die Kosten der Deponiensanierung decken. Dadurch verlagern sich die Abfallströme zusehends zu den Deponien und die Betreiber von MVA und MBA gehen leer aus oder müssen die Preise unter die Einstandspreise senken. Durch diesen „Preiskrieg" treten insbesondere die Fragen der Abgrenzung zwischen Abfällen zur Verwertung und Abfällen zur Beseitigung sowie zwischen Abfällen und Produkten in den Vordergrund.

Diese Schwäche des Kreislaufwirtschafts- und Abfallgesetzes entstand unter dem Eindruck des Müllnotstandes Anfang der 1990er Jahre Der Gesetzgeber rechnete nur mit einer Unterversorgung der öffentlichen Entsorgungsinfrastruktur und vernachlässigte daher die Möglichkeit, dass nicht „genügend Abfall" für die öffentlichrechtlichen Entsorgungsträger vorhanden sein könnte. Aus diesem Grund wurden nur Möglichkeiten geschaffen, die Unternehmen bei der Entsorgung mehr in die Pflicht zu nehmen, jedoch wurde nicht abschließend geregelt, wann eine Andienungspflicht seitens der Unternehmen vorliegt.

In Kapitel 3.2.1 wird quantitativ nachgewiesen, dass spätestens ab 2005 wieder mit einer Deckungslücke bei der Entsorgung zu rechnen sein wird. Dies darf nicht zu einer Verlängerung der Übergangsfrist der TASi führen. Eine weitere Deponierung von unbehandelten Abfällen sollte nur noch dann genehmigt werden, wenn diese mit einer Abgabe belastet wird. Diese Abgabe sollte die Kosten einer Behandlung von Abfällen und einer Sanierung der Deponien widerspiegeln. Ansonsten werden die Ungleichverteilung innerhalb Deutschlands und die ökologisch bedenkliche Entwicklung seit Anfang der 1990er Jahre noch verschärft. Abb. 13 und Abb. 14 zeigen eindrucksvoll die regionale Problemlage in Deutschland. Verbunden mit der engen Auslegung der Entsorgungsautarkie entsteht ein Bild, das eine Überversorgung im Westen, insbesondere der Rheinschiene, und eine Unterversorgung im Osten Deutschlands zeigt. Es sind dringend Entscheidungen notwendig, wenn ab 2005 tatsächlich eine Veränderung der Entsorgung realisiert werden soll (siehe Kapitel 3.2.2).

Die Frage der Entsorgunginfrastruktur und die Entwicklung der Beseitigungskosten spielen eine bedeutende Rolle für die Entwicklung der Kreislaufwirtschaft. Solange die Beseitigungskosten durch den oben geschilderten fast ruinösen Wettbewerb niedrig bleiben, entstehen keine Anreize für Unternehmen, Verwertungsmaßnahmen aus Kostengründen durchzuführen. Es ist daher dringend notwendig die Beseitigung relativ zur Verwertung zu verteuern, um die Kreislaufwirtschaft voranzutreiben. Dies kann jedoch nicht geschehen, solange die TASi weiterhin die Möglichkeit einer billigen Beseitigung offen hält. Wenn die Deponierung mit den „wahren" Kosten belastet wird, sind die Fragen der Abgrenzung von Abfällen zur Verwertung und Abfällen zur Beseitigung, wie sie in Kapitel 4.1.2 dargelegt werden, nicht mehr so vordergründig.

Weitere institutionelle Rahmenbedingungen werden durch die EU gesetzt. Wegen des geltenden Subsidiaritätsprinzips wird der Gestaltungsspielraum der deutschen Abfallgesetzgebung deutlich begrenzt. Auch die WTO wird zunehmend in die Umweltgesetzgebung eingreifen. Wie Töpfer (2000) ausführte, sehen viele Entwicklungsländer in Fragen des Umweltschutzes nur eine neue Form von nicht-tarifären Handelshemmnissen. Der Zwang zum Aufbau von Rücknahmenetzen bei der Einführung neuer Produkte (z. B. Produktverantwortung) könnte beispielsweise zukünftig zu einem Verstoß gegen die WTO-Richtlinien führen, die darin eine Form des „green protection" sehen.

Die Darstellung der Märkte in der Kreislaufwirtschaft zeigt die Probleme auf, die bei Eingriffen in den Markt entstehen. Einerseits entwickeln sich neue Märkte, die Beschäftigung und Wertschöpfung sichern und andererseits entstehen auch Marktkonzentrationen, die den Wettbewerb einschränken (siehe Kapitel 3.2.4).

In den letzten Jahren hat die Konzentration auf den Märkten der Kreislaufwirtschaft stark zugenommen. Es muss im Auge behalten werden, dass der Wettbewerb genügend Raum hat, damit die angestrebte Privatisierung der Märkte auch zu den gewünschten Ergebnissen führt. Die allokative Wirkung des Marktes ist nur gewährleistet, wenn ein Mindestmaß an Wettbewerb erhalten bleibt. Hier ist insbesondere der Verordnungsgeber in der Pflicht, nicht schon durch die Auflagen für etwaige Produktverantwortungen potentiellen Wettbewerb auszuschalten.

Am Beispiel der einzelnen Märkte zeigt sich, dass zwischen sogenannten „alten" Märkten (z. B Markt für Sekundärrohstoffe aus Eisen und Stahl) und neu geschaffenen Märkten (z. B. Markt für Sekundärkunststoff) unterschieden werden muss. Während bei den „alten" Märkten zu beachten ist, dass nicht durch gestiegene Anforderungen der Markt wegbricht, muss beim Aufbau der neu geschaffenen Märkte verstärkt der Fokus auch auf die Absatzmöglichkeiten der Sekundärrohstoffe bzw. -produkte gelegt werden. Auch aus ökologischer Sicht ist ein Recycling am Markt vorbei langfristig nicht tragbar.

Kapitel 4.2 zeigt zusammenfassend die Wirkungen des Kreislaufwirtschafts- und Abfallgesetzes unter Bezugnahme auf den entscheidungsorientierten Ansatz. Es werden folgende Tatbestände deutlich:

1) Die Anwendung des Verursacherprinzips und des Nachsorgeprinzips im Kreislaufwirtschafts- und Abfallgesetz ist nicht überschneidungsfrei. Durch die Vorhaltepflicht im Sinne des Nachsorgeprinzips sind die öffentlich-rechtlichen Entsorgungsträger gegenüber den privaten Entsorgungsträgern benachteiligt, solange sie diese Kosten nicht auf die Gemeinschaft aller übertragen dürfen. Zur Zeit sind ebenfalls die privaten Haushalte benachteiligt, da sie den Entsorgungsträger nicht frei wählen dürfen, aber gleichzeitig die Vorhaltekosten und die Kosten der Fehlallokation der Abfallströme tragen müssen.

2) Die Handlungsalternativen im Kreislaufwirtschafts- und Abfallgesetz sind nicht im Sinne einer klaren Pflichtenzuweisung definiert. Erst wenn der Inhalt der Begriffe im Kreislaufwirtschafts- und Abfallgesetz geklärt ist, werden die Marktakteure beginnen, durch Hierarchie, durch Kooperation mit anderen Akteuren oder über den Markt im Sinne des erweiterten Transaktionskostenansatzes ihre Pflichten zu erfüllen.

3) Umweltökonomische Instrumente im engeren Sinne werden im Kreislaufwirtschafts- und Abfallgesetz nicht angewendet. Als second-best-Methoden im Sinne einer Mengenregulierung werden Selbstverpflichtungserklärungen der Wirtschaft ermöglicht, und in Verordnungen werden teilweise Verwertungsquoten vorgegeben.

4) Indirekte Steuerungen der Kosten-Nutzen-Relationen finden durch die Übergangsfrist der TASi, durch die Anforderungen an Verbrennungsanlagen und durch die Abfallgebühren statt. Diese ungewollten Einflussnahmen überlagern viele mögliche Wirkungen des Kreislaufwirtschafts- und Abfallgesetzes.

5) Das Kreislaufwirtschafts- und Abfallgesetz legt den Schwerpunkt auf jene Maßnahmen, die den Informationsgehalt über abfallwirtschaftliche Tatbestände erhöhen. Hier sind die Abfallbilanzen und –konzepte oder die Betriebsbeauftragten für Abfall zu nennen.

6) Anreize zur Abfallvermeidung sind im Kreislaufwirtschafts- und Abfallgesetz nur indirekt verankert.

Die repräsentative Befragung der Unternehmen diente dem Ziel, die Wirkungen und den Stand der Kreislaufwirtschaft empirisch abzubilden. Zu diesem Zweck wurden 4.000 Unternehmen in Nordrhein-Westfalen angeschrieben, von denen 240 einen verwertbaren Fragebogen zurückschickten.

Im Zuge der Auswertung konnten die Unternehmen folgendermaßen klassifiziert werden: Anhand ihrer strategischen Ausrichtung und ihrer Beschäftigtenzahl sowie der Fragen, ob sie zertifiziert sind, ihre Abfallströme dokumentieren oder einen Betriebsbeauftragten für Abfall bestellt haben. Das Alter der Unternehmen, die Anzahl der Betriebsstandorte sowie die Organisations- und Fertigungsstruktur haben keinen Einfluss auf die betriebliche Abfallwirtschaft und spielen daher in der weiteren Betrachtung keine Rolle.

Die Auswertung konzentriert sich auf die Abfallströme, die Ermittlung der Entsorgungsstruktur, die Identifizierung der Markthemmnisse für Sekundärrohstoffe und die Wirkung des Kreislaufwirtschafts- und Abfallgesetzes allgemein und dessen einzelne Maßnahmen.

1) Abfallströme und Entsorgungsstruktur

Die Entwicklung der Abfallströme tendiert in eine positive Richtung. Ein Drittel der Unternehmen wird zukünftig mehr Abfälle zur Verwertung ausweisen und gleichzeitig mehr Sekundärrohstoffe einsetzen. Dabei verändern Unternehmen mit einer höheren Umweltorientierung signifikant öfter ihre Abfallströme im Sinne der Zielsetzung des Kreislaufwirtschafts- und Abfallgesetzes. Zertifizierte Unternehmen sehen eher Potenziale für weitergehende Verwertungsmaßnahmen, und kleinere Unternehmen weisen relativ gesehen weniger Abfälle zur Verwertung aus als größere Unternehmen.

Die Sortierung von Abfällen wird aufgrund des Kreislaufwirtschafts- und Abfallgesetzes kaum verstärkt, da 90% der Unternehmen bereits vor dessen Inkrafttreten sortierten. Abfallvermeidung im Sinne der innerbetrieblichen Verwertung wird aufgrund des Kreislaufwirtschafts- und Abfallgesetzes nicht nachhaltig vorangetrieben.

Abhängig ist die Entsorgungsstruktur in Deutschland vom Informationsstand der Unternehmen. Je höher der Wissenstand im Unternehmen ist bzw. je mehr Beschäftigte das Unternehmen hat, desto eher werden private Entsorger genutzt, und desto eher werden die Abfälle auch überregional angeboten. Insgesamt ist der Privatisierungsgrad bei den Abfällen zur Verwertung am höchsten.

Die Verbringung der Abfälle innerhalb Deutschlands wird nicht durch die Unternehmen forciert, da diese meist regionale Entsorger wählen. Somit sind nicht die Unternehmen für die Verlagerung der Abfallstöme innerhalb Deutschlands und der EU verantwortlich, sondern die Entsorger als Mittler zwischen Unternehmen und Entsorgungsinfrastruktur.

2) *Sekundärrohstoffe*
Die große Zahl der Unternehmen, die den Problemen auf den Sekundärrohstoffmärkten indifferent gegenüber steht bzw. ihnen keine Bedeutung beimisst, zeigt, dass sich die Mehrheit der Unternehmen kaum mit dem Markt auseinandergesetzt hat.

Die Unternehmen, die sich mit dem Markt auseinandersetzen, sehen die größten Hemmnisse für einen verstärkten Einsatz von Sekundärrohstoffen in den Marktregulierungen, wie etwa Normungen, Auflagen und Sicherheitsanforderungen. Marktinterne Probleme, wie etwa die mangelnde Kontinuität der Lieferungen und die zu geringe Markttransparenz, erkennen nur Unternehmen, die sich mit dem Markt auseinandersetzen. Insgesamt weist die geringe Bedeutung dieser Parameter auf einen guten Standard der Recyclingindustrie hin. Auch der Preis der Sekundärrohstoffe wird von den meisten Unternehmen nicht als Hinderungsgrund für den Einsatz von Recyclingprodukten gesehen. Je höher der Wissensstand der Unternehmen über die Märkte ist, desto stärker tritt jedoch die mangelnde Sortenreinheit als Hinderungsgrund für den Einsatz von Sekundärrohstoffen in den Vordergrund.

Ein „Makel" des Abfallbegriffs kann nicht nachgewiesen werden. In der Fachliteratur wird angeführt, dass Unternehmen durch den Begriff „Abfälle zur Verwertung" Sekundärrohstoffe nicht so gut absetzen könnten. Die Unternehmen sehen jedoch durch den Einsatz von Abfällen zur Verwertung in ihren Produkten keine Indizien, die zu Absatzschwierigkeiten führen könnten.

3) Kreislaufwirtschafts- und Abfallgesetz insgesamt

Die Wirkungen des Kreislaufwirtschafts- und Abfallgesetzes werden von den Unternehmen nur schwach wahrgenommen. Der hohe Prozentsatz der Unternehmen mit Know-how im Abfallbereich, der dem Gesetz keine Wirkungen zumisst, kann als deutlicher Mangel des Gesetzes angesehen werden. Die Möglichkeit, durch effiziente Kreislaufführung Kosten zu sparen, erschließt sich nur Unternehmen mit hohem Wissensstand.

Ein Viertel der Unternehmen konnte durch das Kreislaufwirtschafts- und Abfallgesetz zumindest dazu angeregt werden, seine Sortierung zu forcieren. Die Unternehmen führen jedoch kaum konstruktionsbezogene Maßnahmen durch, um den Ressourcenverzehr zu senken oder um die Kreislaufführung zu erhöhen.

Unternehmen mit einer defensiven Umweltstrategie werteten die Maßnahmen des Kreislaufwirtschafts- und Abfallgesetzes negativ, und die Unternehmen mit einer offensiven Umweltstrategie werteten die Maßnahmen positiv. Dies deutet darauf hin, dass die Instrumente die richtigen Adressaten treffen, indem sie die Unternehmen mit einer defensiven Umweltstrategie höher belasten.

4) Einzelne Maßnahmen

Unternehmen mit einem Betriebsbeauftragten für Abfall folgen den Zielen des Kreislaufwirtschafts- und Abfallgesetzes wesentlich stärker. Das Instrument trägt stark dazu bei, den Informationsstand im Unternehmen zu erhöhen. Sie sparen tendenziell öfter Kosten durch das Kreislaufwirtschafts- und Abfallgesetz ein. Diese Maßnahme bildet somit ein gutes Instrument, um die Kosteneffizienz mit der Ressourceneffizienz zu koppeln. Problematisch hingegen ist, dass der Betriebsbeauftragte für Abfall fast nur in großen Unternehmen zu finden ist.

Unternehmen, die ihre Abfallströme dokumentieren, agieren ebenfalls stärker im Sinne des Kreislaufwirtschafts- und Abfallgesetzes. Damit zeigt sich die positive Wirkung der Verpflichtung zur Erstellung von Abfallbilanzen und Abfallkonzepten.

Auch zertifizierte Unternehmen zeigen eine deutlich stärkeres Problembewusstsein und folgen somit stärker den Zielen einer effizienten Kreislaufwirtschaft.

Kooperationen nehmen in der Kreislaufwirtschaft nur einen untergeordneten Stellenwert ein, obwohl gerade sie für kleinere Unternehmen, die insgesamt schlechter abschnitten als größere, die Möglichkeit bieten, mangelndes Kapital und mangelnde Informationsverarbeitungskapazität zu kompensieren.

Abschließend kann festgehalten werden, dass das Kreislaufwirtschafts- und Abfallgesetz stark durch die Rahmenbedingungen überlagert wird und insgesamt nur schwache Impulse setzt. Die im Gesetz verankerte Produktverantwortung entfaltet ohne die entsprechenden Verordnungen so gut wie keine Wirkung. Einzig die Maßnahmen zur Verbesserung der Informationen erzielen die gewünschte Wirkung. Weil sie die Präferenzen der Unternehmen verändern, sind diese Maßnahmen im Sinne des entscheidungsorientierten Ansatzes sehr zu begrüßen. Problematisch ist jedoch, dass sie aufgrund ihrer Rechtsgestalt nur für größere Unternehmen geeignet sind.

7   Perspektiven und Empfehlungen für die zukünftige Gestaltung der Kreislaufwirtschaft

Die Perspektiven der Kreislaufwirtschaft sind eng mit den Entwicklungen der institutionellen Rahmenbedingungen verbunden. Erst wenn die Frage der Begriffsinhalte geklärt ist, wird es wieder zu zunehmenden Investitionen im Verwertungsbereich kommen. Aus ökonomischer Sicht ist die genaue Festlegung der Grenzen zwischen den Abfällen zur Verwertung und Abfällen zur Beseitigung sowie zwischen Abfällen und Produkten nicht so relevant, sondern lediglich, dass diese eindeutig definiert sind und langfristige Planungen zulassen.

Für eine effiziente Kreislaufwirtschaft ist es dringend geboten, dass die externen Kosten in die Preise einfließen. Deshalb muss die Übergangsfrist der TASi dringend verkürzt bzw. darf nicht verlängert werden. Wenn aufgrund der zurückliegenden Fehlregulierung in manchen Bundesländern nicht genügend Behandlungskapazitäten vorhanden sind, müssen die engen Grenzen der Entsorgungsautarkie, wie sie beispielsweise in Nordrhein-Westfalen vorhanden sind, aufgebrochen werden. Eine etwaige weitere Deponierung sollte nur dann erlaubt werden, wenn auch gleichzeitig eine Deponieabgabe eingeführt wird, die andere Behandlungsverfahren bevorzugt. Die potenzielle Deckungslücke ab 2005 sollte auch durch die Mitverbrennung geschmälert werden. Hier müssen die Normen für die Monoverbrennung und die Mitverbrennung angeglichen werden, um die bestehenden Wettbewerbsverzerrungen aufzuheben.

Die Sekundärrohstoffmärkte sind stark geprägt von den gesetzgeberischen Vorgaben. Für die Entwicklung der Märkte sind verlässliche und langfristig gültige Rahmenbedingungen unerlässlich. Der Gesetzgeber sollte bei zukünftigen Verordnungen verstärkt neben reinen Vorgaben für die Verwertung (meist Verwertungsquoten) auch die Qualität der erzeugten Sekundärrohstoffe beachten. Eine einseitige Fokussierung auf die Inputseite könnte zu einer Produktion führen, die keinen Abnehmer findet und somit langfristig nicht finanzierbar ist.

Die theoretische Analyse des Kreislaufwirtschafts- und Abfallgesetzes identifiziert die privaten Haushalte als einen Verlierer in der Kreislaufwirtschaft. Es ist dringend geboten, die Möglichkeiten einer verursachergerechten Kostenzuweisung stärker zu nutzen. Hiermit könnten auch finanzielle Anreize für eine verstärkte Sammlung bzw. deren Beibehaltung geschaffen werden. Allein auf das Umweltbewusstsein zu bauen, scheint insbesondere im Lichte der geplanten Verordnungen, die den Sortieraufwand noch erhöhen werden, nicht tragbar.

Die Analyse der Unternehmen zeigt, dass die Beschäftigtenzahl, die Präferenzen und der Informationsstand wesentlichen Einfluss auf die Entscheidungen haben. Hieraus ergeben sich folgende Forderungen für zukünftige Handlungen. Es müssen verstärkt Maßnahmen ergriffen werden,

1) die das Entscheidungsverhalten der kleineren Unternehmen verändern und
2) die die Erhöhung des Informationsstandes vorantreiben.

Für kleinere Unternehmen sollten Möglichkeiten geschaffen werden, Betriebsbeauftragte für Abfall zu benennen, Zertifizierungen durchzuführen oder Abfallströme zu dokumentieren. Dies scheitert zur Zeit meist an der mangelnden Informationsverarbeitungskapazität und der zu dünnen Kapitaldecke der kleinen Unternehmen. Zukünftige Regelungen sollten die abfallwirtschaftlichen Anforderungen an Fähigkeiten kleiner Unternehmen anpassen. Darüber hinaus sollten Kooperationen von kleinen Unternehmen in diesen Bereichen durch positive Anreize gefördert werden.

Zur Erhöhung des Informationsstandes sollten verstärkt die bestehenden Informationskanäle der Kammern und Branchenverbände genutzt werden, um positive Beispiele bei Kosteneinsparungen im Abfallbereich zu verbreiten und um über die neuen Möglichkeiten durch das Kreislaufwirtschafts- und Abfallgesetz zu informieren.

Der Zwang zur Dokumentation der Abfallströme ist - wie oben beschrieben - sehr zielführend. Eine Dokumentationspflicht für alle Unternehmen - wie sie bei den Finanzströmen bereits durchgeführt wird – könnte zu einer Effizienzsteigerung in der Kreislaufwirtschaft führen. Des Weiteren sollten die Anreize zu freiwilligen Zertifizierungsmaßnahmen verstärkt werden, da auch diese positive Effekte zeigen.

Im Zuge des Ausbaus der Kreislaufwirtschaft sollten verstärkt regionale Kooperationen im Rahmen der Redistribution aufgebaut werden. Gerade Gewerbegebiete eignen sich dazu, effiziente Sammelnetze zu installieren, die eine kostengünstige Erfassung auch kleinerer Mengen Abfall ermöglichen.

Insgesamt müssen die Akteure, die die Kreislaufwirtschaft vorantreiben wollen, stärker auf der Ebene der EU agieren, da die Regelungsmöglichkeiten durch den EU-Binnenmarkt auf nationaler Ebene immer weiter eingeschränkt werden. Im Sinne des ganzheitlichen Ressourcenschutzes scheint dies auch sinnvoll, da eine Insellösung nicht mit der intragenerativen Gerechtigkeit vereinbar ist.

Anhang

I. Die Faktorenanalyse zur Ermittlung der Strategiedeterminanten

Umweltstrategiedeterminanten lassen sich aufgrund ihrer Komplexität nicht mit Hilfe einer einzelnen Frage in einem Fragebogen ermitteln. Aus diesem Grund müssen in der empirischen Forschung solche Begriffe in eine Vielzahl von Variablen zerlegt werden. Diesem in den Wirtschafts- und Sozialwissenschaften oft auftretenden Problem folgt der Grundgedanke der Faktorenanalyse (vgl. Brosius/Brosius 1995, S. 815). Die Faktorenanalyse filtert aus den abhängigen Variablen die dahinterstehenden unabhängigen Einflussfaktoren heraus, die dann den weiteren Analysen zugrunde gelegt werden können. „So kann z. B eine Vielzahl möglicher Einflussfaktoren getestet werden und es muss erst im nachhinein entschieden werden, welche Variable oder Variablenbündel tatsächlich erklärungsrelevant sind. Darüber hinaus ermöglicht dieses Verfahren durch die Datenreduktion eine Erleichterung empirischer Forschungsarbeit" (Backhaus et al., 1996, S. 190).

Die Faktorenanalyse geht von der Annahme aus, dass hinter den Indikatoren, die in Frage 11 hinsichtlich der Strategie und der Ziele abgefragt wurden, ein übergeordneter Faktor steht. Ziel war es, aus den elf gemessenen Indikatoren einige wenige unabhängige Faktoren zu selektieren, ohne wesentliche Informationsverluste hinnehmen zu müssen.

Die Faktorenanalyse kann in vier Verfahrensschritte unterteilt werden (siehe Abb. 70 und vgl. Diez/Tamásy 1996, S. 91).

Durch das Programm SPSS[180] für Windows wurde im ersten Schritt aus den Variablen der Frage 11 („Wie bewerten Sie folgende abfallwirtschaftlichen Ziele bzw. Strategien") eine Korrelationsmatrix erstellt.[181] Diese Korrelationsmatrix wurde folgendem Test unterzogen (vgl. Backhaus et al. 1996, S. 203ff.):

- *Signifikanzniveaus* der Korrelation wurden überprüft und ergaben, dass die Korrelation hochsignifikant ist.
- Die *Inverse Korrelationsmatrix* zeigt nur Werte nahe bei Null, womit eine Eignung für die Faktoranalyse erkennbar ist.

---

[180] Superior Performing Software Systems
[181] In vorhergehenden Schritten wurden auch noch andere Variablen einbezogen, die jedoch in der Endversion aufgrund der zu geringen Korrelation keinen Eingang fanden.

- Der *Bartelett-Test* (test of sphericity) weist ein Chi-Quadrat von 1212,175 (DF 5) aus, welches hochsignifikant ist. Demnach kann H0 verworfen werden, die besagt, dass die Variablen der Erhebungsgesamtheit unkorreliert sind.

- Die *Anti-Image-Kovarianz-Matrix* (AIC) weist genau 25% der nicht diagonalen Elemete als ungleich Null aus, womit das Kriterium von Dziuban und Shirkey gerade noch erfüllt ist.

- Das *Kaiser-Meyer-Olkin-Kriterium* (MSA, measure of sampling adequacy) beurteilt die Korrelationsmatrix. Sein Wertebereich liegt zwischen 0 und 1. Der Wert für die geprüfte Korrelationsmatrix liegt mit 0,888 im oberen Teil der zweitbesten Klasse.[182]

Abb. 70: Verfahrensschritte der Faktorenanalyse

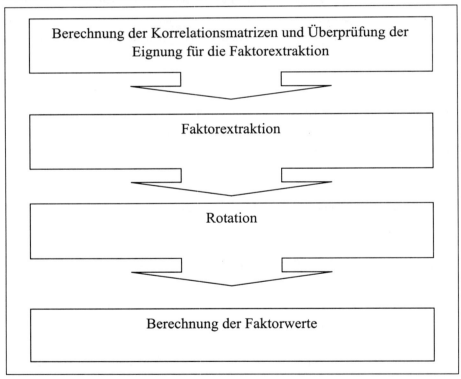

Quelle: eigene Darstellung.

Da alle Tests eine Eignung der Variablen für die Faktorextraktion ergaben, wurden im zweiten Schritt die Eigenwerte durch die Hauptkomponentenmethode errechnet. Mit

---

[182] MSA>= 0,9 ⇒ marvelous (fabelhaft); MSA >= 0,8 ⇒ meritorious (verdienstvoll); MSA>= 0,7 ⇒ middling (ziemlich gut); MSA>= 0,6 ⇒ mediocre (mittelmäßig); MSA>=0,5 ⇒ miserable (kläglich); MSA <0,5 => unacceptable (untragbar) (vgl. Kaiser/Rice 1974, S. 206).

Hilfe des Kaiser-Kriteriums[183] konnten zwei Faktoren ausgewählt werden. Diese beiden Faktoren erklären zusammen eine Varianz von knapp 61% aller elf in die Analyse eingegangenen Variablen.

Im dritten Schritt wurde die Faktormatrix mit dem gebräuchlichsten Verfahren der sogenannten Varimax-Methode rechtwinklig rotiert. Die Achsen werden zur Erhöhung der Interpretierbarkeit so gedreht, dass die Anzahl der Variablen mit geringer Ladung maximiert wird (vgl. Diez/Tamásy 1996, S. 99). Im letzten Schritt wurden den einzelnen Fällen mit Hilfe der linearen Regression (Schätzverfahren) Werte zugewiesen. Diese Werte müssen jedoch vorsichtig beurteilt werden, da sie nur Tendenzen angeben. Generell gilt: „Positive Werte eines Faktors weisen auf überdurchschnittliche Ausprägungen [in den Variablen] ... hin, negative Werte auf unterdurchschnittliche. Werte jenseits von -1 und $+1$ bedeuten, dass die entsprechenden Kreise einen Faktorwert haben, der mehr als eine Standardabweichung unter bzw. über dem Durchschnitt liegt" (Bahrenberg/Giese/Nipper 1992, 265ff.).

Die Güte einer Faktorenanalyse ergibt sich neben der reinen statistischen Analyse daraus, ob die Faktoren vernünftig zu interpretieren sind. Die Interpretation erfolgt anhand der Faktorladungen (siehe Tab. 20).

Die beiden unabhängigen Faktoren wurden als interpretierbar eingestuft und folgendermaßen benannt:

- Faktor 1 bekommt den Begriff „umweltorientiert".
  Der Faktor 1 bekam den Begriff „umweltorientiert" zugeordnet, da er sehr hoch bei den Variablen „Aktive Entwicklung abfallarmer...", Nutzung von Synergieeffekten...", „Nutzung der Umweltschonung..." und „Verbesserte Absatzmöglichkeiten..." lud. Alle diese Variablen deuten auf eine umweltbewusste Einstellung des Unternehmens hin. Die anderen ebenfalls hoch ladenden Variablen (siehe Tab. 20) deuten auf die Orientierung an den administrativen Rahmenbedingungen hin, indem nicht unnötige Kosten verursacht werden. Hier wird aus Sicht der Kostenminimierung ein hohes Maß an Umweltorientierung angestrebt, ohne unnötige Investitionen zu tätigen. Des weiteren wird versucht, durch aktive Mitarbeit in die administrativen Prozesse einzugreifen. Auch wenn diese Variablen auf den ersten

---

[183] Die Zahl der zu extrahierenden Faktoren ist gleich der Zahl der Faktoren mit einem Eigenwert höher als 1. In dem vorliegenden Fall hätte auch das „Elbow-Kriterium" angewandt werden können, da der Elbow ebenfalls eine Extrahierung von zwei Faktoren ergeben hätte.

Blick widersprüchlich erscheinen, kann man von ihnen die aktive Rolle der Unternehmen ableiten. Umweltorientierung in diesem Sinne heißt demnach Übererfüllung von Umweltanforderung unter genauer Analyse der rechtlichen Rahmenbedingungen.

- Faktor 2 bekommt den Begriff „beharrungsorientiert".

Der Begriff „beharrungsorientiert" wurde für den Faktor 2 gewählt, da sich durch die hohen Ladungen bei den Variablen „Nutzung von...", „Änderung der..." und „Wahl des Entsorgers..." zeigt, dass die Unternehmen sehr stark darauf bedacht sind den Status Quo zu erhalten. Sie folgen nur dem allgemeinen Ziel der Kostenminimierung ohne abfallwirtschaftliche Fragestellungen mit in ihre Überlegungen einfließen zu lassen.

Tab. 20: Rotierte Faktorladungen der Strategiedeterminanten

	Faktor 1	Faktor 2
Aktive Entwicklung abfallarmer Produkte und Produktion, um einen Wettbewerbsvorteil zu erlangen	0,82	0,17
Nutzung von Synergieeffekten durch Kostensenkung	0,81	0,19
Nutzung der Umweltschonung als Marketinginstrument	0,80	0,13
Verbesserte Absatzmöglichkeiten der Produkte	0,80	0,09
Reaktive Strategie, um nicht unnötige Investitionen und damit langfristige Kosten zu verursachen	0,73	0,30
Minderung von Haftungsrisiken	0,72	0,07
Aktive Mitgestaltung des Umweltrechts durch Arbeit in Verbänden und Kammern	0,62	0,27
Verhinderung von Sanktionen aufgrund ungewollter Übertretung von Vorschriften	0,59	0,42
Nutzung von Gesetzeslücken zur Kostenreduktion	0,03	0,84
Wahl des Entsorgers und Verwerters nur nach Kostengesichtspunkten	0,19	0,79
Änderung der Geschäftstätigkeit nur auf Anweisung der Vollzugsbehörde	0,25	0,65

Extraktionsmethode: Hauptkomponentenanalyse. Rotationsmethode: Varimax mit Kaiser-Normalisierung. Die Rotation ist in 3 Iterationen konvergiert.

Quelle: eigene Erhebung.

Die ermittelten Faktoren werden im Gang der Untersuchung zum einen bei einer Clusteranalyse und zum anderen bei Regressionsanalysen verwandt werden. Beide Verfahren benötigen unabhängige Variablen zur Analyse, die durch die Faktorenanalyse ermittelt werden konnten.

II.   Die Clusteranalyse zur Ermittlung der Umweltstrategien

Die in der Faktorenanalyse ermittelten, bereits standardisierten Strategiedeterminanten „umweltorientiert" und „beharrungsorientiert" sollen im Rahmen der Clusteranalyse genutzt werden, die 240 befragten Unternehmen in homogene Gruppen mit gleicher Umweltstrategie einzuteilen. Aufgrund der sehr aufwendigen Rechenoperationen bei zunehmender Fallzahl wird angeraten, nach Möglichkeit auch bei stärkeren Computern keine Stichproben mit mehr als 100 Fällen anzuwenden (vgl. Brosius/Brosius 1995, S. 864). Aus diesem Grunde kann in dem vorliegenden Fall nur noch die Clusterzentrenanalyse durchgeführt werden. Um den Genauigkeitsverlust zu minimieren, wurde vor die endgültige Analyse eine hierarchische Clusteranalyse mit einer Zufallsstichprobe der Fälle (40% der Fälle wurden ausgewählt) vorgeschaltet. Mit dieser hierarchischen Clusteranalyse nach der Ward-Methode wurden als geeignete Clusterzahl vier Gruppen anhand des Eiszapfendiagramms und des Dendogramms ermittelt.

Nach diesem Zwischenschritt wurden mit der Clusterzentrenanalyse die vier Gruppenmittelpunkte bestimmt (vgl. Brosius/Brosius 1995, S. 896ff.).

Die Clusterzugehörigkeiten (Fallzahl) und die Lage der Gruppenmittelpunkte können in Abb. 71 abgelesen werden. Ähnlich der Faktorenanalyse entscheidet auch hier die Interpretierbarkeit über die praktische Relevanz der Gruppenbildung.

Die vier Gruppen lassen sich den vier Quadraten die durch die Strategiedeterminanten aufgespannt werden, zuordnen:

- Unternehmenstyp 1 ist weit überdurchschnittlich umweltorientiert und unterdurchschnittlich beharrungsorientiert ⇒ *offensive bzw. innovative Umweltstrategie.*
  Die offensive bzw. innovative Umweltstrategie ist demnach gekennzeichnet durch „die (kostengünstige) Übererfüllung von Umweltschutzanforderungen und das offensive Umweltschutzmarketing" (Wicke et al.1992, S. 43). Sie impliziert, "dass Unternehmen unabhängig von gesellschaftlichen oder marktbezogenen Umweltschutzanforderungen ökologische Problemfelder lokalisieren und ihnen... innovativ begegnen" (Meffert/Kirchgeorg, 1992, S. 147).
- Unternehmenstyp 2 ist benannt durch eine überdurchschnittliche Umweltorientierung und eine überdurchschnittliche Beharrungsorientierung⇒ *anpassende Umweltstrategie.*

Dieser Strategietyp ist zwar durchaus von einer positiven Einstellung zum Faktor Umwelt geprägt, jedoch darauf bedacht, möglichst wenig Übererfüllung von Umweltschutzanforderungen zu leisten. Es werden lediglich die Umweltschutzanforderungen adaptiert, ohne Möglichkeiten des Umweltschutzes offensiv zu begegnen (vgl. Meffert/Kirchgeorg, 1992, S. 147). Bei diesen Unternehmen sind die Kontrollkosten seitens des Staates noch wesentlich höher als bei den Unternehmen mit einer offensiven Strategie. Des weiteren müssen diese Unternehmen aufpassen, dass für sie nicht das Schlagwort „stuck in the middle" zutrifft, und sie weder Kosten durch Nichtinvestition noch Wettbewerbsvorteile durch aktive Umweltpositionierung erreichen.

- Unternehmenstyp 3 kann durch eine weit überdurchschnittliche Beharrungsorientierung und eine weit unterdurchschnittliche Umweltorientierung charakterisiert werden ⇒ *defensive Umweltstrategie bzw. Widerstand.*

Die Strategie ist gekennzeichnet durch Nichterfüllung oder Verzögerung von Anforderungen, durch umweltbelastende Stoffsubstitution (z. B. Verbringung von Abfällen ins Ausland nur aus Kostengründen ohne Überprüfung der Standards). Bei Anforderungen, die nicht vermieden oder verzögert werden können, werden nur Umweltschutz-Mindestanforderungen erfüllt (vgl. Wicke et al. 1992, S. 42 und Meffert/Kirchgeorg, 1992, S.145f.).

- Unternehmenstyp 4 ist weder umweltorientiert noch beharrungsorientiert ⇒ *passive Umweltstrategie bzw. Unbetroffene.*

Diese Unternehmen sind dadurch geprägt, dass sie keine Umweltstrategie haben, d.h. in diesem Sinne, dass sie keine Meinung und insbesondere auch kein Wissen über umweltrelevante Sachverhalte haben (vgl. Meffert/Kirchgeorg, 1992, S. 146). Diese Unternehmen sollten durch Informationskampagnen über die umweltrelevanten Sachverhalte aufgeklärt werden.

Abb. 71: Einteilung der Unternehmen nach Umweltstrategien

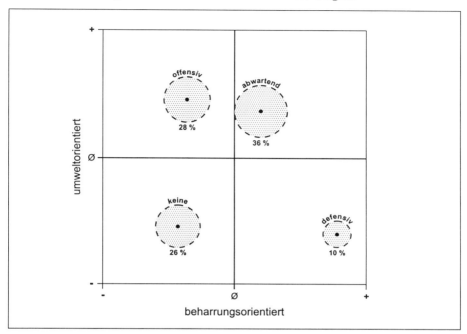

Quelle: eigene Berechnung.

In der Literatur werden vielfältige Basisstrategien im Umweltschutz diskutiert. Meffert und Kirchgeorg (vgl. 1992, S. 140ff.) geben hierzu einen genauen Überblick. Die in diesem Fall verwandten Umweltstrategien orientieren sich an Meffert et al. (vgl. 1986, S. 148ff.) und Kirchgeorg (1990).

III. Abfallaufkommen in Deutschland

Das Abfallaufkommen in Deutschland wurde anhand der einzelnen Abfallbilanzen der Länder errechnet. Die Zahlen der einzelnen Abfallbilanzen der Länder mussten teilweise aggregiert werden, um eine Vergleichbarkeit herstellen zu können. Die nachfolgende Tab. zeigt die der Berechung zu Grunde liegenden Werte für die einzelnen Bundesländer. Dem Leser sollte bewusst sein, dass die Ausweisgenauigkeit durch die unterschiedliche Abgrenzungen der Abfallarten in den einzelnen Bundesländern gewisse Mängel aufweist. Eine amtliche Veröffentlichung von Zahlen auf Bundesländerebene wird frühestens für Anfang 2001 erwartet.

Tab. 21: Abfallaufkommen in Deutschland nach Bundesländern 1997

	D	TH	MV	BB	NW	ST	SN	BE	HE	BW	SH	HB	SL	HH	RP	NI	BY
Gesamtabfallaufkommen	49.104	1.489	1.170	1.592	11.447	1.891	2.316	2.182	3.923	5.458	1.676	552	607	1.232	2.315	5.303	5.951
Feste Siedlungsabfälle	30.206	1.038	755	1.103	7.793	1.274	1.453	1.633	2.487	2.720	1.041	380	429	843	1.290	3.214	2.753
davon: Hausmüll und hausmüllähnlicher Gewerbeabfall	20.492	711	534	705	5.193	794	1.047	1.032	1.298	1.594	754	156	332	573	975	2.320	2.473
Sperrmüll	3.262	178	105	199	756	208	315	175	125	163	97	48	43	83	106	404	257
produktionsspezifische Abfälle*	2.442	79	32	110	0	135	0	188	723	674	69	120	52	140	119	0	0
Infrastruktur, Klärschlamm und sonstiger Abfall*	3.675	66	75	82	1.806	132	90	229	334	147	107	54	0	16	59	479	0
Schad- und Problemstoffe	335	4	9	8	37	5	0	9	6	143	14	1	1	32	31	12	23
Wertstoffe insgesamt	18.898	451	415	489	3.655	617	863	549	1.436	2.738	635	172	178	389	1.024	2.090	3.198
davon: getrennte Sammlung vegitable Abfälle	6.759	92	41	41	1.427	114	208	50	578	1.102	195	59	8	118	397	956	1.372
getrennte Sammlung fester Wertstoffe	11.450	356	263	368	2.227	500	656	464	858	1.541	408	92	118	242	571	1.035	1.751
davon: Papier/Pappe/Karton	5.650	163	125	171	1.143	215	320	205	451	762	198	51	67	103	285	536	854
Glas	2.747	97	68	96	549	99	163	134	183	325	112	23	30	49	132	280	409
Leichtverpackung	1.506	62	50	69	435	68	120	100	133	24	78	17	21	33	67	22	206
sonstige Wertstoffe	1.564	34	20	31	100	118	53	24	91	430	37	2	21	57	87	196	283
Sammlung und Sortierung	19.273	382	441	326	4.032	743	897	514	1.466	2.714	720	191	178	357	1.024	2.090	3.198
davon: Sortierreste	689	3	111	80	0	3	0	35	0	94	32	20	51	30	56	100	75
zur Kompostierung	6.823	96	73	41	1.354	116	230	47	562	1.111	280	73	8	108	397	956	1.372
zur stofflichen Verwertung	11.762	283	258	205	2.678	624	667	432	904	1.509	408	98	118	220	571	1.035	1.751
Behandlung und Beseitigung (inkl. Sortierreste)	31.176	1.113	950	1.426	7.415	1.153	1.419	1.738	2.457	2.933	1.020	401	531	902	1.403	3.413	2.902
davon: Deponie	19.954	1.055	811	1.192	3.974	1.110	1.364	1.241	1.601	1.815	678	76	292	123	1.153	2.970	499
Müllverbrennungsanlage	9.434	0	0	0	3.404	0	0	253	812	772	296	251	185	712	152	302	2.295
Zwischenlagerung und sonstige Behandlung	849	52	21	148	19	38	55	200	38	149	4	54	2	7	15	30	18

* siehe Anmerkungenen zu Abbildung 17

Quelle: eigene Berechnungen nach Abfallbilanzen der Länder.

IV.   Ermittlung der Außenhandelsdaten für die Kreislaufwirtschaft

Kapitel 3.2.3 spiegelt die Entwicklung der relevanten Märkte der Kreislaufwirtschaft wider. Da die statistischen Zahlen des Außenhandels nicht nach den Märkten gegliedert sind, sondern nach Produktarten, soll im folgenden die gewählte Zuordnung der Produkte zu den Märkten dargestellt werden.

Die Berechnung der Außenhandelszahlen von 1995-1999 wurde mit Hilfe der Außenhandelstatistik des Statistischen Bundesamtes vorgenommen.

Aufbauend auf der Gliederung des Wirtschaftszweiges 37 der Produktionsstatistik (vgl. Statistisches Bundesamt 1995), wurden im Außenhandel die Märkte durch folgende Produktklassifikation nach dem Warenverzeichnis für die Außenhandelsstatistik (vgl. Statistisches Bundesamt 1997) abgebildet:

Markt für Eisen und Stahl	Markt für Glas
2618 00 00	7001 00 10
2619 00 10	91
91	99
93	4707 10 00
95	20 00
99	30 10
7204 10 00	90
21 10	4707 90 10
90	90
29 00	**Markt für Kunststoff**
30 00	3915 10 00
41 10	20 00
91	30 00
99	90 11
49 10	13
30	19
91	91
99	93
7204 50 10	99
90	

Markt für NE-Metalle (Nichtedelmetalle)	Markt für Textilien
7404 00 10	5003 10 00
91	90 00
99	5103 20 10
7503 00 10	91
90	99
7602 00 11	30 00
19	5202 10 00
90	91 00
7802 00 00	99 00
90	5505 10 10
7902 00 00	30
8002 00 00	50
8101 91 90	70
8102 91 90	90
8103 10 90	20 00
8104 20 00	6310 10 10
8105 10 90	30
8106 00 10	90
8107 10 90	90 00
8108 10 90	**Markt für sonstige Abfälle**
8109 10 90	2303 20 11
8110 00 19	18
8111 00 19	90
8112 11 90	4004 00 00
20 39	4012 20 10
30 40	90
40 19	90 20
91 10	30
39	90
50	4017 00 10
8113 00 40	19

Markt für NE-Metalle (Edelmetalle)

7112 10 00

20 00

90 00

Literaturverzeichnis

Apitz, B.; Kügler, T. (1998): Verursachergerechte Abrechnung in Großwohnanlagen. Versuchsergebnisse und technische Lösungen. In: Bilitewski, B.; Weltin, D. (Hrsg.): 125 Jahre geordnete Müllabfuhr Dresden, Beiträge zur Abfallwirtschaft, Bd. 8. Dresden:Selbstverlag, S. 35-46.

Appel, H. (1999): Späte Strafe für guten Rostschutz und der Streit um die Entsorgung alter Autos. In: FAZ, Nr. 153, 6.07, S. 3.

Atkins, W. S. (1997): Dee Catchment Waste Minimization Projekt. o. O.: o. V.

Ausschuß für Umweltfragen, Volksgesundheit und Verbraucherschutz (Hrsg.) (1999): Legislative Entschliessung mit der Stellungnahme des Europäischen Parlaments zu dem Vorschlag für eine Richtlinie des Rates über die Verbrennung von Abfällen. (KOM(98)0558 - C4-0668/98 - 98/0289(SYN))

Baake, R. (1999): Grundzüge einer neuen Abfallpolitik aus Sicht des Bundes. In: Vortrag im Rahmen des 11. Kasseler Abfallforum am 20.04.1999. Witzenhausen-Institut für Abfall, Umwelt und Energie. Kassel.

Baars, B. A. (1997): Zulässigkeit der Verwertung von Abfällen in Hausmüllverbrennungsanlagen. In: UPR, Jg. 17, H. 6, S. 229-234.

Backhaus, K.; Erichson, B.; Plinke, W.; Weiber, R. (1996): Multivariate Analysemethoden. Eine anwendungsorientierte Einführung. 8. Aufl. Berlin: Springer.

Bagin, W. (2000): Kommunale Grundgebühr für Gewerbeabfälle - Überlegungen zur Umsetzung in der Praxis. In: Wiemer, K.; Kern, M. (Hrsg.): Bio- und Restabfallbehandlung IV, biologisch-mechanisch-thermisch. Neues aus Forschung und Praxis. Witzenhausen: Baeza, S. 846-858.

Bahner, T. (1996): Landwirtschaft und Naturschutz - vom Konflikt zur Kooperation. Eine institutionenökonomische Analyse. Europäische Hochschulschriften. Reihe 5, Volks- und Betriebswirtschaft, Bd. 2005. Frankfurt a. M: Peter Lang.

Bahrenberg, G.; Giese, E.; Nipper, J. (1992): Statistische Methoden in der Geographie. Bd. 2 Multivariate Statistik. 2. Aufl. Stuttgart: Teubner.

Barniske, l.; Hoffmann, G. (1997): Gedanken zur Abgrenzung von energetischer Verwertung und thermischer Behandlung nach dem Kreislaufwirtschafts- und Abfallgesetz. In: Müllmagazin, Jg. 8, H.2, S. 30-38.

Bartl, R.; Hackl, F. (Hrsg) (1994): Einführung in die Umweltpolitik. WiSo-Kurzlehrbücher: Reihe Volkswirtschaft. München: Vahlen.

Bauer, W. P. (1999): Gezielter Einfluß auf abfallwirtschaftliche Mengenströme. In: Labor für Abfallwirtschaft, Siedlungswasserwirtschaft, Umweltchemie der Fachhochschule Münster (Hrsg.): 6. Münsteraner Abfallwirtschaftstage (Tagungsband). Münsteraner Schriften zur Abfallwirtschaft, Bd. 2. Münster, S. 73-89.

Baumol, J. W.; Oates, W. E. (1971): The use of standards and prices for the protection of the environment. In: Swedish Journal of Economics, ed. 73, vol. 1, pp. 42-56.

Baumol, J. W.; Oates, W. E. (1988): The theory of environmental policy. 2. Aufl., Cambridge: Cambridge University.

BBE (Hrsg.) (1999): Abfallwirtschaft und Recycling. Köln: Selbstverlag.

BDE (Hrsg.) (2000a): Entsorgung '00. Taschenbuch der Entsorgungswirtschaft. Bonn: Merz.

BDE (Hrsg.) (2000b): Ausnahmeregelungen gefährden das Schutzziel. (Pressemitteilung des BDE vom 7.6.)

BDI (Hrsg.) (1998): Positionspapier zur Umsetzung des Kreislaufwirtschafts- und Abfallgesetzes vom 12. Mai 1998. Förderung der Kreislaufwirtschaft statt Reglementierung der Entsorgung. Köln: Selbstverlag.

BDI (Hrsg.) (1998): Stellungnahme zum Bund-/Länder-AG-Entwurf Definitionspapier "Abfallbegriff, Abfallverwertung und Abfallbeseitigung nach dem Kreislaufwirtschafts- und Abfallgesetz" vom 6. November 1997. Köln: Selbstverlag.

Behrens, F.; Maydell, O. v. (1998): Analyse der Kostenstruktur der kommunalen Abfallentsorgung. In: Umweltbundesamt (Hrsg.): UBA-Texte 32/98, Berlin: Selbstverlag.

Behrens, F.; Maydell, O. v. (1999): Kosten und Gebühren in der kommunalen Abfallentsorgung. In: Umweltbundesamt (Hrsg.): UBA-Texte 81/99, Berlin: Selbstverlag.

Berthold, N.; Hilpert, J. (1996): Umwelt- und Sozialklausel. Gefahr für den Freihandel? In: Wirschaftsdienst, Jg. 76, H. 11, S. 596-604.

Beuermann, G.; Halfmann, M. (1998): Zwischenbetriebliche Entsorgungskooperationen aus transaktionskostentheoretischer Sicht. In: Umweltwirtschaftsforum, Jg. 6, H. 1, S. 72-77.

Bilitewski, B. (2000): Stand und Prognose der Entsorgungssituation für Siedlungsabfälle in Deutschland. In: Institut für Technikfolgenabschätzung und Systemanalyse (Hrsg.): TA-Datenbank-Nachrichten, Jg. 9, Nr. 1, S. 17-24.

Bilitewski, B.; Apitz, B. (1997): Abfallgebühren - eine Schraube ohne Ende? In: Entsorgungspraxis, Jg. 15, H. 10, S. 28-32

Bilitewski, B.; Wagner, A. (1997): Möglichkeiten der sortenreinen Altpapiererfassung in Haushalten. In: Verein Zellcheming (Hrsg.): Das Papier. Tagungsband der 26. EUCEPA-Konferenz in Verbindung mit Zellcheming-Hauptversammlung und EXPO '97, Jg. 51, H. 6, S. V169-V172.

Billanitsch, K. (2000): Umfrage des Steuerzahler-Bundes. In: Kölner Stadtanzeiger, Nr. 171 vom 26.7, S. 25.

Binder, K. G. (1994): Umweltabgaben als Instrument marktwirtschaftlicher Umweltpolitik. In: Dettelbach, J. K. (Hrsg.): Neuorientierung in der Umweltökonomie, o.O.: o. V., S. 185-204.

Binswanger, H. Ch.; Bonus, H.; Timmermann, M. (1981): Wirtschaft und Umwelt. Stuttgart: Kohlhammer.

Binswanger, M. (1995): Sustainable Development. Utopie in einer wachsenden Wirtschaft? In: ZFU, Jg. 13, H. 1, S. 1-19.

Bleicher, R. (1995): Kreislaufwirtschafts- und Abfallgesetz mit dem Abfallrecht der Europäischen Union vereinbar? In: der städtetag, Jg. 69, H. 7, S. 519-527.

BMU (Hrsg.) (1996a): Untergesetzliches Regelwerk zum Kreislaufwirtschafts- und Abfallgesetz. In: Umwelt Nr. 10, Sonderteil.

BMU (Hrsg.) (1996b): Einstieg in die Kreislaufwirtschaft. Bonn: Selbstverlag.

BMU (Hrsg.) (1998a): Umweltbewußtsein in Deutschland 1998. Ergebnisse einer repräsentativen Bevölkerungsumfrage. Berlin: Selbstverlag.

BMU (Hrsg.) (1998b): Merkel fordert Ende der Kleinstaaterei zur Kostendämpfung im Abfallbereich. Keine Abfallexperimente auf dem Rücken der Gebührenzahler. (Pressemitteilung vom 11.05.1998, 31/98)

BMU (Hrsg.) (1999a): Trittin: Wir machen Ernst mit der Kreislaufwirtschaft; Produktverantwortung und Recycling sind Eckpfeiler einer modernen Abfallpolitik. (Pressemitteilung vom 1. Juni 1999, 84/99)

BMU (Hrsg.) (1999b): BMU legt Eckpunkte für die Zukunft der Entsorgung von Siedlungsabfällen vor. (Pressemitteilung vom 20. August 1999, 127/99)

BMU (Hrsg.) (1999c): Fünfte Vertragsstaaten Konferenz der Baseler Konvention. In: Umwelt, Nr. 12, S. 616-618.

BMU (Hrsg.) (2000a): BMU legt Verordnungsentwürfe für umweltverträgliche Siedlungs-abfallentsorgung. (Pressemitteilung vom 18. April 2000, 59/00)

BMU (Hrsg.) (2000b): Auswirkungen neuer europäischer Richtlinien und Stand der Umsetzung abfallrechtlicher Projekte in Deutschland. In: Umwelt, Nr. 4, Sonderteil

BMU (Hrsg.) (2000c): Eckpunktepapier zur Änderung der TA Siedlungsabfall. In: Umwelt, Nr. 5, S. 265-266.

BMU (Hrsg.) (2000d): Entsorgungsfachbetriebe. In: Umwelt, Nr 6, S. 343-346.

BMU (Hrsg.) (2000e): Umweltbewußtsein in Deutschland 2000. Ergebnisse einer repräsentiven Bevölkerungsumfrage. Berlin: Selbstverlag.

Bongaerts, J. C.; Heins, B. (1994): Umweltpolitik und Gatt. In: ZAU, Jg. 7, H.4, S. 478-486.

Bonus, H. (1990): Preis- und Mengenlösungen in der Umweltpolitik. In: Jahrbuch für Sozialwissenschaften. Bd. 41, S. 343-358.

Bössmann, E. (1979a): Externe Effekte (I). In: WiSt, Jg. 8, H. 2, S. 95-101.

Bössmann, E. (1979b): Externe Effekte (II). In: WiSt, Jg. 8, H. 3, S. 147-152.

Bothe, D. (1996): Zum Verwertungsbegriff im Kreislaufwirtschaftsgesetz. In: UPR, Jg. 16, H. 5, S. 170-177.

Bredereck, E. (1998): Andere Meinung - Der VCI [Verband der Chemischen Industrie] nimmt Stellung zur Abgrenzungsfrage zwischen energetischer Verwertung und thermischer Behandlung. In: Müllmagazin, Jg. 9, H. 1, S. 10-14.

Breitkreutz, K. (1999): Das Kreislaufwirtschaftsgesetz in der Praxis. In: NUR, Jg. 21, H. 1, S. 32-36.

Brosius, G.; Brosius, F. (1995): SPSS. Base System und Professional Statistics. Bonn, Albany: International Thomson.

Brown, L. R. (2000): Closing the Loop - Moving from a throwaway Economy to a Reuse/Recycle Economy. In: Vortrag im Rahmen der Tagung "Resources Summit Berlin" am 18. Mai. 2000 von der Duales System Deutschland AG. Berlin.

Brown, L. R.; Flavin, C.; French, H. (1999): State of the World 1999. A Worldwatch Institute Report on Progress toward a Sustainable Society. New York, London: Norton.

Brück, W. (2000): Stellungnahme im Rahmen der Tagung "Resources Summit Berlin" am 18. Mai. 2000 von der Duales System Deutschland AG. Berlin.

Buchanan, J. M. (1965): An Economic Theory of Clubs. In: Economica, Ed. 9, Vol. 32, pp. 1-14.

Budde, A. (1997): Untergesetzliches Regelwerk zum KrW-/AbfG. In: Entsorgungspraxis, Jg. 15, H. 1-2, S. 22-26.

Bund; Misereor (Hrsg.) (1997): Zukunftsfähiges Deutschland. Ein Beitrag zu einer global nachhaltigen Entwicklung. 4., überarb. u. erw. Aufl. Basel et. al.: Birkhäuser (Studie des Wuppertal-Instituts für Klima, Umwelt, Energie GmbH)

Bundesanstalt für Arbeit (1999): Arbeitsmarkt in Zahlen. Sozialversicherungspflichtige Beschäftigte nach Wirtschaftsgruppen (WZ93/BA) 30. Juni 1998. Nürnberg: Selbstverlag.

Bundesanstalt für Arbeit (2000): Arbeitsmarkt in Zahlen. Sozialversicherungspflichtige Beschäftigte nach Wirtschaftsgruppen (WZ93/BA) 30. Juni 1999. Nürnberg: Selbstverlag.

Bundeskartellamt (Hrsg.) (1993): Tätigkeitbericht 1991/1992, Bonn: Selbstverlag. (BT-Drucksache 12/5200)

Bundeskartellamt (Hrsg.) (1997): Tätigkeitbericht 1995/1996, Bonn: Selbstverlag. (BT-Drucksache 13/7900)

Bundeskartellamt (Hrsg.) (1999): Tätigkeitbericht 1997/1998, Bonn: Selbstverlag. (BT-Drucksache 14/1139)

Bundeskartellamt (Hrsg.) (2000): Bundeskartellamt gibt Fusion RWE/VEW mit Auflagen frei. In: Pressemitteilung vom 4.7.

Bundesrat (Hrsg.) (1993): Baseler Übereinkommen vom 22.3.1989 über die Kontrolle der grenzüberschreitenden Verbringung gefährlicher Abfälle und ihrer Entsorgung. Bonn: Selbstverlag. (BR-Drs. 303/93)

Bundesverband Junger Unternehmer (Hrsg.) (1986): Umweltschutz als Teil der Unternehmensstrategie, eine Checkliste der Ökologiekommission des Bundesverbandes Junger Unternehmer. In: Pfriem, R. (Hrsg.): Ökologische Unternehmenspolitik. Frankfurt am Main: Campus, S. 253-261.

bvse (Hrsg.) (o .J.): Das Kreislaufwirtschafts und Abfallgesetz (KrW-/AbfG). Ein Leitfaden für Praktiker aus der Recyclingbranche. 3. Aufl. Köln: Selbstverlag.

Cansier, D. (1996): Umweltökonomie. Berlin: Lucius & Lucius.

Confederation of European Paper Industries (Hrsg) (2000): National utilization rates. In: Online im Internet: www.paperonline.org [Stand: 10.07.2000].

Daly, H. (1990): Towards some operational principles of sustainable development. In: Ecological Economics, Vol. 2, No. 3, S. 1-6.

Dehaust, G. (2000): Schritte zu einem ökonomisch und ökologisch optimalen Kreislaufsystem. In: Vortrag im Rahmen der Tagung "Resources Summit Berlin" am 18. Mai. 2000 von der Duales System Deutschland AG. Berlin.

Deutscher Mieterbund (Hrsg.) (2000): Statistiken Nebenkosten. Online im Internet: www.mieterbund.de [Stand 24.07.2000]

Deutsches Institut für Urbanistik (Hrsg.) (1998): Kommunale Entsorgungswirtschaft im Wettbewerb: "Berliner Erklärung" (Pressemitteilung vom 24.November 1998).

Diekmann, A. (1995): Empirische Sozialforschung. Grundlagen, Methoden, Anwendungen. Hamburg: Rowohlt Taschenbuchverlag.

Dietz, J. R.; Tamásy, C. (1996): SPSS für Windows. Hannover: Selbstverlag. (Geographische Arbeitsmaterialien der Abteilung Wirtschaftsgeographie Universität Hannover, Bd. 18)

DKR (Deutsche Gesellschaft für unststoff-Recycling mbH) (Hrsg.) (2000): Märkte und Produkte. In: Online im Internet: www.dkr.de [Stand 1.9.2000].

Dluhosch, B. (1995): Einstieg in die Kreislaufwirtschaft - Ausstieg aus der Wettbewerbswirtschaft? In: Wirtschaftsdienst, Jg. 75, H.3, S. 140-148.

Dolde, K.-P.; Vetter, A. (1997): Abgrenzung von Abfallverwertung und Abfallbeseitigung nach dem Kreislaufwirtschafts- und Abfallgesetz. In: NVwZ, H. 10, S. 937-1040.

Donner, H.; Meyerholt, U. (1995): Die Entwicklung des Abfallrechts von der Beseitigung zur Kreislaufwirtschaft. In: ZfU, Jg. 18, H. 1, S. 81-99.

Döring, T. (1998): Europäische Umweltpolitik nach Amsterdam. In: Wirtschaftsdienst, Jg. 78, H. 3, S. 169-176.

DSD (Duales System Deutschland AG) (Hrsg.) (2000): Wo steht die Kreislaufwirtschaft. In: DS-Dokumente, Ausgabe 4, Köln: Selbstverlag.

Dyckhoff, H. (1996): Kuppelproduktion und Umwelt: Zur Bedeutung eines in der Ökonomik vernachlässigten Phänomen für die Kreislaufwirtschaft. In: ZAU, Jg. 9, H. 2, S. 173-187.

Eckert, P. (1997): Die Entwicklung des Abfallrechts. In: NVwZ, Jg. 16, H. 10, S. 966-973.

Ehling, M. (1997): Pretest. Ein Instrument zur Überprüfung von Erhebungsunterlagen. In: Wirtschaft und Statistik, o. Jg., H. 3, S. 151-159.

Ehrhardt, R. (1993): Die Bewältigung des Umwelt-Dilemmas. Eine interdisziplinäre Erweiterung der umweltökonomischen Theorie. Aachen: Stracker.

Eichele, G. (1989): Entropie und Abfallwirtschaft. In: Müll und Abfall,. Jg. 21, H. 3, S. 330-331.

Eifert, M.; Figge, P. (1995): Produktbezogener Umweltschutz durch (ökologische) Produkt-kennzeichnung? In: ZAU, Jg. 8, H. 3, S. 360-372.

Eisenberg, W.; Vogelsang, K. (1997): Nachhaltigkeit leben. Orientierung und Bibliographie. Frankfurt a. M.:Peter Lang.

Endres, A; Schwarze, R. (1994): Das Zertifikatsmodell in der Bewährungsprobe? Eine ökonomische Analyse des Acid Rain-Programms des neuen US-Clean Air Acts. In: Endres, A.; Rehbinder, E.; Schwarze, R. (Hrsg.): Umweltzertifikate und Kompensationslösungen aus ökonomische und juristischer Sicht. Bonn: Economica, S. 137-154.

Enquete-Kommission "Schutz des Menschen und der Umwelt" (Hrgs.) (1994): Die Industriegesellschaft gestalten. Perspektiven für eine nachhaltigen Umgang mit Stoff- und Materialströmen. Bonn: Economica.

Enquete-Kommission "Schutz des Menschen und der Umwelt" (Hrsg.) (1998): Konzept Nachhaltigkeit. Vom Leitbild zur Umsetzung. Bonn: Selbstverlag. (BT Drucksache 13/11200)

Erbguth, W. (1997): Aspekte der Abfallwirtschaftsplanung und ihre Auswirkungen auf die Zulassung von Abfallanlagen. In: UPR, Jg. 17, H. 2, S. 60-67.

Fabry, W. (2000): Möglichkeiten und Grenzen der Quersubventionierung der Biotonne. In: Wiemer, K.; Kern, M. (Hrsg.): Bio- und Restabfallbehandlung IV, biologisch-mechanisch-thermisch. Neues aus Forschung und Praxis. Witzenhausen: Baeza, S. 838-845.

Feldhaus, G. (1998): Wettbewerb zwischen EMAS und ISO 14001. In: UPR, Jg. 18, H. 2, S. 41-44.

Fischer, H.G. (1998): Das Kreislaufwirtschafts- und Abfallgesetz. Eine Bilanz. In: Rede auf der Fachtagung "Das Kreislaufwirtschafts- und Abfallgesetz. Sachstand, Branchenanalysen und Perspektiven". Umweltinstitut Offenbach, 4.06-5.06.1998, Offenbach.

Fischer, H.G. (1998): Das Kreislaufwirtschafts- und Abfallgesetz. Eine Bilanz aus der Sicht des Bundesverbandes Sekundärrohstoffe und Entsorgung. In: Gessenich, S. (Hrsg.): Das Kreislaufwirtschafts- und Abfallgesetz. Risiken und Chancen. Erste Analyse aus der Abfallbranche. Taunusstein: E. Blottner, S. 65-76.

Fluck, J. (1995): Der neue Abfallbegriff - Eine Einkreisung. In: DVBL, Jg. 45, H. 11, S. 537-546.

Fouquet, H.; Mahrwald, B. (1999): Die Hochwertigkeit der Verwertung nach dem KrW-/AbfG. In: NUR, Jg. 21, H. 3, S. 144-149.

Freimann, J.; Schwaderlapp, R. (1995): Öko-Audit: "Grüner Punkt" für Unternehmen? Umweltpolitische Aspekte einer ersten empirischen Studie. In: ZAU, Jg. 8, H. 4, S. 485-496.

Frenz, W. (1999): Gemeinschaftsrechtliche Vorgaben für die Abgrenzung von Abfallverwertung und -beseitigung. In: NUR, Jg. 21, H. 6, S. 301-305.

Frey, R. L. (1978): Umweltschutz als wirtschaftspolitische Aufgabe. In: Schweizerische Zeitschrift für Volkswirtschaftslehre und Statistik, o. Jg., Bd. 108, S. 455.

Friedrichs, J. (1990): Methoden empirischer Sozialforschung. 14. Aufl. Opladen: Westdeutscher Verlag.

Fritsch, M.; Wein, T.; Ewers, H.-J. (1998): Marktversagen und Wirtschaftspolitik. Vahlens Handbücher der Wirtschafts- und Sozialwissenschaften, 3. Aufl. München: Vahlen.

Fromm, O.; Hansjürgens, B. (1990): Erfolgbedingungen von Zertifikatemodellen in der Umweltpolitik. In: ZfU, Jg. 17, H.4, S. 211-223.

Fromm, O.; Hansjürgens, B. (1994): Erfolgbedingungen von Zertifikatemodellen in der Umweltpolitik. In: ZfU, Jg. 17, H.4, S. 211-223.

Fromm, O.; Hansjürgens, B. (1994): Umweltpolitik mit handelbaren Emissionszertifikaten - eine ökonomische Analyse des RECLAIM-Progamms. In: ZAU, Jg. 7, H. 2, S. 211-223.

Frost & Sullivan (Hrsg.) (1999a): European Munipal Waste. Management Service Markets. Report 3757. London: Selbstverlag. (7/99)

Frost & Sullivan (Hrsg.) (1999b): Deutschland größter nationaler Markt in Europa. In: Entsorgungspraxis, Jg. 17, H. 9, S. 3.

Gammelin, C. (1999): Eile mit Weile. Noch zögern die ostdeutschen Bundesländer beim MVA-Bau. In: Entsorga-Magazin, o. Jg., H. 6, S. 18-22.

Gassner, U. (1998): Abfallbegriff und Umsetzungspflicht. In: NVwZ, Jg. 17, H. 11, S. 1148-1151.

Gawel, E. (1991): Umweltpolitik durch gemischten Instrumenteneinsatz. Allokative Effekte instrumentell diversifizierter Lenkungsstrategien für Umweltgüter. Finanzwissenschaftliche Forschungsarbeiten; N.F., Bd. 58. Berlin: Dunker & Humbolt.

Gawel, E. (1994a): Ökonomie der Umwelt. Ein Überblick über neuere Entwicklungen. In: ZAU, Jg. 7, H. 1, S. 37-84.

Gawel, E. (1994b): Kommunale Gebühren auf dem Prüfstand. In: Wirtschaftsdienst, Jg. 64, H. 9, S. 469-474.

Gawel, E. (1996a): Institutionentheorie und Umweltökonomik - Forschungsstand und Perspektiven. In : ZAU, Jg. 7, Sonderheft 8 (Institutionelle Probleme der Umweltpolitik), S. 11-25.

Gawel, E. (1996b): Beschleunigung von Genehmigungsverfahren aus gesamtwirtschaftlicher Sicht. In: Wirtschaftsdienst, Jg. 76, H. 4, S. 199-206.

Gerking, D. ; Welfens, M. J. (1997): Ökologisch zukunftsfähige Subventionspolitik. In: Wirtschaftsdienst, Jg. 77, H. 3, S. 159-165.

Giegrich, J.; Fehrenbach, H.; Orlik, W.; Schwarz, M. (1999): Ökologische Bilanzen in der Abfallwirtschaft. In: Umweltbundesamt (Hrsg.): UBA-Texte 10/99. Berlin: Selbstverlag.

Giesberts, L. (1996): Konkurrenz um Abfall. Rechtfragen der Abfallverbringung in der Europäischen Union. In: NVwZ, Jg. 15, H. 100, S. 949-955.

Giesberts, L. (1999): Vermischung von Abfällen: Verbote und Gebote im deutschen und gemeinschaftlichen Abfallrecht. In: NVwZ, Jg. 18, H. 6, S. 600-606.

Gläßer, E.; Rauen, S.; Schmied, M. W., Seidel, A. (1995): Ausgewählte Fragestellungen zur Abfallwirtschaft in Deutschland. Unter besonderer Berücksichtigung des Recyclings. Schriften zur Wirtschaftsgeographie und Wirtschaftsgeschichte, Bd. 11. Weimar: Dadder.

Graner, T. (2000a): Energetische Verwertung von Stoffströmen im Zusammenhang mit der geplanten europäischen Abfallverbrennungsrichtlinie In: Vortrag am 11.04.2000 im Rahmen des 12. Kasseler Abfallforum. Witzenhausen-Institut für Abfall, Umwelt und Energie. Kassel.

Graner, T. (2000b): Energetische Verwertung von Stoffströmen im Zusammenhang mit der geplanten europäischen Abfallverbrennungsrichtlinie. In: Bio- und Restabfallbehandlung IV, biologisch-mechanisch-thermisch. Hrsg. von K. Wiemer u. M. Kern. Witzenhausen: Baeza, S. 365-370. (Witzenhausen-Institut. Neues aus Forschung und Praxis)

Greaves, C. (1998): Stimulating Greater Uptake of Waste Minimization. In: IPTS-Report, vol. 22, pp. 2-7.

Gruneberg, R. (1996): Von der Abfallentsorgung zur Kreislaufwirtschaft. Umsetzung des Kreislaufwirtschafts- und Abfallgesetzes durch das untergesetzliche Regelwerk. In: der städtetag, Jg. 70, H. 12, S.819-822.

Haas, H.-D. (1994): Entsorgungsverhalten und Verwertung von Verpackungen. 10 Jahre Abfallforschung am Institut für Wirtschaftsgeographie der Universität München. In: Paesler, R., Rögner, K. (Hrsg.): Mitteilungen der Geographischen Gesellschaft in München, Bd. 79, Festschrift zur 125-Jahrfeier der Geographischen Gesellschaft 1869-1994. München.

Haas, H.-D., Siebert, S. (1993): Entsorgung im Wandel – Probleme und Perspektiven der bundesdeutschen Abfallwirtschaft. In: Zeitschrift für Wirtschaftsgeographie, Jg. 37, H. 1, S. 1-13.

Haas, H.-D., Siebert, S. (1995): Umweltorientiertes Wirtschaften. In: Zeitschrift für Wirtschaftsgeographie, Jg. 39, H. 3-4, S. 137-146.

Haber, W., Klemmer, P.; Heins, B. (1994): Umweltdiskussion. Sustainable Development - ökologische, ökonomische und soziale Aspekte. In: ZAU, Jg. 7, H. 1, S. 9-25.

Häder, M. ; Weiland, R. (1996): Entsorgungspflichten als Instrument der Abfallwirtschaft. Inhalt und Einsatzvoraussetzungen eines neueren Instruments. In: ZAU, Jg. 9, H. 2, S. 247-254.

Häder, M. (1997): Umweltpolitische Instrumente und Neue Institutionenökonomik. Wiesbaden: Deutscher Universitäts-Verlag.

Hahn, M.; Kertsen, A.; Göbel, S.; Hildebrandt, B.; Rauschenbach, P.; Härtel, J.; Stahl, H. (1999): Der Entsorgungsfachbetrieb - Erfahrungen mit der Qualifizierung abfallwirtschaftlicher Unternhemen in einem System der Selbstverantwortung und Eigenkontrolle. In: Umweltbundesamt (Hrsg.): UBA-Texte 63/99. Berlin: Selbstverlag.

Hallerbach, A. (1998): Kreislaufwirtschaft wird boykottiert. (Pressemitteilung des bvse vom 21.04.)

Hallerbach, A. (1999a): Angespannte Marktlage beim Alttextilienrecycling. (Pressemitteilungen vom bvse vom 22.06.)

Hallerbach, A. (1999b): Zwischenbilanz der deutschen Recyclingwirtschaft 1999. (Pressemitteilungen vom bvse vom 08.09.)

Hallerbach, A. (2000): Jahresbilanz der deutschen Recyclingwirtschaft 1999. (Pressemitteilungen vom bvse vom 14.02.)

Hansjürgens, B. (1994): Erfolgsbedingungen für Kooperationslösungen in der Umweltpolitik. In: Wirtschaftsdienst, Jg. 64, H. 1, S. 35-42.

Hansjürgens, B. (1998): Steuern versus Zertifikate in der Umweltpolitik. Anmerkungen aus institutionenökonomischer Sicht. In: ZAU, Jg. 11, H. 3/4, Jg. 11, S. 378-389.

Hansmeyer, K.-H. (1993): Das Spektrum umweltpolitischer Instrumente. In: König, H. (Hrsg.): Umweltverträgliches Wirtschaften als Problem von Wissenschaft und Politik. Schriften des Vereins für Socialpolitik, Gesellschaft für Wirtschafts- und Sozialwissenschaften; N.F., Bd. 224. Zeitschrift für Wirtschafts- und Sozialwisenschaften, Beiheft 2. Berlin, S. 63-86.

Hauff, V. (Hrsg.) (1987): Unsere gemeinsame Zukunft. o. O: Eggenkamp.

Heins, B.; Ströbele, W. (1995): Internalisierung externer Kosten in der Umweltpolitik. Zur erneuten Diskussion einer ökologischen Steuerreform. In: ZAU, Jg. 8, H. 3, S. 385- 396.

Heistermann, F. (2000a): Abfallwirtschaft im Wettbewerb. Stand und Perspektiven aus kartellrechtlicher Sicht. In: Wiemer, K.; Kern, M. (Hrsg.): Bio- und Restabfallbehandlung IV, biologisch-mechanisch-thermisch. Neues aus Forschung und Praxis. Witzenhausen: Baeza, S. 31-40.

Heistermann, F. (2000b): Verpackungsverwertung aus Sicht des Bundeskartellamtes. In: Wiemer, K.; Kern, M. (Hrsg.): Optimierung der Verwertung von Verpackungsabfällen. Witzenhausen-Institut. Neues aus Forschung und Praxis. Witzenhausen: Baeza, S. 17-23.

Held, J. (1999): Pflicht zur Überlassung von Abfall. In: NVwZ, Jg. 18, H. 6, S. 674-684.

Höhmann, M. (2000): Raumbezogene Konfliktforschung auf der lokalen Ebene. Das Beispiel Flächenrecycling in Köln. In: Beiträge zur deutschen Landeskunde, Bd. 74, H. 1, S. 11-29.

Hoppe, W.; Beckmann, M. (1995): Rechtliche Möglichkeiten des internationalen Austausches von Abfällen und Recycling-Produkten. o. O.: o. V.

Hösel, G.; Lersner, v. H. (1995): § 1 Abs. 3 Rd Nr. 29. In: Queitsch, P. (Hrsg.): Kreislaufwirtschafts- und Abfallrecht, 1. Aufl., Bonn: Selbstverlag, S. 156.

Hug, H. (2000): Stellungnahme im Rahmen der ersten Criticón Salons zum Thema. Alle Macht dem Müllkartell. In: Sohn, G. (Hrsg.): Criticón. Sonderausgabe Nr. 1, Berlin: Selbstverlag.

Ibitayo, O. O.; Pijawka, K. D. (1999): REVERSING NIMBY: An assessment of state strategies for siting hazardous-waste facilities. In: Environment and Planning C: Government and Policy, Ed. 17, Vol. 17, pp. 379-389.

Jakubowski, P.; Tegner, H.; Kotte, S. (1997): Strategien umweltpolitischer Zielfindung. Eine ökonomische Perspektive. Umwelt- und Ressourcenökonomik, Bd. 10, Münster: Lit.

Jarass, H. D. (1998): Beschränkungen der Abfallausfuhr und EG-Recht. In: NUR. Jg. 20, H. 8, S. 397-405.

Jörgens, H.; Jörgensen, K. (2000): Von der Abfallbeseitigung zur Kreislaufwirtschaft. In: GR, Jg. 52, H. 6, S. 4-8.

Jungnickel, S.; Bree, A. (1996): Wann ist eine Anlage eigen im Sinne des §13 Abs. Satz 2 KrW-AbfG? In: UPR, Jg. 16, H. 8, S. 297-299.

Kaiser, H. F.; Rice, J. (1974): Little Jiffy, Mark IV. In: Educational and Psychological Measurement, Ed. 26, Vol 34, pp. 111-120.

Kemper, B. (2000): Perspektiven der Abfallwirtschaft aus Sicht des BDE. In: Vortrag am 11.04.2000 im Rahmen des 12. Kasseler Abfallforum. Witzenhausen-Institut für Abfall, Umwelt und Energie. Kassel.

Kersting, A. (1994): Das Kreislaufwirtschafts- und Abfallgesetz. Eine Chance? In: DVBL, Jg. 45, H. 5, S. 273-278.

Kersting, A. (1998): Ist die Verwertung von Abfallgemischen rechtlich unmöglich? In: NVwZ, H. 11, S. 1153-1155.

Kirchgeorg, M. (1990): Ökologieorientiertes Unternehmerverhalten. Typologien und Erklärungsansätze auf empirischer Grundlage. Schriftenreihe Unternehmensführung und Marketing, Bd. 24. Wiesbaden: Gabler.

Klöck, O. (1997): Stoffliche und energetische Abfallverwertung im KrW-/AbfG. In: ZUR, Jg. 13, H. 3, 117-123.

Knappe, F. (1997): Bergbaulicher Versatz. Eine ökonomisch und ökologisch sinnvolle Lösung. In: Urban, A. I.; Bilitewski, B.; Faulstich; M. (Hrsg.): Thermische Abfallbehandlung. Entwicklung von Technik und Kosten in einer Kreislaufwirtschaft. Kassel: Selbstverlag, S. 155-164.

Knorring, E. v. (1995): Das Umweltproblem als Externalität. Ökonomische Ökologie oder ökologische Ökonomie. In: ZfU, Jg. 18, H. 4, S. 537-567

Knüppel, H. (1989): Umweltpolitische Instrumente. Analyse der Bewertungskriterien und Aspekte einer Bewertung. Schriften der Friedrich-Naumann-Stiftung: Wissenschaftliche Reihe, Baden-Baden: Nomos.

Köller, H. v. (1996): Kreislaufwirtschafts- und Abfallgesetz. Textausgabe mit Erläuterung. 2. Aufl. Abfallwirtschaft in Forschung und Praxis; Bd. 77. Berlin: Schmidt.

Köller, H. v. (1997): Einführung in die grundsätzlichen Veränderungen durch das Kreislaufwirtschafts- und Abfallgesetz. In: Schimmelpfeng, L.; Gessenich, S. (Hrsg.): Das Kreislaufwirtschafts- und Abfallgesetz. Neue Reglungen und Anforderungen. Berlin: Springer, S. 1-36.

Kommission der Europäischen Gemeinschaften (Hrsg.) (1998b): 98/368/EG: Entscheidung der Kommission vom 18. Mai 1998 zur Anpassung der Anhänge II und III der Verordnung (EWG) Nr. 259/93 des Rates zur Überwachung und Kontrolle der Verbringung von Abfällen in der, in die und aus der Europäischen Gemeinschaft nach Artikel 42 Ziffer 3 dieser Verordnung (Bekanntgegeben unter Aktenzeichen K(1998) 1357) In: Abl Nr. 165/1998/06/19, S. 20-29.

Kommission der Euröpäischen Gemeinschaften (Hrsg.) (1998c): Vorschlag für eine Richtlinie des Rates über die Verbrennung von Abfällen. Verfahren der Zusammenarbeit; Erstvorschlag. Brüssel: Selbstverlag. (KOM/98/558)

Kommission der Eurōpäischen Gemeinschaften (Hrsg.) (1997): Entschliessung über die Mitteilung der Kommission an das Europäische Parlament und den Rat über die Anwendung der Richtlinien 75/439/EWG, 75/442/EWG, 78/319/EWG und 86/278/EWG über die Abfallbewirtschaftung. Brüssel: Selbstverlag. (KOM/97/0023)

Kommission der Eurōpäischen Gemeinschaften (Hrsg.) (1998a): Beschluß des Rates zur Annahme, im Namen der Gemeinschaft, der Änderung von Anhang I und der neuen AnhängeVIII und IX des Übereinkommens über die Kontrolle der grenzüberschreitenden Verbringung von gefährlichen Abfällen und ihrer Entsorgung (Basler Übereinkommen) gemäss den Beschlüssen IV/9 der Konferenz der Parteien. Brüssel: Selbstverlag. (KOM/98/0634)

Kommission der Europäischen Gemeinschaften (Hrsg.) (1998a): Die Wettbewerbsfähigkeit der Recyclingindustrie. Brüssel: Selbstverlag. (KOM/98/463)

Konzak, O. (1995): Inhalt und Reichweite des europäischen Abfallbegriffs. In: NUR, Jg. 17, H. 3, S. 130-135.

Kosz, M. (1995): Ökosteuern für eine nachhaltige Entwicklung. In: ZFU, Jg. 18, H. 1, S. 51-47.

Kotulla, M. (1995): Der Abfallbeauftragte nach dem neuen Kreislaufwirtschafts- und Abfallgesetz. In: DÖV, Jg. 48, H. 6, S. 452-458.

Krämer, L. (1999): Entwicklungsperspektiven der Europäischen Abfallverwertungspolitik. In: Vortrag im Rahmen der Tagung "Umweltverträgliche Abfallverwertung" am 11.11.1999 im Zentrum für interdisziplinäre Forschung der Universität Bielefeld.

Kreienbaum, C.; Wacker-Theodorakopoulos, C. (1997a): Subventionen für die Umwelt? Wider der Wuppertaler Position. In: Wirtschaftsdienst, Jg. 77, H. 3, S. 166-172.

Kreienbaum, C.; Wacker-Theodorakopoulos, C. (1997b): Subventionen aus ökologischer Sicht - eine Erwiderung. In: Wirtschaftsdienst, Jg. 77, H. 11, S. 661-663.

Krieger, S. (1995): Basel, Brüssel und Bonn: Der Anwendungsbereich des Abfallrechts. In: NUR, Jg. 17, H. 4, S. 170-174

Krieger, S. (1995): Inhalt und Grenzen des Verwertungsbegriffs im deutschen, supra- und internationalen Abfallrecht. In: NUR, Jg. 17, H. 7, S. 342-348.

Kulartz, H.-P. (1998): Europarechtliche Vorgabe für die Abfallwirtschaft. Abfallrecht contra Vergaberecht? In: Leonhardt, V. (Hrsg.): Abfallwirtschaft in einem zusammenwachsenden Europa. 58. Informationsgespräch in Viersen Dezember 1998. Schriftenreihe des Arbeitskreises für die Nutzbarmachung von Siedlungsabfällen (ANS) e.V., H. 37. Mettmann: Selbstverlag.

Kunig, P. (1997): Der Abfallbegriff. In: NVwZ, Jg. 16, H. 3, S. 209-215.

Lahl, U. (1998): Witziges und Ernstes zum Verschwindeln von Abfällen. In: der städtetag, Jg. 72, H. 9, S. 673-676.

Landesamt für Datenverarbeitung und Statistik Nordrhein-Westfalen (Hrsg.) (1999): Statistisches Jahrbuch Nordrhein-Westfalen 1999. Düsseldorf: Selbstverlag.

Landesamt für Datenverarbeitung und Statistik Nordrhein-Westfalen (Hrsg.) (2000): In Anlagen der Entsorgungswirtschafts behandelte/beseitigte Abfälle 1996 nach Herkunft und Art der Abfälle und der Entsorgungsanlagen. In: Statistische Nachrichten Nordrhein-Westfalen, Jg. H. 1, S. 34-35.

Lauber, U. (1998): Umweltbezogene Steuern und Gebühren in Deutschland. In: Wirtschaft und Statistik, o. Jg., H. 5, S. 428-437

Lautenbach, S. (1998): Positionspapier der Arbeitsgruppe "Kreislaufwirtschafts und Abfallgesetz" Erfahrungen der Städte Nürnberg, Erlangen, Fürth, Schwabach und des Landratsamtes Erlangen-Höchstadt. In: der städtetag, Jg. 72, H. 4, S. 347-352.

Lautenbach, S.; Steger, U.; Weihrauch, P. (1992): Evaluierung freiwilliger Branchenvereinbarungen im Umweltschutz. Oestrich-Winkel: Industrie-Förderung.

Linscheidt, B. (1998): Ökonomische Anreizinstrumente in der Abfallpolitik. Angewandte Umweltforschung, Bd. 9, Berlin: Analytica.

Lintz, G. (1994): Vom Verursacherprinzip zum Aufteilungsprinzip. In: ZFU, Jg. 17, H. 1, S. 57-73

Loske, R. (1994): Orientierungspunkte für ein zukunftfähiges Deutschland. Die Suche nach dem rechten Maß. In: Politische Ökologie, Jg 39, H. 11/12, S. 14-21.

Meadows, D. H.; Meadows, D. L. (1972): Die Grenzen des Wachstums. Bericht des Club of Rome zur Lage der Menschheit. Stuttgart: Deutsche Verlagsanstalt

Meadows, D. H.; Meadows, D. L.; Randers, J. (1992): Die neuen Grenzen des Wachstums. Die Lage der Menschheit, Bedrohung und Zukunftschancen. Stuttgart: Deutsche Verlagsanstalt.

Meffert, H. et al. (1986): Marketing und Ökologie. In: DBW, Jg. 46, H. 2, S. 140-159.

Meffert, H.; Kirchgeorg, M. (1992): Marktorientiertes Umweltmanagement. Grundlagen und Fallstudien. Stuttgart: Poeschel.

Meffert, H.; Kirchgeorg, M. (1993): Das neue Leitbild Sustainable Development. Der Weg ist das Ziel. In: Havard Business manager, Jg. 15, H. 2, S. 34-45.

Meyerhoff, J.; Petschow, U. (1999): Externe Effekte regenerativer Energien. Das Beispiel kleiner Wasserkraftanlagen. In: ZFU, Jg. 22, H. 2, S. 297-314.

Michaelis, P. (1993): Ökonomische Aspekte der Abfallgesetzgebung. Kieler Studien, Bd. 254. Tübingen: Mohr.

Monopolkommission (Hrsg.) (1994): Mehr Wettbewerb auf allen Märkten. Hauptgutachten 1992/1993. Baden Baden: Nomos.

Monopolkommission (Hrsg.) (1996): Wettbewerbspolitik in Zeiten des Umbruchs. Hauptgutachten 1994/1995. Baden-Baden: Nomos.

Monopolkommission (Hrsg.) (2000): Wettbewerbspolitik in Netzwerkstrukturen. Hauptgutachten 1998/1999. Eine kürzere Fassung. Baden-Baden: Nomos.

Müller, R.; Süß, B. (1998): Der Einsatz von Abfällen zur Sicherung bergbaulicher Hohlräume im Lichte des geltenden Europarechts. In: Entsorgungspraxis, Jg. 16, H. 6, S. 56-58.

Müllmann, C. ; Müllmann, H. L. (1995): Die TA-Siedlungsabfall. Eine lex Müllverbrennung? In: UPR, Jg. 15, H. 5, S. 168-173.

NABU (Hrsg.) (2000): NABU begruesst Entscheidung des EU-Parlaments über Altauto-Verwertung. (Pressemitteilung vom 03. Februar 2000)

Neuschäfer, D. (1997): Welche Änderungen bringt das Kreislaufwirtschafts- und Abfallgesetz? In: Kongreßband Geoökonomie 1996, Karlsruher Schriften zur Geographie und Geoökologie, Bd. 7, Karlsruhe, S. 92-97

Nieuwenhoven, H. v. (1999): Zentrale Planung am Beispiel Niederlande. In: Labor für Abfallwirtschaft, Siedlungswasserwirtschaft, Umweltchemie der Fachhochschule Münster (Hrsg.): 6. Münsteraner Abfallwirtschaftstage (Tagungsband). Münsteraner Schriften zur Abfallwirtschaft; Bd. 2. Münster, S. 168-181.

OECD (Hrsg) (1999): National Climate Policies and Kyoto Protocol. Paris: Selbstverlag.

OECD (Hrsg.) (1997a): Sustainable consumption and production. Clarifying the Concepts. Paris: Selbstverlag.

OECD (Hrsg.) (1997b): Orientierungen setzen für den Übergang zu einer Nachhaltigen Entwicklung. Eine Schlüsselrolle für die OECD. Paris: Selbstverlag.

OECD (Hrsg.) (1997c): ECO-Labelling. Actual effects of selected programmes. Paris: Selbstverlag.

o. V. (1998): Neue Anläufe für eine Elektronikschrott-Verordnung. In: VWD Umweltmärkte vom 01. 12.

o. V. (1999): Altauto-Regelung entzweit Umweltminister. In: FAZ Nr. 1444, 25.06, S. 13-14.

o. V. (2000): Diskussionsbeitrag zur Definition von Gewerbeabfällen. In: Beitrag am 11.04.2000 im Rahmen des 12. Kasseler Abfallforum, Witzenhausen-Institut für Abfall, Umwelt und Energie. Kassel.

Pearce, D. W; Turner, R. K. (1990): Economic of natural resources and the environment. Baltimore:John Hopkins University Press.

Pearce, D.; Barbier, E. B. (2000): Blueprint for a Sustainable Economy. London: Earthscan.

Petersen, F. (1998): Kreislaufwirtschafts- und Abfallgesetz. Quo vadis? Das Abfallrecht zwischen Bestandsschutz und Fortentwicklung. In: NVwZ, Jg. 17, H. 11, S. 1113-1121.

Petersen, F.; Rid, U. (1995): Das neue Kreislaufwirtschafts- und Abfallgesetz. In: NJW, Jg. 49, H. 2, S. 7.

Popcorn, F. (2000): Consumption without Regret. Which Trends will have a Positive Effect on the Closed-Loop Economy?. In: Vortrag im Rahmen des Resources Summit Berlin am 18. Mai 2000 in Berlin veranstaltet durch die Duales System Deutschland AG.

Prognos (Hrsg.) (1998): Branchen-Report Entsorgungswirtschaft (Auszug). Köln, Berlin, Basel: Selbstverlag.

Prüßmeier, A. (2000): Drei Jahre Vollzug der Entsorgungsfachbetriebeverordnung und der Entsorgergemeinschaftenrichtlinie. In: Landesumweltamt Nordrhein-Westfalen (Hrsg.): Jahresbericht 99, Essen: Selbstverlag, S. 188-191.

Queitsch, P. (1995): Das neue Kreislaufwirtschafts- und Abfallgesetz (KrW-/AbfG). In: UPR, Jg. 15, H.11-12, S. 412-420.

Radke, V. (1995): Sustainable Development. Eine ökonomische Interpretation. In: ZAU, Jg. 8, H. 4, S. 532-543.

Rehbinder, E. (1997): Festlegung von Umweltzielen. Begründung, Begrenzung, instrumentelle Umsetzung. In: NUR, Jg. 19, H. 7, S. 313-328.

Reusswig, F. (1999): Syndrome des Globalen Wandels. In: Zeitschrift für Wirtschaftsgeographie. Jg. 43, H. 3-4, S. 184-201.

Richter, W. (1995): Wandel im Leitbild von Ökosteuern: Vom Standard-Preis-Ansatz zur Makroneutralität. In: ZAU, Jg. 8, H. 2, S. 207-217.

Rips, F.-G. (1998): Nebenkosten begrenzen. (Pressemitteilung des Deutschen Mieterbund 18.06.1998)

Ruchay, D. (1999): Pro Co-Verbrennung. In: Umweltmagazin vom 31.03.1999.

Ruchay, D. (2000): Perspektiven der Abfallpolitik aus Sicht des Bundes. In: Vortrag am 11.04.2000 im Rahmen des 12. Kasseler Abfallforum. Witzenhausen-Institut für Abfall, Umwelt und Energie. Kassel.

Sachs, L. (1969): Statistische Auswertungsmethoden. Berlin, Heidelberg, New York: Springer.

Samuelson, P. (1954): The Pure Theory of Public Expenditure. In: Review of Economics and Statistics, Ed. 7, Vol. 36, pp. 387-389.

Samuelson, P. (1955): Diagrammatic Exposition of Theory of Public Expenditure. In: Review of Economics and Statistics, Ed. 8, Vol. 37, pp. 350-356.

Sander, H. P. (1996): Grundzüge des Kreislaufwirtschafts- und Abfallgesetzes. In: BDI (Hrsg.): Dokumentation. Neues Kreislaufwirtschafts- und Abfallrecht kommt. Eine Einführung. Vortragsveranstaltung am 4.9. 1996. Köln: Sachon

Sandhövel, A. (1998): Strategien für ein Miteinander von Umweltordnung und Welthandelsordnung. In: ZAU, Jg. 11, H.3/4, S. 496-508.

Schenkel, W. (1994): Abfallwirtschaft aus der Sicht der Wissenschaft. Wirtschaftliche Instrumente in der Abfallwirtschaft und ihr Bezug zu Europa. In: Vohrer, M. (Hrsg.): Ökologische Marktwirtschaft in Europa. 2. Aufl., Baden-Baden. Nomos, S. 242-257.

Scherere-Leydecker, C. (1999): Europäisches Abfallrecht. Seine Umsetung und Anwendung in Deutschland. In: NVwZ 1999, Jg.18, H. 6, S. 590-596.

Scheuß, G. (1997): Energetische Verwertung. In: Schimmelpfeng, L.; Gessenich, S. (Hrsg.): Das Kreislaufwirtschafts- und Abfallgesetz. Neue Regelungen und Anforderungen. Berlin: Springer, S. 123-132.

Schink, A. (1996): Von den Schwierigkeiten der Kommunen mit Kreislaufwirtschafts- und Abfallgesetz. In: Zeitschrift für Gesetzgebung, Jg. 49, S. 97-125.

Schmidt, H. (1998): Die Klimakonferenz in Kyoto. In: ZfU, Jg. 21, H. 4, S. 441-462.

Schmidt, H.-J. (1996): Untergesetzliches Regelwerk zum Kreislaufwirtschafts- und Abfallgesetz. In: BDI (Hrsg.): Dokumentation. Neues Kreislaufwirtschafts- und Abfallrecht kommt. Eine Einführung. Vortragsveranstaltung am 4.9. 1996 vom Bundesverband der Deutschen Industrie. Köln: Selbstverlag.

Schmidt, R.; Müller, H. (1992): Einführung in das Umweltrecht. Schriftenreihe der Juristischen Schulung, H. 98, 3. Aufl., München: Beck.

Schnurer, H. (2000): Verpackungsverwertung aus Sicht des Bundes. In: Vortrag im Rahmen des 1. Würzburger Verpackungsforum am 3.2. 2000 in Würzburg veranstaltet vom Witzenhausen-Institut für Abfall, Umwelt und Energie.

Schoch, A. (1999): Sozial- und Ökodumping in der Entsorgungswirtschaft. In. Entsorgungspraxis, Jg. 17, H. 9, S. 2-3.

Schoer, K. (1999): Bericht zu den Umweltökonomischen Gesamtrechnungen 1999. In: Wirtschaft und Statistik, o. Jg., H. 10, S. 820-831.

Scholl, S. (1994): Grenzüberschreitende Verbringung von Abfällen. In: ZAU, Jg. 7, H. 1, S. 84-89.

Schreiber, F. (1998): Umschlüsseln ist anspruchsvoll. Praxiserfahrungen mit dem EAK-Abfallschlüssel. In: Umweltinstitut Offenbach (Hrsg.): Begleitband zur Fachtagung "Das Kreislaufwirtschafts- und Abfallgesetz. Sachstand, Bramnchenanalysen und Perspektiven" vom 4.-5. Juni 1998 im Deutschen Ledermuseum. Wiesbaden: Selbstverlag.

Schröder, M. (1996): Die steuernde und marktbegrenzende Wirkung umweltschutzrelevanter Prinzipien des EG-Vertrages am Beispiel des Abfallexportes. In: NVwZ, Jg. 15, H. 9, S. 833-838.

Schulz, R. (1999): Acht Forderungen für eine ökologischer Marktbereinigung in der Abfallwirtschaft. In: Labor für Abfallwirtschaft, Siedlungswasserwirtschaft, Umweltchemie der Fachhochschule Münster (Hrsg.): 6. Münsteraner Abfallwirtschaftstage (Tagungsband). Münsteraner Schriften zur Abfallwirtschaft; Bd. 2. Münster: Selbstverlag, S. 90-94.

Schwartmann, R. (1998): Zur energetischen Verwertung on Abfallgemischen. In: NVwZ, Jg. 17, H. 11, S. 1151-1153.

Schwarze, R.; Zapfel, P. (1998): Klimaschutz ante portas. In: ZfU, Jg. 21, H. 4, S. 493-509.

Seidel, A. (1994): Autorecycling. Eine spezielle Fragestellung der Abfallwirtschaft. Diplomarbeit im Studiengang der Betriebswirtschaftslehre an der Wirtschafts- und Sozialwissenschaftlichen Fakultät der Universität zu Köln. Köln (unveröffentlicht).

Siechau, R. (1999): Verbandslösungen nach § 17 KrW-/AbfG als Konkurrenz oder Ergänzung öffentlich-rechtlicher Entsorgungsträger am Beispiel Hamburg. In: Wiemer, K.; Kern, M. (Hrsg.): Bio- und Restabfallbehandlung III, biologisch-mechanisch-thermisch.. Neues aus Forschung und Praxis. Witzenhausen: Baeza, S. 151-172.

Soete, B. (1997): Ökoleasing - eine Innovation? In: ZAU, Jg. 10, H. 1, S. 66-76.

Sohn, G. (2000): Stellungnahme im Rahmen der ersten Criticón Salons zum Thema: Alle Macht dem Müllkartell im Berliner Medien Club. In: Sohn, G. (Hrsg.): Criticón. Sonderausgabe Nr. 1, Berlin: Selbstverlag.

Söllner, F. (1997): Die Ökologische Ökonomie. Ein neuer Ansatz zur Lösung der Umweltproblematik. In: Wirtschaftsdienst, Jg. 77, H. 7, S. 423-428.

SRU (Rat der Sachverständigen für Umweltfragen) (Hrsg.) (1991): Abfallwirtschaft. Sondergutachten 1990. Stuttgart: Mezler-Poeschel.

SRU (Rat der Sachverständigen für Umweltfragen) (Hrsg.) (1994a): Umweltgutachten 1994. Für eine dauerhaft umweltgerechte Entwicklung. Kurzfassung. Stuttgart: Mezler-Poeschel.

SRU (Rat der Sachverständigen für Umweltfragen) (Hrsg.) (1994b): Dauerhaft-umweltgerechte Entwicklung. Leitbegriff für die Umweltpolitik der Zukunft. In: ZAU, Jg. 7, H. 2, S. 170-182.

SRU (Rat der Sachverständigen für Umweltfragen) (Hrsg.) (1998a): Umweltgutachten 1998. Umweltschutz: Erreichtes sichern. Neue Wege gehen. Stuttgart: Mezler-Poeschel.

SRU (Rat der Sachverständigen für Umweltfragen) (Hrsg.) (1998b): Konzept für eine künftige, stärker marktorientierte Abfallwirtschaft. In: ZAU, Jg. 11, H. 2, S. 153-166.

SRU (Rat der Sachverständigen für Umweltfragen) (Hrsg.) (2000): Umweltgutachten 2000. Stuttgart: Mezler-Poeschel.

Stadt Köln (Hrsg.) (1998): Informationen zur Biotonne. Anschreiben der Stadt Köln an alle Bürger vom Januar 1998 (Zeichen 70-700/4, Abfallberatung, Mohr).

Stadt Köln (Hrsg.) (1999): Statistisches Jahrbuch 1999. Köln: Selbstverlag.

Statistisches Bundesamt (Hrsg.) (1986-1998; FS 14, R. 8): Fachserie 14: Finanzen und Steuern. Reihe 8: Umsatzsteuer. Wiesbaden: Metzler-Poeschel.

Statistisches Bundesamt (Hrsg.) (1993): Klassifikation der Wirtschaftszweige mit Erläuterungen. Ausgabe 1993. Wiesbaden: Metzler-Poeschel.

Statistisches Bundesamt (Hrsg.) (1993; HGZ): Handels- und Gaststättenzählung 1993. Großhandel und handelsvermittlung. Wiesbaden: Metzler-Poeschel.

Statistisches Bundesamt (Hrsg.) (1995): Systematisches Güterverzeichnis für Produktionsstatistiken. Ausgabe 1995. Wiesbaden: Metzler-Poeschel.

Statistisches Bundesamt (Hrsg.) (1995; FS 6, R. 1.3): Fachserie 6: Binnenhandel, Gastgewerbe, Tourismus. Reihe 1.3: Warensortiment sowie Bezugs- und Absatzwege im Großhandel. Wiesbaden: Metzler-Poeschel.

Statistisches Bundesamt (Hrsg.) (1995-1999; FS 4, R. 3.1): Fachserie 4: Produzierendes Gewerbe. Reihe 3.1: Produktion im Produzierenden Gewerbe. Wiesbaden: Metzler-Poeschel.

Statistisches Bundesamt (Hrsg.) (1995-1999; FS 7, R. 2): Fachserie 7: Außenhandel. Reihe 2: Außenhandel nach Ländern und Warengruppen (Spezialhandel). Wiesbaden: Metzler-Poeschel.

Statistisches Bundesamt (Hrsg.) (1996-2000; FS 17, R. 6): Fachserie 17: Preise. Reihe 6: Index der Großhandelsverkaufspreise. Wiesbaden: Metzler-Poeschel.

Statistisches Bundesamt (Hrsg.) (1997): Warenverzeichnis für die Außenhandelsstatistik (Ausgabe 1998). Wiesbaden: Metzler-Poeschel.

Statistisches Bundesamt (Hrsg.) (1998; FS 4, R. 4.3): Fachserie 4: Produzierendes Gewerbe. Reihe 4.3: Kostenstruktur der Unternehmen des Verarbeitenden Gewerbes sowie des Bergbaus und der Gewinnung von Steinen und Erden. Wiesbaden: Metzler-Poeschel.

Statistisches Bundesamt (Hrsg.) (1998; FS 6, R. 1,2): Fachserie 6: Binnenhandel, Gastgewerbe, Tourismus. Reihe 1.2: Beschäftigung, Umsatz, Wareneingang, Lagerbestand und Investitionen im Großhandel. Wiesbaden: Metzler-Poeschel.

Statistisches Bundesamt (Hrsg.) (1999): Umweltökonomische Gesamtrechnung 1999. Fachserie 19, Reihe 4. Wiesbaden: Metzler-Poeschel.

Statistisches Bundesamt (Hrsg.) (1999; FS 19, R. 5): Fachserie 19: Umwelt. Reihe 5: Material- und Energieflußrechnungen. Wiesbaden: Metzler-Poeschel.

Stede, B (1998): Mehr Müll? Bemerkungen zu den aktuellen Diskussionen über den Abfallbegriff. In: Müll und Abfall, Jg. 30, H. 4, S. 226-234.

Steinle, C.; Bruch, H.; Neu, M. (1997): Ökologiebezogene Anreizgestaltung in Unternehmen - Konzept, empirisches Schlaglicht und Praxisempfehlungen. In: ZFU, H. 2, S. 255-279.

Stephan, G. (1992): Entopie, Umweltschutz und Rohstoffverbrauch. Ein thermodynamischer Ansatz in der Umweltökonomie. In: Hauff, M.; Schmid, U. (Hrsg.): Ökonomie und Ökologie. Stuttgart: Schäffer-Poeschel, S. 275-311.

Stephan, G.; Ahlheim, M. (1996): Ökonomische Ökologie. Berlin: Springer.

Stoltenberg, U. (1998): Abfallwirtschaftskonzept und Abfallbilanzen als Instrumenten der Kreislaufwirtschaft. In: Schimmelpfeng, L.; Gessenich, S. (Hrsg.): Das Kreislaufwirtschafts- und Abfallgesetz. Neue Regelungen und Anforderungen. Berlin: Springer, S. 103-112.

Streissler, E. (1993): Das Problem der Internalisierung. In: König, H. (Hrsg.): Umweltverträgliches Wirtschaften als Problem von Wissenschaft und Politik. Schriften des Vereins für Sozialpolitik, Gesellschaft für Wirtschafts- und Sozialwissenschaften; N.F., Bd. 224. Zeitschrift für Wirtschafts- und Sozialwissenschaften. Beiheft 2. Berlin, S. 87-110.

Tettinger, P. J. (1995): Rechtliche Bausteine eines modernen Abfallwirtschaftsrecht. In: DVBL, H. 5, S. 213-221.

Tettinger, P. J. (1997): Rechtsänderungen zur Sicherung des Wirtschaftsstandorts Deutschland. Umweltschutz im Gegenwind? In: NUR, Jg. 19, H. 1, S. 1-8.

Tietenberg, T. H. (1980): Transferable Discharge Permits and the Contol of Air Pollution. A Survey an Synthesis. In: ZfU, Jg. 3, H. 4, S. 477-508.

Timmermann, M. (1993): Das ökologische System im gesamtwirtschaftlichen Prozeß. In: Steger, U.; Timmermann, M. (Hrsg.): Mehr Ökologie durch Ökonomie. Berlin et. al.: Springer-Verlag.

Töpfer, K. (1993): Umweltpolitik im Spannungsfeld von Ökonomie und Ökologie. In: König, H. (Hrsg.): Umweltverträgliches Wirtschaften als Problem von Wissenschaft und Politik. Schriften des Vereins für Sozialpolitik, Gesellschaft für Wirtschafts- und Sozialwissenschaften; N.F., Bd. 224. Zeitschrift für Wirtschafts- und Sozialwissenschaften, Beiheft 2. Berlin, S. 47-60.

Töpfer, K. (1994): Von der Abfallwirtschaft zur Kreislaufwirtschaft. In: Der Landkreis, Jg. 24, Nr. 8-9, S. 349-350.

Töpfer, K. (2000): Gerechtigkeit und Nachhaltigkeit bei der Nutzung natürlicher Ressourcen. In: Vortrag im Rahmen der Tagung "Resources Summit Berlin" am 18. Mai. 2000 von der Duales System Deutschland AG. Berlin.

Umwelt Magazin (Hrsg.) (2000a): BDE stützt den Entwurf der EU-Richtlinie für E-Schrott. In: Umwelt-Newsline, Ausgabe 19.07., S. 1.

Umwelt Magazin (Hrsg.) (2000b): Wieder wachsende E-Schrott-Müllhalden. In: Umwelt-Newsline, Ausgabe 19.07., S. 1.

Umweltbundesamt (Hrsg.) (1997a): Nachhaltiges Deutschland: Wege zu einer dauerhaft umweltgerechten Entwicklung. Berlin.

Umweltbundesamt (Hrsg.) (1997b): Daten zur Umwelt. Ausgabe 1997. Berlin: Selbstverlag.

Umweltbundesamt (Hrsg.) (1999): Berichts zur Ökologischen Vertretbarkeit der mechanisch-biologischen Vorbehandlung von Restabfällen einschließlich deren Ablagerung. Berlin: Selbstverlag.

Umweltbundesamt (Hrsg.) (1999): EG-Umweltaudit in Deutschland. Erfahrungsbericht 1995 bis 1998. Berlin: Selbstverlag.

Umweltbundesamt (Hrsg.) (2000): Thermische, mechanisch-biologische Behandlungsanlagen und Deponien für Restsiedlungsabfälle in der Bundesrepublik Deutschland. 3. Aufl. Berlin: Selbstverlag.

Umweltbundesmt (Hrsg.) (1998): Umweltdaten Deutschland 1998. Berlin: Selbstverlag.

UNEP (Hrsg.) (1999): Global environment Outlook. London: Earthscan.

Utermöhlen, R. (1998): Wege zur Entsorgergemeinschaft und Zum Entsorgungsfachbetrieb. In: Gessenich, S. (Hrsg.): Das Kreislaufwirtschafts- und Abfallgesetz. Risiken und Chancen. Erste Analysen aus der Abfallbranche. Taunusstein: E. Blotter, S. 127-136.

VDI (Verband deutscher Ingenieure) (Hrsg.) (2000): Was tun mit PVC. In: VDI-Nachrichten vom 28.04.2000, S. 10.

Verheyen, R.; Spangenberg, J. H. (1998): Die Praxis der Kreislaufwirtschaft. Ergebnisse des Kreislaufwirtschafts- und Abfallgesetzes. Ökologische Marktwirtschaft; Bonn: Selbstverlag.

Verheyen, R.; Spangenberg, J. H. (1999): Bilanz des Kreislaufwirtschafts- und Abfallgesetzes (KrW-AbfG). In: der städtetag, Jg. 74, H. 4, S. 254-255.

Versmann, A. (1999): Praktische Beispiel zu Begriffdefinitionen und zu Kriterien des KrW-/AbfG. In: Labor für Abfallwirtschaft, Siedlungswasserwirtschaft, Umweltchemie der Fachhochschule Münster (Hrsg.): 6. Münsteraner Abfallwirtschaftstage (Tagungsband). Münsteraner Schriften zur Abfallwirtschaft; Bd. 2. Münster: Selbstverlag, S. 40-49.

Versteyl, L.-A.; Wendenburg, H. (1994): Änderungen des Abfallrechts. Anmerkungen zum Kreislaufwirtschafts- und Abfallgesetz sowie den Gesetzen zu dem Baseler Übereinkommen. In: NVwZ, Jg. 13, H. 9, S. 833-843.

Versteyl, L.-A.; Wendenburg, H. (1996): Änderungen des Abfallrechts: Aktuelles zum Kreislaufwirtschafts- und Abfallgesetz sowie dem untergesetzlichen Regelwerk. In: NVwZ, Jg. 15, H. 10, S. 937-949.

VKS (Verband kommunale Abfallwirtschaft und Stadtreinigung) (Hrsg.) (2000): Eckpunktepapier zur Änderung der TA Siedlungsabfall (TASi). In: VKS-News Verbandszeitschrift des VKS und der Entsorgung im VKU. 35. Ausgabe, H. 2, S. 19-20.

VKU (Verband kommunale Abfallwirtschaft und Stadtreinigung) (Hrsg.) (1998): Kommunale Entsorgungswirtschaft und Europäische Union. In: der städtetag, Jg. 72, H. 10, S. 717-720.

Voss, G. (1996): Sustainable Development. Erfolge beim Materialverbrauch. In: iw-trends (Institut der deutschen Wirtschaft), Jg. 23, H. 3, S. 47-59.W

Voßkuhle, A. (1995): Prinzipien und Instrumente des Umweltrechts. In: Kahl, W.; Voßkuhle, A. (Hrsg.): Grundkurs Umweltrecht. Einführung für Naturwissenschaftler und Ökonomen. 2. Aufl. Augsburg: Spektrum Akademischer Verlag, S. 100-124.

Wackerbauer, J. (1999): Entsorgungswirtschaft. Ende des Booms. In: Ifo-Schnelldienst, Jg. 53, H. 7, S. 20-26.

Wagner, G. R.; Matten, D. (1995): Betriebswirtschaftliche Konsequenzen des Kreislaufwirtschafts-gestezes. In: ZAU, Jg. 8, H. 1, S. 45-57.

Wagner, H. (1995): Effizienz des Ordnungsrechts für den Umweltschutz? In: NVwZ, Jg. 14, H. 11, S. 1046-1052.

Wagner, K. (1997): Stand der untergesetzlichen Regelwerke zum Kreislaufwirtschafts- und Abfallgesetz. In: Schimmelpfeng, L.; Gessenich, S. (Hrsg.): Das Kreislaufwirtschafts- und Abfallgesetz. Neue Regelungen und Anforderungen. Berlin: Springer, S. 37-48.

Waldkirch, R. (1998): Institutionelle Umweltökonomik. Eine konstruktive Kritik wohlfahrts-theoretischer Konzeptionen. Berlin: Schmidt.

WBGU (Wissenschaftlicher Beirat der Bundesregierung Globale Umweltveränderungen) (1998): Welt im Wandel: Das Management globaler Risiken. Jahresgutachten 1998. Berlin: Springer

Weidemann, C. (1991): Die Vorschriften zur Neuordnung von Abfallentsorgung und Reststoffverwertung. In: NVwZ, Jg. 10, H. 3, S. 226-230.

Weidemann, C. (1995): Umweltschutz durch Abfallrecht. In: NVwZ, Jg. 14, H. 7, S. 631-639.

Weidemann, C. (1997): Kreislaufwirtschaft contra dezentrale Verwaltungswirtschaft. In: Gewerbearchiv, Jg. 43, H. 8, S. 311-319.

Weiland, R. (1992): Gesetz der Entropie. In: WiSt, Jg. 21, H. 9, S. 458-460.

Weiland, R. (1994): Außenhandel und Umweltschutz. Ökonomie zwischen traditionellem Ansatz und dem Konzept der dauerhaften Entwicklung. In: ZAU, Jg. 7, H. 4, S. 466-477.

Weiland, R.; Rentz, H. (1993): Das geplante Abfallabgabengestz als Notbremse? In: Wirtschaftsdienst, Jg. 73, H. 2, S. 90-97.

Weiler, C. (1999): Öko-Dumping auf dem Vormarsch? Studie zu Deponierung und Versatz von Abfällen. In: der städtetag, Jg. 73, H. 3, S. 137-141.

Weinmann, J. (1994): Umweltökonomie - Eine theorieorientierte Einführung. 3. Auflage. Berlin: o. V.

Welfens, M.J. (1997): Subventionen aus ökologische Sicht - Fortsetzung der Disskussion. In: Wirtschaftsdienst, Jg. 77, H. 11, S. 655-661.

Wendenburg, H. (1995): Die Umsetzung des europäischen Abfallrechts. In: NVwZ, Jg. 14, H. 9, S. 833-840.

Wendenburg, H. (2000): Strategie und Ziele zur Umsetzung der Restabfallbehandlung auf Landesebene am Beispiel Niedersachsens In: Vortrag am 11.04.2000 im Rahmen des 12. Kasseler Abfallforum. Witzenhausen-Institut für Abfall, Umwelt und Energie. Kassel.

Werlen, B. (1987): Gesellschaft, Handlung und Raum. Grundlagen handlungstheoretischer Sozialgeographie. Erdkundliches Wissen, Bd. 89, Stuttgart: Steiner.

Wicke, L. (1993): Umweltökonomie. Eine praxisorientierte Einführung. 4. Aufl. München: Vahlen.

Wicke, L.; Haasis, H.-D.; Schafhausen, F.-J.; Schulz, W. (1992): Betriebliche Umweltökonomie: Eine praxisorientierte Einführung. Vahlens Handbücher der Wirtschafts- und Sozialwissenschaften, München: Vahlen.

Wirtschafts- und Sozialausschuß des Bundestages (Hrsg.) (1999): Stellungnahme des Wirtschafts- und Sozialausschusses zu dem "Vorschlag für eine Richtlinie des Rates über die Verbrennung von Abfällen". Brüssel: Selbstverlag. (KOM(1998)558endg.)

Wolfers, B. (1998): Produkt oder Abfall? Die Grenzen des neuen Abfallrechts. In: NVwZ, Jg. 17, H. 3, S. 225-230.

Wollny, V. (2000): Ressourcenbilanz. Ein neuer Maßstab für Umweltqualität und nachhaltige Entwicklung. In: Vortrag im Rahmen der Tagung "Resources Summit Berlin" am 18. Mai. 2000 von der Duales System Deutschland AG. Berlin.

Wuttke, J. (1998): Das untergesetzliche Regelwerk - Stärken, Schwächen, Handlungsbedarf. In: Gessenich, S. (Hrsg.): Das Kreislaufwirtschafts- und Abfallgesetz. Risiken und Chancen. Erste Analyse aus der Abfallbranche. Taunusstein, S.11-48.

Young, J.E. (2000): Die kommende Rohstoffeffizienz-Revolution. In: Vortrag im Rahmen der Tagung "Resources Summit Berlin" am 18. Mai. 2000 von der Duales System Deutschland AG. Berlin.

Zimmermann, H. (1991): Zur Rolle der Entropie in der Umwelt- und Ressourcendiskussion. In: ZAU, Jg. 4, H. 4, S. 427-430.

KÖLNER FORSCHUNGEN
ZUR WIRTSCHAFTS- UND SOZIALGEOGAPHIE

HERAUSGEGEBEN VON ERICH OTREMBA († 1984),
EWALD GLÄSSER, ROLF STERNBERG UND GÖTZ VOPPEL

SCHRIFTLEITUNG: DIRK MÖLLER

Bd. 41   Götz Voppel:
          Standortanalyse im Gewerbegebiet Köln-Braunsfeld/Ehrenfeld.
          1993. 118 Seiten, 18/3 Tab., 32/5 Abb., 2 Karten, brosch............... DM 20,--

Bd. 42   Bernard Achiula:
          Rückkehr zu traditionellen Formen? Zur Umweltverträglichkeit
          von Anbau- und Siedlungsformen der Landbewohner im
          semiariden tansanischen Hochland.
          1993. 205 Seiten, 17 Tab., 8 Abb., 2 Luftbilder, brosch................... DM 23,--

Bd. 43   Margrit Keßler-Lehmann:
          Die Kunststadt Köln - von der Raumwirksamkeit der Kunst
          in einer Stadt.
          1993. 356 Seiten, 8 Tab., 11 Abb., brosch., (vergr.)........................ DM 30,--

Bd. 44   Ewald Gläßer (Hrsg.):
          Wirtschaftsgeographiche Entwicklungen in Nordrhein-Westfalen.
          1995. 231 Seiten, 30 Tab., 30 Abb., brosch..................................... DM 26,--

Bd. 45   Alexander Fuchs:
          Lösungsansätze für den Konflikt zwischen Ökonomie und
          Ökologie im tropischen und subtropischen Regenwald am
          Beispiel der Mata Atlântica Brasiliens.
          1996. 294 Seiten, 31 Tab., 25 Abb., brosch.................................... DM 48,--

Bd. 46   Jochen Legewie:
          Industrie und Gütertransport in Japan - Veränderungen der
          Unternehmungslogistik seit Mitte der siebziger Jahre.
          1996. 210 Seiten, 23 Tab., 43 Abb., brosch..................................... DM 42,--

Bd. 47   Axel Stirl:
          Entwicklung und Bestimmungsgründe der Direktinvestitionen
          der Vereinigten Staaten von Amerika in Nordrhein-Westfalen.
          1996. 210 Seiten, 21 Tab., 36 Abb., brosch..................................... DM 42,--

Bd. 48   Werner Halver:
          Standorteignung großstädischer Agglomerationen für Industrie-
          betriebe - dargestellt an den Beispielen Köln und Leipzig -.
          1996. 280 Seiten, 44 Tab., 45 Abb., brosch...................................... DM 48,--

Bd. 49   Gabriele Hauer:
          Direktinvestitionen im tertiären Sektor
          – das Beispiel Sydney, Australien.
          1998. 208 Seiten, 38 Tab., 23 Abb., brosch...................................... DM 42,--

Bd. 50   Axel Seidel:
          Kreislaufwirtschaft im Spannungsfeld zwischen Ökonomie
          und Ökologie in Deutschland.
          mit einem Geleitwort der Herausgeber zum 50jährigen Bestehen
          des Wirtschafts- und Sozialgeographischen Instituts
          2000. 262 Seiten, 20 Tab., 71 Abb., brosch...................................... DM 48,--